竹書紀年研究論稿

Studies on *The Bamboo Annals*:
Debates, Methods, and Texts

邵 東 方　　著
SHAO Dongfang

劉家和（左）、何茲全（中）與作者，2010年8月30日於北京師範大學

倪德衛（David Nivison, 左二）、墨子刻（Thomas Metzger, 左一）、陸威儀（Mark Lewis, 右二）與作者，2010年12月28日於史丹佛（Stanford）大學

謹以此書呈獻給對我研究《竹書紀年》影響至深的兩位前輩學者：

敬愛的恩師 劉教授家和先生

誠摯的益友及學術合作者 倪德衛（David S. Nivison）教授

目錄

劉家和序 i

前言：《竹書紀年》版本題名之辨析與「今本」真偽之爭論 1

第一篇：「今本」《竹書紀年》諸問題考辨——與陳力博士商榷 17

第二篇：從思想傾向和著述體例論「今本」《竹書紀年》的真偽
　　　　問題 87

第三篇：理雅各英譯《竹書紀年》析論 125

第四篇：「今本」《竹書紀年》周武王、成王紀譜之錯簡說再分
　　　　析——與夏含夷教授商榷 161

第五篇：「古本」《竹書紀年》點校的若干問題——《竹書紀年逐
　　　　字索引》編者標點《汲冢紀年存真》訛誤舉例 179

第六篇：晉公子重耳返國涉河時間考——「今本」《竹書紀年》所
　　　　記「涉自河曲」辨誤 199

第七篇：《水經注》引《竹書紀年》「同惠王子多父伐鄶克之」
　　　　條考辨 215

第八篇：「今本」《竹書紀年》附注之「寒門」、「塞門」考 259

第九篇：《史記集解》引「荀勗曰和嶠云」段標點補證 271

第十篇：「古本」《竹書紀年》校讀札記 283

附錄：《竹書紀年》研究論著參考書目 319

後記 351

簡體字版後記 353

序

劉家和

　　友生邵君東方的《竹書紀年研究論稿》前已在臺北用繁體字出版，近又將應約在北京用簡體字印行，這樣就很便於兩岸的讀者，自然是一件好事。東方囑我為簡體字本寫一篇序，這對我自然也是一件高興的事，所以就同意了。

　　可是仔細一想，我自己對於《竹書紀年》並無專門研究。如果說自己對於此書還有一些基礎性的瞭解和理解，那也是多年來東方在研究此書中不斷和我有所討論，從而促使我也看了若干典籍（甚至相當大的一部分比較不易找到的清人研究作品還是他幫我找來看的）並作了思考的結果。因此，我不能作為研究《竹書紀年》的專家來寫此序，而只能作為東方研究此書中的一個對話者和他的若干原手稿的第一閱讀人，來談一些個人對他的研究的瞭解和感想。

　　東方在上世紀80年代中期至90年代初期主要以崔述的經史考證為研究對象，其中就涉及崔述對今本《竹書紀年》的辨偽問題。他欣賞崔述的這一辨偽，不過又不滿足於此，進而想從清代以來的學者對此書考辨歷程中來確定崔述對竹書考辨成就的地位與作用。這樣，他就把自己的注意力逐漸轉向於《竹書紀年》研究。

　　東方的《竹書紀年》研究，有一個明顯的特點，就是問題的研究和問題研究史的研究相輔而行。本書的前言，就是他對《竹書紀年》研究史的簡介。為什麼這樣重視研究史呢？因為他深深知道，對於研究史的重視，就是對於前修與時賢學術勞動的敬意，也是對於歷史的敬意。心中無此敬意，就是輕率；輕率，就不能真正地從事學術研究，或者說就不能真正地從事確有價值的學術研究。因為，我們的任何學術研究，都必須也只能在前人所達到的終點上向前邁進，力求能進一

i

步，以待來者的繼續超越。輕看前人，或者自以為已經達到真理的頂峰，恐怕都不是一種鄭重的學術風度。作為歷史學者，我們似乎需要對自己有一種自覺的歷史感。

當然，尊重前修和時賢的研究勞動，不等於對他們的見解作鄉愿式的隨聲附和。其實，即使你想這樣作也辦不到，因為前修和時賢們本身相互之間就是有辯難的。聽誰的呢？不如兼而聽之，析而取之，繼而進之。其實，前修和時賢的這種辯難本身正是學術發展的必經之路，也正是我們最好的引路導師，我們首先要尊重這位導師。

東方面臨的第一位這樣的導師，就是陳力先生的《今本《竹書紀年》研究》。陳先生此文是一篇從多方面對今本《竹書紀年》證偽說的相當有學術分量的駁論，東方也就從六個方面進行了比較全面的質疑與反駁。(見本書第一篇)這樣當然就出現異見之爭。「子曰：君子無所爭，必也射乎。」(《論語·八佾》)東方在文章結語中承認了陳先生文章對自己的啟發並表示了感謝之情。這似乎也接近了孔子所說的「其爭也君子」。何況，子不云乎：「當仁不讓于師。」(《論語·衛靈公》)

在寫了與陳先生爭鳴的文章以後，東方開始感覺到，關於今本《竹書紀年》真偽問題的討論固然涉及許多具體方面，不過似乎也需要一個總體的思考。如果一部書是真的，那麼，第一，它必須在思想體系和著作體例上均有其自己的內在一致性(符合邏輯上的無矛盾律或歷史學中的融貫性原則)，第二，它的思想體系與著作體例必須符合它所宣稱自己所屬的那個時代的精神(符合歷史上的實際過程或歷史學中的符合性原則)。這兩條實際上是證實一部書的真實性的必要條件，無此二條之真，即無此書之真。這也恰好是辨偽之所以可能發生的天然餘地。本書的第二篇，實際就是東方在這樣原則下所作的一些研究。

在他寫作上一篇文章的同時而稍後，東方和我作了一次對於理雅

各氏的英譯《書經並附竹書紀年》的合作研究。我們的分工是：他作《竹書紀年》部分，我作《尚書》部分。本書第三篇就是他的這一研究成果。我們都對這位熱心中國傳統學術的蘇格蘭前輩持有高度敬意，同樣，我們也當仁不讓地作了自己的分析與批評，希望能對這位前輩的成就有少許揚棄式的進展。

以上三篇，皆為總論性的研究。本書從第四篇以下就是具體問題的討論了。

在當代美國學者研究《竹書紀年》的著作中，首先進入東方視線的就是夏含夷教授的《也談武王的卒年——兼論《今本竹書紀年》的真偽》。其實這是很自然的。夏氏研究中國古史（尤其在年代學方面）成果可觀，而這一篇文章中所宣告的對今本《竹書紀年》周武王紀譜內有一條錯簡的發現，即「十五年肅慎氏來賓初狩方岳誥於沫邑冬遷九鼎於洛　十六年箕子來朝秋王滅蒲姑　十七年」（凡四十個字位，恰好一簡字位）當為成王紀譜內容而被西晉整理者錯置於武王紀譜之中，尤其精緻而動人。的確，在這裡，我們既看到了夏氏所下的工夫，又看到了他的眼光的敏銳。如果此說能夠確立無疑，那將是一個把問題研究向前推演一步的多麼好的根據。不過，學術研究本身的要求卻是，在耀眼光芒前面最需要的還是冷靜的、繼續的質疑與追問，以便研究更加完美起來。因此，在本書的第四篇裡，東方對於夏氏所提出的正面與反面的證據一一分別提出質疑。質疑還是為了推進研究本身的繼續發展。

為了準確把握《竹書紀年》的內容，閱讀時絕對需要下嚴格的點校工夫。香港的劉殿爵、陳方正、何志華等學者在點校所編《汲塚紀年存真》的基礎上作了《竹書紀年逐字索引》，這對學術無疑是一件貢獻。不過，從來還不曾見過哪一本古書，經前賢點校過後沒有後學繼續質疑並有所改進的。雖清代儒宗巨擘，亦難免於此。本書第五篇，就是東方對於《逐字索引》所作質疑與獻議。

在與《逐字索引》商榷中，東方涉及了晉惠公十四、十五年秦穆公帥師送公子重耳返晉的事。為此夏氏致書東方，謂「劉殿爵和你都忽視了此條敘述的重要部分，即重耳是在秦晉雙方的最後協定簽定後才渡河的。整段文字的結尾正是今本《竹書紀年》所記『公子重耳涉自河曲』，標誌著重耳重返晉國腹地的最後勝利。」夏氏顯然是要以此來再次證明今本《竹書紀年》的原典性與可靠性的。那麼，到底是公子重耳和秦師同時渡河然後才逐步取得勝利的呢？還是秦師先渡河，已經取得勝利，公子重耳才渡河坐享勝利成果的呢？在本書的第六篇中，東方引用《左傳》（僖公二十四年）、《國語·晉語四》、《史記·晉世家》等，一一舉出公子重耳渡河的具體時間、地點、行進過程的紀日干支以及路程遠近所須時間等等，恰好說明，公子重耳是和秦師同時渡河，然後才逐步取得勝利的。東方在此所能下的結語是否就是最後裁判呢？這倒未必。不過，那需要舉出更原始、更精緻、更確切的證據來。如果能有新的否證，那自然又將是研究的新的進展。

　　本書第七篇〈《水經注》引《竹書紀年》「同惠王子多父伐鄶克之」條考辨〉，所面對的是一個聚訟紛紜而難以定論的問題。東方曆引清代以來諸多著名中外學者對於「同」字、「惠」字是否錯字，如為錯字，「同」是否為「周」之誤、「惠」是「厲」或「宣」之誤，以及由此引起的鄭桓公（友）究竟為厲王或宣王之子等等問題的考論，並一一提出了自己的質疑、辯難與推測。其中包括了他對自己所崇敬的長輩友人倪德衛教授論點的論難。他根據自己的推測，表示贊成「同惠王子多父」為「周宣王子多父」之說。他的推測是否可以作為定論呢？他在文章之末特意表明：「以上解說皆個人管見，非敢自必，冀或可補前賢所未見也。」只要不把自己的推論視為結論，而且提出自己的新的思考角度，那麼這樣的推測也是學術討論中的應有之義。

　　本書的第八、九、十篇，皆為東方研讀《竹書紀年》中所作的一些具體研考箚記，從中可見他的工作過程的一些路數。這裡附帶談一

些的是關於第九篇所關注的那一段文字的標點。在此條標點思考的過程中，東方和我可以說反覆討論了多年，結論也先後改訂了幾次。怎麼討論的呢？他徵求我的意見，我說了看法，讓他儘量反駁。他有了新的想法，就告訴我，要我從各方面來駁他。在往返駁議中，我們在《洪誠文集》發現了洪氏的標點，一度為洪氏的權威所震懾，討論曾經中止一段。不過，後來還是繼續質疑與追問下去，從日本學者水澤利忠對《史記》的版本校勘成果中，才發現洪氏也有其千慮一失。這樣才有了現在書中所說的標點，其實這種標點就是一種新的理解。還要說明的是，現在這樣的標點，是東方提出來讓我反駁的。我沒有能提出新的駁論，所以暫時就到此為止。東方和我都沒有也不敢有封閉或打住問題進一步討論的妄想，相反倒是希望得到新的批評和賜教。

　　書序寫到這裡，還有什麼要說的呢？可以再說的就是，在東方和我的心裡，真理就是上帝，我們在真理的上帝面前是絕對地渺小的，必須謙遜。我們必須秉持對這位上帝的敬意。我們對於學術前修和時賢的敬意，那也是基於這一更高的敬意而衍生的。學術前修和時賢能提出問題並給出自己的解說，那就是為我們引路，引向通往真理之路。所以我們視他們為導師，但不是作為真理的上帝。「子曰：三人行，必有我師焉。擇其善者而從之，其不善者而改之。」（《論語‧述而》）需要能從，也需要能改，其取捨標準即在於善；惟有向善，才能求真。願真理的上帝之光照臨我們！

劉家和　2010 年 10 月 14 日

前言 《竹書紀年》版本題名之辨析與「今本」真偽之爭論

　　研究古史的人都知道，《竹書紀年》原為戰國時期魏國的一部編年體史書，敘述夏、商、西周和春秋戰國的史事，是西晉初年從汲郡（今河南省衛輝市）魏王（一說魏國貴族）墓出土的大批竹簡古書中的一種，即《紀年》十三篇。當時晉廷的整理者以其所記按年編次而稱為《紀年》。此書因從竹簡寫定亦稱《竹書》，又由出土的地點而名為《汲冢紀年》，而見載諸書所引書名更有《書紀年》云云[1]，但通常稱為《竹書紀年》。那麼為何《竹書紀年》會有「今本」的題名呢？這是因為自清代中期以來，學者們一般認為，《竹書紀年》原本（即出土後經當時學者整理成書的「《紀年》十三篇」）佚於兩宋之際；因此相對於不復見之《竹書紀年》原本，清代學者多稱明清通行本為「今本」《竹書紀年》，如《四庫全書總目》即稱「今本」，亦有謂「今書」或「近本」。

　　清道光年間，朱右曾撇開《竹書紀年》行世之本，廣蒐自晉以降諸書所引《竹書紀年》（朱氏稱為「古文」《紀年》）佚文，注其所出，考其異同，以時代次第，名之曰《汲冢紀年存真》。朱氏輯本雖復片鱗碎羽，然汲冢《紀年》原貌可識。民國初年，王國維以朱書為據，並師其例，繼為增輯校正，以補朱書之缺，更成《古本竹書紀年輯校》。[2] 從此書的題名看，王國維稱《竹書紀年》原本為「古本」，

---

[1] 關於《竹書紀年》的異稱，洪國樑據朱右曾、王國維輯本，將所稱引的不同書名以表列出。見洪國樑：〈朱右曾「汲冢紀年存真」與王國維「古本竹書紀年輯校」之比較〉，載於《第二屆清代學術研討會論文集》（高雄：國立中山大學中國文學系所，1991），頁222-226。

[2] 繼朱、王二書之後，對「古本」的輯佚有范祥雍：《古本竹書紀年輯校訂補》（上海：上海人民出版社，1957），方詩銘、王修齡：《古本竹書紀年輯證》（上海：上海古籍出版社，1981。修訂本，2005）。范、王輯本對朱、王二書又有訂正及補充，

以相對「今本」而言。王氏又撰《今本竹書紀年疏證》，承襲了清人以《竹書紀年》通行本為「今本」的說法。後來的學者對《竹書紀年》的題名基本上採取這樣的區分。

不過也有部分學者對上述傳統題名持不同看法，如美國史丹佛大學（Stanford University）倪德衛（David S. Nivison）教授即主張《竹書紀年》應有「原本」、「今本」和「古本」之分別：「原本」（an original text or texts），現或已部分亡佚；「今本」（'Current Text'）可能大部分是原本；「古本」（'Old Text'）則指假定原本已經全部佚失而蒐採古書所引《紀年》的輯本。[3] 在他看來，假定「古本」為源出汲冢的原本及視「今本」為後人有心之偽作的觀點是根據不足的。倪氏高足、美國芝加哥大學（University of Chicago）夏含夷（Edward L. Shaughnessy）教授則稱，所謂的古本、今本《竹書紀年》的稱呼是不合適的，恢復墓本纔是有意義的研究。[4] 其所謂「墓本」即於公元前299年（以下簡稱前ＸＸ年）入土的《紀年》原本。

1939年，朱希祖曾提出《竹書紀年》原本有荀勖、和嶠舊本（初寫本）與束晳改定本（考正重寫本）之別的觀點。[5] 受朱氏之說啟發，夏含夷認為傳世的「今本」《竹書紀年》和後人輯錄的《古本竹書紀年》在體例文字上有諸多差異，此因二本分別為西晉學者對竹書兩次整理的不同纂本。[6] 由此他主張汲冢《竹書紀年》至少存在荀勖、和嶠與衛恆、束晳兩個先後不同的整理本：一，臣瓚《漢書音義集注》、郭璞《山海經注》、《穆天子傳注》以及酈道元《水經注》所引《竹

較前二輯本為勝。

[3] David S. Nivison, "Chu shu chi nien," in *Early Chinese Texts: A Bibliography* ed. Michael Loewe (Berkeley: The Society for the Study of Early China and the Institute of East Asian Studies, University of California, Berkeley, 1993), 39.

[4] 夏含夷：〈《竹書紀年》的整理和整理本——兼論汲冢竹書的不同整理本〉，載於氏著：《古史異觀》（上海：上海古籍出版社，2005），頁445-447。

[5] 朱希祖：《汲冢書考》（北京：中華書局，1960），頁21, 24, 40。

[6] 夏含夷：〈《竹書紀年》的整理和整理本——兼論汲冢竹書的不同整理本〉，載於氏著：《古史異觀》，頁446。

書紀年》當為荀勗、和嶠的整理本，其絕大部分與「今本」《竹書紀年》相同；二，徐廣、王劭以及司馬貞《史記索隱》所引《紀年》則出於另一整理本，或有可能是束晳的修訂本。[7]然而竊以為此說缺乏堅實的根據，難以確證。

關於「今本」《竹書紀年》真偽的問題，學術界有過兩度比較激烈的爭論。第一次是自清代中期以至民國初年，主要限於中國學者之間。第二次則始於二十世紀八十年代，爭論泛及海內外，迄今仍在持續。

陳夢家將清代雍正以來研究《竹書紀年》的十幾位學者及其研究成果，即所謂第一次爭論，大致分成三派：

> 第一派信從宋後明前編作的《今本竹書紀年》（下稱今本），稍加考訂補正；……至第二派將一切今本失載的《紀年》完全補入今本各條之內。……至第三派則僅錄今本中見引于古書的各條及遺載的《紀年》而芟除一切編作今本時所補竄的各條。[8]

對於清代的「今本」《竹書紀年》研究，方詩銘主張應按照時間階段來說明。他認為清儒對待「今本」《竹書紀年》的態度曾經歷了以下四個階段：

> 第一階段，無條件的相信，以陳逢衡《竹書紀年集證》為代表。
> 第二階段，有條件的相信，以洪頤煊《校正竹書紀年》、

---

[7] 夏含夷：〈《竹書紀年》的整理和整理本——兼論汲冢竹書的不同整理本〉，載於氏著：《古史異觀》，頁411-469。
[8] 陳夢家：〈六國紀年表敘〉，載於氏著：《西周年代考‧六國紀年》（北京：中華書局，2005），頁61-62。

雷學淇《考訂竹書紀年》為代表。

　　第三階段，相對的否定，以朱右曾《汲冢紀年存真》為代表。

　　第四階段，絕對的否定，以王國維《今本竹書紀年疏證》為代表。[9]

　　方氏按時間順序劃分階段的說法，與清人研究《竹書紀年》歷史過程不符。例如在所謂「無條件的相信」的第一階段，其代表人物陳逢衡是嘉慶、道光、咸豐年間的人；而在此之前，已有不少學者對「今本」《竹書紀年》持絕對否定的態度，如《四庫提要》（成書於1793年）、錢大昕《十駕齋養新錄》（成書於1799年）中「竹書紀年」條、崔述〈《竹書紀年》辨偽〉（作於1804年）等，均已明確指出「今本」《竹書紀年》為後人所偽造之書。

　　民國六年（1917）孟夏，王國維《今本竹書紀年疏證》一書問世，這是「今本」《竹書紀年》真偽爭論上的一個重要轉折點。此書繼承了清代考據學家對「今本」辨偽的成果，並比他們更有所推進。王氏逐條證明「今本」《竹書紀年》偽託之跡，斷其為偽書，徹底否定了此書的真實性。王國維對「今本」《竹書紀年》之評價如下：

　　　　……今本所載殆無一不襲他書。其不見他書者，不過百分之一，又率空洞無事實，所增加者年月而已。且其所出，本非一源，古今雜陳，矛盾斯起。既有違異，乃生調停，糾紛之因，皆可剖析。夫事實既具他書，則此書為無用；年月又多杜撰，則其說為無徵。無用無徵，則廢此書可，又此《疏證》亦不作可也。[10]

---

[9] 方詩銘：〈《竹書紀年》古本散佚及今本源流考〉，載於尹達等主編：《紀念顧頡剛學術論文集》下冊（成都：巴蜀出版社，1990），頁917。

[10] 王國維：《今本竹書紀年疏證》，載於方詩銘、王修齡：《古本竹書紀年輯證》（修訂本），頁202。

王書刊布以後，中外學者多遵其說。如梁啟超便完全同意王國維的看法。[11] 二十世紀二十年代興起的「古史辨」派疑古之風流被深廣，甚至有學者主張《竹書紀年》出土後即被作偽。如呂思勉認為西晉學者借古書出土而製造偽書，以闡發他們的政治觀點。[12] 當然，「五四」之後仍有少數學者堅持「雖不以『今本』為真、但皆從古書輯出」的觀點。如楊樹達《積微居小學述林》謂：「今本《紀年》固是後人纂輯，非是原書，然大都有所據依，非出臆撰。」[13] 甚至有個別學者猜測「今本之先，必別有一本為今本所從出」。[14] 不過他們的看法以不受重視之故，未能在學術界發生很大影響。

　　中華人民共和國成立以後，大陸學術界對《竹書紀年》的研究著重於繼續對「古本」佚文的採輯和「今本」源流的考證。范祥雍《古本竹書紀年輯校訂補》以朱、王二書為據，復為增刪校正，補朱、王輯本所未備。方詩銘在王修齡協助下，編訂《古本竹書紀年輯證》一書，於 1981 年刊行，以補上述三家之疏漏訛誤及編次不當。是書出版後，方氏又對書中的史料、文字及標點加以修訂。《古本竹書紀年輯證》修訂本在 2005 年付梓。從二十世紀五十年代起，臺灣學者亦側重於對「今本」《竹書紀年》的深層辨偽，蒐討勘訂「今本」作偽之跡。[15]

---

[11] 梁啟超：《中國近三百年學術史》（北京：東方出版社，1996），頁 290。
[12] 呂思勉：《先秦史》（上海：上海古籍出版社，1982），頁 76。
[13] 楊樹達：〈書《古本竹書紀年》輯校後〉，載於氏著：《積微居小學述林》卷 7（北京：中國科學院，1954），頁 271。
[14] 蒙文通：〈論別本《竹書紀年》〉，載於氏著：《經史抉原》（成都：巴蜀書社，1995），頁418。
[15] 可參閱以下臺灣學者的主要研究論著，趙榮琅：〈竹書紀年之今古本問題及其評價〉，《大陸雜誌》，第8卷第10期（1954.5），頁297-304。吳璵：〈竹書紀年繫年證偽〉，《臺灣省立師範大學國文研究所集刊》，第9號（1965.6），頁691-738。吳璵：〈六十年來竹書紀年之考訂〉，載於程發軔編：《六十年來之國學》第3冊（臺北：正中書局，1974），頁555-573。洪國樑：〈竹書紀年對兩晉南北朝學者之影響〉，《中國學報》，第30輯（1990.7），頁17-24。洪國樑：〈朱右曾「汲冢紀年存真」與王國維「古本竹書紀年輯校」之比較〉，載於《第二屆清代學術研討會論文集》（高雄：國立中山大學中國文學系所，1991），頁215-

在西方，十九世紀法國學者畢甌（Edouad Biot）與蘇格蘭漢學家理雅各（James Legge）均不以「今本」《竹書紀年》為偽，並將此書翻譯為西方文字。[16] 但是二十世紀以後，西方學術界的觀點卻有所轉變，傾向於支持朱右曾和王國維之說。譬如美國芝加哥大學顧理雅（Herrlee G. Creel）教授、加州大學伯克利分校（University of California, Berkeley）吉德煒（David N. Keightley）教授便非常認同朱、王關於「今本」的觀點。他們和大多數中國學者一樣，在研究中國上古年代問題時均排斥採用「今本」《竹書紀年》中的材料。[17] 這種情況一直持續到二十世紀七十年代末纔發生變化。

近30年來，中外學術界對「今本」《竹書紀年》的真偽問題又掀起第二次廣泛而激烈的討論。一部分學者力主「今本」一書非宋以後人依托，足資研究上古年代學。儘管從事翻案工作的各家在具體研究結論上尚有歧異，卻都一致認為，「今本」《竹書紀年》雖經後人竄改和增飾，但與汲冢出土的《竹書紀年》原本一脈相承，因此具有很高的史料價值。

在史丹佛大學，1979年11月倪德衛開設研討班期間發現，如果以某種假定的因素改動西周第九代王夷王在位年代，使其即位的時間推遲六年，則可用「今本」《竹書紀年》的記載予以夷王時期幾個帶有銘文的青銅器確定年代。他又注意到，傳統文獻中某王的年代並不包括居喪的最初兩年，而戰國時代的史官對三年守喪的古制不甚瞭解。所以他認為以即位年或從居喪期以後之登基年為起點，來計算君王的

239。洪國樑：〈王國維之辨偽學〉，《臺大中文學報》1994年第6期，頁1-30。

[16] Edouard Biot, "Tchou-chou-ki-nien," *Journal Asiatique* (December 1841), 537-78; (February 1842), 203-7; (May 1842), 381-431. James Legge, "The Annals of the Bamboo Books," in "Prolegomena," *The Shoo King, or Book of Historical Documents, The Chinese Classics* (London, 1865), 3: 105-83.

[17] Herrlee G. Creel, *The Origin of Statecraft in China*. Vol. 1, *The Western Zhou Empire*. Chicago: The University of Chicago Press, 1970. David N. Keightley, "The Bamboo Annals and Shang-Chou Chronology," *Harvard Journal of Asiatic Studies* 38 (1978): 423-38.

在位時間，就有可能改變傳統的年表。而上述夷王年代之確定恰可與此印證。[18]

倪德衛主張「今本」《竹書紀年》可能是晉武帝時出土的《竹書紀年》原本的一個副本，即從晉廷學者整理的一部尚未完成的本子派生而來，其大部分內容既真實又不完整。而所謂原本《紀年》的文本直到在前299至前296年入墓之前尚未形成定本。魏襄王於前318年即位後，魏國史官將魏國的紀年與尚存的早期編年銜接起來，並對真實年代加以篡改。倪氏堅持說，即使此書是一部不完全的本子，其下逮西周末年的編年當為原本所載年代。就此而言，「今本」《竹書紀年》乃戰國文獻，而其中的訛誤則是戰國人有意為之。[19]

倪德衛最為引人注目的看法是提出了周王在位的「兩元年說」（two first-year thesis）。倪氏此說的文獻根據則是《公羊傳》〈文公九年〉所載：

> 九年，春，毛伯來求金。毛伯者何？天子之大夫也。何以不稱使？當喪未君也。逾年矣，何以謂之未君？即位矣，而未稱王也。未稱王，何以知其即位？以諸侯之踰年即位，亦知天子之踰年即位也。以天子三年然後稱王，亦知諸侯於其封內三年稱子也。踰年稱公矣，則曷為於其封內三年稱子？緣民臣之心，不可一日無君；緣終始之義，一年不二君，不可曠年無君；緣孝子之心，則三年不忍當也。[20]

---

[18] David S. Nivison, "The Dates of Western Chou," *Harvard Journal of Asiatic Studies* 43 (1983): 518-24.
[19] 倪德衛撰，邵東方譯：〈論「今本」《竹書紀年》的歷史價值〉，載於邵東方、倪德衛主編：《今本竹書紀年論集》（臺北：唐山出版社，2002），頁41-79。
[20] 何休注，徐彥疏：《春秋公羊傳注疏》，載於阮元校刻：《十三經注疏》下冊（北京：中華書局，1980），頁2269。

他發現西周盛行三年之喪，諸王往往出現兩個「元年」：第一個元年是新王即位的當年（succession year），第二個元年是新王守喪完畢、正式登基之年（accession year）。而戰國史官在編訂史書時卻排除了第二個元年，所以通常記載中的西周君王在位年數缺少該王即位後為其先王服喪的年數。他以「今本」的紀年證實西周諸王實行「兩元年」。這就是為何在「今本」《竹書紀年》中周文王在位 52 年，而在其他文獻中周文王祇有 50 年在位期。[21]

倪德衛指出，由於西周王室祇有在服喪期滿後，亦即在新王踐阼兩年之後，纔用新王年曆，據此可以推斷夏代亦有類似服喪滿兩年後啟用新王年曆的制度。這一制度可以從「今本」《竹書紀年》中先王與新君之間或長或短的空位期得到反映。對倪氏而言，利用「兩元年」的理論，配以「今本」中的紀年，便有可能復原夏商周三代的正確年代。[22] 倪氏注意到，為先王守喪的制度並非古代儒家的發明（這是為絕大多數中國人甚至西方學者所接受的流行觀點），此習俗應源於史前的傳統（或許是薩滿教），而且已對人們迄今所知早期君主在位年代的計算產生了影響。「今本」《竹書紀年》中的夏代編年即是顯例。[23]

雖然倪氏認識到「今本」《竹書紀年》中的大部分年份並非正確，但是他自以為擁有足夠的證據說明此書可作為原始史料，而其中的年表則有助於解釋若干通常為人們所否定的上古年代。倪德衛的假說得到了夏含夷的支持，夏氏進一步為兩元年說提供詳盡的周王在位

---

[21] 倪德衛撰，邵東方譯：〈三代年代學之關鍵：「今本」《竹書紀年》〉，《經學研究論叢》，第10輯（2002.3），頁230-233。
[22] 倪德衛撰，邵東方譯：〈三代年代學之關鍵：「今本」《竹書紀年》〉，《經學研究論叢》，第10輯（2002.3），頁256-265。
[23] 倪德衛撰，蔣重躍譯，駱揚校譯，邵東方審校：〈「今本」《竹書紀年》與中國上古史年代研究—《〈竹書紀年〉解謎》概觀〉，《北京師範大學學報》（社會科學版）2009年第4期，頁94。

年的證據。[24]

最近，倪德衛出版了新作《竹書紀年解謎》（*The Riddle of the Bamboo Annals*）[25]，此書包括了作者從1983到2002年間的《竹書紀年》研究專題論文，以及訖於2008年對《竹書紀年》的若干新發現。倪著的主要內容包括：第一部分提出了夏朝建立以後的具體年代，並吸收了班大為（David W. Pankenier）和彭瓞鈞（Kevin D. Pang）在天文年代學研究上的一些結論。在第二部分裡，倪氏批評了夏商周斷代工程，同時論證了周王兩元年和三年守喪期的假說。在第三部分中，倪氏根據夏含夷關於「今本」《竹書紀年》因錯簡（假定每簡四十字）而導致年代錯亂的觀點，重構了《竹書紀年》原始文本的前303條竹簡（約占「今本」全書的七分之五），以此表明「今本」《竹書紀年》中的全部編年乃是戰國人有意篡改真實年代的結果。[26]

夏含夷力持所謂「今本」《竹書紀年》基本上是與戰國中葉墓本出土時的真本相去不遠而非宋代以後之偽作的觀點，並指出《紀年》自出土後即受到了晉代整理者的誤解或有意改動，所以此書存在不少問題。[27] 夏氏企圖論證「今本」《竹書紀年》在編排上存在著錯簡，在「今本」中一支原來應屬於周成王紀年的竹簡，由整理者誤置於武王紀年之末尾，遂使武王卒於其在位第14年變為第17年。他發現類似錯簡證據在「今本」中至少有四條。[28] 夏氏以為錯簡衹能是因原本竹書整理者的誤讀或疏漏纔可能發生，所以《竹書紀年》傳世本存在的錯

---

[24] Edward L Shaughnessy, *Sources of Western Zhou History* (Berkeley: University of California Press, 1991), 148-55.
[25] David S. Nivison, *The Riddle of the Bamboo Annals* (Taipei: Airiti Press, 2009).
[26] 倪德衛撰，蔣重躍譯，駱揚校譯，邵東方審校：〈「今本」《竹書紀年》與中國上古史年代研究—《〈竹書紀年〉解謎》概觀〉，《北京師範大學學版》（社會科學版）2009年第4期，頁96-99。
[27] 參看夏含夷：〈《竹書紀年》與周武王克商的年代〉，《文史》，第38輯（1994.2），頁17。
[28] 詳見夏含夷：〈三論《竹書紀年》的錯簡證據〉，《簡帛》，第3輯（2008.10），頁401-413。夏含夷：〈四論《竹書紀年》的錯簡證據〉，湖南岳麓書院講演（2009.7.6）。

簡至少說明其部分內容應該是從最初的整理本流傳下來的。他強調說，現存今本《竹書紀年》不可能是後世的作偽者用心良苦地摘抄古人引文而成；而且「今本」《竹書紀年》與 281 年出土於汲縣魏王墓中的墓本《竹書紀年》至少在內容上是部分相同的。[29]

美國里海大學（Lehigh University）班大為教授以研究中國早期天文學著稱，尤其著力於中國古文獻中記載與夏商周三代更迭相關的天文現象研究，其中一些研究成果已為夏商周斷代工程所採納。作為參與倪德衛所開辦研討班的一名研究生，並受其研究啟發，班大為提出以下新見：「今本」《竹書紀年》有關作為受命徵兆的五星聚會記載顯非編者杜撰，儘管其年表排列有誤。他以此試圖驗證「今本」所載前 1580 年和前 1071 年的兩次五星聚會天文現象有其相對精確性，經校正後的絕對年代—前 1576 年和前 1059 年—均分別發生於上天授天命予商朝、周朝新王朝之際。[30] 他又依據「今本」《竹書紀年》所提供的年代說明：前 1953 年為五星聚合現象發生之年，恰為舜十四年，即禹建立夏王朝的正式元年。[31] 班大為推算出前 1059 年發生五星相聚，此年為文王受命之年，即帝辛三十三年。[32] 他以此年作為一個標準年，根據「今本」《竹書紀年》中的年代學體系，將克商之年確定於前 1046 年。[33]

---

[29] 夏含夷：〈《竹書紀年》的整理和整理本—兼論汲冢竹書的不同整理本〉，載於氏著：《古史異觀》（上海：上海古籍出版社，2005），頁395-450。

[30] David W. Pankenier, "Astronomical Dates in Shang and Western Zhou," *Early China* 7 (1981-1982): 2-37. 中文版本見班大為：〈從天象上推斷商周建立之年〉，載於班大為著，徐鳳先譯：《中國上古史實揭秘—天文考古學研究》（上海古籍出版社，2008），頁3-73。

[31] David W. Pankenier, "Mozi and the Dates of Xia, Shang and Zhou: A Research Note," *Early China* 9-10 (1983-1985): 175-81. 中文版本見班大為：〈《墨子》與夏商周年代：一份研究筆記〉，載於《中國上古史實揭秘—天文考古學研究》，頁74-81。

[32] David W. Pankenier, "The Cosmo-Political Background of Heaven's Mandate," *Early China* 20 (1995):121-76. 中文版本見班大為：〈天命的宇宙—政治背景〉，載於《中國上古史實揭秘—天文考古學研究》，頁211-350。

[33] David W. Pankenier, "Reflections of the Lunar Aspect on Western Zhou Chronology," *T'oung Pao,* 2nd ser., 78 (1992): 33-76. 中文版本見班大為：〈西周年代學中的月

在班大為看來,「今本」《竹書紀年》的年代學體系有些地方雖有缺陷,偶有自相矛盾,並且其部分結論是後來竄入的,但是如果對之認真加以利用,採用正確的方法進行分析,是有可能從中發現解決三代年代學問題的關鍵性新線索。班大為認為「今本」《竹書紀年》的年代是建立在可信證據之上的一種調和性年代,而確定這些證據為何及其如何被使用,將有助於揭示出若干古代年代學研究及後人如何對早先的年代加以改動的的細節。[34] 儘管他不承認「今本」所記堯、舜的在位年代及其年壽以及關於他們退位的記載可作為可靠史實,但是作為某些相對的年代,「今本」的年表對重建早期編年紀具有重要的參考價值。[35] 班大為認為,從一些事件的天文年代看,《竹書紀年》的年表顯然在此書於前296年隨葬入墓之前及於281年出土後的編纂整理過程中,均曾受到某些曲解。因此《竹書紀年》的年表遭受曲解的系統性質清楚地表明,這些年代很可能是,某種企圖通過某些方法建立周受天命及周克商的年代、卻不成功的直接結果。經由研究這些早期學者對克商年代修訂的結果,人們便有可能探求現存於《竹書紀年》年代系統的發展,而無需依賴產生於周末和漢代去為解決年代問題所提出的各種假說。[36]

相〉,載於《中國上古史實揭秘—天文考古學研究》,頁92-145。

[34] David W. Pankenier, "The *Bamboo Annals* Revisited: Problems of Method in Using the Chronicle as a Source for the Chronology of Early Zhou," pt. 1, *Bulletin of the School of Oriental and African Studies* 55, pt. 2 (1992): 287. 中文版本見班大為:〈《竹書紀年》再研究:基於編年史研究西周早期年代學之方法的問題〉,載於《中國上古史實揭秘—天文考古學研究》,頁146-210。

[35] David W. Pankenier, "Mozi and the Dates of Xia, Shang and Zhou: A Research Note," *Early China* 9-10 (1983-1985): 180. 中文版本見班大為:〈《墨子》與夏商周年代:一份研究筆記〉,載於《中國上古史實揭秘—天文考古學研究》,頁74-81。

[36] David W. Pankenier, "The *Bamboo Annals* Revisited: Problems of Method in Using the Chronicle as a Source for the Chronology of Early Zhou," pt. 1, *Bulletin of the School of Oriental and African Studies* 55, pt. 2 (1992): 277. 中文版本見班大為:〈《竹書紀年》再研究:基於編年史研究西周早期年代學之方法的問題〉,載於《中國上古史實揭秘—天文考古學研究》,頁146-210。

在中國大陸，二十世紀八十年代時在四川大學任職的陳力博士宣稱：「今本《紀年》雖有錯訛，然其主要內容與汲簡無異，其於考校古史、闡發幽微可資者甚多，良可寶貴。」[37] 陳力對「今本」《竹書紀年》的觀點可以概括如下：

「今本」《竹書紀年》淵源有自，體例亦與宋代以前人所見本相合，故「今本」《紀年》並非宋代以後人所造偽書，而清末學者姚振宗指為明范欽偽造之說尤為無據。

「今本」《竹書紀年》記事起於五帝，實荀勖、和嶠之舊，其堯元年的絕對年代與梁陶弘景、唐魏徵等所見《紀年》完全相同。

「今本」《竹書紀年》關於夏商西周積年的記載，與唐宋以前古籍所引《紀年》舊文頗多相合；且三代年數的計算，亦不能以今人的眼光來看待，而是應放在特定歷史環境之中，根據古代人們的思想觀念對其所載加以解釋和還原。

陳氏認為《竹書紀年》祇是戰國時人所編譔的一種古史，其戰國部分史事當屬可靠，而所載西周以前之史當與司馬遷所見戰國時期「記黃帝以來」之「譜諜」相類，僅反映了戰國時人之古史觀，不可完全按信史看待。至於所謂「古本」，乃後人輯錄各家所引《紀年》文字而成，隻言片語，斷章取義者有之，誤引漏引者有之，後人以己意理解誤解古書者亦有之。「今本」中的一些錯誤，有的出於西晉學者整理時的問題，有的出於後世學者（包括傳抄者）有意無意的改篡，有的則是在流傳過程中如其他許多古籍一樣誤抄、漏抄以及重新編排所致。不過，由於「今本」首尾一貫，或許能給人更為完整的信息。[38]

---

[37] 陳力：〈今本《竹書紀年》研究〉，《四川大學學報叢刊》，第 28 輯（1985.10），頁 13。

[38] 參閱陳力：〈今古本《竹書紀年》之三代積年及相關問題〉，《四川大學學報》（哲學社會科學版）1997 年第 4 期，頁 79-85。又見《「夏商周斷代工程」簡報》，第 51 期（1999.2.25），頁 1-2。

儘管替「今本」翻案一時竟為時尚所趨，然而仍有相當多的學者不隨風氣為轉移，繼續堅持「今本」《竹書紀年》之偽已成定讞的看法。尤為重要的是，他們除了繼續闡發清儒、王國維的辨偽方法和觀點外，還進一步從「今本」的歲名干支、列王年數、思想傾向、著書體例以及利用《周易》辨「今本」之誤等方面，舉證說明「今本」乃後人掇拾「古本」殘文及他書資料而成。故此書為幾經增益的重編之書，絕非唐以前人所見之本。但在「今本」編者是否有意作偽欺世以及此書有無價值的問題上，這一派學者之間的看法略有出入。有的人認為「今本」一書雖已非汲冢舊書，卻非盡出偽託，可謂作偽、輯佚並存；亦可取「今本」所繫年月，作為確定古代真實年代之參照。[39] 對於「古本」輯本，此派學者均以為，近人輯錄的《紀年》殘文斷片，儘管在數量上與晉人整理本頗有差距（原本 13 篇，而輯本僅得《竹書紀年》佚文約四百餘條），而且諸書所引《紀年》文字亦不盡相同（古人引書之目的非為後人保存史料，「古本」輯本內容亦有後人羼亂），不過輯者直抄原書，保持引文原貌，並作校勘考辨。所以以理推測，輯本的內容絕不會與汲冢原書在總體性質和內容上扞格不入。

值得提出的是，張培瑜從天文史和年代學的角度，對「今本」《竹書紀年》從事深入的研究。他對《竹書紀年》的天象記載詳加考察，發現「今本」《竹書紀年》新增的某些天象紀事，例如日食紀事等，並非汲冢出土佚書原有，而是宋元以後學者所增。「今本」《紀年》所增年月及歲名，多是依據《大衍曆議》。因夏商西周積年所據系統不一，「今本」編者又不熟悉曆法曆術，故其年代方枘圓鑿、扞格難通。他對比《大衍曆議》、「今本」《竹書紀年》的歲名，發現兩者的歲名，自夏仲康開始一一對應。但二書中的夏商紀年相差三個甲子（180 年），西周（自文王崩）紀年則相距一個干支週期（60

---

[39] 參看曹書傑：《中國古籍輯佚學論稿》（長春：東北師範大學出版社，1998），頁108。

年）。之所以出現這種情況，即因「今本」《紀年》誤用《大衍曆議》的歲名，而二書卻採用完全不同的兩套三代積年系統。[40] 所以根據「今本」《竹書紀年》的各王在位年數與始年終年干支和總年數，年代既不易理清，亦很難相應的。由於「今本」《竹書紀年》的作者不諳古曆推步，甚至連簡單的運算都未下功夫去仔細的推敲和檢查，很難設想「今本」《竹書紀年》的作者能以細緻巧妙的設計和嚴謹迂曲的計算，得出夏商周的準確年代。「今本」《竹書紀年》的歲名框架（包括某些天象記載）和紀年系統並非《紀年》原有，而是後世的作者或輯者所加入。「今本」《竹書紀年》中的很多內容，包括某些年歲記載（如某些王的在位年數或陟年），或許可能是《紀年》原有的。張培瑜認為「今本」紀年之所以會出現這些矛盾和扞格牴牾，正是由於採用了錯誤的歲名框架，無法調停而不得已而兩存之所造成的結果。[41]

我本人對《竹書紀年》的研究最初受崔述〈竹書紀年辨偽〉和王國維《今本竹書紀年疏證》的影響，而後又受到陳力、夏含夷、倪德衛重新評價「今本」《竹書紀年》的刺激及啟發。近十餘年來，我主要從事對今古本《竹書紀年》的文獻考證整理，並與倪德衛合作英譯《竹書紀年》。在翻譯過程中，我們努力解決若干文獻疑難，提出一些新的見解。此外，劉師家和先生、費樂仁（Lauren F. Pfister）教授和我近年來合作研究，試圖析論西方漢學家、蘇格蘭傳教士理雅各的英譯儒家經典。理氏所譯《中國經書》（*Chinese Classics*）第三卷《書經》（*The Shoo King*）包括《竹書紀年》，出版於1865年。我們研究計劃中涉及此卷中《竹書紀年》部分的研究成果已經發表。[42]

---

[40] 張培瑜：〈《大衍曆議》與《今本竹書紀年》〉，《歷史研究》1999年第3期，頁87-94。

[41] 張培瑜：「『古本』『「今本」《竹書紀年》的天象記載和紀年」，國際《竹書紀年》研討會論文（2009.5），頁12。

[42] 參看劉家和、邵東方：〈理雅各英譯《尚書》及《竹書紀年》析論〉，《中央研究院歷史語言研究所集刊》，第71本第3分（2000.9），頁681-726。

◆前言 《竹書紀年》版本題名之辨析與「今本」真偽之爭論◆

在研究《竹書紀年》過程中，我試圖從《竹書紀年》版本的內容及其時代背景，系統而全面地從直接史料中搜尋一切相關的證據，對於「今本」《竹書紀年》的真偽問題、「古本」與「今本」《竹書紀年》的思想傾向比較、史實考釋、標點句讀以及英譯探討等問題，提出文獻佐證與商榷意見。我希望通過具有包容精神的學術爭論，藉以重新證明錢大昕、崔述、王國維等學者關於「今本」《竹書紀年》性質的論斷，而更可闡發昔賢所未論及之種種問題，並將結論建立在可供客觀檢證的歷史事實之上。這本論文集便是我近十多年研究《竹書紀年》的心得成果，讀者自可從中體會筆者的用心和方法。

二百多年來，中外學者對《竹書紀年》作了大量的研究。作為中國古代的重要歷史典籍，研究此書不僅涉及中國古代文獻學（特別是辨偽學），更重要的是對先秦史及上古年代學有著極大的意義。近年來，夏商周年代學儼然已成為全世界漢學界關注的一個學術熱點，其中許多問題都涉及「今本」《竹書紀年》的年代記載。而有關「今本」真偽的兩種對立的觀點，迄今尚未取得一致意見。雙方的主要分歧不僅在於各家依據的古史說法各異，而且對古書的瞭解和詮釋的方法也相去甚遠。

為了更好地推動對《竹書紀年》的研究，倪德衛教授和我主辦了國際《竹書紀年》研討會。2009年5月23至24日，13位來自中國大陸、美國、加拿大的學者參加了在美國史丹佛大學東亞圖書館舉行的這次學術聚會。他們是（按姓氏羅馬拼音為序）：曹書傑（東北師範大學古籍研究所）、丁一川（北京大學歷史系）、顧浩華（Howard Goodman，《亞洲專業主修》（*Asia Major*）執行主編）、李峰（哥倫比亞（Columbia）大學東亞語言與文化系）、馬絳（John Major，紐約中國研究所）、倪德衛（史丹佛大學哲學系暨宗教研究系）、邵東方（史丹佛大學東亞圖書館）、夏含夷（芝加哥大學東亞語言與文化系）、徐鳳先（中國科學院自然科學史研究所）、葉山（Robin

Yates，麥吉爾（McGill）大學歷史系暨東亞研究系）、張富祥（山東大學文史哲學院）、周軼群（史丹佛大學亞洲語文系）、朱永棠（John Tse，普渡（Purdue）大學）。受到邀請但因故未克與會的學者有陳力（中國國家圖書館）、張培瑜（南京紫金山天文臺）。

這次研討會為多年研究《竹書紀年》的東西方學者提供了難得的直接交流的機會。來自歷史學、考古學、天文學、文獻學、科技史等不同領域的學者對《竹書紀年》進行了跨學科的研究和專業性的討論。在會議中，對持「今本」各持己見的雙方雖在觀點上針鋒相對，見仁見智，卻都取材廣博，考訂詳實，持之有故，創見尤多，充分展示了近年來學術界對《竹書紀年》的最新研究成果。儘管我本人與欲為「今本」作翻案文章者持論每多不合，但這絲毫並不能減少我對他們執著於追求學術真理的敬意。

關於「今本」《竹書紀年》之真偽迄今仍然懸而未決，然而學者間的爭論使得人們對此書的認識不斷加深，這無疑對於重建中國上古紀年的研究具有極大的啟示作用。「今本」《竹書紀年》的真偽問題牽涉到無數具體而複雜的古史研究專門問題，而這些問題並非短時間內所能解決。不過我們有理由相信，學術的爭論祇有通過長期和往復的質疑問難，纔有望逐漸趨於共識定論。

附帶需要指出的是，隨著近代以來中文著作採用西式標點符號，多數學者包括筆者在內題寫《竹書紀年》今、古本書之名時，均作「古本」《竹書紀年》及「今本」《竹書紀年》。當然也有個別學者採用不同的題寫方式，如范祥雍除去引號，逕題《古本竹書紀年》、《今本竹書紀年》[43]，殆意在強調「今本」與「古本」並非僅為版本殊異的同一著作。

---

[43] 范祥雍：《古本竹書紀年訂補》，頁81。

第一篇 「今本」《竹書紀年》諸問題考辨
　　——與陳力博士商榷

引言

　　自清代中期以還,對「今本」《竹書紀年》真偽的爭論已引出了若干篇考證文字。清代學者對「今本」疑信各半,諸說歧異。按照梁啟超（1874-1929）的說法[1],大致有四派不同觀點:

> 一,並汲冢原書亦指為晉人偽撰者。錢大昕（1728-1804）、王鳴盛（1722-1797）等。二,並今本亦信為真者。徐文靖（1667-1756）等。三,以古本為真、今本為偽者。郝懿行（1757-1825）、章學誠（1738-1801）、朱右曾（1799-1858）、王國維（1877-1927）等。四,雖不認今本為真,然認為全部皆從古本輯出者。洪頤煊（1765-1833）、陳逢衡（1778-1855）、林春溥（1775-1861）等。[2]

　　持第一說的人為數甚少。王鳴盛在《十七史商榷》裡,認定汲冢原書「必是束晳（約264-約303）偽譔也」。[3]他的理由是,《竹書紀年》起自黃帝,以下皆有年月日及立年崩年,不合共和以前無甲子紀年的傳統說法。稍後的丁晏（1794-1875）在《尚書餘論》中亦稱「《汲郡紀年》晉初之偽書也。」[4]然而錢大昕似不應歸於此派,因其謂「《紀年》出於魏、晉,固未可深信」,而明確指出「是書必明人所葺」。[5]

---

[1] 按:本篇（包括引文）所涉及的已故人物初次出現時,均附加生卒年代（不詳者除外）。
[2] 梁啟超著,朱維錚校注:《中國近三百年學術史》,載於《梁啟超論清學二種》（上海:復旦大學出版社,1985）,頁366。
[3] 王鳴盛著,黃曙輝點校:《十七史商榷》卷3（上海:上海書店出版社,2005）,頁21。
[4] 丁晏:《尚書餘論》,載於《叢書集成續編》第5冊（上海:上海書店,1994）,頁54。
[5] 錢大昕:《十駕齋養新錄》卷13,載於《嘉定錢大昕全集》第7冊（南京:江蘇古籍出版社,1999）,頁347。

持第二說者在清代大有人在。清初顧炎武（1612-1680）考證之學固為精覈，然而他在《日知錄》中卻常引「今本」《竹書紀年》以為據。在清中期，戴震（1723-1777）校《水經注》，也曾據「今本」《竹書紀年》改其中所引「古本」《竹書紀年》之條；以辨疑著稱的梁玉繩（1745-1819）亦篤信「今本」，據之以證史書。

　　第三說在清代中期以後漸成主流。清廷主持所修的《四庫全書總目提要》（1789年刻版）即以「今本」為明人偽纂。崔述（1740-1816）撰〈竹書紀年辨偽〉（1804年成書），列舉了十則證據以驗「今本」之偽。[6] 其後，郝懿行、朱右曾、孫詒讓（1848-1908）也都指出「今本」蓋經後人補綴而成。朱右曾《汲冢紀年存真》〈序〉曰：

> 不知何年何人，捃拾殘文，依附《史記》，規仿紫陽《綱目》，為今本之《紀年》，鼠璞淆渾，真贗錯雜，不有別白，安知真古文之可信，與今本之非是哉！[7]

　　主張第四說的清代學者亦不乏人，除了前引洪頤煊、陳逢衡、林春溥等人外，趙紹祖（1772-1853）（著有《校補竹書紀年》）和雷學淇（撰有《竹書紀年義證》和《考訂竹書紀年》）皆從此說。他們相信「今本」並非出於杜撰，雖「非復原本之舊矣，然其事實顯然，與經史印合」[8]，可視為信史。林春溥甚至認為《紀年》未經後人修輯，其書法「皆依古簡本文，無所改竄」，非偽書可比，可以證經史之誤。[9] 十九世紀中葉旅居香港的蘇格蘭傳教士、漢學家理雅各（James Legge, 1815-1897）頗受這一派中國學

---

[6] 崔述：〈《竹書紀年》辨偽〉，載於顧頡剛編訂：《崔東壁遺書》（上海：上海古籍出版社，1983），頁460-463。

[7] 朱右曾：《汲冢紀年存真》〈序〉（歸硯齋刻本），載於《續修四庫全書》第336冊（上海：上海古籍出版社，2002），頁1。

[8] 陳逢衡：《竹書紀年集證》（裛露軒刻本），載於《續修四庫全書》第335冊，頁5。

[9] 林春溥：《竹書後案》，載於楊家駱編：《竹書紀年八種》（臺北：世界書局，1963），頁5。

者（特別是陳逢衡）的影響，篤信「今本」《竹書紀年》，將之譯成英文並加以注釋。

1917年，王國維《今本竹書紀年疏證》一書問世，王氏依惠棟辨偽《古文尚書》之例，將「今本」《竹書紀年》作偽之來源逐一注出，以標明其掩襲之跡。王氏之書對學林影響甚大，近世學者都傾向於王氏之說。因此在「五四」新文化運動以後，「今本」《竹書紀年》偽書說已為世所習聞。受「古史辨」疑古思潮的影響，有的學者甚至主張《竹書紀年》甫出土即作偽。呂思勉便認為西晉學者借古書出土而製造偽書，宣揚放殺之說，以闡發他們的政治看法。[10] 可是《竹書紀年》中非堯舜、薄湯武的記載不祇是魏晉時期人的看法，遠在戰國時期，人們對堯舜湯武的評價即存在著兩種針鋒相對的意見。《韓非子》〈忠孝〉即謂「堯、舜、湯、武或反君臣之義，亂後世之教者也」。[11] 是則法家早有此說，故上述看法則似未當。

自二十世紀八十年代起，海內外對王國維說力持異議者，頗不乏人。他們重辨「今本」《竹書紀年》之真偽，專門論證此書之信而有徵。其中尤以陳力博士所著〈今本《竹書紀年》研究〉一文頗受注目。[12] 陳君為研究先秦史的著名前輩學者徐中舒（1898-1991）教授及門高弟，既得名師傳授，又於《竹書紀年》一書用力甚勤，所以其說應予以充分的重視。然經反復推勘，終覺其證據薄弱，疑點甚多，且其所詮釋亦多有牽合之處。是故不揣讓陋，勉力草成此文，向陳力博士提出商榷。「今本」《竹書紀年》真偽此重公案涉及到古代史研究方面的許多重大課題，非本文篇幅所能詳盡檢討，姑不具論。本文僅從文獻學的角度，擬對陳君的主要論點具陳鄙衷所疑者於此，以求教於高明，並質正於陳君。

---

[10] 呂思勉：《先秦史》（上海：上海古籍出版社，1982），頁76。
[11] 梁啟雄：《韓子淺解》（北京：中華書局，1960），頁505。
[12] 陳力：〈今本《竹書紀年》研究〉，《四川大學學報叢刊》，第28期（1985.10），頁4-15。以下凡引此篇，僅標明作者、篇名及頁碼。英譯文見 Chen Li, "Fresh Evidence for the Authenticity of 'Jinben Zhushu Jinian'," *Social Sciences in China* 14, no.3 (1993): 97-114.

一、《竹書紀年》未佚說辨

自清中葉以來，研究《竹書紀年》的多數學者認為，「古本」《竹書紀年》，即晉代人根據《竹書紀年》原簡所整理的文本，已在唐代以後的流傳中失佚。至於亡佚的時間，學者們則各異厥說。王國維認為汲冢《竹書紀年》佚於兩宋之際[13]，方詩銘（1919-2000）以為「古本」《竹書紀年》於北宋時早已散佚[14]，而范祥雍（1913-1993）主張「古本」全書亡於元代。[15]

「古本」《竹書紀年》究竟是否失佚是確定「今本」《竹書紀年》真偽的一個關鍵。正因為如此，作翻案文章必須首先在這一點上著力用功，以排除前人判定「今本」非偽作的種種根據。陳君亦不出其右，他列舉了若干反證，以駁「古本」《竹書紀年》亡佚失傳的說法。陳君歷述南宋以後人所引若干在此之前未被徵引的《竹書紀年》之文，來說明南宋以降《竹書紀年》流傳過程的情況。驟觀之，陳君的論述似乎有理有據，然細加推敲，便可發現其立論頗有可商之處，所徵引的資料也不無問題。為了便於讀者瞭解起見，以下將依陳君所考之次第，對其論點可疑之處逐一加以檢討。

《隋書》〈經籍志〉記載：「《紀年》十二卷，並《竹書異同》一卷。」《舊唐書》〈經籍志〉、《新唐書》〈藝文志〉均記《竹書紀年》14卷。至宋，《竹書紀年》卻不見於北宋的第一部《崇文總目》（成書於北宋仁宗慶曆元年）。宋承唐末五代大亂，清人崔述疑《竹書紀年》經唐末五代之亂而失之。[16] 這是有道理的。方詩銘考《竹書紀年》散佚，既而曰：「《崇文總目》不著錄《紀年》，並非因為『謬濫不全』而見棄，而是由於此書

---

[13] 王國維：《古本竹書紀年輯校》〈序〉，載於楊家駱主編，劉雅農總校：《世界文庫・四部刊要・史學叢書》第2集1冊（臺北：世界書局，1957），頁1。
[14] 方詩銘：〈《竹書紀年》古本散佚及今本源流考〉，載於尹達等主編：《紀念顧頡剛學術論文集》下冊（成都：巴蜀書社，1990），頁922。
[15] 范祥雍：〈關於《古本竹書紀年》的亡佚年代〉，《文史》，第25輯（1985.10），頁60。
[16] 崔述：〈《竹書紀年》辨偽〉，載於顧頡剛編訂：《崔東壁遺書》，頁460。

早已散佚。」[17] 在他看來，由於《竹書紀年》已亡佚，故《崇文總目》未見記載。這一說法證明了《竹書紀年》於北宋時已不復存在。

陳君對上述看法提出質疑。他說：「《紀年》果亡於北宋末麼？其實不然。搜索南宋以後古書，亦可見《紀年》流傳之迹。」[18] 他以董逌《廣川書跋》和呂祖謙（1137-1181）《呂氏家塾讀詩記》所引兩條《竹書紀年》來證明「古本」《竹書紀年》在南宋初年並未亡佚。雖然陳君所轉引的兩條《紀年》不見於傳世之「今本」和各家「古本」的輯本，但此二條未見於「今本」和「古本」《竹書紀年》自有其它可能性：它們可能原本即非《紀年》之文，因此「今本」與「古本」均未收入。為什麼這樣說呢？因為這兩條《紀年》的來源是有問題的。如第一條「[秦]穆公十一年，取靈邱」，《四庫提要》云：

> 《廣川書跋》引《竹書》「秦穆公十一年，取靈邱」。今本無之，則非董逌所見本也。[19]

方詩銘、王修齡指出董氏所引《紀年》似轉引而來，並對此條的來源，疑出自顧野王的《輿地志》，不為無因。其曰：

> 王順伯[《詛楚文》]跋云：「『亞駝』即呼沱河，顧野王考其地在靈丘，《竹書紀年》穆公十一年取靈丘，故亞駝自穆公以來為秦境也。」[20]

方、王二氏的懷疑殊有見識，其說可從。而第二條「武王封武庚于朝歌，分其地為邶、鄘、衛，使管叔、霍叔、蔡叔監之」已明言是引自董逌，而

---

[17] 方詩銘：〈《竹書紀年》古本散佚及今本源流考〉，載於尹達等主編：《紀念顧頡剛學術論文集》下冊，頁921。
[18] 陳力：〈今本《竹書紀年》研究〉，頁4。
[19] 永瑢等：《四庫全書總目》（北京：中華書局，1965），頁418。
[20] 方詩銘、王修齡：《古本竹書紀年輯證》，頁74。

其內容與《逸周書》（此書原存，與汲冢書實不相涉）所記大致相同，或當引者誤將《周書》內容張冠李戴為《竹書紀年》所載。可見陳君所據實乃自他人轉引的《紀年》而來，這一點不足以說明《竹書紀年》在南宋初年仍流行於世。

陳君又引陳逢衡《竹書紀年集證》中說朱熹（1130-1200）曾見《竹書紀年》的一段文字，以實《竹書紀年》於南宋初年未佚之說。陳逢衡云：

> 惟朱子考惠成之年，謂見于《竹書》甚明。又謂此間有《竹書紀年》，須借讀，半年方得之語。[21]

陳君所引陳逢衡的這段文字，見其書之「凡例」中，原書未注出處，陳君稱引時也未指明此書引文的出處。經查覈，前句見於《朱子語類》卷五十一「齊人伐燕勝之章」。其文曰：

> 《史記》，魏惠王三十六年，惠王死，襄王立。襄王死，哀王立。今《汲冢竹書》不如此，以為魏惠王先未稱王時，為侯三十六年，乃稱王。遂為後元年，又十六年而惠王卒。即無哀王。惠王三十六年了，便是襄王。《史記》誤以後元年為哀王立，故又多了一哀王。汲冢是魏安釐王冢，《竹書》記其本國事，必不會錯。[22]

東方按：讀了朱熹這一段話，很難相信朱熹曾親覩《竹書紀年》。「即無哀王」以上的話見於杜預（222-284）〈春秋經傳集解後序〉，朱熹熟讀經傳之書，所以不難知道上述內容，未必一定要見過《竹書紀年》原書。況且杜氏曾親見《竹書紀年》，朱熹自然可直接援引〈後序〉而以為「古本」《竹書紀年》之內容。值得注意的是「即無哀王」以下句，朱熹似乎不知

---

[21] 陳逢衡：《竹書紀年集證》（裛露軒刻本），載於《續修四庫全書》第335冊，頁6。
[22] 黎德靖編：《朱子語類》第4冊（北京：中華書局，1994），頁1228-1229。

道《史記索隱》所引《紀年》有「惠成王三十六年，又稱後元一，十七年卒」的說法。[23] 如果朱熹真看過《竹書紀年》的話，不可能不注意到這一問題。由此可見，朱熹以上有關惠成王二元年的說法顯然是轉引自杜預的〈後序〉。朱熹假如真的見過「古本」《竹書紀年》的話，其弟子沈僴如何敢說「此條有誤」呢？[24] 他的懷疑也從旁驗證朱熹未曾見過「古本」《竹書紀年》。

至於陳逢衡所引朱熹之語：「此間有《竹書紀年》，須借讀，半年方得。」我們討論這段文字，感到其中頗有不夠明確之處。按「須」與「需」在古漢語中可以互訓。《說文解字》：「須，待也。」又《說文解字》：「需，須也。」為什麼可以這樣互訓呢？因為「在等待的意義上，『須、需』實同一詞」。[25] 所需須之物應是尚未到手的等待之物。朱熹祇是說要借讀，然而是否借到了呢？這一點在原文中並無答案，故我們不能據此以斷言朱熹已經借到此書。《朱熹集》中有朱熹答林擇之書，內云：「而杜元凱〈左傳後序〉載汲冢《竹書》乃晉國之史，却以夏正建寅之月為歲首，則又似胡[安國]氏之說可為據。此間無《竹書》，煩為見拙齋扣之，或有此書，借錄一兩年示及，幸甚幸甚！」[26] 這封信說明：第一，朱熹是從杜預〈春秋左氏經傳集解後序〉中得知《竹書》的；第二，當時朱熹所在之地沒有《竹書》；第三，朱熹托林氏打聽《竹書》，因為並無把握，纔說「或有此書」。據信中所言，我們得不出陳逢衡所說朱熹已見《竹書》的結論。而陳逢衡之語他書未見，這就有陳氏誤記的可能。以此信觀陳氏之說，則其引文中《竹書紀年》可能本是《竹書》。陳氏引朱熹語未具出處，當以朱熹答友人書為據。可是陳君卻以陳逢衡的不確之辭，作為他自己的證據，其不確一；陳君以朱熹打聽《竹書》事推衍為朱熹已見此書，其不確二。

---

[23] 參閱方詩銘、王修齡：《古本竹書紀年輯證》，頁135。
[24] 黎德靖編：《朱子語類》第4冊，頁1229。
[25] 王力：《同源字典》（北京：商務印書館，1982），頁199。
[26] 朱熹：〈答林擇之〉，載於《朱熹集》第4冊，卷43（成都：四川教育出版社，1996），頁2036-2037。

至於朱熹本人最終是否借到此書，因無書證，難以稽考。除非今後發現陳逢衡引文的出處，否則朱熹親見《竹書紀年》之說不足以為據。南宋張邦基論及《穆天子傳》時有云：

> 汲冢中竹書，唯此書及《師春》行於世，餘如《紀年》、《瑣語》之類復已亡逸。[27]

張氏生於兩宋之間，性喜藏書，故稱所居為墨莊。張氏之語可以說是《紀年》在南宋初年時已佚的直接證據。張氏之說與朱熹之函並不矛盾，因為朱熹托人打聽和代借的《竹書》，恐怕就是這兩種尚存者之一。

然而更為重要的是，晚近的研究證明，南宋人所引《竹書紀年》很可能是《師春》一書。北宋黃伯思（1079-1118）曾記載了《師春》一書的來龍去脈。方詩銘對此過程論之極為詳贍，茲移錄如下：

> 到了北宋末年，黃伯思在秘閣見到一部《汲冢師春》。所著《東觀餘論》卷上《周宋公鼎說》和卷下《跋〈師春書〉後》、《校定〈師春書〉序》，曾對這部書作過簡單介紹。《校定〈師春書〉序》說：「承議郎行秘書省校書郎臣黃某校讎中《師春》五篇，以相校除複重，定著三篇。篇中或誤以『夢』為『菅』，以『放』為『依』，如此類者頗眾。撝皆已定，可繕寫。案晉太康二年，汲郡民不準盜發魏襄王冢，得古竹書凡七十五篇。晉征南將軍杜預云：『別有一卷，純集《左氏傳》卜筮事，上下次第及其文義，皆與《左傳》同，名曰《師春》。師春，似是鈔集人名也。』今觀中秘所藏《師春》，乃與預說全異。預云純集卜筮事，而此乃有諸國世次及十二公歲星所在，並律呂謚法等，末乃書易象變卦，又非專載《左氏傳》卜筮

---

[27] 張基邦：《墨莊漫錄》卷9，載於《景印文淵閣四庫全書》第864冊（臺北：臺灣商務印書館，1986），頁85。

事，由是知此非預所見《師春》之全也。然預記汲冢他書中，有易陰陽說而無象繫，又有《紀年》三代並晉魏事，疑今《師春》蓋後人雜鈔《紀年篇》耳。然預云《紀年》起自夏商周，而此自唐虞以來皆錄之；預云《紀年》皆三代王事，無諸國別，而此皆有諸國；預云《紀年》特記晉國，起殤叔，次文侯、昭侯，而此記晉國世次自唐叔始，是三者又與《紀年》異矣。及觀其記歲星事，有『杜征南洞曉陰陽』之語，由是知此書亦西晉人集錄，而未必盡出汲冢也。然臣近來考辨秘閣古寶器，有《宋公䜌餗鼎》，稽之此書，䜌乃宋景公名，與鼎名合，而《太史公書》及他書皆弗同。由是知此書尚多古事，可備考證，固不可廢云。謹策錄上。」

《跋〈師春書〉後》較此為簡，內容基本相同，……

由上可知，《竹書紀年》的古本，北宋時雖早已散佚，但還有一部雜鈔有《紀年》的《汲冢師春書》在流傳，這部書也稱為《竹書》。[28]

方氏這一段的考訂翔實，故今人多以方氏所考立論。由斯以觀，《師春》雖與已佚的《竹書紀年》在內容的內涵與外延上多有相重合的部分，似與《紀年》接近，但絕非同一部書。因此董逌所見到的和朱熹所聽說的《竹書》，乃後人雜採諸書、綴輯成卷而冠以《師春》之名的一部書。特別是方氏還注意到了董逌《廣川書跋》卷三的一條重要證據，即其中《餗鼎銘》條云：「《竹書》有宋景公䜌。」此恰與《汲冢師春書》所說的「䜌乃宋景公名」相合。[29] 此一發現可進一步證明董氏所見《紀年》即《師春》一書。於此，南宋初年所流行的《竹書》究竟為何書也就一目瞭然了。

陳君又云：「南宋淳熙名臣尤袤（1127-1194）《遂初堂書目》編年類

---

[28] 方詩銘：〈《竹書紀年》古本散佚及今本源流考〉，載於尹達等主編：《紀念顧頡剛學術論文集》下冊，頁921-922。

[29] 方詩銘：〈《竹書紀年》古本散佚及今本源流考〉，載於尹達等主編：《紀念顧頡剛學術論文集》下冊，頁922。

著錄有《竹書紀年》，無卷數。淳熙四年，陳騤作《中興書目》，著錄《紀年》三卷。據此，南宋中葉《紀年》猶未亡也。」[30] 尤袤《遂初堂書目》不載諸書卷數，《竹書紀年》僅記書名，而不詳作者、著述方式及版本，已非原貌，顯係後人增刪而成，故難以說明尤氏確曾藏有《竹書紀年》。《中興書目》亡佚已久，章如愚（宋寧宗慶元年間進士）的《群書考索》、王應麟（1223-1296）的《玉海》都曾引《中興館閣書目》遺文。[31] 《群書考索》卷十六記《竹書》云：

> 此本止有第四、第六及雜事三卷，下皆標云：「荀氏敘錄。」一紀年，一紀令應，二雜事，悉皆殘缺。《崇文總目》不著錄。[32]

《玉海》卷四十七於「〈唐志〉《紀年》十四卷」下注云：

> 《崇文書目》不著錄。《中興書目》止有第四、第六及雜事三卷，下皆標云：「荀氏敘錄。」一紀年，二紀令應，三雜事，皆殘缺。[33]

這兩段記載的內容基本相同，陳君所云「淳熙四年，陳騤作《中興書目》，著錄《紀年》三卷」的根據便是以上的記載。可是究竟《中興書目》所記《紀年》是否為三卷仍然是一個含糊不明的問題。方詩銘對這一問題辨析甚明，今錄於下：

> 殘本《紀年》究竟是包括「雜事」在內一共三卷，還是第四、

---

[30] 陳力：〈今本《竹書紀年》研究〉，頁5。
[31] 趙士煒所輯《中興館閣書目輯考五卷 續書目輯考一卷 附錄一卷坿通檢一卷》（北平：國立北平圖書館、中華圖書館協會合刊，1933），乃今之查考此二書目通行輯本。
[32] 章如愚：《群書考索》，載於《景印文淵閣四庫全書》第936冊，頁225。
[33] 王應麟：《玉海》，載於《景印文淵閣四庫全書》第944冊，頁284。

◆第一篇 「今本」《竹書紀年》諸問題考辨◆

第六合為兩卷,「雜事」是三卷呢?趙士煒《中興館閣輯考》卷二編年類著錄為《紀年》二卷,《雜事》三卷。這裡還是如前說較為妥當,一共是三卷,而不是五卷,即一卷為「紀年」,一卷為「紀令應」,一卷為「雜事」。《中興館閣書目》成于孝宗淳熙五年(公元一一七八年),《宋史‧藝文志》說:「高宗移蹕臨安,乃建秘書省於國史院之右,搜訪遺闕,屢優獻書之賞,於是四方之賞稍稍復出,而館閣編輯日益以富矣。當時類次書目,得四萬四千四百八十六卷。」這部三卷的殘本《紀年》就是在南宋初年入藏於館閣的。從《玉海》的簡單介紹來看,這也是如《汲冢師春書》那樣,是一個雜鈔本,不過包括有《紀年》殘文而已,決不是《紀年》原書。[34]

這一考證說明,《竹書紀年》在南宋中期雖見於秘府藏書,然已是殘本一卷,不及原書十分之一,這樣的殘本根本無法體現原書全貌。平心而論,即使《紀年》雖未全亡,但事實上已形同佚失。因為其所載祇能是很短一段時間裡有限的史事,其作用與散見於各種古注裡的佚文已無太大的區別。尤其應當說明的是,如此嚴重殘缺的一卷與雖僅有兩卷(篇幅上相近),但首尾完備的《今本紀年》相較,在內容的覆蓋上顯然不可能一樣。因此,絕不能把這種殘本與「今本紀年」視為等同。

關於《竹書紀年》在宋末元初流傳的情形,陳君曰:「南宋末金履祥(1232-1303)撰《通鑑前編》,屢引《紀年》文,每出他書所引之外。」[35] 然考《通鑑前編》一書,發現金履祥所引《竹書紀年》雖有多條,但皆未詳其所出,或抄自他書,已殊無可考。方詩銘對《通鑑前編》引《竹書》事曾有如下考論:

---

[34] 方詩銘:〈《竹書紀年》古本散佚及今本源流考〉,載於尹達等主編:《紀念顧頡剛學術論文集》下冊,頁925。
[35] 陳力:〈今本《竹書紀年》研究〉,頁5。

《前編》卷二說：「日月有常，星辰有行。四時順經，萬姓允成。於予論樂，配天之靈。遇于聖賢，莫不咸聽，鼟乎鼓之，軒乎舞之。精華以竭，襃裳去之。」（此歌《汲冢竹書》亦有之，然誤在伊尹祀桐宮之下。）很明顯，他是見過這部《汲冢竹書》的。從而可知，這部《汲冢竹書》有「伊尹祀桐宮」的記載和這首歌。又說：「《宋書・符瑞志》亦謂當時星辰出房，慶云興，帝乃載歌，其辭若此。」今本《紀年》也有這首歌，是在所謂「沈約注」中，《汲冢竹書》卻次于「伊尹祀桐宮」之下，說明是在正文中，不是注語。又從而可知，這部《汲冢竹書》既與今本《紀年》相同，因為都記載有這首歌，但又不完全相同。[36]

由以上文字可見，儘管金氏屢引所謂《汲冢竹書》，但卻無證據說它即是「古本」《竹書紀年》。范祥雍還推測說，金氏所見本乃是雜採他書、附益補綴的本子，此本近似於「今本」《竹書紀年》，而不合「古本」《竹書紀年》之體例風格。[37] 無論怎樣，金氏所引《汲冢竹書》不是「古本」《竹書紀年》這一點是可以肯定的。

陳君又因見元代脫脫主編的《宋史》〈藝文志〉著錄《竹書》三卷，便以為《竹書紀年》至元代猶未亡也。[38] 這種說法驟觀之似有道理，但卻經不起仔細深究。《宋史》〈藝文志〉（簡稱〈宋志〉）雖成書於元至正三年（1343），然其序所言甚明：此〈藝文志〉為根據宋人的幾部書目「刪其重復，合為一志」。[39]〈宋志〉總收書為119,972卷，這個數目既比南宋時的總數（59,429卷）為多，也超過了北宋藏書最多時的總數（73,877卷）。不過正如序中所說，〈宋志〉的總數是將北宋、南宋藏書的兩個總數加起

---

[36] 方詩銘：〈《竹書紀年》古本散佚及今本源流考〉，載於尹達等主編：《紀念顧頡剛學術論文集》下冊，頁924。
[37] 范祥雍：〈關於《古本竹書紀年》的亡佚年代〉，《文史》，第25輯，頁57。
[38] 陳力：〈今本《竹書紀年》研究〉，頁5。
[39] 脫脫等：《宋史》卷202（北京：中華書局，1977），頁5033-5034。

來,然後減去重復書目的數字而得出的數目。[40] 此志的內容多抄自成書於南宋紹定四年(1231)、因秘府火災而書多缺之後的《中興國史藝文志》,而作為藍本的《國史藝文志》原書早已散佚,現存趙士煒的輯本又未見《竹書紀年》,故《國史藝文志》是否有《竹書紀年》已屬難辨。

〈宋志〉雖著錄《竹書》三卷,但近代著名目錄學家余嘉錫(1883-1955)有謂:「歷代史志,惟此志為最不足據。……欲據此志以考古書之存亡完闕,鮮不為所誤者矣。」[41] 因此我們是不能輕以〈宋志〉來解說《竹書紀年》在宋元時未亡。同時,元初馬端臨(1254-1323)的《文獻通考》〈經籍考〉亦未錄《紀年》之目。馬氏在《文獻通考》〈自序〉云:

> 今所錄,先以四代史志,列其目。其存於近世而可考者,則採諸家書目所評,幷旁搜史傳、文集、雜說、詩話,凡議論所及,可以紀其著作之本末,考其流傳之真偽,訂其文理之純駁者,則具載焉,俾覽之者如入群玉之府而閱木天之藏。[42]

這表明馬氏所據乃四代書目,其所著錄乃以「今書」,即尚在宋代流布的可見之書為主。馬氏又說:「[〈經籍考〉]所錄諸書,蓋有前史僅存其名、晚學實未嘗見其書者,則亦無由知其編類之得失,是以姑仍其舊。」[43] 以此可見,假令《竹書紀年》仍行於世,他是不可能漏錄此書的。

通過以上的討論,我們可以認識到,古代的書目有不同的類型:一種是照抄以前的書目,如鄭樵(1104-1162)《通志》〈藝文略〉(仍載《紀年》14卷)、《宋史》〈藝文志〉;另一種是就所見之書而作書目,如晁公武《郡齋讀書志》、陳振孫(?-約1261)《直齋書錄解題》所載,都是

---

[40] 關於《宋史》〈藝文志〉的來源,參見范祥雍:〈關於《古本竹書紀年》的亡佚年代〉,《文史》,第25輯,頁60。
[41] 余嘉錫:《古書通例》(上海:上海古籍出版社,1985),頁11-12。
[42] 馬端臨:《文獻通考》〈自序〉(北京:中華書局,1986),頁8。
[43] 馬端臨:《文獻通考》卷195,頁1648。

他們手藏目睹之書。可是陳君不重視這兩部重要的書目，卻以「諸史之中最叢脞者」（《四庫提要》語）的《宋史》〈藝文志〉作為根據，未免失之於偏。由此可知，研究歷代載籍者絕不能以草率成書、考究疏謬的書目所錄來判定古書之存亡。

陳君引清人雷學淇之說，斷定《竹書紀年》在元明之際尚存於世。雷學淇在嘉慶二年（1797）曾得到一部「大字本」《竹書紀年》。他說：

> 嘉慶二年得于書肆，首尾殘缺，唯舜紀以下至周顯王尚完善可讀。字體類元人所刻書相似，而滅荀城荀等事多不載，疑即楊慎《丹鉛錄》所稱，蓋元明間校刊本也。[44]

然細繹之，則不難看出雷氏所言仍有疑點。何以言之？首先，雷氏說：「字體類元人所刻書相似」，又云：此本「疑即楊慎《丹鉛錄》所稱，蓋元明間校刊本也」。雷氏在此止稱「類」、「疑」、「蓋」，均表示他本人的推測。既然雷氏本人尚未敢遽加斷言，我們則更不能輕下結論。而且，雷氏所說的「元明間」究竟是指元明之交、還是元代或明代時期呢？雷氏於此未作定論，我們便不能以之輕下「元末清初猶有刻本行世」的結論。

其次，雷氏說此書「首尾殘缺」。這就說明此書源於何處，已不易斷言，故范祥雍曰：

> 雷氏雖作了介紹，仍嫌不足。他稱之為「明大字本」，又云「字體類元人所刻」，又之「蓋元明間刊本」。模棱其詞，不能肯定，當因書之首尾殘缺之故。惟未記明字數行款及紙質墨色為微憾。[45]

---

[44] 雷學淇：《[考訂竹書紀年》〈竹書紀年考證〉（亦囂囂齋刻本），載於《四庫未收書輯刊》3輯12冊（北京：北京出版社，2000），頁114。東方按：雷書本名《考訂竹書紀年》，《四庫未收書輯刊》誤作《竹書紀年》，今據潤身堂藏版補刊本改。

[45] 范祥雍：〈關於《古本竹書紀年》的亡佚年代〉，《文史》，第25輯，頁57。

這段話真是一針見血。姑且不說雷氏之語「模棱其詞」，因為這一點可以用首尾殘缺來推託；可是雷學淇至少應該是見過「大字本」中間的正文，那麼祇要他是看過其中一兩頁，便能夠、也應該說得清楚「字數、行款、紙質、墨色」這幾件事。清代學者多採用審查行款、紙質、墨色等手段來鑒別版本的真偽，而雷氏竟遺漏了這樣重要的版本信息，這不能不使人對「大字本」的真實性產生懷疑。方詩銘曾說明雷學淇所見「大字本」和明刻本大致相同。其言曰：

> 嘉慶年間的雷學淇，曾經見到過一部元明間刻本的殘本。書凡二卷，與此後的明刻本同，他稱之為「大字本」。……此本雖佚，但從雷氏所作的校勘中，還可以看到這個本子的基本面貌。《考訂竹書紀年》曾據「大字本」校勘明刻本，凡二十五條，其中最顯著的即是上面所提到的雷氏所說的兩條，其餘不過是文字上的大同小異。即第一條的「伊尹乃自立」和「太甲殺伊尹」，雷氏也承認「蓋元明輯是書者，因其紕繆，削去不載，復從經傳之說擬為此也，非《紀年》原文。」說明「大字本」和明刻本是基本相同的。[46]

所以，即使有所謂「大字本」的存在，它也祇不過是「今本」《竹書紀年》的最早刻本，而非真正意義上的「古本」《竹書紀年》。

復次，有清一代，祇有雷氏一人自稱見過「古本」《竹書紀年》（並且是殘本），此事本身就不無疑點，故范祥雍有云：「嘉慶距今祇約二百年，我們查各家書目，未見此書，還有待於訪尋。」[47] 這就把問題追到更深的一層。時間纔相距二百餘年，而不是幾千年前，如有此本，為什麼別人都沒有見過，或若見過而為何都沒有留下記錄？須知雷氏訪書之時正是目錄學盛行的時代。如果說幾千年前發生的事，祇有一條材料的孤證，尚

---

[46] 方詩銘：〈《竹書紀年》古本散佚及今本源流考〉，載於尹達等主編：《紀念顧頡剛學術論文集》下冊，頁 926-927。
[47] 范祥雍：〈關於《古本竹書紀年》的亡佚年代〉，《文史》第 25 輯，頁 57。

且可以說因歷史久遠，不能強求旁證；可是嘉慶朝距今不過二百年，雷氏的孤證能夠使人相信嗎？萬一雷氏故弄玄虛，偽造證據，那麼人們不就都上當受騙了嗎？事實上，不少藏書家都有過這方面的深刻教訓。儘管如此，范祥雍最後對此點還是以「還有待於訪尋」一筆帶過。這一筆看來甚輕，其實是相當有份量的。因為如果這一問題可以定論，那麼還需要訪尋什麼呢？既然說還要訪尋，即是表示「大字本」的問題至此並未定論。若析言之，僅憑雷氏一人的記載來說明元末明初時猶存「古本」《竹書紀年》之刻本，顯為孤證，不足採信。至於雷學淇為何懷疑其所見大字本即楊慎所見本，他本人也未作說明。而楊氏在考辨古書方面為文最不可靠（這一點下面會有專門討論），因此不能對這種一面之辭深信不疑，至多把雷氏之說加以存疑，以俟日後發現新的證據。由此可見，我們不能以這樣一部來歷不清的「大字本」作為《竹書紀年》在元明之際猶存的證據。

陳君堅持「古本」《竹書紀年》在明代仍流行的證據是，明人楊慎（1488-1559）、陳耀文、袁仁都曾在他們的著作中屢引此書，而他們所見《竹書紀年》的版本又早於天一閣本，據此即可說明《竹書紀年》在明代中期仍未失傳。[48] 依我淺見，儘管明代私家藏書之風興盛，但是楊、陳、袁三人是否真的見過「古本」《竹書紀年》卻是值得懷疑的一個問題。姚振宗（1842-1906）在《隋書經籍志考證》中引用了錢大昕《十駕齋養新錄》對「今本」《竹書紀年》的考證後，又進一步補充了錢氏之說。他說：

> 此外如明《文淵閣書目》、《世善堂書目》，亦無此書，是明代並此三卷已亡矣。[49]

姚氏據此考證「今本」為偽書。這裡應當指出的是，姚氏所指的《文淵閣書目》絕非一般書目，而是明代皇家的藏書目錄。此書目是奉明英宗之命，

---

[48] 陳力：〈今本《竹書紀年》研究〉，頁5。
[49] 姚振宗：《隋書經籍志考證》卷12，載於《二十五史補編》第4冊（北京：中華書局重印開明書店原版，1955），頁5257。

由楊士奇（1365-1444）於正統六年（1441）編定的。《四庫提要》卷八十五關於此書條云：「今以《永樂大典》對勘，其所收之書，世無傳本者，往往見於此目，亦可知其儲度之富。」[50] 我們姑且不論楊士奇本人學識及編此目的態度如何，明代皇家圖書館藏書之豐富卻於此足見一斑。明《文淵閣書目》中並無《竹書紀年》，而於之後的楊慎、陳耀文、袁仁卻聲稱見過此書，這一現象令人懷疑。在此先瞭解一下楊、陳、袁三人的學風是很有必要的。他們三人當中，以楊慎名氣為最大，他雖博學多聞，卻好在古書方面獵奇。因此，他所寫的許多文字並不可靠，這是深為時人所知的。梁啟超在列舉有意作偽的六種動機之一「炫名」時，便以楊慎為例。他說：

> 楊慎生平喜歡吹淵炫博，一心要看他人所未看之書。……《修文御覽》早佚，楊老先生偏說他曾看見過。後來的人因為他手腳不乾淨，所以對於他所說所寫的，都不十分相信。[51]

以陳君引為證據的《丹鉛錄》來說，此書是楊氏考證諸書之作，《四庫提要》卷一百一十九「子部雜家類」於此書條引王世貞（1526-1590）對楊氏的批評[52]，並謂之確論。《四庫提要》又云：

> [楊慎]又好偽撰古書以證成己說。睥睨一世，謂無足以發其覆。而不知陳耀文正楊之作，已隨其後。雖有意求瑕，詆諆太過。毋亦木腐蟲生，有所以召之道歟。[53]

陳耀文在古書獵奇方面企圖與楊氏爭勝，雙方都意在炫博，他們兩人的學

---

[50] 永瑢等：《四庫全書總目》，頁731。
[51] 梁啟超講演，周傳儒等筆記：《古書真偽及其年代》（北京：中華書局，1955），頁27。
[52] 永瑢等：《四庫全書總目》，頁1026。
[53] 永瑢等：《四庫全書總目》，頁1026。

風也同樣的「浮囂」(《四庫提要》語)。儘管我們尚未發現有關他們親見《竹書紀年》的內證,可是以上討論中的外證還是頗能說明,他們所聲稱之辭未可為據。雷學淇謂楊氏所引《紀年》與其所見元明間大字本相合,故這兩個本子當是同一書。這一說法的根據亦未可知,即以楊、陳二氏的為學態度而言,其所言未必盡是。

陳君又引明人袁仁《尚書蔡注考誤》(東方按:曹溶《學海類編》多改易舊名,應稱《尚書砭蔡編》)以證明袁氏曾親見《竹書紀年》,而且他所見本還早於天一閣本。茲抄錄陳君所引袁書有關段落如下:

> 《汲冢周書》謂盤庚自奄遷于北蒙,十五年而營殷邑,小辛、小乙、武丁迄庚丁皆因之。至武乙三年,復自殷遷河北。十五年,又自河北而遷沬。[54]

陳君以為「上《汲冢周書》乃《汲冢竹書》亦即《汲冢紀年》之誤」。[55]然而實際情形並非如此。《隋書》〈經籍志〉、宋代的書目以及明代人均稱《逸周書》為《汲冢周書》,直到清代《四庫提要》纔正式稱作《逸周書》,並云舊本題《汲冢周書》。若是這樣,問題也就隨之而來。如果袁氏確覩《汲冢周書》,則不可能有上述文字,因為這本書裡並沒有這段話;而他若真的讀過《竹書紀年》,尚不至於連書名都未看清楚。陳垣(1880-1971)嘗告誡其子曰:「人言之不可輕信,引書非親睹不可也。」[56] 很明顯,袁仁在此誤將《竹書紀年》記為《汲冢周書》,諒非記述偶差,反而說明他根本沒有見過《竹書紀年》。明代學術流於空疏,不少士人因急於求名,而喜好著書、刻書,並常常臆改古書,甚至剽竊前人著作。據此言之,袁氏的這段文字祇能被認為是轉抄自他書。陳君又云:「袁氏所引與今本全同,而與《括地志》所引《紀年》盤庚遷殷後至紂之滅『更不徙都』之說異。」

---

[54] 袁仁:《尚書砭蔡編》,載於《景印文淵閣四庫全書》第64冊,頁693。
[55] 陳力:〈今本《竹書紀年》研究〉,頁5。
[56] 陳智超編:《陳垣來往書信集》(上海:上海古籍出版社,1990),頁688。

不過成書於唐代的《括地志》所引盤庚遷殷後「更不徙都」條是引自「古本」《竹書紀年》,自然比袁氏所引更有根據。崔述辨「今本」《竹書紀年》之偽證據中第三條曰:

> 據《史記正義》〈殷本紀注〉引《竹書紀年》云:「自盤庚遷殷,至紂之滅,二百七十三年,更不遷都。」今書「武乙三年,自殷遷於河北」,「十五年,自河北而遷於沫」,「文丁元年,王即位居殷」,是都已三徙矣,張[宗泰]氏何以謂之更不徙都,且今書盤庚於十四年遷殷,歷十五年,至二十八年而王陟,又歷十一君二百三十七年,至紂五十二年而殷亡,共三百五十二年,其年數亦不合。其非原書之文顯然可見。[58]

比崔述年代稍後的朱右曾所列「今本」《竹書紀年》可疑者十二條之四亦云:

> 《史記正義》引《紀年》云:「自盤庚遷殷,至紂之滅,二百七十三年,更不徙都。」「今本」則云:「武乙三年,自殷遷于河北。十五年,自河北而遷于沫。」不知盤庚之徙,已居河北。妄襲《史記》,又杜撰遷沫之文,可疑四也。[59]

朱氏、崔氏之說持之有故,可以為證。

後來王國維進一步揭露出「今本」這幾條的來源:「自殷遷于河北」抄自《史記》〈殷本紀〉:「武乙立,殷復去亳遷河北」,「自河北遷于沫」出自《史記正義》所引《帝王世紀》「帝乙復濟河北,徙朝歌」。[60] 可

---

[57] 陳力:〈今本《竹書紀年》研究〉,頁5。
[58] 崔述:〈《竹書紀年》辨偽〉,載於顧頡剛編訂:《崔東壁遺書》,頁461。
[59] 朱右曾:《汲冢紀年存真》〈序〉,載於《續修四庫全書》第336冊,頁1。
[60] 王國維:《今本竹書紀年疏證》,載於《古本竹書紀年輯證》,頁227。

見「今本」所載乃重編者不加分別地妄取各種性質判然迥異的古書。簡言之，崔、朱二人所云為真，而袁氏之說為假。由於陳君的這一條證據不能證明袁氏所見之本就是「今本」的內容，其所謂袁氏所見之本早於天一閣本之說，也就失去了史實的根據。從史學研究的角度來說，有關袁氏以及楊、陳二人引過《紀年》的記載都極不可靠，因此不能作為《紀年》在明朝時尚存之參證。也正因為如此，陳君詰駁姚振宗以「今本」《竹書紀年》為范欽偽造說之前提[61]，即袁氏所見本早於天一閣本，便無著落了。儘管目前尚無充分的證據能夠直接說明「古本」《竹書紀年》何時湮佚（東方按：范祥雍云，「《古本紀年》宋代存在殘本，全書約亡佚於元時。」[62] 其推測則最為近是矣），不過從以上討論可以看出，《竹書紀年》自唐宋至清代的流傳情形，非如陳君所說的那樣「歷歷可睹」。

二、《竹書紀年》編年體例辨

怎樣看待「今本」《竹書紀年》的編年體例，是辨別「今本」真偽的一個重要環節。許多研究「今本」的學者多以此點判定此書為偽書。首先，《紀年》究竟是起自黃帝，還是起自夏禹？杜預在〈春秋經傳集解後序〉敘述竹書發現經過時說，《竹書紀年》的紀年起自夏朝。其文如下：

> 太康元年三月，吳寇始平，余自江陵還襄陽，解甲休兵，乃申抒舊意，修成《春秋釋例》及《經傳集解》。始訖，會汲郡汲縣有發其界內舊冢者，大得古書，皆簡編科斗文字。發冢者不以為意，往往散亂。科斗書久廢，推尋不能盡通。始者藏在秘府，余晚得見之。所記大凡七十五卷，多雜碎怪妄，不可訓知，《周易》及《紀

---

[61] 參見姚振宗：《隋書經籍志考證》卷12，載於《二十五史補編》第4冊，頁5257。
[62] 范祥雍：〈關於《古本竹書紀年》的亡佚年代〉，《文史》第25輯，頁60。

◆第一篇　「今本」《竹書紀年》諸問題考辨◆

年》最為分了。……其《紀年》篇起自夏殷周。[63]

《晉書》〈束皙傳〉亦如是說:「其《紀年》十三篇,記夏以來至周幽王為犬戎所滅,以事接之,三家分,仍述魏事至安釐王之二十年。」[64] 可是陳君卻根據朱希祖(1879-1944)「汲冢書出土後曾有兩次校理」之說[65],對《紀年》的起始時代提出了以下看法:

> 杜預所見乃汲冢原簡,既非荀勖、和嶠(?-292)之初校本,又非束皙之重訂本;汲簡《紀年》本始于夏禹,五帝時事當為和嶠所增。[66]

陳君斷定杜預見到的祇是《竹書紀年》原簡的根據何在呢?他說:

> 杜預《後序》云汲簡出土後,「始者藏在秘府,余晚得見之」。觀其語意,杜氏所見乃藏于秘府之竹簡,而非定本。[67]

杜預因征南而「晚得見之」祇是說他見到汲冢簡書的時間較晚,卻未言見書的地點。這就產生了兩種可能性:第一種可能性是,時間雖晚,但仍於秘府見之;第二種可能性是,晚得見者已為整理本。陳君所強調的祇不過是第一種可能性,而又未舉出證據,未免失之於偏。

為了證明《竹書紀年》曾有過兩次整理,陳君引孔穎達(574-648)《尚書正義》之語:「《紀年》之書,晉太康八年汲郡民發魏安僖王冢得之。」

---

[63] 杜預:〈春秋經傳集解後序〉,載於阮元校刻:《十三經注疏》下冊(北京:中華書局,1980),頁2187。
[64] 房玄齡等:《晉書》卷51(北京:中華書局,1974),頁1432。
[65] 朱希祖:《汲冢書考》(北京:中華書局,1960),頁40。
[66] 陳力:〈今本《竹書紀年》研究〉,頁6。
[67] 陳力:〈今本《竹書紀年》研究〉,頁6。

據此，陳君云：「孔穎達云《紀年》得於太康八年，疑太康八年乃校畢寫訖之年。」[69] 孔氏明確地說，太康八年得《紀年》之書，而陳君卻以此年作為《竹書紀年》校畢之年，來附和己說，自不免失之過遠了。陳君所言和嶠增五帝事的唯一文獻證據，僅是《史記》〈魏世家〉「[襄王]十六年，襄王卒。子哀王立」句下所引《集解》：

> 荀勖曰：「和嶠云：《紀年》起自黃帝，終於魏之今王。」今王者，魏惠成王子。[70]

陳夢家（1911-1966）在〈六國紀年表敘〉中曾根據這段注文猜測說：「則似《紀年》經荀、和編訂後自黃帝始。」[71] 不過因缺乏有力證據，他猶未敢確言。可是陳君卻將陳夢家的懷疑之語加以推衍，而謂和嶠為《紀年》增添了五帝事跡。他說：

> 蓋和嶠見汲簡《紀年》無夏以前，乃於通史之書未為完備，遂補五帝事；而束皙重校竹書時，因五帝事本非汲簡所固有，故又刪去夏以前事，以復汲簡之舊。此即和嶠本與束皙本一起於黃帝一起於夏后差異之由來。[72]

和嶠說《紀年》起自黃帝，有荀勖之言為證，然陳君云和嶠補五帝事，則無以說之。那麼，在可能存在上述兩種《紀年》本子的情況下，如何再作進一步的判斷呢？這就需要依據其它條件再進行分析。根據史書記載，晉代親見《紀年》者有四人：杜預、束皙、荀勖、和嶠；而他們四人中又

---

[68] 孔穎達：《尚書正義》卷8，載於阮元校刻：《十三經注疏》上冊，頁165。
[69] 陳力：〈今本《竹書紀年》研究〉，頁6。
[70] 司馬遷撰，瀧川資言考證，水澤利忠校補：《史記會注考證附校補》下冊，卷44（上海：上海古籍出版社，1986），頁1103。
[71] 陳夢家：《西周年代考‧六國紀年》（北京：中華書局，2005），頁71。
[72] 陳力：〈今本《竹書紀年》研究〉，頁6。

存在著兩種說法：杜、束二人云《紀年》起自夏商周，荀、和二人謂《紀年》起自黃帝。郝懿行在上述兩種說法中選擇了後一種說法，解之曰：

> 然四子竝晉初人，於是竹書方出，列在祕書。四子既親讀，何得同時所見便爾乖張。而勖獨被詔撰次，或預、晳未睹全篇。勖、嶠既同撰次，自宜以起自黃帝者為定也。[73]

郝氏不僅說荀勖獨被詔撰次（故所見必為全本），而杜、束所見非全本；他又指出郭璞、葛洪注書亦援引《竹書紀年》言黃帝之事。[74] 在這一問題上，方詩銘作了較郝氏為合理的推測。他說：

> 《集解》所引和嶠之說，乃係「荀勖曰」之語，此一段文字即《紀年敘錄》。則所謂和嶠云起自五帝之語，為和氏一人之見，故荀勖《敘錄》特表出之。而荀、和本，如杜預所見，仍起自三代。朱右曾云：「豈編年紀事始於夏虞，而五帝之事，別為一編乎？」雖無確證，所測尚於事理頗合。[75]

方氏作出這種推測的理由是：第一，荀勖曰引和氏之語出自〈紀年敘錄〉，並非直接出自《紀年》本身，故有可能為和氏個人之見解；第二，方氏引朱右曾之說，認為他的推測合於事理。為什麼說朱右曾的猜測亦有可能呢？這是因為，汲冢出土的竹簡中有些涉及到三代以前的事跡，但與《紀年》並不屬於同一種書，而和嶠卻以為兩者是一種書，因此整理者之間出現了意見分歧。所以我們不能按照陳君的解釋尋繹下去，誤認為和嶠曾對《竹書紀年》加以增補。如果是這樣的話，和氏所作的改變不僅是改換了體例，而且還更動了史實和觀點。陳君之說顯然與情事難通，不足以據此而懷疑

---

[73] 郝懿行：《竹書紀年校正》〈序〉（順天府：東路廳署，1879），頁2。
[74] 郝懿行：《竹書紀年校正》〈序〉，頁2。
[75] 方詩銘、王修齡：《古本竹書紀年輯證》〈序例〉，頁5-6。

杜預的說法。方詩銘認為朱右曾的推測有道理，此點亦可從劉知幾（661-721）《史通》〈疑古篇〉之「疑二」中得到旁證。劉氏謂舜放堯、囚堯之事見諸《汲冢瑣語》說明，在他看來，《瑣語》和《紀年》雖同為「汲冢書」，亦有相同的內容，但卻不是一本書，而是其中兩部不同的書。所以對於《紀年》起自何時，我們至多推論《紀年》原本可能有黃帝以來之古帝王事，惟所記簡略而無系統，故自夏商周起纔有編年相次的記事。[76]

其次，清代一些學者否定「今本」《竹書紀年》的一個重要理由是，「今本」把「古本」《竹書紀年》以晉魏紀年改為以周王紀年。如錢大昕云：「《水經注》引《竹書紀年》之文，其於春秋時，皆紀晉君之年；三家分晉以後，則紀魏君之年，未有用周王年者。」[77] 又云：

> 今俗本《紀年》改用周王之年，分注晉魏於下，此例起於紫陽《綱目》，唐以前無此式也，況在秦、漢以上乎！[78]

對此，陳君卻不以為然。他以《搜神記》的記載為據，主張自東晉始，《紀年》即以周王紀年。他說：

> 干寶，晉人也。其《搜神記》引《紀年》文皆用周王紀年，則《紀年》自晉代起即有以周王紀年者。[79]

《搜神記》舊題東晉干寶撰，但現存本已非晉時原書，而是明人胡應麟（1551-1602）從《法苑珠林》、《太平御覽》、《藝文類聚》、《初學記》、《北堂書鈔》諸書中綴輯出來的。《四庫提要》作者[80]，以及余嘉錫於此均

---

[76] 此說見趙榮琅：〈竹書紀年之今古本問題及其評價〉，《大陸雜誌》，第 8 卷第 10 期（1954.5），頁 302。
[77] 錢大昕：《十駕齋養新錄》卷 13，載於《嘉定錢大昕全集》第 7 冊，頁 347。
[78] 錢大昕：《十駕齋養新錄》卷 13，載於《嘉定錢大昕全集》第 7 冊，頁 347。
[79] 陳力：〈今本《竹書紀年》研究〉，頁 6-7。
[80] 永瑢等：《四庫全書總目》，頁 1207-1208。

有詳細考證。[81]《搜神記》既為後人所輯鬼神志怪之書，而其中凡引《紀年》內容之處均未注明來源，自然不能作為論證《紀年》體例的可靠歷史材料。另外，《搜神記》所記周代之事並非僅以周王紀年，如此書卷六第105條云：「周宣王三十三年，幽王生。是歲有馬化為狐。」接著第106條又記：「晉獻公二年，周惠王居於鄭。鄭人入王府，多脫化為蜮，射人。」[82]觀其凡例，《搜神記》中之所以有不同的紀年體例，完全是因為胡應麟抄自不同書籍的緣故，前條應抄自《開元占經》，此書是以周紀年；後條當錄自《太平御覽》，而此書則以晉紀年。由此以觀，現存《搜神記》中的紀年顯非干寶所加，所以陳君以為《紀年》自晉即以周紀年的說法，也就隨之不能成立了。

接下來，我們要討論一下《竹書紀年》是否有必要改為周王紀年的問題。陳君有云：

> 然而研究歷史，特別是通史，紀年法總以換算為天下通行之法最為方便。蓋汲簡出土後，和嶠見《紀年》以晉、魏紀年不合通史體例，故將其換算為周王紀年。[83]

其實，陳君的這一看法取自朱希祖的舊說。朱氏在討論《竹書紀年》的年代體例時作案云：

> 此書體例與《春秋》不同。《春秋》為斷代編年史，故起於魯隱；《紀年》為通史式編年史，故上起黃帝。《春秋》為國別編年史，故以魯紀年；《紀年》為通史式編年史，故以五帝及夏、商、周紀年。東周以後，雖因魏人所記，故多記晉、魏事，然亦兼記列

---

[81] 余嘉錫：《四庫提要辨證》（北京：中華書局，1980），頁1137-1144。
[82] 干寶撰，汪紹楹校注：《搜神記》（北京：中華書局，1979），頁69。
[83] 陳力：〈今本《竹書紀年》研究〉，頁7。

國事,雖終於今王二十年,然仍以周紀年。何則?通史之例使然也。[84]

　　朱氏的這種觀點需要加以檢討。在這裡,他混淆了史書編纂體裁中兩對相互對立的概念:一為通史相對於斷代史,一為國別史相對於總體史。通史的記事是通貫古今,此有異於專記一朝一代的斷代史;而總體史與國別史的區別在於,前者以天下為其撰寫範圍,後者則是以某一特定地域為限。朱氏在此以國別史與通史相比,而這兩者在概念上並不對稱,實屬比擬不倫,缺乏說服力。事實上,《竹書紀年》的前半部可以說是王朝史,而後半部,即下迄晉魏之時,則以國別史為主。在這一點上,它與《春秋》並無區別,兩書屬於同一類型的國別編年史。《春秋》一書雖是斷代史(記春秋時代的歷史),但更是一部以年代為序的國別史,故《春秋》因國別的關係而據魯國十二公紀年。毫無疑問,作為晉魏編年史的《竹書紀年》,當然應以晉魏紀年。

　　另一個值得注意的問題是,我們在考察古書的紀年體例時,從未發現有古書把原有紀年法換算為當時通行紀年法的先例。誠如錢大昕所云:「蓋古者列國各有史官,紀年之體,各用其國之年,孔子修《春秋》亦用其法。」[85]《春秋》一書並未因不合通史體例而改為以周王紀年,從古至今,人們對春秋時期的歷史通常都是以魯十二公紀年為通行紀年法。司馬遷(前145-約前86)作《史記》時雖已有尊王重統的觀念,但他也未改各國紀年。在〈十二諸侯年表〉中,司馬遷直接採用各國「春秋」,〈十二諸侯年表〉祇把周算作一國,列其於十二諸侯以上的一欄而已。而在〈六國年表〉裡,周王更是降同諸侯,已無正統可言。陳壽(233-297)所撰《三國志》的紀年體例更進一步地證實了這一點。儘管陳壽尊曹魏為正統,可是他記魏、蜀、吳史事,都使用各國紀年,而不是改為以魏王紀年。這是中國史書紀

---

[84] 朱希祖:《汲冢書考》,頁22-23。
[85] 錢大昕:《十駕齋養新錄》卷13,載於《嘉定錢大昕全集》第7冊,頁347。

年的通行之法。嚴格地說,戰國的年代是不可能以周王在位的年數來計算的,因為當時周王的紀年已經不甚清楚,根本無法作為各國史家撰史紀年的依據。此外,《竹書紀年》以晉魏紀年也不單純是一個年代換算的問題,因為到了戰國時期,周王的正統地位已經微不足道,所以在當時也沒有以周王紀年的必要。我們知道,宋明以還,尊奉天子的正統觀念已十分流行,儒家學者便本此觀念擅改史書,對不符合之處有意加以諱飾。[86] 我們研究古代紀年問題時,必須以詳知思想線索和時代背景為先決條件,這是治史者的常識。「今本」《竹書紀年》以周王為紀年顯然不符合戰國紀年的實際情形,故此非後代人所改莫屬。

錢大昕因「今本」《竹書紀年》以周王紀年而斷定此書為明人所茸,說之曰:

> 《紀年》出于魏、晉,固未可深信,要必不如俗本之妄;唯明代人空疏無學,而好講書法,乃有此等迂謬之識。故愚以為是書必明人所茸。[87]

陳君卻指厥說為誤[88],並舉《太平御覽》中以周王紀年的《竹書紀年》條為證:「周隱王二年,齊地暴長,長丈餘,高一尺。」可是此條不見於「古本」,王國維則指出「今本」此條抄自《太平御覽》。所以我們並不排除猜測《太平御覽》編者在引《竹書紀年》時,可能改原來的以晉魏紀年為以周王紀年。不過,在未發現其它足資印證或反證的材料之前,對此祇能採取存而不論的態度。事實上,儘管陳君可能證明《竹書紀年》以周王紀年非肇端於明朝,但他卻無法提供任何正面的證據來驗明「古本」《竹書紀年》確以周王為紀年的。由此觀之,和嶠改《竹書》為周王紀年的說法,純屬陳君揣測之詞。其實陳君的推測祇是一個不能證實、也無從證偽的猜

---

[86] 饒宗頤:《中國史學上之正統論》(上海:上海遠東出版社,1996),頁 35-49。
[87] 錢大昕:《十駕齋養新錄》卷 13,載於《嘉定錢大昕全集》第 7 冊,頁 347。
[88] 陳力:〈今本《竹書紀年》研究〉,頁 6。

測。以嚴格的考證標準而言，任何論點如果不是建立在堅實可靠的證據之上，那就祇能視之為一種假設。

　　錢大昕、崔述證明「今本」為偽書的證據之一，就是杜預所見本起於夏代，而「今本」始於黃帝。陳君則謂「今本《紀年》起於黃帝，乃荀、和之舊，錢、崔諸氏以此非今本，誤矣。」[89] 他認為《紀年》之所以有兩起始說乃因竹書有兩次整理的緣故。此說源於朱希祖《汲冢書考》。在此書中，朱氏為證明汲冢竹書曾經過兩次整理，而將性質不同的古書之材料排比聯絡、連綴成文，試圖一以貫之。[90] 然而其說尚有可商榷之處。朱氏主張《竹書紀年》有初寫本（和嶠本）和重定本（荀勖本）的根據，僅為前面所引荀勖的一句話：「和嶠云：《紀年》起自黃帝。」而這句話本身就包含了不同的可能，其中最大的可能性是以上討論中提到的方詩銘之假設。這表明在整理過程中產生了不同的意見，而和氏之語僅代表了他個人之見，所以並不意味著集體整理出的《紀年》最終採取了他的說法，更不能得出因此而另有和嶠本的結論。《竹書紀年》究竟有無兩次校理，我們今天已無法得知，但有一點是可以肯定的：史書並無明文說初校本起自黃帝、整理本起自夏禹。

　　現在我們略論有關汲冢竹書的出土年代。陳夢家在《六國紀年》中曾歷舉出四種不同的年份[91]，這本來是不同古書所記載的《竹書紀年》出土的不同時間，可是陳君卻對這些不同年份的說法加以彌縫，以太康八年為《紀年》校畢寫畢之年，從而推論杜預所見必非定本。[92] 這種推論顯係無據忖度，且無明確的文字可證。朱希祖等人所謂《竹書紀年》出土、收藏、校理分別在三年進行之說，已有學者提出懷疑和批評。今人吳浩坤論之尤為詳審，足資比閱參考。吳氏認為他們的推斷「雖然也言之成理，但究屬推

---

[89] 陳力：〈今本《竹書紀年》研究〉，頁6。
[90] 朱希祖：《汲冢書考》，頁40-43。
[91] 陳夢家：《西周年代考・六國紀年》，頁173-174。
[92] 陳力：〈今本《竹書紀年》研究〉，頁6。

測之辭，主要目的在於調和諸書記載的歧異」。[93] 他說：

> 事實上將出土、收藏、校理分隔在三年，並無確證。首先，諸書記載雖不一致，但都明確的祇說發冢年代，而沒有涉及收藏、校理之年。其次，從汲冢簡策發現後受到朝野的重視及當時學術界掀起整理研究和爭鳴駁難的熱潮來看，說明這批簡策確是西漢武帝以來的重大發現並曾轟動一時，其發現、收藏和最初命官校理等事很可能就在一年之內同時展開，未必一定要拖延至二到三年。事實究竟如何？有待作進一步的縝密的考證。就目前所掌握的材料來看，我們認為還是以太康二年為汲冢古書出土的代表年份為恰當。[94]

吳氏的推論頗為合理，確當可依。限於篇幅，茲不復及。

三、「今本」《竹書紀年》注文義例考

「今本」《竹書紀年》原注是否為後人所加？清人對此已有評斷，如錢大昕就指出，「今本」《竹書紀年》現存的注是後人托名沈約（441-513）而作，其內容多採自《宋書》〈符瑞志〉。他說：

> 相傳附注出於梁沈約，而《梁書》、《南史》[沈]約〈傳〉俱不曾言注《紀年》，〈隋經籍〉、〈唐藝文志〉載《紀年》亦不言沈約有附注，則流傳之說不足據也。……附注多採《宋書》〈符瑞

---

[93] 吳浩坤：〈《竹書紀年》的發現年代及其學術價值〉，載於吳浩坤、陳克倫主編：《文博研究論集》（上海：上海古籍出版社，1992），頁93。
[94] 吳浩坤：〈《竹書紀年》的發現年代及其學術價值〉，載於吳浩坤、陳克倫主編：《文博研究論集》，頁93-94。

志〉,《宋書》[沈]約所撰,故注亦托名休文,作偽者之用心如此。[95]

而陳君對此說頗不以為然,認為《紀年》之注自晉代以來即已有之,而非後人有意偽托。他舉了數條材料加以說明,然細加考察,陳君所列各條均經不起推敲。以下按其所引,蒐討勘訂。他說:「考荀勖、和嶠等人奉旨校理《紀年》時,即曾隨文附注。」[96] 作為陳君的依據乃以下三條材料:

(1) 王隱《晉書》云:「荀勖,字公曾,領秘書監。太康二年,汲郡冢中得古文竹書,勖手自撰次,吏部注寫,以為中經。經傳闕文,多所證明。」[97]

(2)《晉書》〈束晳傳〉云:「晳在著作,得觀竹書,皆有義證」。[98]

(3) 高似孫云:「晉太康中,汲郡人發魏王家,得古文竹書。武帝付秘書詳校。時束晳任著作郎,得竹書,隨義注解,皆有識證。」[99]

可是這三條材料衹是說明了荀勖、束晳得竹書後,曾為這批出土文獻作校訂注釋。按照整理出土文獻的常規來說,他們的工作應是簡次排列和古文考釋。同時,我們也沒有任何直接證據說明,他們在當時所作的注就是現存「今本」《竹書紀年》中的注。陳君在此是借「注」字改換了概念的內涵。「今本」大部分的注分明是抄自沈約的《宋書》〈符瑞志〉,而此志作於五世紀,晚於荀、束二人一百多年。這已是後人之注,不再是西晉時

---

[95] 錢大昕:《十駕齋養新錄》卷13,載於《嘉定錢大昕全集》第7冊,頁348。
[96] 陳力:〈今本《竹書紀年》研究〉,頁7。
[97] 虞世南:《北堂書鈔》卷57,載於王叔岷編:《類書薈編》之一(臺北:藝文印書館,1968),頁8。
[98] 房玄齡等:《晉書》卷51,頁1433。
[99] 高似孫:《緯略》卷4,載於《景印文淵閣四庫全書》第852冊,頁298。

人的義證注解了。可見陳君雖意在破錢大昕的論點,卻未能提出使人信服的證據來。

陳君在論證方法上還存在一個問題,即以「古本」之不可信處來證「今本」之可信。他在全無其它任何資料可憑的情況下大膽推論說:「查古本《古本紀年》,其中不少顯係注文。」[100] 陳君舉出「古本」中的四個例子,斷言它們即是《紀年》的注文。然而從內容來看,我們發現除第一條「帝王之沒皆曰陟」之外,其餘三條肯定都不是注文。如第二條云:

> 后桀命扁伐山民,山民女于桀二人,曰琬,曰琰。桀愛二人,女無子焉,刻其名于苕華之玉。苕是琬,華是琰,而棄其元妃于洛,曰妹喜。[101]

這一段記載明顯地帶有故事性,與注文不類(「今本」將此段劃為「注文」,以別「正文」:「[帝癸]十四年,扁帥師伐岷山。」),不合《紀年》的體例和風格,後人補綴痕跡宛然。第三條「自禹至桀十七世,有王與無王,用歲四百七十一年」和第四條「湯有七名而九征」都是積年的統計,怎麼能說是注文呢?故這種推論本身就帶有很強的主觀性,而無實際的證據。由於「古本」《竹書紀年》的注與正文相混,因此輯「古本」者都不敢在證據不足的情況下,輕易地劃分正文與注文。他們這樣做的長處是保留了原文的原貌,短處卻是不分正文與注文之別。可是陳君卻不明此中情形,反而說:「今之輯『古本』者也就將錯就錯,不加區分,將以上注文視為正文入輯,亦屬謬誤。」[102] 他僅據現存「今本」《竹書紀年》是將正文與注文分開來的這一現象,便認定「今本」就是「古本」《竹書紀年》,這一推斷顯得非常無力。事實上,「今本」《竹書紀年》重編者在正文和注的問題上,在很大程度上是「以意為之」,總想把話說得圓通。所以,「今

---

[100] 陳力:〈今本《竹書紀年》研究〉,頁7。
[101] 方詩銘、王修齡:《古本竹書紀年輯證》,頁17。
[102] 陳力:〈今本《竹書紀年》研究〉,頁7。

本」重編者斷定一些文字是注，把它們劃入注文之中。其實，這樣的做法並不一定需要有「古本」《竹書紀年》的根據。陳君本人不也是憑自己的理解力，將上面的文字判斷為注文嗎？試問，他的這些判斷又有什麼「古本」《竹書紀年》的根據呢？陳君以此再作引申，他說：「今本《紀年》皆作附注，與原書體例相合，此亦可證今本非後人所偽作。」[103] 陳君是說蓋未深考耳。《竹書紀年》屬於大事記體的古書，與《春秋》的體例相類，可是《春秋》的正文中並沒有附注這類文字。適相反背，祇有在《左傳》、《公羊傳》、《穀梁傳》這樣的解經之書中纔有類似的文字。

為了證實傳世的《竹書紀年》本身帶注的立論，陳君又舉出一例：唐人陸淳（？-805）《春秋啖趙集傳纂例》謂《紀年》「其書『鄭殺其君某』因釋曰『是子亹』、『楚囊瓦奔鄭』因曰『是子常』，率多此類。」陳君根據此文而斷言，「所謂『是子亹』、『是子常』等語之為《紀年》注文無可懷疑」。[104] 其實陳君可能由於疏忽而未曾細檢，在此將趙匡所引劉貺（劉知幾之子，字惠卿）的話誤作陸淳之語。茲引陸書原文作為討論的基礎，其文如下：

> [趙匡]答曰：彭城劉惠卿著書云：「《紀年》序諸侯列會，皆舉其諡，知是後人追修，非當世正史也。至如『齊人殲于遂』，『鄭棄其師』，皆夫子褒貶之意。而竹書之文亦然，其書『鄭殺其君某』，因釋曰：『是子亹』；『楚囊瓦奔鄭』，因曰：『是子常』。率多此類。別有《春秋》一卷，全錄《左氏傳》卜筮事，無一字之異，故知此書按《春秋》經傳而為之也。」[105]

然觀趙氏之語，他錄劉文的目的在於論證《左傳》之文非左丘明授自孔子

---

[103] 陳力：〈今本《竹書紀年》研究〉，頁7。
[104] 陳力：〈今本《竹書紀年》研究〉，頁7。
[105] 陸淳：《春秋啖趙集傳纂例》卷1，載於《叢書集成初編》3636冊（上海：商務印書館，1936），頁9。

而是晚出，以此解世人所疑《左傳》何以多與《竹書紀年》體例相合。他援引劉文以證《竹書紀年》亦後人所追修，又引汲冢竹書當中「別有《春秋》一卷」，來證其書依《春秋》而成，故《紀年》在體例上仿效《春秋》和《左傳》。據引，劉氏復曰《紀年》文字亦效法《春秋》，取褒貶之筆法，所謂「釋曰是子亹、是子常」云云乃《左傳》之體例，即「傳」釋「經」之體，這與後代之注疏並不相同。《竹書紀年》此文體恰好成為後人所云《竹書紀年》之正文與注難分處。既然《竹書紀年》是以注體為史書體，那麼這些「是子亹」、「是子常」既非《紀年》原注，亦非後人所加，而是由其書之體例所決定的。劉氏所提到的這些「釋曰」衹見於「古本」《竹書紀年》，怎麼能以此證明「今本」《竹書紀年》現存之注就是原注呢？事實上，如果某一條注，「古本」有之，「今本」亦有之，則可作為「今本」有此注的證據。如果某一條注，「古本」無，而「今本」有之，則衹能說明此注真假不詳（因為「古本」已遺失了許多條注，故無法證實）。如果某一注，「古本」有之，而「今本」卻無，便可證明「今本」重編者失載此條（無論他是有意漏輯、還是未曾見過。）。

陳君又謂，為《紀年》作注者還有王接。他引《晉書》〈王接傳〉證明此點：

> 時祕書丞衛恒考正汲冢書，未訖而遭難。佐著作郎束晳述而成之，事多證異義。時東萊太守陳留王庭堅難之，亦有證據，晳有釋難，而庭堅已亡。散騎侍郎潘滔謂接曰：「卿才學理議，足解二子之紛，可試論之。」接遂詳其得失，摯虞、謝衡皆博物多聞，咸以為允當。[106]

如果我們仔細分析這兩段材料，即可看出王接衹不過是評判王庭堅和束晳之間的辯難，而傳中並無王接為《竹書》作注的痕跡。前一段引文是談《汲

---

[106] 房玄齡等：《晉書》卷51，頁1436。

冢竹書》的內容多與傳統的說法不相一致（即「事多證異義」），而後一段則是說王接參與當時研究汲冢竹書（不啻《竹書紀年》這一部書）者的討論，並說他善於解決汲冢竹書中的疑難問題，這與所謂為《竹書紀年》作注似無直接關係，故不應以此推論王接為《紀年》作過注。

陳君接下來把《梁書》的一段記載作為沈約曾經校注過《竹書紀年》的一個重要論據。但祇要細繹《梁書》〈沈約傳〉原文，便可辨此說之謬。其傳謂沈約：

> 齊初為征虜記室，帶襄陽令，所奉之王，齊文惠太子也。太子入居東宮，為步兵校尉，管書記，直永壽省，校四部圖書。[107]

《梁書》〈沈約傳〉明明是說沈約校四部圖書，可是陳君卻謂：「竊意《紀年》或即在所校書中。」[108] 四部圖書這樣的概念雖有可能包括《紀年》，但並不能以此判斷《紀年》即在其中。洪頤煊云：

> 《梁書》〈沈約傳〉並不言注《竹書紀年》，《隋[書]》《唐[書]》〈志〉亦無《紀年》沈約注，「今本」注文多與《宋書》〈符瑞志〉相同，疑皆後人羼入。[109]

這是很有根據的懷疑，可以視為一個合理的推測。同時，我們還注意到，「古本」所輯各條中都沒有「沈約注」，這可以反證「今本」中的沈約注很可能是後人抄自《宋書》〈符瑞志〉的。《四庫提要》論之曰：

> 又所注惟五帝三王最詳，他皆寥寥。而五帝三王皆全鈔《宋書》

---

[107] 姚思廉：《梁書》卷13（北京：中華書局，1973），頁233。
[108] 陳力：〈今本《竹書紀年》研究〉，頁7。
[109] 洪頤煊校：《校正竹書紀年》（平津館本），載於《四庫備要》101冊史部1冊2（臺北：臺灣中華書局，1966），頁1。

〈符瑞志〉語。約不應既著於史,又不易一字而移為此書之注。然則此注亦依託耳。[110]

換言之,如果沈約把自著《宋書》中的大量內容,原封不動地作為「今本」《竹書紀年》的注,這似乎不近情理。何況「今本」中一些所謂「[沈]約按」,王國維已指出其內容的抄襲來源,如「帝摯少昊氏」條中的「約按」,就是分別抄自《左傳》〈昭公十七年〉、《宋書》〈符瑞志〉、及《逸周書》〈嘗麥解〉。[111] 當然,《四庫提要》的作者也沒有完全否認沈約曾為《紀年》作過注,而是取捨分明,此點但引《四庫提要》的原文即可以明之:

> 中殷小庚一條,稱「約案《史記》作太庚」,則當為約說。考《元和郡縣志》,魏武定七年始置海州,隋煬帝時始置衛縣,而注「舜在鳴條」一條,稱「今海州」。夏啟十一年放武觀一條,稱「今頓丘衛縣」,則非約語矣。[112]

不過,有關「今本」中的沈約注,我們今日所知之事實僅盡於此,故與其強作解人去穿鑿附會,還不如讓它存疑為好。

最後讓我們簡略地討論一下「今本」正文外的另行低一字者和正文下的小字雙行注。陳君在此又引陳逢衡論「今本」注文之語:

> 正文外有另行低一字者,或以為注,或以為正文。然觀其語義,似非出自一手。……正文下又有小字雙行注者,亦非出自一手。[113]

東方按:陳君引陳逢衡文時,中間刪節了一段。茲抄錄其所刪原文如下:

---

[110] 永瑢等:《四庫全書總目》,頁418。
[111] 王國維:《今本竹書紀年疏證》,載於《古本竹書紀年輯證》,頁191。
[112] 永瑢等:《四庫全書總目》,頁418
[113] 陳力:〈今本《竹書紀年》研究〉,頁8。

如「帝癸十五年」下注「成湯元年」之類，疑即作《紀年》者自注。如「不知何年附此」及「此年未的」等語，疑出荀勗、和嶠校書時注。其引《國語》、《史記》以辨正者，則出於衛恒、束晳、休文輩，皆未可懸揣也。他若「依邳侯」下之一作「同姓諸侯斟灌、斟鄩」，「伐岷山」下之一作「山民」，「觀于鹽澤」下之一作「王幸安邑，觀鹽池，非是」等語，則又後人校正《紀年》之注也。[114]

根據這一段原文，我們可以看出陳逢衡對「今本」注的態度還是比較謹慎的。他一再使用「疑」字，表明他自己的看法祇是推測，而且他還講了「皆未可懸揣也」這樣明確表示未定的話。陳君刪除了上引的這段話，就等於把陳逢衡之疑當作了新的論據，並大膽地斷言：「今據實考之，知陳說非無據也。」[115] 不過竊以為，若真的是「據實考之」，就必須把上述被刪引文中陳逢衡所列之例，一一舉出史料加以證明。可是陳君在這節專論「今本」《竹書紀年》注文的文字中，卻繞過了陳逢衡所列的那些實證，不加論證，頗難令人信服。總之，從事考證者在沒有掌握確切的證據之前，寧可存疑也不要輕下結論，尤其是不要下絕對的結論。所以，在全無其它任何資料可憑的情況下，對「今本」的另行低一字者與小字雙行注，我們殊難斷定出自一人之手，故當守不知為不知之古訓，存此疑以俟考矣。

四、「今本」《竹書紀年》重輯考

現在讓我們來討論有關《紀年》的訛脫及輯文問題。陳君對此的看法是：

---

[114] 陳逢衡：《竹書紀年集證》〈凡例〉（裛露軒刻本），載於《續修四庫全書》第335冊，頁5。
[115] 陳力：〈今本《竹書紀年》研究〉，頁8。

◆第一篇 「今本」《竹書紀年》諸問題考辨◆

> 即以今本《紀年》而論，其不同版本如雷學淇所見大字本、天一閣本、明天啟七年抄本、胡應麟所見本、高士奇所見本內容也各有出入，而這些差異，乃是其書在流傳中不斷翻刻、傳鈔所致，自難單憑各本有無訛脫而定孰真孰偽。[116]

對於陳君的這一說法，竊謂未的。范祥雍對這一問題的考證甚為精當，現引如下：

> 《今本紀年》自黃帝起止周隱王十六年，世系無缺，並附「沈約注」，為書也止二卷。可見它並不依據宋本作校而已，乃別起爐灶，首尾具備，多所增益（其中存有宋殘本資料），不僅是「校」。[117]

范氏斷定「今本」《竹書紀年》不祇是「校」，而是另起爐灶，此亦足為「今本」晚出之佐證。何以言之？這涉及到陳君研究《竹書紀年》訛脫及輯文上的一大癥結，即他始終未能弄清《竹書》的「真本」（即出土原書）與後人的「整理本」的區別。

從古籍整理的常規來說，《竹書紀年》的整理大致有以下三種情況。第一種情況是，對竹簡原本即汲冢所出的《竹書紀年》的整理。晉人荀勖、和嶠、束晳對《竹書紀念》的整理工作主要是變古文為今文，以及整理竹簡的篇次，由此形成所謂「初寫本」。這樣的本子雖非直接的原本，但卻非常接近原本之本。第二種情況是，真本已佚，但後來經過輯佚而產生的各種「古本」《竹書紀年》輯本。這種本子中的問題和分歧就要多一些，這是因為，輯佚者引自他書之引文已非原文。也就是說，輯佚者所引乃他人之引文（這在今天看來，已不能算作是引原文）。然而輯佚者既不求全，

---

[116] 陳力：〈今本《竹書紀年》研究〉，頁8。
[117] 范祥雍：〈關於《古本竹書紀年》的亡佚年代〉，《文史》，第25輯，頁58。

亦不作推衍。所以這種整理本祇排比歸納所輯得之佚文，而不作任何推演。這表明整理者尊重他人之引原文的實際面貌。第三種情況是，在輯佚的基礎上加以推演，重新排列，甚至根據己意使之系統化。「今本」《竹書紀年》即是顯例。在第二種的整理（即輯佚）過程中，整理者對於引文中有差異者並列之，使讀者知所疑而待。而在第三種的整理過程中，整理者往往調和矛盾，以求貫通一體，這就可能出現更多的訛誤。陳君似乎不明這樣的區分，遂誤將這三種整理本混淆起來。

由於《竹書紀年》的整理存在著上述的區分，因此我們就可以認識到：儘管現存的「古本」、「今本」皆非原本，可是「古本」的輯佚者在主觀上則是盡可能以殘遺的形式呈現原本之某一局部，而「今本」的重編者卻不滿足於此，他不僅有意識地以自己的觀念改寫內容，把各種不同來源的材料按其所需加進所編之書裡面，而且做了一番「重新」的排列，使之在形式上保持「首尾具備」的連貫紀年。不過這樣一改，就完全違背了「古本」《竹書紀年》原來的體例。

與其主張「古本」《竹書紀年》從未失佚的觀點相聯繫，陳君特別強調「今本《紀年》中雖有後人補輯，但它並非純為後人所輯」。[118] 他所列證據如下：

> 《水經·濟水注》：「案《竹書紀年》，惠成王十二年，龍賈率師築長城於西邊。自亥谷以南，鄭所城矣。《竹書紀年》云是梁惠成王十五年所築。」今本《紀年》祇存前一條，後一條已佚。案此二條僅見《水經注》引，倘今本前條輯自《水經注》，則後條亦當輯入。據此知今本前條乃原本所固有，並非輯文。[119]

然而這種說法固與情事相得，究乏堅實證據，因為後條未被「今本」收入

---

[118] 陳力：〈今本《竹書紀年》研究〉，頁9。
[119] 陳力：〈今本《竹書紀年》研究〉，頁9。

也可以用來說明:「今本」重編者是有意劃分正文與注,以為後條是「古本」《竹書紀年》原來的注,因而不輯入。可是上述兩條卻都被「古本」《竹書紀年》輯本收入,於此可見,「今本」重編者很可能因其它原因而有意漏輯《竹書紀年》的佚文。陳君還引蒙文通(1894-1968)、魯實先(1913-1977)稱「今本」重編者為一博物君子之語,來說明「今本」不可能漏輯《水經注》和《史記》三家注中所引的三十餘條《竹書紀年》佚文。但這正是問題的關鍵所在:既然「今本」是重為編次的,那麼重編者自然要對各類材料作帶有主觀判斷的取捨,而非恢復「古本」之舊觀。如《太平御覽》卷八十三皇王部引:「《紀年》曰:帝乙處殷。二年,周人伐商。」而「今本」將此改為「帝乙,名羨。元年庚寅,王即位,居殷」,卻又不採接下來的「二年,周人伐商」這樣重大的事件。此外,陳君以「今本」漏輯他書所引《紀年》條一事,加以發揮,作為反駁王國維所言「今本無一不襲他書」的論據。其實「漏輯」與「抄襲」這兩個概念的內涵並不一樣,絕不能混為一談。

陳君又舉出另外一條證據來說明「今本」某些條乃原本所固有,而非輯文。如《水經》〈涑水注〉引「《竹書紀年》:晉獻公二十五年正月,翟人伐晉。周陽有白兔舞於市。」陳君認為,由於「今本」是將「周陽白兔舞于世」和「翟人伐晉」二事分繫於周惠王元年與二十五年,因此「今本」這兩條並不是輯自《水經注》。[120] 可是依照王國維的看法,「狄[翟]人伐晉」條是「今本」重編者將本在晉獻公二十五年的「翟人伐晉」誤以為在周惠王二十五年。[121] 竊以為陳說不如王說之周賅,因為照情勢看,「今本」重編者把原來的晉紀年改換成周紀年時,將周惠王元年(即晉獻公二十五年)與晉獻公元年相混淆的可能性更大。所以陳君所舉此條恐未必說明問題。

陳君還發現這樣一個現象,即「以唐宋以前古書所引《紀年》與今本

---

[120] 陳力:〈今本《竹書紀年》研究〉,頁9。
[121] 王國維:《今本竹書紀年疏證》,載於《古本竹書紀年輯證》,頁269。

相校,今本脫落最多者莫過於戰國部分,戰國以前,所脫僅數條而已」。[122] 他又說:

> 今本《紀年》自周貞定王十八年(當晉敬公元年)以下訛脫頗多,《紀年》經長期流傳,戰國以下多有殘缺,後人遂據殘本《紀年》而採他書所引以補入之。[123]

其實,「今本」《竹書紀年》戰國部分脫落甚多的現象是毫不足怪的。顧炎武有曰:「自《左傳》之終以至此,凡一百三十三年,史文闕軼,考古者為之茫昧。」[124] 由於戰國流傳下來的文獻資料較少,自然使得重編者或作偽者所能依據的材料頗為有限,這恰好又可以作為「今本」為後人所輯之明證。即使如此,作為魏國史書的「古本」《竹書紀年》,絕不應該像「今本」的戰國紀年部分那樣簡略,

此從後人所錄「古本」《竹書紀年》輯本亦可窺見一斑。據方詩銘、王修齡《古本竹書紀年輯證》所輯《紀年》條的數字統計:〈夏紀〉34條,〈殷紀〉43條,〈周紀〉43條,〈晉紀〉81條,〈魏紀〉131條。這一統計大致體現了「古本」《竹書紀年》原始的結構比例。可是「今本」《竹書紀年》編年記事卻是前詳後略,其中記周平王以前的事跡較之以後的事跡詳盡得多。陳君也注意到了這一現象,他說:「今本《紀年》記事詳於東周以前,『古本《紀年》』詳於西周以後。二本各有所長,亦各有所短。」[125] 以歷史時代先後論,古書中的記載當如《荀子》〈非相〉所云「傳者久則論略,近則論詳」。上古史書類多如是,於此崔述有謂:

> 《紀年》之文蓋多且詳,其記戰國之事當與春秋相埒。而今書

---

[122] 陳力:〈今本《竹書紀年》研究〉,頁9。
[123] 陳力:〈今本《竹書紀年》研究〉,頁8。
[124] 顧炎武著,黃汝成集釋,秦克誠點校:《日知錄集釋》(長沙:岳麓書社,1994),頁467。
[125] 陳力:〈今本《竹書紀年》研究〉,頁14。

乃寥寥數語,年或一事,或無事,諸侯之名諡卒年率略而不見。其
非原書之文顯然可見。[126]

「今本」《竹書紀年》內容上出現這種「遠詳近略」現象,於情於理都很
難講得通,故絕不能把這種現象看作是陳君所說的『古本』與『今本』「各
有所長,亦各有所短」的分別。「今本」對前代史事欲求其詳,而戰國部
分則過於簡略,往往有年無事。事實上,《竹書紀年》乃魏國之史,其書
上及三代,不過是為了追溯源起,以期完備;惟其下起晉殤公、迄於魏襄
王當為專門記述,故其內容詳細。對照之下,「今本」重編者顯然意在編
修一部「完整」的上古編年史,而晉魏歷史並非其重點,加之其時戰國資
料已屬罕見,使其無法保持在內容上的「遠略近詳」,故「今本」中所載
魏國歷史,多處流露出剪接的痕跡,此足以參證「今本」已遠非可靠與真
實之古書。

現存「今本」《竹書紀年》漏輯了若干條他書所引的「古本」《竹書
紀年》。如何看待這一問題呢?陳君認為:

> 《水經注》、《史記》三家注引用《紀年》最多,其中有些在
> 今本之中,另外尚有三十多條為「今本」所無。……倘使「今本」
> 果為宋人或明人輯本,則于《水經注》、《史記》三家注所引《紀
> 年》文不應疏漏若是!據此言之,今本絕非如王國維先生所說「無
> 一不襲他書」。[127]

然而事實恰恰相反,問題的關鍵在於,「今本」並非像「古本」那樣是一
部輯佚本,而是一部重編本或作偽本。然而,古書的輯佚和偽書的重編在
性質上的根本區別就是,前者力圖恢復已佚古書的原貌,故盡可能完整地

---

[126] 崔述:〈《竹書紀年》辨偽〉,載於顧頡剛編訂:《崔東壁遺書》,頁463。
[127] 陳力:〈今本《竹書紀年》研究〉,頁9。

匯輯各類古書中的佚文材料；後者則是盡量通過重輯古書而將歷史事件弄得圓通，漏輯或是有意不輯某些材料反而是作偽者常用的手法，故兩者不可混而論之。崔述曾據《史記索隱》所引《竹書紀年》條，來反證「今本」《竹書紀年》所漏輯的列國世系紀年。他說：

> 據《史記索隱》之文，今書漏者甚多。《宋微子世家注》云：「《紀年》云：『宋剔成肝廢其君璧而自立。』」《趙世家注》云：「《紀年》云：『召公子職於韓，立以為燕王。』」《田敬仲完世家注》云：「《紀年》，齊宣公十五年，田莊子卒，明年立田悼子；悼子卒，乃次立田和。」又云：「《紀年》，齊康公五年，田侯午生；二十二年，田侯剡立；後十年，齊田午弒其君及孺子喜而為公。」又云：「《紀年》，齊桓公十一年，弒其君母；宣王八年殺其王后。」今書皆無此文，其非原書之文顯然可見。[128]

這就說明《史記索隱》所引《竹書紀年》之原文已有若干條被「今本」《竹書紀年》遺漏。可是陳君認為，「今本《紀年》中雖有後人補輯，但它並非純為後人所輯。」[129]並以《水經注》為例來說明這一點。我們不禁要問：既然「今本」《竹書紀年》在引《史記索隱》時有如此之疏漏，那麼在引《水經注》時，是否會出現同樣的情況呢？崔述道之尤晰：

> 《燕召公世家注》云：「王劭按，《紀年》，簡公後，剌孝公，無獻公。」又云：「《紀年》，智伯滅在成公二年。」《魏世家注》云：「《紀年》，魏武侯元年當趙烈侯之十四年。」《田敬仲世家注》云：「《紀年》，梁惠王十三年—當齊桓公十八年—後威王始見。」然則列國諸侯之年與世，及智伯之滅，皆當載於此書，然後

---

[128] 崔述：〈《竹書紀年》辨偽〉，載於顧頡剛編訂：《崔東壁遺書》，頁462。
[129] 陳力：〈今本《竹書紀年》研究〉，頁9。

可以考而知為何君何年,而梁惠王之十三年必有齊威王事,易見也。今書一概無之,彼司馬貞者何所據而推之歷歷如是哉?其非原書之文顯然可見。[130]

在此,崔述根據《史記索隱》所引《紀年》,推知「今本」《竹書紀年》所遺漏的列國紀年。接著,他又根據《史記索隱》引文的義例,來推斷「今本」《竹書紀年》所遺漏的諸侯名諡、生卒及廢立。他說:

> 據《史記索隱》之文之義例推之,今書所漏者蓋不可勝數。《燕世家注》云:「《紀年》,成侯名載。」《宋世家注》云:「《紀年》作桓侯璧兵。」田侯剡之立,田侯午之生,皆見於《田完世家注》所引。度此書必不獨私此數人而詳之也,然則諸侯之名與諡皆當有之;生、卒、廢、立,皆當載之,《晉世家注》云:「《紀年》云:『魏武侯以桓公十九年卒,韓哀侯、趙敬侯幷以桓公十五年卒。』」度此書必不於韓、趙獨載此二人之年也,然則韓、趙前後諸君之卒之年亦必皆備列之。[131]

崔述之說義據甚明,足資參考。然而陳君不僅不言「今本」剽竊他書且又疏陋,反謂他書所引《紀年》未見於「今本」。

對於「今本」《竹書紀年》中三代積年與「古本」所記殊多牴牾的問題,陳君認為這是後人與前人的推算方法不同所造成的結果。他試圖以夏代的年數問題為例來說明這一點。《太平御覽》引《紀年》云:「自禹至桀十七世,有王與無王,用歲四百七十一年。」現存「今本」《竹書紀年》亦有這條,並有「原注:始壬子,終壬戌。」我們姑且不論「今本」此條很有可能是抄自《御覽》,但是此注的夏積年「始壬子,終壬戌」為 431

---

[130] 崔述:〈《竹書紀年》辨偽〉,載於顧頡剛編訂:《崔東壁遺書》,頁 462。
[131] 崔述:〈《竹書紀年》辨偽〉,載於顧頡剛編訂:《崔東壁遺書》,頁 462-463。

年,這與「古本」「用歲四百七十一年」的年數相差40年。應該怎樣解釋積年不合的問題呢？在陳君看來,這種矛盾的出現乃是後人誤解了「古本」,其實「古本」和「今本」在夏代的積年上並無出入。其根據有二：第一,陳君引清人雷學淇之說：「用歲四百七十二年,謂自帝舜十四年禹代舜事,至桀放之年,共有此數也。」[132] 他以此說明,夏世年代並非起於禹元年壬子,而是起自舜十四年；第二,「古本」、「今本」皆云「禹立四十五年」,而「今本」卻又分別記：「[舜]五十年,帝陟」和「[禹]八年,秋八月,帝陟于會稽」。對此,王國維已指出：「今本既云『八年,帝陟,』又云『禹立四十五年』,足見雜綜諸書,未加修正。」[133] 然而陳君試圖重加計算以解決這一明顯的矛盾。他將以上年數進行了一番加減,即禹在舜時立位36年（即舜五十年減去舜前十三年）加上禹在舜死後在位的8年,計得42年。不過即便如此,仍然缺少三年纔能湊足45年。於是,陳君便假設夏代已有服喪三年的習俗。他說：

> 古、今本《紀年》均云「禹立四十五年」,也是從帝舜十四年壬申算起,至禹八年己未,除為舜服喪三年,共計四十五年。[134]

如此一來,所缺的那三年乃禹為舜服喪的時間。陳君對於服喪三年的觀點有以下之說：

> 夏代服喪三年的說法自戰國起就頗為流行,《紀年》的著者、整理者或注者自然就襲用了這種說法,並用以譜排《紀年》中各王的世系、推算他們在位的年數。他們推算三代起迄的方法也代表了他們自己對古史的理解。[135]

---

[132] 雷學淇：《竹書紀年義證》卷10（臺北：藝文印書館再版,1977）,頁131。
[133] 王國維：《今本竹書紀年疏證》,載於《古本竹書紀年輯證》,頁201。
[134] 陳力：〈今本《竹書紀年》研究〉,頁10。
[135] 陳力：〈今本《竹書紀年》研究〉,頁10。

至此,「古本」的夏「用歲四百七十一年」與「今本」注「始壬子,終壬戌」的四百三十一年所記年數各異的矛盾似乎解決了。

不過細加推究,陳君的這兩條論據猶有可商之處。首先,所謂「舜十四年命禹代事」的說法出自《宋書》〈符瑞志〉,此志則本儒家之書《尚書大傳》中「維十有四年祀」句的內容[136],而目前並沒有任何文獻根據證明其本為「古本」《竹書紀年》所本。這樣的記載所反映的祇是儒家所艷稱的傳賢禪讓制,與「古本」《竹書紀年》的「堯舜三代篡弒說」在性質上不能相容。因此,舜十四年不能確定為「古本」夏禹世紀年的起點。其次,儘管戰國時期已有夏代實行三年服喪的說法,然此說祇見於儒家的著作中,如《孟子》〈萬章上〉曰:「禹薦益於天,七年,禹崩。三年之喪畢,益避禹之子於箕山之陰。」而「服喪三年」說卻不符合《竹書紀年》以權術攫取王位(如記舜奪堯帝位、啟奪益王位)的特有思想傾向。可以推知,宣揚「篡弒」異說的《竹書紀年》在計年上似不應含儒家所倡揚的「服喪三年」這段時間。上述兩種傳說反映了對堯、舜王位更替的兩種截然相反的看法。很顯然,體現儒家思想的《尚書大傳》和《孟子》中「服喪三年」的記載絕不可能出現在主張「堯舜禹篡奪說」的「古本」《竹書紀年》之中。正如李學勤指出的:

> 翻閱戰國諸子的作品,不難看到很多古史記載都受到作者的觀點影響。甚或是為了適應一定觀點而加以改造的。這種類似子書的特點,是《紀年》的又一思想傾向。[137]

當然問題並未到此結束。陳君對三代積年的看法頗有可此可彼的餘地,那就是他認為,可能是《竹書紀年》「整理者或注者」襲用了「服喪

---

[136] 王闓運補注:《尚書大傳補注》卷2,載於《叢書集成初編》3570冊(北京:中華書局,1991),頁19。
[137] 李學勤:〈古本《竹書紀年》與夏代史〉,載於《李學勤集》(哈爾濱:黑龍江教育出版社,1989),頁87。

三年」之說。在陳君的行文裡，可以看出他更加傾向於這樣的主張，即「今本」、「古本」在三代積年問題上應無矛盾，所謂的「矛盾」乃是後來的作注者製造出來的。他說：

> 《紀年》原有荀勖、和嶠、束晳、沈約等人的注釋，已見上考。《史記集解》等書所引三代積年實際上都是《紀年》的注文，均見於今本附注中。這些注文都是注者自己根據《紀年》推算的結果。他們推算的方法代表了他們對古史的認識。[138]

可見陳君對於三代積年問題的基本態度是：積年之數原非《紀年》之文，而是荀勖、和嶠、束晳、沈約等人推算的結果；由於推算的方法迥異，其結果也大有出入。不過，三代積年的矛盾產生於荀勖、和嶠、束晳、沈約四家之注的說法，不但無法確定他們四人在思想上是否都主張「堯舜三代篡弒說」，而且在邏輯論證上也是有漏洞的。這是因為，陳君如要得出上述的結論，在邏輯論證上必須具有下列兩個肯定的前提：其一，荀、和、束、沈等人確實曾為《紀年》作過注；其二，《紀年》原文裡確實沒有三代積年的內容。祇有具備了這兩個的前提，纔有可能進一步討論三代積年是否為四家之注所推定的問題。因此，我們在這裡首先要考察的是「問題的前提」，看它們是否已被確證。

關於前提一，陳君以陳逢衡之推測為根據，斷言荀、和、束、沈等人為《紀年》作了注；此說並不能成立，說已見前，茲不復贅。可是陳君卻以此推測為定論，進而當作下一步推論之前提，這是不符合邏輯論證的規則的。關於前提二，陳君以「今本」《竹書紀年》所記三代積年皆在注中這一點作為證據，論證「古本」亦必如此。事實上，認為「今本」《竹書紀年》中三代積年皆在注中的說法本身是否可靠，本來就是一個猶待論定的學術問題，怎能以此作為論證的根據呢？陳君的做法不禁使我們聯想起

---

[138] 陳力：〈今本《竹書紀年》研究〉，頁 10。

◆第一篇　「今本」《竹書紀年》諸問題考辨◆

邏輯論證中的所謂「竊取論點（丐辭）」（petitio principii, 或 fallacy of begging the question）的謬誤，即以未經證實的假定作為論據的謬誤。陳君以上論據的真實性不僅沒有其他材料以資旁參，反而需要依賴論題的證明，那麼儘管他在表面上證來證去，實則等於是循環論證（circular argument）。用這樣的方法來論證三代積年矛盾的問題，自然會導致不當的推測。

在討論「今本」《竹書紀年》中為何出現記載上的牴牾和混亂時，陳君認為其中的主要原因是後人的誤抄或刊訛。他舉例說：

> 汲冢書中尚有《瑣語》，其中包括《夏殷春秋》、《周春秋》、《晉春秋》，內容及體例與《紀年》和《魯春秋》相似，亦為編年體史書，祇是其中多雜「諸國卜夢妖怪」之事。因其記事多與《紀年》相合，古人每每將二書混淆，故不能以古書所引而今本不載謂今本非唐宋以前人所見本；同時又因古人引書亦有疏誤，故不可盡是「古本」而非今本。[139]

此處所云涉及到兩個問題。第一，古人引汲冢書誤將《瑣語》之文當作《紀年》之文的可能性或許存在，但也可能並無其事，因為《瑣語》原書早已亡佚（現有馬國翰《玉翰山房輯佚書》所輯得的一卷，僅十餘條；以及王仁俊《玉翰山房輯佚書續編》所輯得的一條），所以這個問題現在無從徵考。由於陳君並未舉出新的例證來說明，那麼我們就祇能視其說為若干假說之一種，從而也就不可以此得出「不能以古書所引而『今本』不載謂『今本』非唐宋以前人所見本」的結論來。退一步說，即使此語能夠成立，我們也不能因「『古本』所引而『今本』不載」，就斷定「今本」是唐宋以前人所見本。

第二，陳君「因古人引書亦有疏誤，故不可盡是『古本』而非『今本』」

---

[139] 陳力：〈今本《竹書紀年》研究〉，頁11。

之語意在說明：在「古本」與「今本」之間出現內容分歧時，不可以「古本」為是、「今本」為非（當然從邏輯上說，我們也不排除兩本皆誤的情況）。這裡，陳君將輯佚本（「古本」《竹書紀年》的輯本）和重編本（「今本」《竹書紀年》）兩者的性質混為一談了。兩者的區別在於，輯佚者雖有時會對原文作個人的理解或解釋，但他們總是盡可能地將自己的理解與原文分開，使其在形式上表現成是在替所輯佚文加注。這種把注與原文分開的做法，可以使讀者一目了然。重編者則不然，他是以自己的認識去理解原文，甚至按照己意加以改寫，以致原文面目全非。前者不可能無誤，然而是真中有誤；後者之內容固然有真，但卻是偽中之真。儘管輯佚者與重編者對《竹書紀年》原文的理解都可能產生偏見，可是前者的偏見屬於合理的範圍（即正常的、不可避免的），而後者的偏見則已超出本屬可以「避免」的合理界限。

五、「今本」《竹書紀年》編定於宋代說辨

現存的「今本」《竹書紀年》究竟源於何處呢？陳君認為，「今本乃唐十四卷《紀年》之殘本而經後人加以補輯而成。」[140] 可是陳君卻未舉出任何證據來說明這一論點。他僅謂《隋書》、《唐書》〈經籍志〉所著錄的《竹書紀年》一直未亡佚，祇是出現嚴重殘缺，於是有後人輯補，形成了「今本」《竹書紀年》。

對於陳君而言，對唐末十四卷殘本的《竹書》加以輯補不能算作是偽造古書。這種看法明顯地缺乏合理的解釋。為什麼這樣說呢？首先，「古本」《竹書紀年》早已散佚而殘缺不全，經後人輯成的「今本」絕大部分內容或是摘自古書中所引的《竹書紀年》條，或是抄自其他古書，如《左傳》、《史記》（王國維著《今本竹書紀年疏證》已將「今本」全書事實和文句的來源逐一列出）。這種數量上的變化，導致全書的性質發生了變

---

[140] 陳力：〈今本《竹書紀年》研究〉，頁11。

化。其次,「古本」《竹書紀年》的體例已為後人改變,如把「古本」《竹書紀年》的紀年起自夏商周改為起自五帝,又把以晉魏紀年改為以周王為正統紀年等。這種體例上的變化,使得原書面目全非,所以不能不說是一種偽造。最後,「今本」的重編者將《竹書紀年》與先秦諸子之書、《左傳》、《史記》等書所體現不同的、甚至對立的思想體系拼湊在一起,如《紀年》別立異說,否定聖人之賢君氣象;相反地,其他文獻則多從儒家正統的說法,宣揚聖人之道。這種對不同思想體系的雜糅,不僅使《竹書紀年》帶有許多勉強牽湊的痕跡,更重要的是破壞了原書的體例結構和思想脈絡,從而改變了《竹書紀年》一書的性質。

那麼傳世「今本」《竹書紀年》(即陳君所說的「後人輯補本」)編定於何時?陳君首先推論說,此書的出現不晚於南宋後期。他說:「南宋金履祥《通鑑前編》屢引《紀年》,其中多有未見前人徵引者。」[141] 陳君列出以下《通鑑前編》的四條《紀年》引文,並說這四條皆見於「今本」:

> (帝堯)七十載,舉舜登庸。(原注:用《尚書》及《竹書紀年》修)
>
> (后相)二十有八歲,寒浞使其子澆弒王於帝丘。后緡歸于有仍。靡奔有鬲氏。(原注:用《左傳》、《經世》、《汲郡古文》修)
>
> 周公季歷翳徒之戎。王賜之圭瓚、秬鬯,為侯伯。(原注:用《竹書》、《孔叢子》修)
>
> 《竹書紀年》曰:紂六祀,周文王初禴于畢。[142]

由此他得出結論:「今本」的編定成書不晚於南宋。按陳君所列四條依其性質可以分為兩類:前三條為一類,即金氏兼引他書與《竹書》修定成文

---

[141] 陳力:〈今本《竹書紀年》研究〉,頁11。
[142] 陳力:〈今本《竹書紀年》研究〉,頁11。

者。後一條為一類，即單據《竹書紀年》成文者。茲分說之。

　　在前一類的三條中，第一條除《竹書紀年》外，所引《尚書》見於〈堯典〉。第二條除《汲郡古文》外，所述事實見於《左傳》襄公四年及哀公元年，所說帝丘地名則來自《左傳》僖公三十一年所記衛遷帝丘乃有「相奪予享」之夢的故事。以上兩條的內容，在《尚書》與《左傳》中已甚完備，學者大都知之。所以金氏原注明白地首列《尚書》、《左傳》，次列《竹書》。可見《竹書》在這兩條中的作用並非必不可少。第三條金氏注謂用《竹書》、《孔叢子》修，所言卻頗為實在。此條有兩句話：前一句出於《後漢書》〈西羌傳〉注引《紀年》「周人伐翳徒之戎」，後一句則出於《孔叢子》〈居衛〉「殷王帝乙之時，王季以功，九命作伯，受圭、瓚、秬之賜」。所以，這一條並非如陳君所說「未見前人徵引」，祇不過是將前人引過的古本《紀年》加上《孔叢子》合編起來的。我們從這一類的三條引文還可以看出一個問題，即金氏原注中或稱《竹書紀年》，或稱《汲郡古文》，或稱《竹書》，厥說不一；如果他所引的是同一部書，尚不致自亂名目如此。看來他也是從其他地方轉引而來，於是隨著所引之書的不同說法，而以不同詞語記錄《竹書》之名。

　　屬於後一類的一條祇說引自《竹書紀年》。此條「今本」亦有，卻未見輯佚家於古注中發現此條出自《紀年》。陳君以為，這就是金氏與「今本」編者見到了同一條不為今人所知的《竹書紀年》之證據。可是，這仍然是一個相當可疑的問題。朱右曾《汲冢紀年存真》、王國維《古本竹書紀年輯校》皆本《通鑑前編》，以為此條出自《竹書紀年》，而方詩銘、王修齡則以為此條可疑，云「金氏宋末元初人，未能見古本《紀年》，其所引或為當時輯錄之本，此不入輯」。[143] 他們特別指出《新唐書》〈曆志〉：「後六百一算至紂六祀，周文王初禴于畢」的文字與金氏所引相同。若析言之，更有可能是「今本」引自《通鑑前編》。這樣說的理由是，《新唐書》〈曆志〉三下記：

---

[143] 方詩銘、王修齡：《古本竹書紀年輯證》，頁 37-38。

◆第一篇 「今本」《竹書紀年》諸問題考辨◆

> 後六百一算至紂六祀,周文王初禴于畢,十三祀歲在己卯,星在鶉火,武王嗣位。[144]

這裡應當指出的是,此條後一句的內容在古代是非常重大事情。作為一部編年史,「今本」重編者若非轉抄自《通鑑前編》等書,那麼在引〈曆志〉紂六祀事時,就不可能對「十三祀武王即位」這樣的頭等大事視若無睹而不予輯錄。

陳君接著舉例說明,金氏《通鑑前編》所見本與傳世「今本」《竹書紀年》是同出一源的。他說:

> 尤可注意者,其卷二引《日月有常歌》後云:「此歌《汲冢竹書》亦有之,然誤繫在伊尹祀桐宮之下。」《日月有常歌》明見於今本帝舜十四年下大字注,又見於沈約《宋書‧符瑞志》。金氏謂「此歌《汲冢竹書》亦有之」,則金氏所見與今本同,皆有沈約附注,記事亦起自五帝,二本當同一源。[145]

事實上,這一條證據衹能證明金氏所見的《日月有常歌》(繫於「伊尹祀桐宮」下)與《宋書》〈符瑞志〉作者所見本並不相同。況且,從邏輯上說,還有二者皆誤,或二者之一的文字有誤的可能。由此可見,金履祥所見《紀年》本子與現存「今本」相同的說法缺乏確鑿證據。所以,陳君以此來確定「今本」編定成書於南宋後期之說,絕不應視為定論。

陳君又引南宋羅泌、羅苹父子《路史》中所引《紀年》以為證據,試圖將「今本」編訂年代向前推前至南宋初年。他說:

> 《路史‧國名記》戊注引《紀年》云:

---
[144] 歐陽修、宋祁:《新唐書》卷27(北京:中華書局,1975),頁630。
[145] 陳力:〈今本《竹書紀年》研究〉,頁11。

> （晉武公）八年，周師、虢師圍魏，取芮伯萬而東之。……
> 又云：桓王十二年……冬，王師、秦師圍魏，取芮伯而東之。
> 據此，羅氏父子所見《紀年》有兩種版本，一以晉魏紀年，一以周王紀年，二本字句間亦稍有差異。[146]

周桓王十二年為魯桓公四年、晉曲沃武公八年，此點據《史記》一書，即可知之。除這兩條外，陳君又舉出《路史》所引的另一條《紀年》：「《路史·國名記》戊注：『《紀年》：桓王十七年，楚及巴伐鄧。』」[147] 而周桓王十七年為魯桓公九年，楚巴與鄧之戰見於《左傳》。陳君遂斷言：

> 羅泌所引三條皆在北宋劉恕《通鑑外紀》中，字句全同。蓋劉氏所見，實與羅本相同。[148]

稍加分析，我們即可發現陳君在此推理的前提不可靠，因為無論是劉恕，還是羅泌，都完全有可能從《史記》和《左傳》裡得知這三條的內容，而不必引自《竹書紀年》。

陳君還說，今本《紀年》周顯王二年云：「河水赤于龍門三日」，而《水經》〈河水注〉也引《紀年》云：「梁惠成王四年，河水赤于龍門三日。」於是他得出這樣的結論：

> 可見今本《紀年》與《水經注》所引無異。劉恕《外紀》繫此事于周考王二年。……竊疑劉氏所見已是今本，祇是將今本之顯王二年誤引作考王二年。[149]

---

[146] 陳力：〈今本《竹書紀年》研究〉，頁11。
[147] 陳力：〈今本《竹書紀年》研究〉，頁12。
[148] 陳力：〈今本《竹書紀年》研究〉，頁12。
[149] 陳力：〈今本《竹書紀年》研究〉，頁12。

於此，陳君對《水經注》的態度顯然是不審原文、強就己意。細檢《水經注》原文，我們注意到酈道元注《水經》雖時代在前，但也未言所引出自《紀年》。可見陳君認定《水經注》引《紀年》「河水赤于龍門三日」沒有史料根據。因此，「今本」與《水經注》同引《紀年》的說法難以成立，而劉恕所記當自有其他來源，特識於此，以俟來日推證。

最後，陳君進而將「今本」《竹書紀年》的編訂推向更早的年代，即北宋初年，並舉出了一系列的證據。以下將對其證據逐一檢討。首先，陳君謂北宋初年成書的《太平御覽》引書1659種，《竹書紀年》便在其中。因此，他認為《竹書紀年》在北宋初年並未失佚。事實上《太平御覽》一書的來源駁雜，其內容基本上是取自以前的各種類書。[150] 所以《御覽》引用的書目雖比當時的實際存書數目要多，但不表明一些書實際存在。對此，陳振孫言之甚詳：

> 或言國初古書多未亡，以《御覽》所引用書名故也。其實不然，特因前諸家類書之舊爾。以三朝國史考之，館閣及禁中書總三萬六千餘卷，而《御覽》所引書多不著錄蓋可見矣。[151]

由此可證，儘管《御覽》徵引《紀年》多條，卻不能有力地證明北宋初年《紀年》原書尚存的說法。

繼之上說，陳君又云，「以《御覽》所引《紀年》與今本相校，二者字句幾乎全同，而與他書所引《紀年》稍有差異。」[152] 他的證據是，《太平御覽》卷八十二引《紀年》云：「后桀命伐山民，山民女於桀二人。」他以此條與「今本」相校，發現「他書引『山民』皆作『岷山』，獨今本與《御覽》所引同」，遂謂北宋太平興國年間李昉（925-996）所見《紀年》

---

[150] 參看方詩銘：〈《竹書紀年》古本散佚及今本源流考〉，載於尹達等主編：《紀念顧頡剛學術論文集》下冊，頁917-919。
[151] 陳振孫：《直齋書錄解題》中冊，卷14（臺北：廣文書局，1968），頁885。
[152] 陳力：〈今本《竹書紀年》研究〉，頁12。

與「今本」同，故「今本」編訂成書的時間，即陳君所謂「後人據唐十四卷《紀年》殘本加以補輯」之年代，不晚於北宋初年。其實問題遠非如此簡單，像《太平御覽》這樣的類書，編者的目的是方便士人做文章時查找典故之用（如唐人寫四六文，就需要經常地查典故），而不是寫成忠實的史料匯編，故其所引有的是原文大意，有的則對字句有所刪改。諸條引文間有重復舛訛，殆為移錄傳抄所致。對此，陳夢家曾有言：

> 援用《竹書紀年》的材料，必須注意《紀年》的體例以及如何甄別諸書所引的《紀年》。《紀年》的體例，因後來引述者任意更易，往往已晦沒。然其零星遺迹，尚可得而言。[153]

因此，凡引用古書的材料，首先應該瞭解不同古書的特點、體例和來源，而不能不加分別地盲目引用。就以《御覽》所引《紀年》諸條言之，其中涉及《紀年》時的書名和內容都極不統一，這反映了各個引者的嚴肅程度之高下。在通常的情況下，判斷某書是否抄襲，必須要看其所抄的內容是否互見於原書。從邏輯上說，「今本」與《御覽》所引《紀年》相同、但與他書所引不同的情況，祇能說是「今本」所引與《御覽》相同者，乃抄自《御覽》。陳君不明此理，遂以為李昉等人所見本與「今本」相同。另外，即使李昉等人所引《紀年》與「今本」相同，也祇不過是在某一條上相同，這至多證明有出自同一史源的可能性，何以僅持此一點就證明兩書全部相同呢？前面已經指出，《御覽》所引之書乃是輯於前代的多種古籍。陳君謂李昉等人編《御覽》所引《竹書紀年》即傳世之《紀年》，而此於史文亦無明證。既然如此，又怎能以此作為下一步推論的前提呢？

非但如此，陳君又通過「今本」與《御覽》的互校，試圖證明李昉等所見實與「今本」相同。他舉出兩條為《御覽》所引、卻不見於「今本」的《紀年》作為論據。第一條是，《御覽》卷一百六十一引：「《十道志》

---

[153] 陳夢家：〈六國紀年表敘〉，載於氏著：《西周年代考・六國紀年》，頁66。

曰:……《竹書紀年》作鮌子。」第二條是,《御覽》卷八百八十引:「《竹書紀年》曰:夏桀末年,社坼裂,其年為湯所放。」對於第一條的來源,陳君謂:「第一條疑為李昉所見本無,故其轉引《十道志》。」[154] 我們可以肯定地說,《御覽》所引此條源自他書。而對第二條為何「今本」不載的原因,陳君作了如下解釋:

> 第二條今本雖缺,然《御覽》同卷所引另外兩條《紀年》皆在今本之中:
> 梁惠成王八年,地忽長十丈有餘,高尺半。
> 周隱王二年,齊地暴長,長丈餘,高一尺。
> 以上兩條南宋以前僅《御覽》徵引,與今本文字全同。若今本乃後人輯錄《御覽》等書而為之,則於同書同卷中不應取此捨彼。[155]

所謂「同書同卷中不應取此捨彼」的說法祇不過是一種概率為五十比五十的推論。人們也可以反問,為什麼「今本」重編者不可能在同書同卷中「取此捨彼」呢?

現在我們來檢討一下上段引文中《御覽》所引的另外兩條《紀年》。前一條似無問題,因為「古本」和「今本」中均收此條。可是第二條卻有問題。第一,周隱王的名稱就有問題,與文獻記載不類。《史記》〈周本紀〉是相當重要而可靠的歷史材料,其中卻無周隱王之名。「今本」原注云:「《史記》作赧王,名延,蓋赧、隱聲相近。」[156] 然此說大有商榷之餘地。方詩銘、王修齡已注意到:「昔之治《紀年》者習於今本之說,皆以隱王即赧王,疑非。」[157] 東方按:赧字古音在元部(若依段玉裁(1735-1815)

---

[154] 陳力:〈今本《竹書紀年》研究〉,頁12。
[155] 陳力:〈今本《竹書紀年》研究〉,頁12-13。
[156] 王國維:《今本竹書紀年疏證》,載於《古本竹書紀年輯證》頁288。
[157] 方詩銘、王修齡:《古本竹書紀年輯證》,頁147。

說，在第十四部。），隱字古音在文部（若依段說，在第十三部。），並非疊韻。有的學者以為，兩字部近類同，其音皆可轉。不過，文、元二部之字雖然因類同而可以旁轉，赧、隱二字是否可以通假，尚需有充分的旁證。清儒如王念孫（1744-1832）、王引之（1766-1834）父子在運用古音明通假、定訓詁方面成績空前，而他們的最大成就卻在於既能慎用通假，又能博舉例證這兩方面的完美結合之上。我們不能一見音近便言通假，因為其實這祇是具有通假的可能性，還必須有實證纔能作出確實肯定的結論。所以，所謂周赧王即周隱王的看法，祇能是一種推測，顯然不能視為定論。而陳君以推論為定論，並再以此為依據去作進一步判斷的做法，在學術研究中是不可取的。

第二，此條的內容原出於《搜神記》卷六：「周隱王二年四月，齊地暴長，長丈餘，高一尺五寸。」前面已討論過了《搜神記》一書的來源問題，此條未見其他書徵引，不難看出乃胡應麟錄自《御覽》，可以說是孤證，不可盡信。方詩銘、王修齡在輯錄此條時則云：「當本《紀年》。」[158] 嚴格地說，目前並無直接的文獻證據可以說明，《搜神記》中此條是引自《紀年》。

非但如此，陳君甚至說：「《御覽》所引不但在字句上與今本《紀年》基本相同，其東周以後亦同今本一樣以周王紀年。」[159] 他以杜預所言作為證據：

> 杜預謂《紀年》「唯特記晉國，起自殤叔。」換言之，自殤叔起，《紀年》以晉魏紀年。[160]

可是我們檢覈杜預原文，卻發現陳君曲解了文意。茲引杜預原文如下：

---

[158] 方詩銘、王修齡：《古本竹書紀年輯證》，頁146。
[159] 陳力：〈今本《竹書紀年》研究〉，頁13。
[160] 陳力：〈今本《竹書紀年》研究〉，頁13。

◆第一篇　「今本」《竹書紀年》諸問題考辨◆

> 其《紀年》篇，起自夏殷周，皆三代王事，無諸國別也。唯特記晉國，起自殤叔，次文侯、昭侯，以至曲沃莊伯。莊伯之十一年十一月，魯隱公之元年正月也。皆用夏正建寅之月為歲首，編年相次。晉國滅，獨記魏事，下至魏哀王之二十年。蓋魏國之史記也。[161]

審其文意，杜預乃謂《竹書紀年》祇記完整的三代之王事，而不記各國之事。所謂「唯特」即破例的意思，表示僅述晉國後來的歷史是例外的。故在殤叔之後，《竹書紀年》除記周王事外，專記晉國的歷史，而非謂在三代結束之後纔以晉國紀年。從文意看，祇能在有前句言「無諸國別」的情況下，纔能有下句的「唯特」。

陳君舉出《御覽》所引的兩條《紀年》，來說明晉殤叔之後仍以周王紀年，與杜預說法殊異。其所引之條如下：

> 《紀年》曰：幽王八年，立褒姒之子曰伯服，為太子。[162]
> 《書紀年》曰：幽王十年九月，桃杏實。[163]

由於陳君誤解了杜預之語，因此他所引的這兩條《紀年》所載雖在晉殤叔之後，卻並不能證明與杜預所見之相異。方詩銘、王修齡曰：

> 至《後序》所云「起自殤叔」，當謂《紀年》記晉國事起自殤叔，殤叔以前《紀年》無晉事而已。[164]

以文法及文意而言，此說可通。然而陳君卻不同意這種解釋。他針對方、

---

[161] 杜預：〈春秋經傳集解後序〉，載於阮元校刻：《十三經注疏》下冊，頁2187。
[162] 方詩銘、王修齡：《古本竹書紀年輯證》，頁59。
[163] 方詩銘、王修齡：《古本竹書紀年輯證》，頁60。
[164] 方詩銘、王修齡：《古本竹書紀年輯證》，頁59。

王的說法，駁之曰：

> 然《後漢書・西羌傳》注引《紀年》云：「後二年，晉人敗北戎于汾隰。」此事在宣王四十年、晉殤叔以前，據此《紀年》殤叔以前非無晉事也，方說疑非。[165]

今取陳君所言與《後漢書》兩相比勘，便可發現陳君提出的這一條《紀年》頗有問題。茲錄范曄（398-445）《後漢書》原文及注（小號字）於下：

> 及武王伐商，羌、髳率師會于牧野。一、《尚書》曰：「庸、蜀、羌、髳、微、盧、彭、濮人。」孔安國注曰：「皆蠻夷戎狄也。」至穆王時，戎狄不貢，王乃西征犬戎，獲其五王，又得四白鹿，四白狼，二、見《史記》。王遂遷戎于太原。夷王衰弱，三、夷王，穆王孫，名燮也。荒服不朝，乃命虢公率六師伐太原之戎，至于俞泉，獲馬千匹。四、見《竹書紀年》。厲王無道，戎狄寇掠，乃入犬丘，殺秦仲之族，五、犬丘，縣名。秦曰廢丘，漢曰槐里也。王命伐戎，不克。及宣王立四年，使秦仲伐戎，為戎所殺。王乃召秦仲子莊公，與兵七千人，伐戎破之，由是少卻。後二十七年，王遣兵伐太原戎，不克。後五年，王伐條戎、奔戎，王師敗績。後二年，晉人敗北戎于汾隰，六、二水名。戎人滅姜侯之邑。明年，王征申戎，破之。後十年，幽王命伯士伐六濟之戎，軍敗，伯士死焉。七、並見《竹書紀年》。[166]

對於以上的引文，事實上可以有兩種不同的理解。第一種理解，以為「晉人敗北戎于汾隰」是《竹書紀年》的引文，王國維、范祥雍都是這樣來理解的。按照這種理解，那就是把「厲王無道」以下（注四以下）的文字皆

---
[165] 陳力：〈今本《竹書紀年》研究〉，頁13。
[166] 范曄：《後漢書》卷117，《二十五史》第1冊（上海：開明書店，1935），頁900。東方按：此段引文的標點及注釋號根據《後漢書》點校本（北京：中華書局，1965），頁2871-2872。

視為《紀年》之引文。在這種情況下,《紀年》所記為厲王、宣王二王時之事,附帶說及秦、晉等諸侯,所以並不足以形成陳君對方、王二人之說的疑難。第二種理解,就是把注七的「並見《竹書紀年》」理解為「明年,王征申戎。破之。後十年,幽王命伯士伐六濟之戎,軍敗,伯士死焉」兩件事。「並」指二者並列,這在古文獻中也是常見之事,而且「並」(「竝」)字的意思本來就是二者並立。這樣的理解還有一個根據,就是「晉人敗北戎于汾隰」與「明年王征申戎」之間隔有注六,故非注七所應統攝。按照後一種理解,「晉人敗北戎于汾隰」則非《竹書紀年》之引文。這樣的話,陳君對方、王二人的疑難同樣不能成立。

綜上所考,陳君關於「今本」《竹書紀年》編訂於宋代之說看來還需要更為堅實的證據方可定論。

六、「今本」《竹書紀年》史料價值辨

在《今本竹書紀年疏證》引言部分,王國維開宗明義地指出:

> 余治《竹書紀年》,既成《古本輯校》一卷,復怪今本《紀年》為後人蒐輯,其跡甚著,……乃復用惠[棟]、孫[志祖]二家法,一一求其所出,始知今本所載殆無一不襲他書。……夫事實既具他書,則此書為無用;年月又多杜撰,則其說為無徵。無用無徵,則廢此書可。[167]

對於這段話,陳君駁之曰:「昔王靜安先生以今本《紀年》為後人偽作,而謂今本『無用無徵』,欲廢之而不惜。」[168] 不過王氏此說中的「無用」和「無徵」,陳君似未作分別。倘若細心體會王氏之語,「事實既具他書,

---

[167] 王國維:《今本竹書紀年疏證》,載於《古本竹書紀年輯證》,頁188-189。
[168] 陳力:〈今本《竹書紀年》研究〉,頁13。

則此書為無用」之「無用」與此書「年月又多杜撰,則其說為無徵」之「無徵」兩者之間還是有區別的。「無用」是說「今本」多採自他書,為第二手資料,不宜援引。但這並不表明王氏主張「今本」中所記一切皆偽。在王氏看來,「今本」記事雖可信,但其書卻為偽撰無疑。「無徵」則是說「今本」紀年十分可疑,多為重編者杜撰,不足為古史研究之據。

陳君還以王氏在〈說自契至於成湯八遷〉中曾引「今本」《竹書紀年》來反駁王氏廢此書的說法。他說:「然其考成湯以前商人之遷徙,亦取證于今本,是今本未可廢也。」[169] 為了方便討論,先引王氏原文如下:

> 今本《竹書紀年》云:「帝(芬)[芒]三十三年,商侯遷於殷。」《山海經》郭璞注引真本《紀年》有「殷王子亥」、「殷主甲微」,稱「殷」不稱「商」,則今本《紀年》此事或可信。[170]

這一條「今本」材料,蓋王氏未從他書查到其出處,故依其理解,亦以為必抄自他書。如從王氏用字(「殷」)觀之,可說明王氏認為此條所出是可信的。可見王國維並不否認「今本」的某一部分具有史料價值,不過需要考而後定,如以原本校覈,故有「此事或可信」之語。所以王氏所論正說明不可輕信「今本」。

如果對王氏引「今本」的這段文字細加推敲,我們還可以注意到,他在〈說自契至於成湯八遷〉中相信「今本」《竹書紀年》是有兩個條件的:第一,有「此事」二字,這是範圍的限制;第二,有「或」字,這是性質的限制,即可信性為或然的、而非必然的,這顯然是一種猶豫之辭。學者在一些學術問題的認識上出現徘徊、猶豫,此乃研究過程中常有之事,而他們把自己的猶豫說出來,則是認為這樣對後人或許會有啟發。如果後人將前輩學者在研究過程中對某些問題的猶豫之辭當作實證,那就未免令人

---

[169] 陳力:〈今本《竹書紀年》研究〉,頁13。
[170] 王國維:〈說自契至於成湯八遷〉,載於氏著:《觀堂集林》卷12(北京:中華書局,1959),頁516。

◆第一篇 「今本」《竹書紀年》諸問題考辨◆

失望了。

依照陳君的看法,「今本」《竹書紀年》「於考校古史、闡發幽微可資者甚多,良可寶貴」。[171] 那麼,此書的史料價值究竟何在?陳君首先以「今本」所述周厲王奔彘前在位年數為例。「今本」《竹書紀年》記:「[厲王]十二年,王亡奔彘」[172];《史記》〈周本紀〉記厲王三十七年奔彘,兩者顯然不合。陳君引《史記》〈衛世家〉:

> 頃侯厚賂周夷王,夷王命衛為侯。頃侯立十二年卒,子釐侯立。釐侯十三年,周厲王出犇于彘,共和行政焉。[173]

陳君據此考訂出厲王奔彘前在位時間至多不超過 25 年(即假設周夷王死於頃侯元年,而周厲王亦於頃侯元年即位。頃侯的 12 年加上釐侯的 13 年,則厲王奔彘前應在位 25 年)。接著,他又引《史記》〈齊太公世家〉:

> 哀公時,紀侯譖之周,周烹哀公而立其弟靜,是為胡公。胡公徙都薄姑,而當周夷王之時。
> 哀公之同母少弟山怨胡公,乃與其黨率營丘人襲殺胡公而自立,是為獻公。……
> 九年,獻公卒,子武公壽立。武公九年,周厲王出奔,居彘。[174]

根據林春溥、雷學淇舊說,陳君認為:

> 據今本《紀年》,厲王四年為齊武公元年,厲王十二年恰當齊

---

[171] 陳力:〈今本《竹書紀年》研究〉,頁 13。
[172] 王國維:《今本竹書紀年疏證》,載於《古本竹書紀年輯證》,頁 251。
[173] 司馬遷:《史記》卷 38(北京:中華書局,1959),頁 1591。東方按:陳君此處誤引「僖侯」為「釐侯」(見〈今本《竹書紀年》研究〉,頁 13)。
[174] 司馬遷:《史記》卷 32,頁 1481-1482。

77

武公九年。今本《紀年》與〈齊世家〉若同符節,然則今本之說可以無疑矣。[175]

但是陳君所謂《史記》〈齊世家〉與「今本」「若同符節」的依據,惟雷學淇所謂齊獻公元年當周夷王三年說(即以為胡公被殺在夷王三年,及獻公在位第九年薨、當年武公即位改元)。此說以〈齊世家〉年表擬合「今本」紀年,不足為信。何況「今本」所記不僅與傳統學者所推定的夷王在位年數(15或16年)不相符驗[176],而且一些現代學者已經以充分引用傳統文獻與金文資料、並結合天象曆算的三重證據方法,確定夷王在位時間為15年。[177]「古本」記:「[夷王]三年,致諸侯,烹齊哀公於鼎。」以上述晚近研究成果推算,前引〈齊世家〉中齊獻公卒年絕不可能在周厲王三年。

陳君在討論這一問題時,亦未引《史記》〈十二諸侯年表〉記陳幽公十四年,厲王奔彘。(東方按:〈陳世家〉所記「幽公十二年,周厲王奔彘」有誤,當從〈十二諸侯年表〉。)既然陳慎公在位當厲王時,而厲王奔彘是在陳幽公十四年,就不可能有所謂厲王十二年奔彘。儘管厲王奔彘前在位年數在〈周本紀〉(37年)、〈衛世家〉(不超過23年)和〈陳世家〉(至少14年)中互有出入,但是其中有一點是共同的,即厲王並非於其在位第12年奔彘。在這個問題上,現代中外學者的觀點是一致的。[178]

---

[175] 陳力:〈今本《竹書紀年》研究〉,頁14。
[176] 日本學者平勢隆郎曾列表比較「今本」與宋人的古史紀年著作所記周夷王之薨年,除「今本」持在位八年說外,其他各書,如劉恕《通鑑外紀》、邵雍《皇極經世》、胡宏《皇王大紀》及章衡《編年通載》,均記夷王在位15或16年。參見平勢隆郎:〈今本《竹書紀年》の性格〉,《九州大學東洋史論叢》,卷20(1992),頁64。
[177] 張聞玉主張夷王在位15年說,見氏著《西周王年論稿》(貴陽:貴州人民出版社,1996),頁180-183。此外還有李仲操的夷王在位13年說,見氏著:《西周年代》(北京:文物出版社,1991),頁71-75。限於篇幅,在此不能詳論這一問題。他們均認為「今本」《竹書紀年》的夷王在位八年之說不足為信。
[178] 關於厲王奔彘前在位的年數,說者聚辯,除張聞玉的37年說和李仲操的23年說外,美國學者倪德衛(David S. Nivison)則持18年說(含兩年守喪期),見氏著:"The Key to the Chronology of the Three Dynasties: The 'Modern Text' *Bamboo Annals*," *Sino-Platonic Paper* 93 (1999): 45. 張、李、倪三家之說各有攸當,然於厲王奔彘前在位年數,皆否定了「今本」之12年說。

其實《史記》的〈周本紀〉、〈衛世家〉及〈齊世家〉在紀年上的矛盾現象不止厲王奔彘前在位年數一處,這些年數之不合反映了司馬遷作《史記》互文相足之例,及其兼存異說的撰史原則。[179] 也就是說,他把對同一歷史事件的各種矛盾說法,看作是歷史材料本身所能提供的多種可能性。雖然「今本」的記載與《史記》〈齊世家〉的內容相同,但這祇不過是證實了「有」(即「今本」的來源可能是〈齊世家〉),而「今本」的記載卻無法證明「無」(即《史記》〈周本紀〉和〈衛世家〉所記是憑空臆造的)。前述的這一問題必須從司馬遷撰史所採的紀年標準尋求解答。陳君將〈周本紀〉所載年代不合處歸咎於司馬遷的紀年有誤,他說:「《周本紀》厲王奔彘以前年數之所以誤,乃史遷將厲王之生壽誤作奔彘前在位之年。」[180] 但是這一解釋似不合理。《史記》〈周本紀〉記厲王奔彘前在位37年,實際上是司馬遷本著實事求是的態度,將他所接觸到不同材料來源逐條列出。

一般說來,我們瞭解西周年代應以《史記》〈十二諸侯年表〉的共和元年作為確定年代的定點,因為《史記》〈十二諸侯年表〉是相當可靠的紀年。東漢經學家鄭玄(127-200)云:「夷、厲已上,歲數不明,大史《年表》,自共和始。」[181] 清代史學家如萬斯同(1638-1702)、王鳴盛、錢大昕也表示過類似的看法。為什麼呢?請看〈太史公自序〉中司馬遷本人是如何解說他作〈十表〉的目的的。他說:「竝時異世,年差不明,作十表。」[182]《索隱》:「案竝時,則年歷差殊,亦略言,難以明辨,故作表也。」[183]《正義》:「言本紀世家及諸傳,年月差別不同,故作〈十表〉以明之也。」[184] 這就是說,司馬遷自己很清楚,本紀、世家、列傳中有年代之差異,是

---

[179] 對於司馬遷《史記》兼採今古文的問題,可參閱劉家和:〈《史記》與漢代經學〉,《史學史研究》1991 年第 2 期,頁 11-22。
[180] 陳力:〈今本《竹書紀年》研究〉,頁 14。
[181] 鄭玄:〈詩譜序〉,載於阮元校刻:《十三經注疏》上冊,頁 263。
[182] 司馬遷撰,瀧川資言考證,水澤利忠校補:《史記會注考證附校補》下冊,卷 130,頁 2076。
[183] 司馬遷撰,瀧川資言考證,水澤利忠校補:《史記會注考證附校補》下冊,卷 130,頁 2077。
[184] 司馬遷撰,瀧川資言考證,水澤利忠校補:《史記會注考證附校補》下冊,卷 130,頁 2077。

由於他所引材料本不一致和兼存異說造成的。那麼又如何來統一這些年代的差別異同呢？太史公採用了一個辦法，就是以作年表來統一，作出他個人認為比較可靠的年代處理。例如，〈十二諸侯年表〉是以共和元年（前841）為起點的，這顯然與厲王的在位年數有關。司馬遷選擇這一年為〈十二諸侯年表〉之肇端是經過慎重考慮的。照理說，他完全可以將平王東遷之年（前770）作為年表之始，是則共和元年仍屬王在位之年。但是司馬遷在〈十二諸侯年表〉中謂：

> 儒者斷其義，馳說者騁其辭，不務綜其終始；曆人取其年月，數家隆於神運，譜諜獨記世謚，其辭略，欲一觀諸要難。於是譜十二諸侯，自共和訖孔子，表見《春秋》、《國語》學者所譏盛衰大指著于篇，為成學治古文者要刪焉。[185]

對共和以前的歷史，司馬遷在本紀中無法編次年月，在表中也僅能寫出祇記世次、不詳年月的〈三代世表〉（當然，我們不排除共和之前的個別事件可能有確切紀年）。共和元年與並時的各諸侯年代的情況則判然迥殊，因為司馬遷祇有依據這些年代，纔能譜寫出《十二諸侯年表》。可見司馬遷列陳幽公十四年於共和元年並非無據。所以在這個問題上，我們切不可追隨「今本」編排的年表而對厲王在位年數輕下結論。

「今本」《竹書紀年》記：「[周孝王]七年冬，大雨雹，江、漢水。（原注：牛馬死，是年，厲王生。）」[186] 陳君又據《太平御覽》所引《史記》中的「周孝王七年，厲王生。冬，大雨雹，牛馬死，江、漢俱凍」條，以證厲王生於孝王七年。[187] 然而此條引文本身頗有疑義，方詩銘、王修齡輯「古本」《竹書紀年》佚文時，將此條列為有疑問而不入正文者。其考證原文雖長，但還是值得抄錄下來：

---

[185] 司馬遷：《史記》卷14，頁511。
[186] 王國維：《今本竹書紀年疏證》，載於《古本竹書紀年輯證》，頁249。
[187] 陳力：〈今本《竹書紀年》研究〉，頁14。

◆第一篇 「今本」《竹書紀年》諸問題考辨◆

《史記》曰：周孝王七年，厲王生，冬大雹，牛馬死，江漢俱動。

《太平御覽》卷八七八咎徵部

案：《存真》、《輯校》入輯。《輯校》云：「案《史記》無此事，殆《紀年》文也。」《存真》、《輯校》「大」下有「雨」字，「動」字作「凍」。《輯校》又刪「厲王生」三字，《訂補》云：「朱氏蓋誤從今本《紀年》，王氏刪去，是也。」案影宋本、鮑刻本《御覽》皆有此三字，《訂補》之說非是。《存真》又注云「《通鑑外紀》」。《外紀》卷三云：「孝王七年，大雹，牛馬死，江漢俱凍。」不明著何書，以為《紀年》，亦非是。案《御覽》引《史記》而不見於《太史公書》者頗多，《存真》、《輯校》凡采錄九條。其標準為與古本《紀年》近似，或見於今本者。然《御覽》卷八七六連續引此《史記》者三條，一在晉莊伯八年，一在晉幽公十二年（以上皆見《存真》、《輯校》），一在秦二世時，三條皆記「無云而雷」，顯為一書。《紀年》戰國時魏史，安能記秦二世時事，此《史記》自不得為《紀年》。陳夢家云：「此《史記》似作於《紀年》出土以後，間錄《紀年》的記事於其天時異象之中，故不能因此《史記》曾應用《紀年》材料，即視作《紀年》。」（《六國紀年》，《燕京學報》第三四期頁一八五）此亦非是。考《漢書・五行志》所錄劉向《洪範五行傳》，即曾因此《史記》，上引秦二世一條亦見該書，自不能謂此《史記》「作於《紀年》出土以後」。此《史記》自《史記》，《紀年》自《紀年》，其間固毫無淵源可尋。其書蓋作於西漢早期，雜記災異，正其時流行之天人感應說的反映。[188]

方氏考證細密深邃，當視為可靠的結論。所以陳君關於此條在「今、古本

---

[188] 方詩銘、王修齡：《古本竹書紀年輯證》，頁 161-162。

《紀年》無異,厲王之生,在孝王七年」的說法,便無憑據了。信如王國維所言,「今本」此條事實上是抄自《太平御覽》所引之文,而非來自「古本」《竹書紀年》。[189]

陳君又舉卜辭一例說明「今本」《竹書紀年》的史料價值。他說:

> 今本《紀年》載祖丁名新,此為他書所不載,然卜辭有云:「……卜且丁召襄宗」,此祖丁與襄宗連文。《佚》217 又云:「且丁召,在弜,王受又?」「之襄宗,王受又」。此二辭雖似各為一事,然契於同版之中,實為同事異卜。《南明》688 云:「王其又妣庚襄宗?」據甲文祀譜,妣庚為祖丁之妻,故得配祀於祖丁之廟。甲、金文中,襄同新,其廟故謂之新宗。以人名為宗廟名在卜辭中不乏其證。《後》上·18·5 云:「癸卯卜,賓貞,井方于唐宗龕。」唐宗即天乙廟,楊樹達(1885-1956)先生云:「蓋祖丁之廟稱襄宗,猶卜辭於成湯之廟稱唐宗也。」又云:此「足證今本《紀年》祖丁名新之說為可信」。[190]

從以上文字來看,似乎是陳君在發表個人議論之後,再引楊樹達之言為證。然取楊氏之文互勘,乃知陳君論證諸大端,實為楊氏之見。楊樹達在陳列若干殷王之名與《太平御覽》所引「古本」《竹書紀年》相合後,遂云:「則他王之名非盡出於杜撰可知。」[191] 他舉例說:

> 今本《紀年》載祖丁名新,古書略無明證。然卜辭云:「且丁召襄宗,」襄宗與且丁連文。又云:「且丁召,在弜,王受又?」又云:「之襄宗,王受又?」此二辭雖似各為一事,然契在一版之

---

[189] 王國維:《今本竹書紀年疏證》,載於《古本竹書紀年輯證》,頁249。
[190] 陳力:〈今本《竹書紀年》研究〉,頁14。
[191] 楊樹達:〈書《古本竹書紀年輯校》後〉,載於氏著:《積微居小學述林》卷7(北京:中國科學院,1954),頁271。

中,其為同事異卜,顯白無疑。而辭一言且丁,一言薪宗,薪新字同,足證今本《紀年》祖丁名新之說為可信。蓋祖丁之廟稱薪宗,猶卜辭於成湯之廟稱唐宗也。一事如此,他事可知。況和甲之名,既明見於原本《竹書紀年》,為郭璞所稱引,而河亶甲名整,《呂氏春秋》〈音初篇〉稱之曰整甲。和甲之稱,與整甲一律,尤非後人所能臆撰。[192]

然而楊氏之說仍有商榷之餘地。對於楊氏的解釋,李孝定(1917-1997)提出不同看法:

> 楊氏謂薪為祖丁之名,薪宗即祖丁之廟考。卜辭言「某某宗」者多見,均稱廟號,未見指斥其名者,惟亦稱「唐宗」似為例外。唐即湯,《史記》〈殷本紀〉《集解》引張晏曰:「禹湯皆字也。二王去唐虞之文,從高陽之質,故夏殷之王皆以名為號。《謚法》曰除虐去殘曰湯。」《索隱》曰:「湯名履,《書》曰『予小子履』是也。又稱天乙者,譙周云:『夏殷之禮,生稱王死稱廟主,皆以帝名配之。』天亦帝也。殷人尊湯,故曰天乙。」據此,則湯若唐亦非天乙之名。惟究為生稱之字抑為謚號,則未可確知。故卜辭稱唐宗亦非指斥其名,楊氏謂薪宗為且丁之廟,其說似仍有可商也。[193]

姚孝遂(1926-1996)在《甲骨文字詁林》中引述了諸家對「薪」的不同解釋,並評判曰:「屈萬里(1907-1979)、楊樹達之說均誤,李孝定《集釋》已辨之,辨之是也。」[194] 這是十分公允的議論,似不容疑。「今本」還有

---

[192] 楊樹達:〈書《古本竹書紀年輯校》後〉,載於氏著:《積微居小學述林》卷7,頁271。
[193] 李孝定編述:《甲骨文字集釋》卷7(臺北:中央研究院歷史語言研究所,1970),頁2482-2483。又見于省吾主編:《甲骨文字詁林》(北京:中華書局,1996),頁2521。
[194] 于省吾主編:《甲骨文字詁林》第3冊,頁2522。

「太戊名密,廟為中宗」、「武丁名昭,廟為高宗」,若依楊說「祖丁名新、廟為新宗」,這樣的以名為廟,似不與「今本」所記體例一律。此外,楊氏從考「今本」所載「祖丁名新」為卜辭之「新宗」一例,得出「一事如此,他事可知」的方法。但以現代的學術標準而言,從事考證是有一分證據說一分話,絕不能以一事推知他事。對每一殷王之名的證實都必須有切實的證據,不可從其中一王之名被卜辭證實,就推斷「今本」所記所有殷王之名皆可信。比如,我們可以從卜辭確知《史記》〈殷本紀〉之可靠,亦可由此推知《史記》〈夏本紀〉的可信程度。但對於夏朝的存在,我們因無充分的證據,所以還祇能說推知而不能斷定有夏。此乃因史學研究必須實事求是,處處注重證據,無證之說雖似有理,卻不能信以為真,更不可以為定論。

結語

本文主要是運用傳統考辨之法,對陳君之「今本」《竹書紀年》非偽書說試作辨難,分析其翻案之說有無成立之可能。事實上,陳君為「今本」《竹書紀年》作翻案文章,至多祇能說是在「今本」真偽的問題上提出了某種可能性(實際上是證據並不充分的推論),或可聊備一說,殆未為篤論。儘管本文未對「今本」《竹書紀年》編成於何時、出於何人之手等問題遽下斷語,但據上述諸端,此書要為重編之偽作,似無疑義。本文雖試圖駁正陳君文中的某些謬誤,然於《竹書紀年》中的若干疑難卻未敢輕率斷案。這是因為,無論是「古本」,還是「今本」《竹書紀年》,其間牽涉到無數具體而複雜的專門問題,而這些待決的問題遠非我個人的學力所能承擔,尚有待於今後有更多的同道耐心地綜合比證,以求得一真確之結論。我深信,學術的爭論祇有通過往復的質疑問難,纔能逐漸趨於定論。

最後需要聲明的是,海外考證「今本」《竹書紀年》之真偽,因限於材料不足,不能充分論證,難免有疏漏之處。不過,拙文倘能起到一點拋

磚引玉的作用，本人就不勝欣慰了。筆者之所以如此云云，絕非有意鳴高，祇不過是一抒己見，就正於陳君。由於在商榷學術異同時，筆者本著所知所信、秉筆直書的原則，對陳君的論點進行了針鋒相對的辯駁，故下筆輕重之際自難把握得恰到好處。這一點希望獲得陳君的諒解。應該說，此文所成多受陳君之啟發，且所據材料主要者乃陳君之文所提供，故管見所及，若有所得，其功仍當首歸之於陳君。

第二篇　從思想傾向和著述體例論「今本」《竹書紀年》的真偽問題

一

　　清末今文經學家皮錫瑞在《經學歷史》中概括清朝考據學家（多為經學家）的貢獻有三：一曰輯佚書，二曰精校勘，三曰通小學。[1]他們通過輯佚，把大量散失的古書佚文從現存的文獻中輯出，使人們得以讀到原先所無法看到的書籍。他們又利用校勘，把古書中的各種訛誤加以改正，使人們能夠看懂原來因舛錯而無法讀通的古書。他們還運用文字訓詁音韻之學，對大量古代典籍加以詮釋，使人們能夠理解原來誤解或不解的古書。除此三者之外，清代考據學家還有一項重要貢獻，那就是辨偽。他們辨偽的成績包括兩個方面：首先是揭露某些古書為後人偽造，使之不與真書相混淆；其次是將偽書抄襲他書的材料逐一列出，以說明這些材料的時代性，並作為研究該時代而非古代的材料。[2]清儒辨古書之偽應該說是宋明以來辨偽學術潮流的繼續和發展：一方面，他們辨偽的主觀目的是為了維護儒家經典的純潔性；另一方面，辨偽的結果在客觀上卻產生了未曾意料到的思想史意義。比如，偽《古文尚書》〈大禹謨〉篇中所謂「十六字心傳」本是陸王心學的一個重要理論依據，而此書之偽被揭露出來之後，「十六字心傳」便失去了經典上的根據。[3]所以我們可以說，辨偽在客觀上起了破除傳統舊說的作用。

　　清儒在辨偽過程中爭持不下的一個焦點，便是「今本」《竹書紀

---

[1] 皮錫瑞：《經學歷史》（北京：中華書局，1959），頁330-331。
[2] 參看劉家和：〈史學與經學〉，載於氏著：《古代中國與世界》（武漢：武漢出版社，1995），頁224-225。
[3] 參閱余英時：〈清代思想史的一個新解釋〉，載於氏著：《歷史與思想》（臺北：聯經出版事業公司，1976），頁148。

年》(即明清通行本)的真偽問題。清中葉以降,對「今本」《竹書紀年》真偽的爭論已引出了若干的考證文字。清代學者對「今本」《竹書紀年》疑信各半,諸說歧異。一九一七年,王國維《今本竹書紀年疏證》一書刊布,使得關於「今本」《竹書紀年》真偽的爭論發生重要轉折。王氏本錢大昕「今本」《竹書紀年》偽託之說、依惠棟《古文尚書考》和孫志祖《家語疏證》之法以治此書,將「今本」《竹書紀年》作偽之來源一一求其所出,以標明其掩襲之跡。王氏之書刊布以後頗受時流推重,學者多奉斯說。從此「今本」《竹書紀年》偽書說漸為學術界所共識。[4] 受二十世紀二十年代興起的「古史辨」派疑古思潮之震盪,有的學者沿襲一些清儒(如王鳴盛、丁晏)的觀點,主張《竹書紀年》甫出土即被作偽。呂思勉《先秦史》(1941年付刻)即謂:

> 汲冢得書,當實有其事,然其書實無傳於後。《晉書》所云,乃誤據後人偽造之語,《杜序》則為偽物。蓋魏、晉之際,篡竊頻仍;又其時之人,疾兩漢儒者之拘虛,好為非堯、舜,薄湯、武之論。造此等說者,其見解蓋正與魏文帝同,適有汲冢得書之事,遂附託之以見意也。[5]

呂氏認為西晉學者借古書出土而製造偽書,以闡發他們的政治看法。呂氏的這種說法似言之成理,卻無史料根據。按之事實,《竹書紀年》中非堯舜、薄湯武的記載不祇是魏晉時期人的看法,早在戰國時期,人們對堯、舜、湯、武的評價既已存在著兩種針鋒相對的意見。《韓非子》〈忠孝〉有云:

---

[4] 參看梁啟超:《中國近三百年學術史》(北京:東方出版社,1996),頁289-291。
[5] 呂思勉:《先秦史》(上海:上海古籍出版社,1982),頁76。

> 堯、舜、湯、武或反君臣之義，亂後世之教者也。堯為人君而君其臣，舜為人臣而臣其君，湯武為人臣而弒其主，刑其尸，而天下譽之，此天下所以至今不治者也。[6]

這種看法顯然與「古本」《竹書紀年》的思想傾向相一致。

近 30 年來，有關「今本」《竹書紀年》真偽之聚訟再起波瀾，海內外一些學者新見迭發，力圖證明「今本」《竹書紀年》並非如王國維所說「無用無徵」之偽作，而是在內容上與汲冢出土的原本《竹書紀年》基本相同的一部真書。關於「今本」《竹書紀年》真偽的公案涉及古代史研究的許多專門領域，非本文篇幅所能詳盡檢討。以往學者討論「今本」《竹書紀年》之真偽，未見有涉及此書之思想傾向和著述體例者，竊不自量，在這篇文章中對這兩方面提出一些初步的觀察，試圖為解決「今本」《竹書紀年》真偽問題提供一個新的立足點。

二

一般說來，古書的辨偽包括兩方面的內容。一是涉及古書的版本之真（genuine）的問題，指的是甄別流傳下來而不在版本上作假的古書；一是涉及古書的名實相符之真（authentic）的問題，指的是辨別一本古書所表明的作者、內容、體例特點和成書年代與歷史事實相符合。[7]我們現在對「今本」《竹書紀年》真偽的討論則是從後者的角度出發。確定一部古書真偽的一個重要方面，即從此書文本所反映的思想傾向考慮其成書年代。換言之，確定「今本」《竹書紀年》的真偽

---

[6] 梁啟雄：《韓子淺解》（北京：中華書局，1960），頁 505。
[7] 關於 genuine 與 authenticity 在詞義上的區別，可參考 Jacques Barzun, *The Modern Researcher* (Fort Worth, TX: Harcourt Brace Jovanovich, 1992), 99.

應當從單純地作出所謂「合理推論」的框架中跳出來,而必須考慮史書中所反映時代的思想傾向。我們以「古本」《竹書紀年》與「今本」《竹書紀年》相較,便可發現兩書在思想傾向上是截然不同的。李學勤〈古本《竹書紀年》與夏代史〉一文指出了「古本」《竹書紀年》的兩種思想傾向。他說:

> 一點是記異的傾向。《春秋》也有災異的記事,但遠不如《紀年》之多。例如《通鑑外紀》卷一注引《紀年》:「三苗將亡,天雨血,夏有冰,地坼及泉,青龍生於廟,日夜出,晝日不出。」據《路史·後紀》注,與《墨子》說相似。又如,商紂時「天大曀」;周昭王十九年「天大曀,雉兔皆震」,「夜有五色光貫紫微」;周穆王伐楚(一說為越或紆),「大起九師東至於九江,叱為黿鼉」;穆王南征,「君子為鶴,小人為飛鴞」;周宣王時「有兔舞鎬」,「有馬化為狐」;周惠王時「鄭人入王府取玉焉,玉化為蜮射人也」;晉獻公時「周陽有白兔舞於市」。諸如此類,反映了《紀年》的作者相信災異感應,注重搜集神話傳說的傾向,而書中的傳說多帶有戰國時期的色彩。[8]

據其所述,「古本」《竹書紀年》記載了大量的災異之說,有的甚至令人難以置信。在今天看來,這些條目所記之事雖未必符合歷史實際,但卻可能確有這類記載。這是因為「古本」《竹書紀年》所記乃是先秦記錄者當時的思想認識,即古人著眼於通過天災異事,來說明天命或顯示天意。我想補充李學勤的說法,「古本」《竹書紀年》輯本中多數記異之條竟不為「今本」《竹書紀年》所載。清人郝懿行就

---

[8] 李學勤:〈古本《竹書紀年》與夏代史〉,載於《李學勤集》(哈爾濱:黑龍江教育出版社,1989),頁 84-85。

注意到:「《開元占經》亦多引《紀年》,其言或怪異,又所引皆不見於『今本』及他書。」[9] 此類之例甚多,如《開元占經》引「古本」《竹書紀年》:「懿王元年,天再啟。殤帝升平二年,天一夕再啟於鄭,又有天裂,見其流水」[10],晉定公二十五年「西山女子化為丈夫,與之妻,能生子。其年,鄭一女而生四十人,二十死」,周烈王六年「晝晦」,顯王十四年「邯鄲四矔,室多壞,民多死」,今王四年「碧陽君之御產二龍」。以上各條「今本」《竹書紀年》皆不載錄。《通鑑外紀》所引「古本」《竹書紀年》「三苗將亡」條亦不見於「今本」《竹書紀年》。此外,對有離經非聖異端傾向的《史通》所引「古本」《竹書紀年》,「今本」《竹書紀年》亦每多不載。這就啟發了一個問題:除了保留「古本」《竹書紀年》所記少量災異外(「古本」《竹書紀年》所輯條目在數量上遠少於「今本」《竹書紀年》),為何「今本」《竹書紀年》不再杜撰災異祥瑞之說或更多抄錄他書中的此類記載呢?竊以為其原因在於,隨著社會的發展和人類認識的進步,宋代以後的史書對志怪妖異現象的記載大為減少,所以「今本」《竹書紀年》重編者沒有必要在這一點上大做文章。更重要的是,「古本」《竹書紀年》本是魏國史官所記,而作為史官的職責不獨在於記載人事,即國有災異也必須掌記。與《春秋》、《左傳》書災異相發明,「古本」《竹書紀年》有關這方面的記載實際是先秦、兩漢史學傳統的真實體現。「今本」《竹書紀年》中有關災異、感應的內容甚少,與宋代以後史書的一貫特點相合,其作偽之跡亦暴露出來了。還值得注意的是,「古本」《竹書紀年》幾乎沒有宣揚古帝王天命論的種種祥瑞記載。相反地,「今本」《竹書紀年》中卻有

---

[9] 郝懿行:《竹書紀年校正》〈序〉(順天府:東路廳署,1879),頁3。
[10] 本章所引「古本」《竹書紀年》皆據方詩銘、王修齡:《古本竹書紀年輯證》(上海:上海古籍出版社,1981),以下凡引此書「古本」之文,均不注明頁碼。范祥雍有云:「疑『殤帝升平』原為『殤叔』二字。」是也。見氏著:《古本竹書紀年輯校訂補》(上海:上海人民出版社,1957),頁33。

大量抄錄《宋書》〈符瑞志〉所載之符瑞徵象。柴德賡對《宋書》〈符瑞志〉的特點有如下評論：

> 《宋書》有《符瑞志》三卷，為前史所無，沈約自謂補前史之闕。此種材料，乃封建帝王侈陳符命，號稱靈異，以示天命所歸，萬民宗仰。至南朝，改朝換代愈速，符瑞亦愈多。實則欺惑人民，以鞏固統治，事多不實，義無可取。[11]

非但如此，我們還注意到，先秦文獻鮮有關於符命祥瑞的記載，這種現象祇是後來到西漢董仲舒時纔得到流行。董氏著《春秋繁露》，其〈符瑞篇〉云：「有非力之所能致而自至者，西狩獲麟，受命之符是也。」[12] 自此以後，不少人因襲董氏之例，在史書中編入〈五行志〉、〈符瑞志〉，有關歷代帝王「受命之符，天人之應」的祥瑞記載大量出現。此點恰好驗證「今本」《竹書紀年》所記有關上古帝王的各種符瑞現象絕非《竹書紀年》原本所有，因為戰國時宗教思想尚處於原始狀態，缺乏具有神學色彩的符命祥瑞說。

李學勤在〈古本《竹書紀年》與夏代史〉一文中還揭示了「古本」《竹書紀年》的第二種思想傾向。他說：

> 翻閱戰國諸子的作品，不難看到很多古史記載都受到作者的觀點影響。甚或是為了適應一定觀點而加以改造的。這種類似子書的特點，是《紀年》的又一思想傾向。[13]

在此拈舉數例以證明此點，或為判斷「今本」《竹書紀年》真偽者之一助。「古本」《竹書紀年》中那些與儒家經傳相乖違、類似諸子之

---

[11] 柴德賡：《史籍舉要》（北京：北京出版社，1982），頁58-59。
[12] 蘇輿撰，鍾哲點校：《春秋繁露義證》卷6（北京：中華書局，1992），頁157。
[13] 李學勤：〈古本《竹書紀年》與夏代史〉，載於《李學勤集》，頁87。

說的記載，往往不見於「今本」《竹書紀年》。其中一例是，「古本」《竹書紀年》所記「舜篡堯位，堯為舜所囚」各條：「昔堯德衰，為舜所囚也。」(《史記》〈五帝本紀〉張守節《正義》引)「舜囚堯于平陽，取之帝位。」(《廣弘明集》〈對傅奕廢佛事〉引《汲冢竹書》)「舜囚堯，復偃塞丹朱，使不與父相見也。」(《史記》〈五帝本紀〉張守節《正義》引)「舜篡堯位，立丹朱城，俄又奪之。」(蘇鶚《蘇氏演義》引《汲冢竹書》)[14] 而戰國諸子的類似說法恰可與《紀年》所載比閱，如《韓非子》〈說疑〉記：「舜逼堯，禹逼舜，湯放桀，武王伐紂，此四王者，人臣之弒其君者也。」《荀子》〈正論〉曰：「夫堯、舜擅讓，是虛言也。」且不論這樣的說法是否符合上古歷史的真相，但至少反映了戰國諸子的一種流行看法，即舜繼堯位並非禪讓，而是通過強力奪取。晉武帝太康年間校理《紀年》者之所以對這些傳說持贊同的態度並保留於《紀年》整理本中，自有其特殊的社會歷史背景，即吳浩坤所說的，「曹魏和司馬氏政權皆緣篡奪而來，故《紀年》『放殺之說』能為最高統治者所容並立即公諸於世。」[15] 可是上引「古本」《竹書紀年》的這些說法在「今本」《竹書紀年》竟俱無記載。而且「古本」所記「后稷放帝子丹朱」(《山海經》〈海內南經〉「注」引)被「今本」改作「帝使后稷放帝子丹朱」，企圖以堯本人主張放丹朱而掩飾丹朱被流放之事。這不能不令人有所懷疑。更值得重視的是，「今本」《竹書紀年》復謂：「帝子丹朱避舜於房陵，舜讓，不克，朱遂封於房，為虞賓。三年，舜即天子之位。」[16] 如此之記載所體現的實際是儒家所艷

---

[14] 關於《竹書紀年》是否起於五帝，自汲冢書出後，一向即有異議。不過前人所輯「古本」《竹書紀年》均包括五帝紀。這裡所引各條，范祥雍定為《竹書紀年》的內容，筆者同意范氏的意見。當然學術界對以上諸條是否為《紀年》內容亦有異議，可參閱陳夢家：《西周年代考・六國紀年》(北京：中華書局，2005)，頁71。

[15] 吳浩坤：〈《竹書紀年》的發現年代及其學術價值〉，載於吳浩坤、陳克倫主編：《文博研究論集》(上海：上海古籍出版社，1992)，頁96-97。

[16] 王國維：《今本竹書紀年疏證》，載於《古本竹書紀年輯證》，頁197。

稱的傳賢禪讓制，與「古本」《竹書紀年》中的堯舜禹三代篡弒說在性質上根本無法兼容。信如黃雲眉所云，前人辨「今本」之偽，「至其中非常可怪之事，則異口同聲，斥之為戰國邪說，蓋當時儒家思想牢不可破之時，即有明知其真者，亦無敢冒不韙而持異說，況其為身在此山中者乎？」[17] 此足以破「今本」《竹書紀年》所持儒家一派美化古史之觀念，亦恰好說明「今本」《竹書紀年》重編者曲意回護儒家正統思想，不敢破對儒家先王聖人的迷信，纔有意不載或改變「古本」中的這些內容。

此處再舉一例來說明。晉代和唐代的歷史文獻都曾引「古本」《竹書紀年》之記載：「益干啟位，啟殺之。」（《晉書》〈束皙傳〉引）可是後世多宗儒家經書（如《尚書》、《孟子》）的說法，以此條記載為妄。[18] 在這一點上，「今本」《竹書紀年》的重編者也是毫無二致。對此問題，錢大昕釋之曰：

> 《晉書》〈束皙傳〉稱《竹書》之異云「益干啟位啟殺之」。《史通》引《竹書》云「益為后啟所誅」。今本《竹書》云「夏啟二年，費侯伯益出就國。六年，伯益薨。」與束皙、劉知幾所引全別。然則今之《竹書》，乃宋以後人偽托，非晉時所得之本也。[19]

很明顯，「今本」《竹書紀年》重編者拘執於儒家之倫常觀念，不敢直言「后啟殺益」，遂改云「費侯伯益出就國」。這就無意中顯露出「今本」《竹書紀年》重編者受後世受儒家天澤之分思想的影響，故意改變《紀年》的本來內容，以附合儒家經傳之說。

---

[17] 姚際恆撰，黃雲眉補正：《古今偽書考補正》（濟南：齊魯書社，1980），頁93。
[18] 劉盼遂：〈由天問證竹書紀年益干啟位啟殺益事〉，《國立中山大學語言歷史研究所週刊》，32期（1928.12），頁24-25。

第三個例子是,「古本」《竹書紀年》記「太甲殺伊尹」事:「伊尹即位,放大甲七年。大甲潛出桐,殺伊尹。」(〈春秋經傳集解後序〉引)「今本」《竹書紀年》雖有此二事,但卻以後人依託「[沈]約按」的形式來調和矛盾。「今本」《竹書紀年》記:「伊尹放太甲于桐,乃自立。」而所謂「[沈]約按」曰:「伊尹自立,蓋誤以為攝政為真爾。」又同卷云:「七年,王潛出自桐,殺伊尹。」「[沈]約按」則謂:「此文與前後不類,蓋後世所益。」這分明是有意掩飾。蒙文通有言:「而伯益、伊尹之事,更足以破傳統之儒家言,一改於腐儒之手,而意義全失,則改之者固亦有所為耶?」[20] 其說可謂卓識。

第四個例子是「今本」《竹書紀年》「文丁殺季歷」條。此條的內容與《史記》〈周本紀〉、《呂氏春秋》高誘「注」所記相牴牾,重編者便在此條下以所謂「附注」的形式加以掩飾,云:「王嘉季歷之功,錫之圭瓚、秬鬯,九命為伯,既而執諸塞庫。季歷困而死,因謂文丁殺季歷。」這就完全否認了季歷是為文丁或文王所殺。更重要的是,《四庫提要》云:「《史通》引《竹書》『文王殺季歷』。今本作『文丁』,……則非劉知幾所見本也。」[21] 四庫館臣所見《史通》之引文必有所本。徐文靖《竹書紀年統箋》較《四庫提要》成書在前,其書「凡例」曰:「劉知幾作《史通》,不知殺季歷為文丁,誤以文丁為文王。」[22] 劉知幾一向主張善惡必書,反對曲筆誣書,加上唐朝的思想控制遠不及後代嚴厲,故可證劉氏所見《汲冢書》確有可能記「文王弒季歷」。可是在嚴樹綱常名教的儒家看來,謀殺父母是十惡不赦的大逆不道,像周文王這樣的聖人怎麼可能弒殺其父季歷

---

[19] 錢大昕:〈竹書紀年〉,載於陳文和主編:《嘉定錢大昕全集》第 7 冊,卷 13(南京:江蘇古籍出版社,1997),頁 347。
[20] 蒙文通:〈論別本《竹書紀年》〉,載於氏著:《經史抉原》(成都:巴蜀書社,1995),頁 429。
[21] 永瑢等:《四庫全書總目》(北京:中華書局,1965),頁 418。
[22] 徐文靖:《竹書紀年統箋》(臺北:藝文印書館,1966),頁 13-14。

呢？所以為了維護聖人的名譽和地位，儒家學者紛紛起而斥責劉知幾誤記，除了徐文靖之外，稍後的浦起龍在《史通通釋》注「文丁」之「丁」字亦云：「舊謬作『王』」[23]，並易「文丁」為「文王」。顯然基於同樣的緣故，生活在宋以後的「今本」《竹書紀年》重編者自然不敢直錄「文王殺季歷」了。

當然，我們也不能簡單地認為以上的傳說乃是魏國人根據戰國的現實需要而編造出來的。吳浩坤曾以「啟益之爭」為例有謂：「《楚辭・天問》、《韓非子・外儲說》、《戰國策・燕策一》等所記與《紀年》略同，足見《紀年》決非向壁虛構。」[24] 劉盼遂〈由天問證竹書紀年益干啟位啟殺益事〉以《楚辭》〈天問〉的記載與「古本」《竹書紀年》的相關條相比較，以示啟益篡殺之事昭昭若揭日月。[25] 由此可見，「今本」《竹書紀年》所載與戰國人所記古史相去甚遠，故其書為後世之時代產物，此亦一力證。

所以，李學勤認為「古本」《竹書紀年》上述「這幾個故事性質相像，都是以權術暴力來攫取君位，帶有戰國時期游說的那種意味。與之相似，還有共伯和干王位的故事。」[26] 在這裡，我們以「古本」《竹書紀年》和「今本」《竹書紀年》對周厲王奔彘後、共伯和行天子事的記載相較之。「古本」《竹書紀年》明確地記載：「共伯和干王位。」（《史記》〈周本紀〉司馬貞《索隱》引）「共和十四年，大旱，火焚其屋，伯和篡位立。」（《太平御覽》卷八百七十九引《史記》）而「今本」《竹書紀年》厲王十三年條曰：「王在彘，共

---

[23] 劉知幾撰，浦起龍釋：《史通通釋》下冊（上海：上海古籍出版社，1978），頁386。

[24] 吳浩坤：〈《竹書紀年》的發現年代及其學術價值〉，載於《文博研究論集》，頁105。

[25] 劉盼遂：〈由天問証竹書紀年益干啟位啟殺益事〉，《國立中山大學語言歷史學研究所週刊》，第3集，第32期(1928.6.6)，頁24-25。

[26] 李學勤：〈古本《竹書紀年》與夏代史〉，載於《李學勤集》，頁86-87。

伯和攝行天子事。」然二十六年條卻謂:「周定公、召穆公立太子靖為王。」所謂的「附注」又稱:

> 周公、召公乃立太子靖,共和遂歸國。和有至德,尊之不喜,廢之不怒,逍遙得志于共山之首。

值得注意的是,「今本」《竹書紀年》將「古本」《竹書紀年》所記「共伯和干王位」、「伯和篡位立」改為「以攝行天子事」,旨在掩飾共伯和曾企圖建立新政權(在後世儒家看來,此屬篡位之舉)。而且「今本」《竹書紀年》又加入周公、召公共立太子靖之事,並按照儒家的觀點,把共和描繪成「尊之不喜,廢之不怒」的至德之士,意欲調停周召二公共同執政與共伯和篡周天子位相互牴牾之說。對於厲王出奔後之「共和」,《史記》〈周本紀〉以為周公、召公共同執政,號曰「共和」,「古本」《竹書紀年》則說是共伯和干預周王位、取代了周天子。近代史家多以「古本」《竹書紀年》所記為是。戰國諸子的記載皆與「古本」《竹書紀年》所記同,如《莊子》〈讓王〉云:「共伯得乎共首。」《呂氏春秋》〈開春〉曰:「共伯和修其行,好賢仁,而海內皆以來為稽矣。周厲之難,天子曠絕,而天下皆來謂矣。」唐代史學家劉知幾曾親觀原本《竹書紀年》,他在《史通》〈疑古〉和〈惑經〉篇裡據此書以駁儒家的傳統說法,說明他看出《竹書紀年》與儒家的記載頗多違異。梁啟超說得很透徹:

> 殊不知凡作偽者必投合時代心理,經漢魏儒者鼓吹以後,伯益伊尹輩早已如神聖不可侵犯,安有晉時作偽書之人乃肯立此等異說以資人集矢者?實則以情理論,伯益伊尹既非超人的異類,逼位謀篡,何足為奇?啟及太甲為自衛計而殺之,亦意

中事。故吾儕寧認《竹書》所記為較合于古代社會狀況。《竹書》既有此等記載，適足證其不偽；而今本《紀年》削去之，則反足證其偽也。[27]

然而「今本」《竹書紀年》對「古本」《竹書紀年》違經背傳記載所作的「調和」，非但暴露了重編者受儒家正統觀念濡染之深，而且改變了《竹書紀年》原本帶有的時代色彩，自然也就混淆了上古史料的真相。

儒家正名思想在「今本」《竹書紀年》亦有明顯流露。例如，「今本」《竹書紀年》重編者生造周先王為「公」爵的說法。「今本」《竹書紀年》凡提及周先王時，多稱之為「公」，如武乙三年條云：「命周公亶父賜以岐邑。」二十一年條云：「周公亶父薨。」[28]三十四年條復曰：「周公季歷來朝。」[29]比照之下，「古本」《竹書紀年》記：武乙三十四年「周王季歷來朝」（《太平御覽》卷八十三引），太丁四年「周王季名為殷牧師」（《後漢書》〈西羌傳〉李賢「注」引）。在武王伐紂以前，殷人稱周王為「西伯」，而周人則自稱「王」，這一點可以從甲骨文資料中得到印證。先周之名出現於周原卜辭者並無「周公」的稱謂，而是稱「周方伯」。周人從不自稱「公」，殷人也不稱周王為「公」。周因是殷之屬國，故殷稱周王為「伯」而非「公」。[30]在唐代以前的古書中都是稱「周王」，而宋代以後儒家學者強調正名，始予周先王以「公」的王號。朱右曾《汲冢紀年存真》〈序〉列舉「今本」《竹書紀年》可疑處 12 條，其中第十條云：

---

[27] 梁啟超：《中國歷史研究法》（北京：東方出版社，1996），頁 108。
[28] 王國維：《今本竹書紀年疏證》，載於《古本竹書紀年輯證》，頁 227。
[29] 王國維：《今本竹書紀年疏證》，載於《古本竹書紀年輯證》，頁 228。
[30] 詳參陳方全：《周原與周文化》（上海：上海人民出版社，1988），頁 124-125。

《紀年》本不講書法，故王季、文王亦加王號，魯隱、邾莊皆舉謚法。「今本」改王季為周公季歷，改文王為西伯，改許文公為許男，改平王為宜臼，可疑十也。[31]

證諸史籍，稱周先公為「公」顯非先秦人所使用的稱呼，實與「古本」《竹書紀年》的固有觀念不相符合。此類稱謂的出現當然與理學的興起不無關係，同時也反映了「今本」《竹書紀年》重編者為儒家正統觀念所薰習的事實。而這種講求「書法」的稱謂改變，恰為「古本」《竹書紀年》和「今本」《竹書紀年》的一個關鍵區別。這裡透露的信息是，由於「今本」《竹書紀年》重編者不懂古代歷史的特點，故取自身所遭際之時代的思想標準，以解釋古人之意志和改易古書之內容。此可視為「今本」《竹書紀年》之晚出的另一條確證。

「今本」《竹書紀年》重編者還因不知古今之異（historical anachronism）而造成改編中的疏謬多處，此處不能詳加論證，姑舉一端以明之。「今本」《竹書紀年》提到周公處，多稱之為「周文公」。如記周武王「十四年，王有疾，周文公禱於壇墠」。又記周成王「元年丁酉春正月，王即位，命冢宰周文公總百官」。汪受寬對於「周文公」稱謂考辨頗為詳贍，現引如下：

《國語‧周語上》中有：「周文公之《頌》」。韋昭注：「文公，周公旦之謚也。」晉人傅玄《傅子‧附錄》也言：「周文王子公旦，有聖德，謚曰文。」姬旦果真謚文嗎？謚以尊名，如果他果真謚文公，史冊中應該尊稱其謚。然而，我們遍考《尚書》、《詩》、《史記》、《漢書古今人表》，都祇稱周公、魯公、叔旦，而無稱其為文公者。那麼，孔子、司馬

---

[31] 朱右曾：《汲冢紀年存真》〈序〉（歸硯齋刻本），載於《續修四庫全書》第336冊（上海：上海古籍出版社，2002），頁2。

遷、班固等人都不知道周公有謚了。況且,謚法中人臣之謚,須避諱先王尊謚,文本為姬昌之號,怎得又為姬旦謚號呢!查《國語》中此文,在《毛詩正義‧時邁》疏中作:「《國語》稱:周公之頌曰,載戢干戈。」是則《國語》中原無「周文公」一詞。[32]

儘管汪氏所云「謚法中人臣之謚,須避諱先王尊謚」這一點值得商榷(因為周代諸侯以文或武為謚者甚多),但其所論大體是近情合理的。在《尚書》、《詩經》、《史記》、《漢書》〈古今人表〉中,古人的正名思想並不十分明顯,如《尚書》中的人物都是互相稱名,如稱「君陳」、「旦」(周公)等。在當時的人看來,這些都是極為正常的現象。一般說來,歷史文獻中保留下來的稱謂即是古人生前的實際稱呼,而非死後之謚。姑置西周初年是否實行謚法不論,有一點則可斷言,即謚法的形成應當有一個歷史的過程。從文獻記載看,周初諸元勳如周公、太公生時和死後的稱謂並無區別。這一現象在後代人看起來似乎很不合理,他們往往以其所處朝代的謚法標準衡量古代的稱謂習慣。「今本」《竹書紀年》重編者亦不例外。他從儒家意識形態出發,以為稱周公不符合後世正名之說,遂改稱周公為周文公。關於周初有無謚法的問題,我們或可從語言比較學的角度得到啟示。根據歷史語言學的觀點,人類語言在地區(即空間)上的差別常常表現為在歷史(即時間)上的區別。也就是說,橫向變化的共時(synchronic)性可以從縱向發展的歷時(diachronic)性中保存下來。[33] 就周初有無謚法而言,可以通過考察較晚的楚國、吳國和越國的歷史記載取得印證。晚近的研究證明,楚國直到武王熊通時尚無謚法,吳越

---

[32] 汪受寬:《謚法研究》(上海:上海古籍出版社,1995),頁 9-10。
[33] 詳見劉家和:〈歷史的比較研究與世界史〉,《北京師範大學學報》(社會科學版)1996 年第 5 期,頁 47。

則一向沒有諡法。[34] 故先秦古書於周公旦並不稱諡，謂之周公。那麼，「周文公」的諡號究竟是何時出現的呢？根據汪受寬的考證，除上引韋昭注外，晉人傅玄《傅子》〈附錄〉亦載：「周文王子公旦，有聖德，諡曰文。」[35] 因此他認為「周文公為周公諡號，當出於三國、晉人的揣測」。[36] 其實在此之前，鄭玄已道之：「周公封魯，死諡曰文公。」[37] 所以確切地說，漢末已有「周文公」的說法。然而「今本」《竹書紀年》究竟為何出現「周文公」之語，則是考辨「今本」《竹書紀年》真偽的一個值得注意的問題。但是有一點可以肯定，即杜勇所指出的，「周公旦無諡，死後亦稱周公」[38]，故「周文公」絕不是周公的諡號。

以上所舉無非是想說明，從「今本」《竹書紀年》思想傾向這一方面來看，我們很難相信此書是出於戰國時期魏人之手，因為它缺乏當時流行的災異觀念和子書的特有思想。尤其是與後人重輯的「古本」《竹書紀年》內容相較，「今本」《竹書紀年》更加顯現出其儒家正統觀念的傾向。

三

從學術研究的觀點看，辨別古書的真偽，不僅需要重視其所載的思想傾向，而且必須注意其著述體例。一般說來，偽書的形成包括自覺或有意（intentionally deceiving）和非自覺或無意（accidental and fortuitous）這兩種情形。[39] 所謂不自覺地形成的偽書，其中很大一部

---

[34] 參看劉家和：〈楚邦的發生和發展〉，載於氏著：《古代中國與世界》，頁310。
[35] 汪受寬：《諡法研究》，頁9。
[36] 汪受寬：《諡法研究》，頁10。
[37] 鄭玄：《毛詩正義》〈詩譜序〉，載於阮元校刻：《十三經注疏》上冊（北京：中華書局，1980），頁265。
[38] 杜勇：〈金文「生稱諡」新解〉，《歷史研究》2002年第3期，頁10。
[39] 關於偽書形成的這兩類情形之定義，參看 Umberto Eco, "Fake and Forgeries," in The

分是古人所作之書，其作者被後人遺忘或作者佚名，而後人通過研究，推定是某人所作，從而題名為某人；但歷史上此人並未編寫此書，也從未自稱作過此書。譬如，古希臘希羅多德（Herodotus）、色諾芬（Xenophan）、亞里士多德（Aristotle）、普魯塔克（Plutarch）等人的名下，皆有非其本人所作的托名之作。不過這一類偽作的時代既早，縱屬托名，仍有其史料價值。古籍中的真書中含有假材料、或偽書中含有真材料都是古書流傳過程中的常見現象。就像《史記》這樣的真書，其中也有一些不真實的記載。根據馬王堆漢墓帛書《戰國縱橫家書》，馬雍指出：「《史記》中有關蘇秦的記載錯誤百出，其材料來源多出偽造，可憑信者十無一二。」[40] 但在有意編造的偽書中何以也有真材料呢？原因在於凡是編造偽書的高手總是需要在材料上有所憑藉，他們為了以假亂真，就不可能全假無真，向壁虛造。倘若全假無真，就不可能亂真，從而也就無法達到作偽書的目的。「今本」《竹書紀年》之所以包含著許多真材料乃是重編者的作偽手法所決定的，因為他必須掇拾他書，使用真假雜糅的方法，纔能裒輯出「今本」《竹書紀年》一書。

從古籍整理的角度看，《竹書紀年》的成書大致上可以說有以下三種情況。第一種情況是，竹簡的墓本即汲冢所出《竹書紀年》原簡的整理本。晉人荀勖、和嶠和束皙對《竹書紀年》的整理工作主要是變古文為今文，以及整理竹簡的編次，由此形成所謂「初編本」。這種「初編本」即本文所提到的「古本」《竹書紀年》。這樣的本子雖非直接的竹簡墓本，但卻非常接近原本。

第二種情況是，「初編本」或曰真本已佚，但後來人將散見於古書中的佚文輯出而出現了輯本，即人們現在看到的朱右曾、王國維、

Limits of Interpretation (Bloomington and Indianapolis: Indiana University Press, 1990), 177.
[40] 馬雍：〈帛書《戰國縱橫家書》各篇的年代和歷史背景〉，載於《戰國縱橫家書》（北京：文物出版社，1976），頁175。

◆第二篇 從思想傾向和著述體例論「今本」《竹書紀年》的真偽問題◆

范祥雍、方詩銘等人所輯「古本」《竹書紀年》諸本。這樣的輯本類似於著名的《羅伊布叢書》（Loeb Classics）所收《古埃及編年紀》（Manetho）。這種本子中的問題和分歧就要多一些，這是因為，輯佚者所引他書之佚文已非直接的原文。換句話說，輯佚者所輯乃他人轉引之文（以今天的學術觀點看，這些已經不能算作是引原文）。然而輯佚者苟有片語留存，無不搜羅輯錄，而且直抄原文不作推衍，互見之文諸家並存。這就表明輯佚者是尊重他書所引《紀年》的原貌。

第三種情況是，在蒐輯舊文的基礎上加以推演，重加編次，甚至據己意添加材料，使之首尾俱備。明刻「今本」《竹書紀年》即是這樣的作品。在輯佚過程中，整理者對於引文有差異者並列之，使讀者知所疑而待考。而在重編過程中，整理者需要調停各類史料的矛盾，以求貫通一體，編為一書。這樣自然容易出現大量的史實錯誤。

由於對《竹書紀年》的整理存在著這樣的三種情況，我們便可以認識到，儘管「古本」《竹書紀年》的輯本和「今本」《竹書紀年》皆非原本，兩者在論定性質上當分別觀之：「古本」《竹書紀年》的輯佚者在主觀上力求盡可能呈現原本的實際，即便是殘缺的形式；而「今本」《竹書紀年》重編者卻不滿足於此，他不但有意識地以自己時代的觀念改寫《竹書紀年》原本的內容，亦且將不同來源的材料按其所需加以排列，並附益以年代，使之在形式上保持為一部「繫年首尾俱備」的上古編年史。方詩銘、王修齡在《古本竹書紀年輯證》的前言中有云：

> 今本《竹書紀年》中很多條也是從古注、類書中所引「古本」輯錄出來的，但是輯錄得很不忠實，並增加了一些顯然不是「古本」的佚文，又鈔錄梁沈約的《宋書·符瑞志》，改頭換面，作為沈約的注。[41]

---

[41] 方詩銘、王修齡：《古本竹書紀年輯證》，頁3。

這種不忠實的「輯錄」或改編從根本上破壞了貫穿於《竹書紀年》原書的融通性和系統性,一反《竹書紀年》原本之體例。

毋庸置疑,「今本」《竹書紀年》的內容多從其它真書裡蒐集而來,是否就可以說「今本」《竹書紀年》祇是重編之真書而非作偽之贗品呢?清人洪頤煊嘗云:「今本《紀年》雖經後人改變,殘缺失次,非偽書可比。」[42] 方詩銘亦因詳為敷說:

> 不能否認,今本《紀年》是經過重編的,其中還保留了不少當時重編的痕跡。如原注中「不知何年,附此」,「此年未的」這類字樣,說明這是重編,並不是在作偽,編者的態度還是客觀的。個別原注,如「(大戊),《竹書》作太宗」,更說明他所據以重編的,其中一種是《竹書》。加上所據以重編的《紀年》,至少他看到當時還保存下來的《紀年》和《竹書》兩種。同時,南宋初年羅泌的《路史》一書,在《國名記》戊中同時引了兩條《紀年》,一條的紀年為「晉武公八年」,一條的紀年為「周桓公十二年」。前條以晉紀年,屬於古本;後條不但以周王紀年,而且除多一「冬」字外,文字也與今本全同。洪頤煊在《校正竹書紀年》中已注意到這一點,斷定「羅泌已見今本」,是正確的。所有這些,說明今本不屬於偽作,而是重編,所根據的,是當時還保存下來的古本《紀年》和《竹書》的殘本。[43]

不過在我們看來,儘管今之所傳《竹書紀年》中除大量抄錄其它古書外,尚存少數不見於他書的真材料,可是根據前面提到認定偽書的原

---

[42] 洪頤煊:《校正竹書紀年》(平津館本),載於《四部備要》101 冊史部 1 冊 2(臺北:臺灣中華書局,1966),頁 2。
[43] 方詩銘:〈關於王國維的《竹書紀年》兩書〉,載於吳澤主編,袁英光選編:《王國維學術研究論集》第 2 冊(上海:華東師範大學出版社,1987),頁 280。

◆第二篇 從思想傾向和著述體例論「今本」《竹書紀年》的真偽問題◆

則,經過重編的古書,編者若不說明是自己改作的,而是託之為原書,就應當視作偽書。這是因為,即便「今本」《竹書紀年》的內容全都採自其它真書,但其重編卻已破壞了《竹書紀年》原來的內在理路和思想體系。就「今本」《竹書紀年》而言,重編者輯引其它古書材料而不註明,在著述體例上不能不說是有所欠缺,儘管我們還不必談現代知識產權。此外,「今本」《竹書紀年》重編者亦未對所用材料加以嚴密考辨,自相矛盾之說層見疊出。[44] 所以「今本」《竹書紀年》名為《竹書紀年》,然卻已非魏國之舊籍則無疑義。

我們在前面討論的自覺或有意形成的偽書,是指作偽書者為了達到某種目的而編造或重編古書。這種編造或重編和古書的輯佚存在著性質上的根本區別:輯佚者祇蒐集佚文而不改原文,而重編者則往往擅改原文;輯佚者是抱著復原求真的目的,而重編者卻懷有好古求全的動機。吳璵曾云:

> 而范[欽]本《紀年》自唐堯即位,以迄夷王崩殂,年次連延,無或間闕,史事繁集,布覆有章,此其不待諦觀,一望而知其為偽纂者一也。[45]

吳氏此語可謂扼要公允。於此可見,像「今本」《竹書紀年》這樣一部繫年首尾具備的古書,顯係重編之書。

更值得注意的是,「今本」《竹書紀年》記事詳於東周以前之事,而「古本」《竹書紀年》則詳於東周以後之事。從「古本」《竹書紀年》的輯本內容亦可窺見一斑。據方詩銘、王修齡《古本竹書紀年輯證》所輯條目統計,「夏紀」34 條,「殷紀」43 條,「周紀」43條,「晉紀」81 條,「魏紀」131 條。這一統計應大體上體現了《竹

---

[44] 可參閱清儒劉寶楠《愈愚錄》、郝懿行《竹書紀年通考》中有關考證。
[45] 吳璵:〈竹書紀年繫年證偽〉,《臺灣省立師範大學國文研究所集刊》,第 9 號(1965.6),頁 694。

書紀年》各紀原來的比例結構。不過「今本」《竹書紀年》各紀比例與「古本」《竹書紀年》相反，其編年記事則是前詳後略，記周平王之前的事跡遠比其後之事詳盡得多。作為魏國史書的《竹書紀年》絕不可能於本國之史記載如此簡略。那麼，為什麼「今本」《竹書紀年》有關戰國部分脫落甚多呢？由於秦始皇焚書，戰國文獻幾乎蕩然無存。正因所能依據的戰國文獻有限，「今本」《竹書紀年》作者雖欲重編《竹書紀年》，卻困於無憑，所以其戰國年代部分多有缺漏。這也從反面證明「今本」《竹書紀年》之晚出。以歷史的時代先後而論，文獻所記史事往往因年代遠近而有遠略近詳之分，上古史尤是如此。清儒崔述論古史記載遠略近詳之理甚明，他說：「世近則所聞詳；學深則所記多。此必然之理而無可疑者也。」[46]「今本」《竹書紀年》在全書記載上的特點卻是遠詳近略，顯然不合一般古史記載的規律。這是由於「今本」《竹書紀年》重編者因求為一完整古史編年，並彌補戰國文獻之不足，大量糅合各類有關此之前的記載，結果時代越推久遠，事跡亦越演繁複。針對此種現象，崔述論之曰：

> 《紀年》之文蓋多且詳，其記戰國之事當與春秋相埒。而今書乃寥寥數語，年或一事，或無事，諸侯之名諡卒年率略而不見。其非原書之文顯然可見。[47]

此亦足為遠略近詳說佐證。事實上，《竹書紀年》本為魏國之史，其書上及三代，不過是為了追溯源起，惟其下起晉殤公，迄於魏襄王當為專門之記載，內容則詳細。反觀「今本」《竹書紀年》，於前代史事則欲求其詳，戰國部分經常有年無事，這就表明重編者意在編修一部上古編年通史，魏晉歷史並非其編撰重點；加之其時戰國文獻已屬

---

[46] 崔述：〈《曹氏家譜》序〉，載於顧頡剛編訂：《崔東壁遺書》（上海：上海古籍出版社，1983），頁707。

[47] 崔述：〈《竹書紀年》辨偽〉，載於顧頡剛編訂：《崔東壁遺書》，頁463。

◆第二篇 從思想傾向和著述體例論「今本」《竹書紀年》的真偽問題◆

罕見,使其難以在內容上保持遠略近詳。不可否認,古書「經過若干世代的流傳,編次的變化,文句的更改,後世詞語的竄入,都是可能的,或者是不可避免的」。[48] 然而一般地說,這種情況都是偶然的和局部的,而「今本」《竹書紀年》的抄襲是大量的和全面的,絕不能視作「輯佚古書」。如前所述,一部古書的真偽與其史料價值屬於兩種不同性質的問題。

當然,我們揭露「今本」《竹書紀年》為後人偽托之書並不否定其書仍保存某些有價值的材料。趙榮琅評王國維《今本竹書紀年疏證》論此最善:

> 考王氏疏證中未能得其出處者約十之一,而既疏得其出處者亦不必盡為鈔襲。今本紀年之輯者蓋別有其所本;其所本者當即古本紀年之殘卷。[49]

事實上,王國維揭露「今本」《竹書紀年》為偽書的同時,也未否認此書採錄了原本《竹書紀年》的某些內容。如對於「今本」《竹書紀年》帝芒三十三年「商侯遷於殷」條,王國維曰:

> 今本《竹書紀年》云:「帝(芬)[芒]三十三年,商侯遷於殷。」《山海經》郭璞注引真本《紀年》有「殷王子亥」、「殷主甲微」,稱「殷」不稱「商」,則今本《紀年》此事或可信。[50]

此條「今本」《竹書紀年》的材料,殆王國維未能從他書查得其出處,然而依其理解,亦認為此條必抄自他書。不過以王氏用字

---

[48] 李學勤:〈重新估價中國古代文明〉,載於《李學勤集》,頁24。
[49] 趙榮琅:〈竹書紀年之今古本問題及其評價〉,《大陸雜誌》,第 8 卷第 10 期(1954.5),頁304。
[50] 王國維:〈說自契至於成湯八遷〉,載於氏著:《觀堂集林》第 2 冊,卷 12(北

(「殷」）觀之，說明他仍以為此條所載可以徵信。由此說明王國維也並不否認「今本」《竹書紀年》某些部分具有史料價值，但必須考而後定，以「古本」校覈，故他復有「此事或可信」之語。王氏所論表明我們不可擅信「今本」《竹書紀年》。王國維考「王亥遷殷」於上引條云：

> 其時商侯即王亥也。《山海經》「注」所引真本《竹書》亦稱王亥為殷王子亥，稱「殷」不稱「商」，則今本《紀年》此條，古本想亦有之。[51]

這段話值得注意之處是，王國維對於「今本」《竹書紀年》之有其他古籍中可信材料作證之記載則信之，信其所出之材料也。在這裡，王國維的原則仍然是以「古本」《竹書紀年》證「今本」《竹書紀年》。所以當「古本」《竹書紀年》中提到殷君時稱「殷」不稱「商」，他由此纔想到《今文》此條或可信。他的「信」仍然建立在對「古本」《竹書紀年》相信的基礎上，而非單獨相信「今本」《竹書紀年》。更確切地說，他是相信「今本」《竹書紀年》中之合於「古本」《竹書紀年》的內容。

從以上討論得出的結論，我們雖然說「今本」《竹書紀年》是重編之書，但並不排除其中可能含有一些真實的材料或某些部分是真實的歷史記載。不過「今本」《竹書紀年》中到底哪些條屬於此類情況，則還需要有證據加以證實。儘管有證者則信之，但是也不等於說，凡其中有真材料者即為真書，這樣的逆定理在學術研究中是不能成立的。

京：中華書局，1959），頁 516。
[51] 王國維：〈殷卜辭中所見先公先王考〉，載於氏著：《觀堂集林》第 2 冊，卷 9，頁 421。

四

不可否認,通觀「今本」《竹書紀年》全書,我們必須承認其重編者確為一博覽古書之士。這一點從其所掩襲的材料便可看出。他或直接抄錄古書原文,或約原文而撮敘大意,或轉抄他書所引《紀年》佚文。其於此書,追溯源起,排列聯絡,重定年代,以期完備。他還在個別處作了簡單的考訂,如說「文丁,《史記》作大丁,非」。有時他又故意與「古本」《竹書紀年》立異,以掩蓋其造偽之跡,如他偽造周共王「九年春正月丁亥,王使內史良錫毛伯遷命」條(詳論見下文)。[52]

但是必須指出的是,此人治學不甚精密,如其注周隱王云:「《史記》作赧王,名延,蓋赧、隱聲相近。」[53] 其實這樣的注釋值得探討。吳榮曾〈東周西周兩國史研究〉有云:

> 今本《竹書紀年》稱王赧為隱王,……清代梁玉繩從其說,……梁氏不把赧看作諡號是對的,但贊同今本《紀年》則過於輕信偽書了,因為今本作隱王是缺乏依據的。《史記》記陳勝被殺後,「諡曰隱王」,今本作者可能據此而套用於王赧。[54]

吳榮曾此說僅為一種推測,他自己也祇說「可能」,故可供參考而不能據以定論。而「隱」字作為諡,見於先秦文獻。《諡法解》中有之,《春秋》始於魯隱公。可見「隱」字早已作為諡,何必要延至陳勝被殺之後?吳榮曾所據梁玉繩《史記志疑》語謂:

---

[52] 王國維:《今本竹書紀年疏證》,載於《古本竹書紀年輯證》,頁248。
[53] 王國維:《今本竹書紀年疏證》,載於《古本竹書紀年輯證》,頁288。
[54] 吳榮曾:《先秦兩漢史研究》(北京:中華書局,1995),頁142。

《竹書》稱隱王，是也。隱王卒於西周武公、東周文君之前，安得無諡。沈約《竹書注》謂赧、隱聲相近，非也。[55]

然梁玉繩之說頗有疑義。他以為「赧」字非諡，《史記》後附《諡法解》中確無赧字；但是宋衷曰：「赧，諡也。」[56] 又，赧王時區區之周又分東西，不久東西周皆亡於秦，周之國君最後仍稱為「王」者即赧王。[57] 據年表，赧王歷時 59 年，可是他在世之時，東西周各有君主，他事實上已經成為一個「閒人」。在這樣的閒人或者閒王死後，誰還可能有興趣來給他定一個諡號呢？何況滅周者秦，秦對周絲毫敬意也沒有；可以設想，秦始皇這樣的人能有興趣給周赧王立諡嗎？另有一點必須說明，秦始皇本人就反對為已故君主定諡號。他怎麼能特別對周赧王有興趣非要給他定個諡號不可呢？梁氏之說有一點迂腐可笑，他的《史記志疑》號稱能辨是非，可是實際上他的分析有不少處是很片面的。所以，「今本」《竹書紀年》重編者所注周隱王即赧王的看法，亦祇是一種推測，未可言精。「今本」原注所說赧、隱聲近，亦失之審確。按古音，赧，泥母、元部；隱，影母、文部。文、元旁紐。赧、隱韻近而聲紐不近。

「今本」《竹書紀年》重編者為了編湊一部渾然一體的編年史，往往尋章摘句而不顧上下文理和前後照應，結果流露出許多造偽的蛛絲馬跡，致使「今本」《竹書紀年》舛錯乖互，甚至還有重出之條。以清人辨「今本」《竹書紀年》之偽的成績為基礎，王國維在《今本竹書紀年疏證》中將「今本」造偽的來源根據，逐條揭露出來，「是猶捕盜者之獲得真贓」。[58] 王國維的辨偽，證明「今本」《竹書紀年》是後人從各類古書中抄錄並重新加以排比而成的。「今本」《竹

---

[55] 梁玉繩：《史記志疑》第 1 冊，卷 3（北京：中華書局，1981），頁 114。
[56] 司馬遷：《史記》卷 15，〈六國年表〉（北京：中華書局，1959），頁 733。
[57] 見《史記》卷 15，〈六國年表〉頁 732 以下。
[58] 王國維：《今本竹書紀年疏證》，載於《古本竹書紀年輯證》，頁 188。

書紀年》周成王三十四年云:「雨金于咸陽。約案:咸陽天雨金,三年,國有大喪。」[59] 此乃「今本」重編者根據《述異記》所記插入成王三十四年。《述異記》舊題梁代任昉撰,可是《四庫提要》考證說,此書內容甚雜,不似任昉所作。[60] 故此條決為後人附益無疑。凡此諸端,均可確證「今本」《竹書紀年》在資料上全依來源不同的古書。這已不是誤引他書之文,而是全盤的重編古書。按照現代學術的標準,「今本」《竹書紀年》因不具備史料的原始性,自不可據為第一手史料而運用。

一般說來,祇要對原作進行改作,作偽者就難以自掩其跡,都不可避免地帶有他所處時代的印記。崔述在〈《竹書紀年》辨偽〉中說:

> 戰國之人稱述三代之事,戰國之風氣;秦、漢之人稱述春秋之事,秦、漢之語言也。……其[作偽者]平日所聞所見皆如是,習以為常而不自覺,則必有自呈露於忽不經意之時者。[61]

是可謂達解。崔述發現,經傳稱益從未冠以「伯」,其他先秦典籍也不稱「伯益」,「古本」《竹書紀年》祇稱「益」(《史通》〈疑古〉〈雜說〉引)。而「今本」《竹書紀年》卻稱「伯益」,此「伯」字顯係後人所妄加。這正說明「撰書者習於近世所稱而不知秦、漢以前之語之不如是也」。[62] 崔述的考證是有道理的,足見「今本」《竹書紀年》此處記載必有改竄。在晉代凡親見原本《竹書紀年》的人都明確地指出:晉國、魏國均用本國國君紀年,而「今本」《竹書紀年》重編者卻皆易為周王紀年。可是他雖改以周紀年、稱周

---

[59] 王國維:《今本竹書紀年疏證》,載於《古本竹書紀年輯證》,頁242。
[60] 永瑢等:《四庫全書總目》,頁1214。
[61] 崔述:〈考信錄提要〉,載於顧頡剛編訂:《崔東壁遺書》,頁15。
[62] 崔述:〈《竹書紀年》辨偽〉,載於顧頡剛編訂:《崔東壁遺書》,頁461。

王為王，但同時仍稱魏王為王。對此，洪頤煊有謂：「觀我者，魏也。若如「今本」用周王紀年，則我皆為周，文義盡失。」[63]「今本」《竹書紀年》重編者的這種做法不僅使讀者不知其所指，而且也破壞了古書原本的內在聯繫。

　　王國維曾以「今本」《竹書紀年》周幽王四年「夏六月，隕霜」為例，揭出「今本」《竹書紀年》記載前後缺乏照應，甚至相互矛盾。他說：「古《紀年》用夏正，而此從周正，殊為未照。」[64]「今本」《竹書紀年》重編者於此又顯露一破綻。再如，《四庫提要》云：「然〈允征〉稱『辰弗集于房』，〈說命〉稱『舊學于甘盤』，均出梅頤《古文尚書》。」[65] 王國維揭露出，「今本」《竹書紀年》帝仲康五年「命胤帥師征羲和」條襲自偽《古文尚書》〈胤征〉篇[66]，小乙六年「命世子武丁居于河，學于甘盤」條則抄自偽《古文尚書》〈說命〉篇[67]，周成王十九年「歸于宗周，遂正百官」條則本偽《古文尚書》〈周官〉篇的「惟周王撫萬邦，巡侯、甸，歸于宗周，董正治官」。[68] 以上所列都足以說明「今本」《竹書紀年》重編者不知《古文尚書》為偽書（儘管《古文尚書》亦抄有一些真材料），因為《竹書紀年》成書在前，《古文尚書》作偽在後。所以，無論如何，《竹書紀年》原本裡不應有《古文尚書》的內容。綜上引證，便可看出，大凡一個人作偽，無論如何小心都欲蓋彌彰，難免在無意中露出破綻來。

　　「今本」《竹書紀年》在體例上存在的另一個問題，就是重編者按照己意為古史編排年曆，其年月又多為無據。[69] 郝懿行在《竹書紀

---

[63] 洪頤煊：《校正竹書紀年》，載於《四部備要》101冊史部1冊2，頁1。
[64] 王國維：《今本竹書紀年疏證》，載於《古本竹書紀年輯證》，頁259。
[65] 永瑢等：《四庫全書總目》，頁418。
[66] 王國維：《今本竹書紀年疏證》，載於《古本竹書紀年輯證》，頁203。
[67] 王國維：《今本竹書紀年疏證》，載於《古本竹書紀年輯證》，頁224。
[68] 王國維：《今本竹書紀年疏證》，載於《古本竹書紀年輯證》，頁241。
[69] 吳璵撰長文〈竹書紀年繫年證偽〉，力辨「今本」《竹書紀年》繫年之謬，其說最

◆第二篇 從思想傾向和著述體例論「今本」《竹書紀年》的真偽問題◆

年通考》指摘「今本」《竹書紀年》在紀年上與原書體例不合的四個例子：

> 如夏世子少康生，注云：「丙寅年」；少康自有仍奔虞，注云：「乙酉年」；伯靡伐浞，汝艾殺澆，注云：「甲辰年」；伯杼滅戈，少康歸夏，注云：「乙巳年」；此四條與本書體例不合，疑據《左傳》事實而補成之者。[70]

除了體例不合外，證諸現代學者的年代學研究成果，以上年代與史實無一相合。[71] 我們還注意到，「今本」《竹書紀年》中常出現某事「不知何年，附此」的注。嚴格地說，重編者既然不知某事發生於何年，就不應隨意將之附於某年。錢大昕因此斷言：

> 此書蓋采摭諸書所引，補湊成之。……如係古本如此，則紀年歷歷，何云「未的」，又云「不知何年」耶？[72]

此說殊有見地。

對於古代曆法的實際情形，後代人往往並不清楚，原因在於現存的古曆法存在著許多錯誤或不確之處。嚴格地說來，以我們目前所能看到的資料而言，尚無法確定系統而科學的上古年代。可是，「今本」《竹書紀年》重編者竟以為憑其有限的天文學知識，就能推算出一部完整無誤的古代年表。事實上，這種年表通常都是依照古曆在設

可信，見《臺灣省立師範大學國文研究所集刊》，第 9 號（1965.6），頁 691-738。
[70] 轉引自胡玉縉：《四庫全書總目提要補正》（上海：上海書店出版社，1998），頁 385-386。
[71] 倪德衛（David S. Nivison）教授歷經 20 年的研究，修正了「今本」《竹書紀年》的年表，頗有學術價值，見 "The Key to the Chronology of the Three Dynasties: The 'Modern Text' *Bamboo Annals*," *Sino-Platonic Papers* 93 (1999): 1-68.
[72] 錢大昕：〈竹書紀年〉，載於《嘉定錢大昕全集》第 7 冊，卷 13，頁 347。

定的年代範圍推算，其結果不僅不是根據實際觀測的天象得出的，而且也沒有文獻上的證據，自然與上古的實際紀年大相殊異。[73] 就以「今本」《竹書紀年》所記五星聚會為例，黃一農告訴我們：

> 文獻所記發生在古代的五星聚會幾乎都不是實際觀察的記錄，而非常可能是一些異怪現象被後代學者用來證明天命轉移的理論。[74]

可以說，後人為政治或意識形態的需要所推算的古代年代越是天衣無縫，就越不符合上古時曆的實際。依我淺見，由於文獻材料的不足，即便在今天天文學已相當發達的情況下，我們仍然不具備解決古代曆法紀年問題的充分條件，更不必說「今本」《竹書紀年》重編者的時代和環境了。可見任何真實的古史紀年都必須以史實為據，否則便成為經過泊湊彌縫而任意編造的偽史。

至於「今本」《竹書紀年》成書的過程及編自何人，今已不可詳考。清末學者姚振宗在《隋書經籍志考證》中指證「今本」《竹書紀年》為明人范欽作偽[75]，但就今天所能看到的文獻而言，我們尚無從指實此點。即便今後有人推測出來了，對我們確定「今本」《竹書紀年》一書的真偽也似無重要影響。在此有必要對「今本」《竹書紀年》重編者的作偽動機略加討論。清儒辨偽的一項重要成就是正式判定《古文尚書》為偽「古文」。《尚書》是儒家五經之一，《古文尚書》作偽者的目的很可能是欲代聖人立言。可是「今本」《竹書紀年》的情況則有所不同，其重編者雖蹈古書之名而作偽，但卻並未企

---

[73] 關於中國先秦曆法的研究，可參看張培瑜：《中國先秦史曆表》（濟南：齊魯書社，1987），頁 1-6。

[74] Huang Yi-long（黃一農）, "A Study of Five-Planet Conjunctions in Chinese History," *Early China* 15 (1990): 111.

[75] 姚振宗：《隋書經籍志考證》卷 13，載於《二十五史補編》第 4 冊（北京：中華書

圖代聖人立言。這絕不是偶然的,其作偽之動機很可能是為了滿足某種個人願望(補錄亡書以充原著),或受某種心態(偽造古書以爭勝炫名)所驅使[76],因此故意掩其姓名。

有論者批評王國維作《今本竹書紀年疏證》的根本錯誤就在於,「用今天取得的古史研究成果去找古籍中的『矛盾』,一發現『矛盾』就斥之為偽書,勢必將大量原本不偽的古籍誤認為偽書」。[77]但竊以為,我們絕不能把王國維用以揭露「今本」《竹書紀年》之偽的方法說成是「以今度古」。嚴格地說,「今本」《竹書紀年》重編者將原本《竹書紀年》以晉魏紀年易為以周王紀年纔是「以今度古」。王國維以今人的水準來考辨古書之偽,這體現了現代學術研究的基本要求。難道我們要捨今日之學術成果而求古人過時的觀念嗎?王國維徵引金文材料,驗證「今本」《竹書紀年》周共王「九年春正月丁亥,王使內史良錫毛公遷命」乃偽造之條。其辨之曰:

《考古圖‧邢敦鼎》:「惟二年正月初吉,王在周邵宮,丁亥,王格于宣射。毛公內門立中庭,右祝覒。王呼內史冊命覒。」「覒」,從「鼻」,即「遷」字,前人當有釋為「遷」字者,乃偽為此條。不知敦銘中毛伯與覒實二人,非一人也。[78]

這樣的考證利用了可靠的第一手資料,立論誠為確鑿,顯然要比清儒更上一層樓,這又未嘗不可呢?

局重印開明書店原版,1955),頁 5257。
[76] 對古人從事古書作偽的動機分析,可參看梁啟超:《古書真偽及其年代》(北京:中華書局,1955),頁 20-34。
[77] 陳力:〈今本《竹書紀年》研究〉,《四川大學學報叢刊》,第 28 期(1985.10),頁 10。
[78] 王國維:《今本竹書紀年疏證》,載於《古本竹書紀年輯證》,頁 248。

五

　　王國維揭露「今本」《竹書紀年》為偽書，對古書的辨偽具有理論上的意義。一方面，他通過揭出作偽材料的來源，向人們說明「今本」《竹書紀年》的作偽是有材料根據而非憑空捏造的，而且他祇論其書之真偽，並未論其所載之事的真偽。另一方面，作偽者將不同來源的材料湊成「今本」《竹書紀年》一書。儘管這些材料來源並不全偽，但是就其編纂體系而言，「今本」《竹書紀年》確實不是真書。此點但引吳璵之文即可明之：

> 前人謂今本《紀年》為明人偽纂，其說固無疑辨矣。惟皆臚舉宋以前載記所引《紀年》之敘事與今本不合者，以證其為後人偽纂，而未嘗就其全書之綱紘，以言其繫年之妄謬者，則亦毛舉小節，而略其大端也。[79]

　　這段話闡明今之為「今本」《竹書紀年》翻案者多不從編纂體系上去判斷一部古書的真偽，而僅拘泥於確定個別年代和辨別部分材料之真偽，結果往往以偽為不偽了。

　　真書中有偽造之部分與偽書中有真實之材料，這兩者屬於不同性質的問題，絕不可混為一談。以《史記》為例，司馬遷寫三代歷史的部分引用了各種來源的材料，其中有不少地方與古史不合，有的材料甚至出於傳聞異說，但我們卻不能因此認為《史記》是偽書。《史記》中的某些不合理記載（如〈五帝本紀〉中的某些傳說）雖事關誤謬牴牾，卻不涉及此書本身的真偽。因為從編撰體系上看，《史記》一書體現了司馬遷的思想體系和創作精神，故流傳到現在的《史記》大體上保持了原來的面貌。從理性分析的角度觀察，一部真書凝聚著

---

[79] 吳璵：〈竹書紀年繫年證偽〉，《臺灣省立師範大學國文研究所集刊》，第 9 號（1965.6），頁 694。

古人長期的努力、特定的心境和積極的創作。相反地，一部偽書祇不過是後人通過機械模仿的過程完成的，根本無法體現古人的思想傾向和著述體例。如果我們能瞭解這一關鍵因素，自然便會賦予真書與偽書以不同的價值。

討論至此，讀者或許會問道，為何替偽《古文尚書》翻案者幾希，而為「今本」《竹書紀年》翻案者眾多呢？原因在於《今文尚書》的 28 篇較為完整，而《古文尚書》無論在內容，還是文體上，與《今文尚書》的「反差」都是相當明顯的。因之，一旦《古文尚書》被揭露出是偽書，人們就不易再作翻案文章。相比之下，「今本」《竹書紀年》與「古本」《竹書紀年》之間的「反差」卻不是那麼顯著。重編的「今本」《竹書紀年》中問題固然多且明顯，可是輯佚而成的「古本」《竹書紀年》裡面存在的問題也不少。王國維已注意到「蓋雖古《紀年》中亦多羼入之說也」。[80] 即便是「古本」《竹書紀年》，其中除了援引者的魯魚亥豕，更有不少後人攙雜的文字。按照翻案者的看法，既然人們承認「古本」《竹書紀年》為真書，為何不可以說「今本」《竹書紀年》也是真書呢？其實這是把「今本」《竹書紀年》的整體之偽與「古本」《竹書紀年》的輯佚之誤不加區分地一概而論，以致產生「今本」《竹書紀年》不偽之誤說。這顯然是造成「今本」《竹書紀年》易於翻案的一個誘因。後人所輯「古本」《竹書紀年》（主要是四家：朱右曾、王國維、范祥雍、方詩銘）之所以存在許多問題，主要是由於兩個方面的原因造成的：首先，引用《竹書紀年》的著作之性質迥殊（如類書、史書和地理書）與引《紀年》者的嚴肅程度（即有無詳細的考證）之不同；其次，在於引稱《紀年》的方式之不同，如有的直接引原文，有的則攝其大意或曰隱括本書之語，甚至還有的攙雜了引者的個人看法。所以陳夢家說：「晉代至宋代諸書所徵引的《竹書紀年》，亦有當分別觀之者。有許

---

[80] 王國維：《今本竹書紀年疏證》，載於《古本竹書紀年輯證》，頁 260。

多條本不屬于《紀年》原文,有許多條就《紀年》原文而加改易。」[81] 這樣一來,就使得「古本」《竹書紀年》之輯本在一定程度上已失原本之貌。

正是因為有上述的現象存在,有的學者甚至連後人所輯「古本」《竹書紀年》的內容也表示懷疑。現舉呂思勉的論述為例,其《先秦史》有謂:

《竹書紀年》,此書傳出汲冢。世所通行之本,為明人所造,已無可疑。然所謂古本,經後人輯出者,實亦偽物。蓋汲冢書實無傳於後也。[82]

呂思勉懷疑「古本」《竹書紀年》之理由或證據後由鄒兆琦列為六條:

一、「《隋書·律曆志》載劉孝孫(?-594)論曆語云:『案《竹書紀年》堯元年在丙子』,則其紀年又不起於夏,《[隋書·]經籍志》《晉書·束皙傳》皆不符」。何況堯的傳說渺茫無稽,《竹書紀年》又怎能知堯元年在丙子?

二、「[《隋書·經籍志》]謂[《竹書紀年》]記魏事下至哀王,亦與〈[束]皙傳〉不合。」(按:《束皙傳》謂記魏事至安釐王二十年。)

三、「《[史記]集解》……引《竹書紀年》,謂夏……用歲四百七十一年;……夫魏史必出於晉,晉史於靖侯以上,已不能具其年數,安能詳夏、殷以前?……故《竹書[紀年]》而有共和以前之紀年,即知其不足信。」

---

[81] 陳夢家:〈六國紀年表敘〉,載於氏著:《西周年代考·六國紀年》,頁67。
[82] 呂思勉:《先秦史》,頁17-18。

四、「《史記‧五帝本紀‧正義》引《括地志》云:『故堯城,在濮州鄄城縣東北十五里。』《竹書》云:『昔堯德衰,為舜所囚也。又有偃朱故城,在縣西北十五里。』……余按……五帝之事,若覺若夢,魏史獨能得其真,且能實指囚之偃朱之地,豈理也哉?」(《囚堯城辨》)

五、「[《竹書紀年》]益干啟位,大甲殺伊尹,文丁殺季歷,則其時(按:指晉代)之人,『舜、禹之事,我知之矣』之見解耳。」

六、與《竹書紀年》同時從汲冢出土之《穆天子傳》,「書中所述穆王經行之路,皆在蔥嶺以西,必西域既通後偽作,更了無疑義也。」[83]

呂氏前兩條證據的駁論方法主要在於列出史料中之矛盾;可是他竟然忘記了史學研究的一項重要原則,即對於史料是要分等級和層次的。《隋書》〈律曆志〉引劉孝孫語,劉氏為隋文帝(高祖)時人,他在與他人辯論曆法時引《紀年》,怎能將其所引信以為真?其言可靠性上不能與《隋書》〈經籍志〉、《晉書》〈束晳傳〉(此二篇皆當有前人文獻之根據)相提並論。〈經籍志〉與〈束晳傳〉在魏王下限問題上的分歧,從表面上看,似應據〈束晳傳〉,但是〈經籍志〉實與杜預〈春秋經傳集解後序〉之說相同,所以難以定論。為什麼會有這樣的問題呢?我想,這與被盜之墓的墓主為何人的說法相異有關係;因為《紀年》最後之王為「今王」,這位今王是何人呢?從〈束晳傳〉來看,在當時,人們的說法就有分歧,故現已無法斷定何說為是。呂氏的第三條證據謂共和以前無年代,故《紀年》也不能有繫年。其實,司馬遷並非沒有見過共和以前的年代記。他在《史記》

---

[83] 轉引自鄒兆琦:〈呂思勉先生與古代史料辨偽〉,載於俞振基編:《蒿廬問學記》(北京:三聯書店,1996),頁76-77。

〈三代世表〉中說:「余讀諜記,黃帝以來皆有年數。稽其曆譜諜始終五德之傳,古文咸不同,乖異。」[84] 可知當時的諜記雖有年數,但卻相互抵牾。司馬遷因此採取慎重態度,不輕信共和以前的年代。《竹書紀年》之年代既有後來較可靠的部分,也有早期不可靠的部分。呂氏為何衹要求《竹書紀年》有可靠年代之部分呢?這恐係受到楊寬之說的影響。呂思勉〈再論汲冢書〉云:

> 近予將舊作《汲冢書》筆記一則,刊諸報端,旋得楊[寬]君來書,疑出土《紀年》,本僅記戰國事,自魏文侯至襄王之二十年,其餘則出後人增竄,且其增入並非一次。此言殊有意理。……古本《紀年》,在戰國之世者,似當兼採鄙說及楊君之說,謂其中有《竹書》原文,兼有後人推校所得。[85]

呂氏第四條所引皆《括地志》之文,已是唐代人即唐太宗之子魏王李泰的解說之詞,本不必深信。第五條則完全是推測,實不知其所據,因此不能下定論。至於第六條證據,古今地名變化複雜,數地一名的事例甚多,所以此條亦不足為證;而且即便《穆天子傳》一書存在著問題,也並不能證明《紀年》必有問題。何況根據考古學的新發現,不少學者以為先秦通西域極有可能。

清人陳逢衡撰《竹書紀年集證》,力辨「今本」《竹書紀年》為真書。陳氏此書為清人研究「今本」《竹書紀年》之集大成者。他在此書的〈凡例〉中說:

> 《四庫書目題要》謂今世所傳之本非汲冢原書,蓋以諸書所引互有不同,並有今《紀年》所不載者,知其脫失已久,非

---

[84] 司馬遷:《史記》卷13,〈三代世表〉,頁488。
[85] 呂思勉:《呂思勉讀史札記》(上海:上海古籍出版社,1982),頁915-916。

復原本之舊矣。然其事實顯然,與經史印合,故特細為詮釋,集腋成裘,以留吉光片羽之一綫云。[86]

陳逢衡在此力陳「今本」《竹書紀年》雖非原本之舊,卻仍然保存了古代的真實材料。針對陳氏這樣的看法,王國維說:「余懼後世復有陳逢衡輩為是紛紛也。」他甚至還發出「今本」「無用無徵,則廢此書可」的呼籲。[87] 王氏這樣的說法當然有些過於絕對。認定「今本」《竹書紀年》是真書固然有誤,因為如此會使人們把偽作錯當真書而被誤導。但是,我們不能輕言偽書毫無價值。應該如何看待偽書的史料價值呢?陳寅恪的一段論述值得徵引於此:

> 以中國今日之考據學,已足辨認古書之真偽。然真偽者,不過相對問題,而最要在能審定偽材料之時代及作者,而利用之。蓋偽材料亦有時與真材料同一可貴。如某種偽材料,若徑認為其所依託之時代及作者之真產物,固不可也。但能考出其作偽時代及作者,即據以說明此時代及作者之思想,則變為一真材料矣。[88]

比如,《尚書》的「孔安國傳」經過前人考證,已被證明非孔安國所作,而是出於他人之手。從這個意義上說,「孔傳」是偽作。不過某部書經過考證,確定了它的時代乃至作者,仍不失為很有價值的文獻。「孔傳」雖為晉代人所作,但是晉人的注疏(祇要我們不誤以為是漢人之注)對我們現代人來說也是古注,自然很有參考價值。對於偽書,我們祇要說明它不是真書也就可以了,至於廢偽書之舉則大可

---

[86] 陳逢衡:《竹書紀年集證》,載於《續修四庫全書》第 335 冊,頁 5。
[87] 王國維:《今本竹書紀年疏證》,載於《古本竹書紀年輯證》,頁 189。
[88] 陳寅恪:〈馮友蘭中國哲學史上冊審查報告〉,載於氏著:《金明館叢稿二編》(上海:上海古籍出版社,1980),頁 248。

不必。這是因為，一則，楊樹達說：「學人判斷偽書，亦易事也，難者於偽中求其真。」[89] 偽書中總有些真材料，如果原書已經湮佚，偽書便可作為重輯佚書提供材料。「今本」《竹書紀年》的情形亦然。王國維本人在證實「今本」《竹書紀年》為偽書時，也說明其中的某些記載並非毫無根據，而是有史料來源的。二則，偽書本身有其特定的思想史和學術史價值，因為它體現了作偽時代的思想意識和普遍認識。「今本」《竹書紀年》以周王紀年，就反映了一種強烈的中央集權的大一統觀念，此絕非先秦人所能有的。而且人們還可以將「今本」作為古史紀年的一家之言來研究，甚至「未嘗不可取今本所繫年月，作為考定事實年代之假定」。[90] 三則，對偽書的辨偽工作並非一件簡單的工作，不可能一知其偽，便能將偽於何處辨別清楚。偽書中有真材料，這就使得從事分辨的學術工作變得相當複雜。偽書有助於人們用來與真書相參證，從而提高辨別偽書的水平。四則，隨著科學技術的發展和新的考古材料的出現，人們可能會從偽書中得到更多有價值的信息，其中包括某些在過去看來是相當荒唐的東西，所以偽書不可盡廢。

以上的討論大致有助於說明，為「今本」《竹書紀年》翻案的諸多文章雖然引人注目，但至多祇能說其中之新說在辨別「今本」《竹書紀年》真偽的問題上提出了某些可能性（實際上多為證據並不充分的推論）而聊備一說，難於視為定論。在考辨「今本」《竹書紀年》真偽的問題上，現在出現了一些值得人們注意的傾向：

其一為有心立異，作翻案文章的願望過於迫切。在材料的使用上，喜好以奇（即偏乖的、但非權威性的材料）代正（即常見的、而且具有權威性的材料），卻不知文獻有所謂權威性和非權威性的區

---

[89] 楊樹達：〈書古本竹書紀年輯校後〉，載於氏著：《積微居小學述林》卷7（北京：中國科學院，1954），頁271。

別。倘若一味尋求這樣的材料，必然會解說零碎，疏謬百出，難以得出正確的結論。古書辨偽固然需要材料作根據，不過使用的材料必須經過權威性的檢驗。翻案者往往對所引文獻的內容未經反覆推究，拈得一義，便率爾操觚，因以立論。結果多懸揣臆斷之辭，不足為據。推其所以致誤之由，蓋因必欲立異為高，以求駁倒王國維辨「今本」《竹書紀年》為偽書說。

其二為考證缺乏嚴格的邏輯推理。古書辨偽不僅需要經驗的論證，亦且應注意邏輯的論證。這也就是說，一要驗之於事（即材料原始性和歷史性的證明），二要驗之於理（即材料本身在邏輯上應是無矛盾的）。而為「今本」《竹書紀年》作翻案的考證文章大多停留在經驗證明的層次上，以己見釋原文，妄為牽合，未能在邏輯上做到統觀首尾，這樣的做法與現代學術研究對辨偽的要求相去甚遠。從事考據必須在內容上真實和在形式上有效，這樣纔能得出符合歷史實際的結論。否則，引用的材料再多，分析再詳細，也無濟於事。在學術研究中，不可避免需要推理，推理如果嚴密，其結果一般說來應當可靠。在推理過程中，首先應瞭解推理的條件是否具備，其次是推理的方法是否正確。如果上述兩者可靠，那麼其結論便可靠。而不少關於「今本」《竹書紀年》真偽的考證在理由不充分的情況下進行，結果使得推導出的結論成了一種猜測（即出現了可能性），而且其結論祇不過是在若干已有的可能性中又增添了一種可能性。不過，如果推理的結果祇是出現了一種可能性，那將不可能產生有效的結論。由於論證條件之不完備（即無切實證據），便造成了為「今本」《竹書紀年》翻案之各項推理的大、小前提均不充分。此情形猶如在初等數學中有兩個已知數，便可求得一個未知數。但如果祇有一個已知數，那麼就會出現若干可能的數字。

---

[90] 洪國樑：〈朱右曾「汲冢紀年存真」與王國維「古本竹書紀年輯校」之比較〉，載於《第二屆清代學術研討會論文集》（高雄：國立中山大學中國文學系所，1991），頁236。

學術觀點的正誤固然應該通過對史料的判斷和解釋是否恰當來檢驗，然而史料終非史學，我們不能單靠確定文獻可靠性來解決「今本」《竹書紀年》的真偽問題。同樣的材料若使用不當，也會得出相反的結論，從而無法揭示歷史的真相。我很同意余英時先生的以下看法：

> 史學家研究歷史有一種主觀因素是無法完全驅除的，史學家祇有把主觀提昇到自覺的境地纔能化主觀為客觀。另一方面史料是具有客觀性的（雖然史料中仍雜有種種記載者的主觀成分）。以自覺的主觀和客觀的史料相互激盪，史學家可以逐漸揭露歷史事實的真相。[91]

在某種意義上說，祇有恪守主觀的自覺與客觀的史料相結合的原則，纔有可能得到對「今本」《竹書紀年》真偽問題的正確解釋。余先生所云雖是多年前的老話，但對於我們今天研究「今本」《竹書紀年》仍有嶄新的意義。我們對「今本」《竹書紀年》真偽問題的討論，可以說是主觀與客觀相互激盪而揭露歷史真相的一個顯例。儘管本文未對「今本」《竹書紀年》編於何時、出於何人等問題遽下斷語，但據上述諸端，此書要為重編之作，似無疑問。

---

[91] 余英時：《陳寅恪晚年詩文釋證》增訂版（臺北：東大圖書股份有限公司，1998），頁199。

第三篇　理雅各英譯《竹書紀年》析論

引言

　　十九世紀著名西方漢學家、蘇格蘭傳教士理雅各（James Legge, 1815-1897）在 1861 至 1872 年間陸續發表了極有份量的英文譯注《中國經書》（*The Chinese Classics*）。理雅各來華本為傳播基督教，卻被中國傳統學術，尤其是受儒家經典吸引，而致力於翻譯中國經書，向西方介紹中國文化。理雅各譯注《中國經書》不僅可列為近代西方漢學的開山之作，而且對於東方的讀者而言，他所從事的工作也大有助於我們體會一位西方牧師對中國文化的理解。理雅各譯注《中國經書》乃是他克服了重重困難和融合了許多學者的研究成果之後所作出的一項重要學術貢獻，確為中國古典文獻的翻譯注釋開闢了不少新的途徑。在西方漢學研究的歷史上，亦具有劃時代的重要意義，所以「自行世以來即已成為西方有關中國學術的經典作品，至今不能廢」。[1]《中國經書》第三卷為《書經》（*The Shoo King*），其中包括《竹書紀年》[2]，出版於 1865 年。本文旨在通過討論理雅各英譯《竹書紀年》，以彰顯他對於中國學術史的貢獻。事實上，理雅各譯注《竹書紀年》之所以迄今仍受到西方學術界的重視，正是因為它具有其他譯注本所不能取代的重要作用。理雅各之前已有畢甌（Edouard Biot,

---

[1] 余英時：〈香港與中國學術研究─從理雅各和王韜的漢學合作談起〉，載於氏著：《歷史人物與文化危機》（臺北：東大圖書公司，1995），頁 141。
[2] 這裡需要指出的是，理雅各所譯《竹書紀年》實際上是後人重編的「今本」《竹書紀年》。清中期以後，由於對明清時期《竹書紀年》通行本的辨偽，學術界始稱已經散佚汲冢原本《竹書紀年》為「古本」《竹書紀年》，而通行本則稱為「今本」《竹書紀年》。為了行文的方便，本文仍稱「今本」《竹書紀年》為《竹書紀年》，而對清代和現代學者所輯汲冢原書的本子稱為「古本」《竹書紀年》。本篇採用的「今本」為范欽訂《竹書紀年》，載於《天一閣藏范氏奇書》（北京：線裝書局，2007）。凡引此書不注明卷數頁碼。

1803-1850）在1841-1842年出版的法譯本（*Tchou Chou Ki Nien*）[3]，但後來除理雅各的英譯本外，再未見西方文字的譯本出現。從這個角度看，西方學者如有欲研究《竹書紀年》者，則理雅各譯本無疑為研究之必備。

值得注意的是，作為二十世紀末二十一世紀初的學者，無論是中國人還是西方人，祇要翻閱理雅各《中國經書》的目錄，大概都會產生這樣一些疑問：理雅各翻譯《書經》，為何將《竹書紀年》也附帶譯在一起呢？如果說理雅各翻譯《春秋》時附入《左傳》是有中國經學傳統的依據的，那麼翻譯《書經》而附加《竹書紀年》則沒有先例了。何況《竹書紀年》本身還存在著其真偽之辨的問題，而近年來海內外頗多有為《竹書紀年》辯護者，此書真偽的討論亦可說是目前的一個學術熱點。因此，理雅各所譯《竹書紀年》的現實價值自然應當刮目相看了。

理雅各英譯《竹書紀年》問世一百多年來，尚未見有專文論其得失，所以擬在這篇文章中加以討論。我們主要涉及以下三個問題：

第一，關於理雅各對《竹書紀年》的文獻考證。筆者在《竹書紀年》真偽的問題上與理雅各有不同的看法，對此我們將根據一百多年來對這一問題的學術進展情況以及我們自己研究的成果加以說明和解釋。

第二，關於理雅各譯注中的思想。在英譯《竹書紀年》這部書時，理雅各下筆之際是帶著一個中心思想的；他在論述中國上古歷史的時候也流露出同樣的思想。從其從事翻譯的時代著眼，我們在分析理解理雅各思想產生的緣由時，理應指出其中富有遠見的積極成分；同時，我們將對於理雅各思想中在今天看來已經不能成立的若干觀點

---

[3] Edouard Biot, "Tchou-chou-ki-nien," *Journal Asiatique* (1841- 42): 537-78. Translator's introduction, and translation of pt. 1 (December 1841): 537-45, 546-78; supplementary note to the translation of pt. 2 (with corrections) (February 1842): 203-7; translation of pt. 2 (May 1842): 381-431.

加以評析,而對他已經涉及、但尚未充分闡述的中國傳統中有益的文化資源則將作適當的發揮。

第三,理雅各的英譯文已經刊行一百多年,儘管他的翻譯有其當時所參考的文獻作為依據,而且其貢獻是不可否認的,不過現在我們有必要根據近百餘年來學術的發展,重新檢討一下理雅各所參考的文獻資料,並適當舉例說明其譯文的成績與局限。

一、《竹書紀年》的流傳與真偽問題

在中國學術史上,關於《竹書紀年》原本(西晉學者根據墓本整理的本子,即「古本」)是否亡佚,和明清通行本(即「今本」)真偽的問題罕見而複雜。關於《竹書紀年》通行本,清儒王鳴盛(1722-1797)、錢大昕(1728-1804)、崔述(1740-1816)及《四庫提要》作者等皆有揭發此書為偽之作。可是理雅各仍取清代學者陳逢衡(1778-1855)所言《竹書紀年》為真書之說立論,這究竟是什麼原因呢?在本節中,我們將討論理雅各對此書的看法和論述,並作出我們的評論。

(一)《竹書紀年》之題名及流傳

首先要說明的是,理雅各所譯《竹書紀年》實乃後人重編的「今本」《竹書紀年》。清代中期以後,由於對明清時期《竹書紀年》通行本的辨偽,學術界始稱汲冢出土的《竹書紀年》為「古本」《竹書紀年》(現有清代和現代學者所輯之本),而稱明清通行本為「今本」《竹書紀年》。為方便起見,本文仍稱理氏所譯「今本」《竹書紀年》為《竹書紀年》。

理雅各在英譯《竹書紀年》之前,先就《竹書紀年》的題名簡略地說明三個問題:

第一，理雅各注意到法國學者德梅拉（De Mailla）誤以《竹書》（The Bamboo Books）泛指在紙張發明前所有寫於竹簡之書，理雅各則駁正其說，明白指出《竹書》乃汲冢出土文書之專稱，而《竹書紀年》祇是其中的一種；並正確地闡明德梅拉所指涉的應是「竹書」（bamboo books），即簡冊之文。[4] 從學術史的角度看，這一駁正是有見地的。因為在中國文獻史上，祇有汲冢出現的竹簡之書稱為《竹書》，其他出土簡冊皆未採用「竹書」的說法。當然，中國古籍（如《山海經注》、《真誥》、《史記正義》等）引《竹書紀年》時，亦往往稱之為《竹書》。

第二，理雅各先根據《晉書》〈武帝紀〉，扼要地敘述了《竹書紀年》出土於咸寧五年（279）的經過，再引用杜預（222-284）〈春秋經傳集解後序〉（作於太康三年，即 282 年）親見《竹書紀年》之語，以證此書整理工作在短短兩年內已經完成了。[5] 他說：

> 特別是博學多識、不存偏見的見證人杜預約於公元 281 或 282 年提供的證據，似乎使這個問題不再有任何疑問，即在此數年前，從墓冢內發現大量的古代典籍，其中最有價值的部分就是現在被稱作《竹書紀年》的那部書。[6]

理雅各的這番話並非無的放矢，而是針對當時某些懷疑是否真有汲冢古書出土一事的西方人士提出來的。從他的說法可以看出，理雅各所採取的態度是絕不輕易懷疑古代文獻。

第三，理雅各稱，《竹書紀年》出土後一直在流傳，並見於隋唐

---

[4] James Legge, "The Annals of the Bamboo Books," in "Prolegomena," *The Chinese Classics*, vol. 3, *The Shoo King, or Book of Historical Document* (Hong Kong: Hong Kong University Press, 1960), 105. 按：以下凡引自此卷僅稱篇名，並注頁碼。本篇中所有中譯文皆由筆者譯自原文。

[5] James Legge, "The Annals of the Bamboo Books," 105-6.

[6] James Legge, "The Annals of the Bamboo Books," 107.

兩朝之目錄。又云：南北朝時梁朝學者沈約（441-513）曾為《竹書紀年》作過注，宋代的朱熹（1130-1200）曾屢次不無稱讚地提及此書，元代（按：理雅各所言有誤，應為明代）學者胡應麟（1551-1602）及楊慎（1488-1559）對此書皆有研究，而且當時清代也有五、六種版本和注釋的《竹書紀年》出版。理雅各據此論曰：「儘管學者們對此書有普遍的不滿之詞，此書總還不至於被摒棄於批判的法庭之外。」[7] 推其之意，理雅各儘管深知當時已有許多學者對「今本」《竹書紀年》的真實性抱著懷疑的態度，他卻不肯承認它是偽書。他的這種看法至今仍影響著不少西方學者。當然理雅各也非盲目認為此書中間沒有任何問題。有關這一點，我們將在下面作具體的探討。

（二）理雅各對《竹書紀年》的考證及論其價值

依照理雅各的治學路徑，任何研究必須先展示文獻的原文，然後纔可能就著作的具體內容來探討問題了。所以在作了以上說明以後，理雅各發表了《竹書紀年》的譯文和注釋。接著在譯文後面，他對此書本身的問題進行一番探討。在探討中，理雅各大體論述了兩個方面的問題：一是關於此書的文獻考證方面的問題，二是關於此書與其他中國典籍（尤其是《尚書》）相較的價值問題。這裡主要討論前一方面的問題，其內容大體分為以下幾點：

第一，從總體上肯定《竹書紀年》為真書而非偽書。理雅各所批駁的對象是清中葉考據學家王鳴盛。王氏論《竹書紀年》為晉人偽作見於以下這段文字：

> 其書……必是束晳偽譔也，……其穿鑿附會，不但不足信，亦不足辯也。大約妄人何代蔑有，全賴有識之士屏黜之。

---

[7] James Legge, "The Annals of the Bamboo Books," 107.

>　　有疑則闕，方為善讀書。[8]

理雅各辯王氏此說不可信：

>　　我絕不能同意王氏的結論，因為所有關於竹書發現經過的記載足以證明，在西晉初年，束晳或其他任何人都未曾偽造這些古書。[9]

　　理雅各對於王鳴盛的駁論是確有根據的，因為王氏持論多涉武斷，並無任何文獻證據。杜預〈春秋經傳集解後序〉和《晉書》的記載完全可以作為否定王鳴盛說的有力證據。[10] 從這一點說，理雅各之所以反對《竹書紀年》為晉人偽撰的說法，是因為他相信有關汲冢竹書發現過程的文獻記載皆信而有據，特別是有杜預這樣的「完全有資格而又無偏私的見證人」（a witness entirely competent and disinterested）可資為證。[11] 其實理雅各以為《竹書紀年》發現過程為歷史真實，這一點在清代多數學者看來也是沒有疑問的。除王鳴盛外，其餘懷疑《竹書紀年》的學者大都認為此書並非晉人集錄，而且原本已在流傳過程中佚失。然而理雅各因發現過程之記載為真而誤以傳世《竹書紀年》為晉時真本，則失之篤信陳逢衡之說。此點在下面再作討論。

　　第二，理雅各承認《竹書紀年》記載的內容有問題，並將問題出現的原因歸於晉人對於出土竹簡的整理工作做得過於倉促（祇有兩年的時間），以致使其中記載混亂。至於王鳴盛所說《竹書紀年》有

---

[8] 王鳴盛著，黃曙輝點校：《十七史商榷》卷 3（上海：上海書店出版社，2005），頁 21。
[9] James Legge, "The Annals of the Bamboo Books," 177.
[10] 參閱杜預：〈春秋經傳集解後序〉，載於阮元校刻：《十三經注疏》下冊（北京：中華書局，1980），頁 2187；房玄齡等：《晉書》第 5 冊，卷 51，〈束晳傳〉（北京：中華書局，1974），頁 1432-1433。
[11] James Legge, "The Annals of the Bamboo Books," 107.

◆第三篇　理雅各英譯《竹書紀年》析論◆

「穿鑿附會」的記載，理雅各相信這是由於不少其他汲冢竹書之文（如《瑣語》）混入《竹書紀年》所致。因此他特別提請讀者注意陳逢衡在《竹書紀年集證》中對於這一問題的看法。[12] 在此書中，陳逢衡一如傳統儒家學者，對這些內容表示懷疑，並認為後人缺乏認真的分析，往往以《瑣語》誤稱《竹書紀年》之文。[13] 理雅各注釋列舉的最明顯例子就是傳統的堯舜禪讓被說成舜篡堯位。[14] 對於這種說法，我們持有不同的看法，稍後再論。

然而在理雅各看來，《竹書紀年》的根本問題是，其年表已經發生訛誤。具體地說，其訛誤表現在以下兩方面：

首先，從堯即位元年以下，各帝王元年皆以干支紀年。對此，理雅各斷言道：

> 我堅持認為，這些[干支紀年]都是在竹簡發現以後加上去的，的確並非當時就加上去的，而是在一個逐漸的過程中，直到宋代纔完成的。[15]

理雅各的理由有四點：一是，東漢以前，干支僅用於記日，而不用於紀年。[16] 司馬遷（公元前 145 年或前 135 年－前 86）等作年表，皆不以甲子歲曆，因而不能輕信《竹書》之干支紀年。二是，從夏世子少康之生以至其出逃與歸於夏邑，注中出現四次干支紀年[17]，可知這種干支紀年是在《竹書紀年》流行後，逐漸作為附注增加上去的。三是，早期〔唐宋之前〕各書引用《竹書紀年》，皆無甲子紀年。（這一

---

[12] James Legge, "The Annals of the Bamboo Books," 177.
[13] 陳逢衡：《竹書紀年集證》卷 50（裛露軒刻本），載於《續修四庫全書》第 335 冊（上海：上海古籍出版社，2002），頁 662-663。
[14] James Legge, "The Annals of the Bamboo Books," 116.
[15] James Legge, "The Annals of the Bamboo Books," 180.
[16] James Legge, "The Annals of the Bamboo Books," 82-83.
[17] James Legge, "The Annals of the Bamboo Books," 120.

點,理雅各據陳逢衡《竹書紀年集證》引洪頤煊(1765-1833)說。)四是,《竹書紀年》所記夏積年為 471 年,而如按干支紀年之法,夏始年為壬子,經七(理雅各書原誤印作六)個甲子週期又 11 年(60×7＋11＝431)為 431 年。[18] 兩個年數不相符合。《竹書紀年》所記商積年為 496 年,而如按干支紀年之法,商始年為癸亥,經八個甲子週期又 28 年(60×8＋28＝508)為 508 年。二者又相左。假使原本當初就有干支紀年,這樣的錯誤就不會發生。按:理雅各的這一分析是從文獻本身內部發現問題,用內證(internal evidence)作為證偽的工具,相當精到,足補清代考訂《竹書紀年》學者之不及。

第二,理雅各認為,《竹書紀年》中若干王的在位年數也被改動過了。他考慮到以下兩點因素:一是,此書注者把商代各王在位年數相加起來,便得出商代的總積年。如此簡單的問題,諒必注者不會弄錯。二是,夏代的情況則不同,在相與少康之間有一段夏朝中斷時期,故夏代積年很難加得準確。《晉書》〈束皙傳〉記:「《紀年》……則云夏年多殷。」[19] 而我們今天所見《竹書紀年》卻是殷年多於夏。這個問題本來很難解決。可是理雅各卻由此得出結論:既然干支紀年是後來加上去的,而且若干王的積年又有改變,那麼整部《竹書紀年》的年表就因之失去價值了。[20] 按:以目前的研究成果來說,這樣的推斷似欠妥當。因為不少現代學者從事夏商周三代的年代學研究,都很重視《竹書紀年》所提供的年表,儘管此書是後人重編的。

前面已經指出,理雅各並不否認《竹書紀年》存在著問題,不過他把其中問題出現的原因歸結為出土後的整理工作過於倉促。我們當然不能否認當時的確有整理倉促的問題,但是「今本」中的問題恐怕

---

[18] 朱右曾《汲冢紀年存真》〈序〉辨《竹書紀年》之偽的第五條即有此說。見朱右曾:《汲冢紀年存真》(歸硯齋本),載於《續修四庫全書》第336冊(上海:上海古籍出版社,2002),頁2。
[19] 房玄齡等:《晉書》卷51,〈束皙傳〉,頁1433。
[20] James Legge, "The Annals of the Bamboo Books," 180-82.

◆第三篇　理雅各英譯《竹書紀年》析論◆

並非僅此一點，就可以全部澄清。理雅各雖沒有承認此書流傳過程中的作偽問題，可是他既然說干支紀年是後來加上去的，若干王的在位年數也有了改易，而且還是一個逐漸添增的過程；那麼這些變化就不能視作整理時倉促所致的錯誤，而應該說是在此書流傳中發生的加工或改造（中國學者在對此書作辨偽時所列的理由，其實包括了理雅各所說的這些事實）。所以我們也不妨說，理雅各雖然在總體上以《竹書紀年》為真，而事實上他也已經在進行某種程度的辨偽工作了。

第三，應該說明，理雅各對於《竹書紀年》不同部分的編寫時代還作了推測。理雅各云：

> 自公元前769年周平王即位起，編年史的性質起了變化。從黃帝到平王即位前，《紀年》所載皆為帝王之史。不同朝代的帝王實為主角，諸侯國之種種史事唯有從屬於王朝者始得其詳。然自平王即位起，晉侯變為主角。如此情形持續到公元前439年韓、趙、魏三家分晉，魏侯（三晉之一）遂變成主體。因此，從公元前769年起，《紀年》便是晉國史官所纂之晉國編年史。以後，魏國的一位史官又扼要編為魏國之《紀年》。至於尤為重要而普遍引起興趣的早期編年史，那可能是在晉國史官開始編寫晉國《紀年》時所編成，並作為晉國《紀年》之恰當引言而專門保存在檔案庫中的。[21]

在這裡，理雅各主張《竹書紀年》所記史事的重點之所以發生轉移，是因為此書並非成於一手，而是分為兩次編成的。理雅各的這些分析雖無具體的材料作依據，卻是比較近情理的推測。而且從文獻學的角度來看，理雅各看法的深刻之處在於，他已經隱約地察覺到此書有不同的部分，即後人編輯的二手材料與同時代人所記的原始材料這樣兩

---

[21] James Legge, "The Annals of the Bamboo Books," 178.

部分。這種對不同時代的文獻價值加以區別的看法在當時頗有新意。事實上，後來西方研治《竹書紀年》的學者，多多少少承襲了理雅各對《竹書紀年》成書特點的推測。[22]

（三）理雅各翻譯《書經》為何兼選《竹書紀年》

理雅各翻譯《書經》時為什麼把《竹書紀年》也附帶譯在一起呢？如果說理雅各翻譯《春秋》時附入《左傳》是有中國經學傳統的依據的，那麼翻譯《書經》而附入《竹書紀年》則是沒有先例。

理雅各翻譯《書經》並在其〈緒論〉中加譯了《竹書紀年》，乃有其思想上的原因。具體而言，《書經》所載都是單篇文字，既無明確的年代說明，也無法從中梳理出一個歷史的年表來。對理雅各來說，這不能不是一個遺憾。他在〈緒論〉中說：

> 可以說，《書經》沒有年代的安排和順序。……就目前的版本而言，它祇記載了早期王朝的少數君王，而且僅有其中兩三個君主的在位時間。不過，即便其所記是完備的，但《書經》卻沒有一個包括中國所有君主的名單，也沒有他們各自在位的年數。[23]

理雅各是一位很重視歷史年代的學者，他對古代年代學發生興趣大概是受了西方在十九世紀研究古代歷史的風氣所感染。為此他以〈緒論〉的第三章專門討論了《書經》中的年代問題，還特邀天文曆法專家湛約翰（The Rev. John Chalmers, 1822-1899）撰寫一篇關於中國古

---

[22] 參閱 David S. Nivison, "Chu shu chi nien," in *Early Chinese Texts: A Bibliographical Guide*, ed. Michael Loewe (Berkeley: The Society for the Study of Early China and The Institute of East Asian Studies, University of California, 1993), 40.

[23] James Legge, "The Annals of the Bamboo Books," 81.

代天文曆法的文章作為附錄。²⁴ 理雅各在此章討論《書經》中的年代問題時，一再引用《竹書紀年》的材料，來與其他文獻材料作比較的研究。理雅各雖然並不完全相信《竹書紀年》中所記的年代，但是對他來說，以《竹書紀年》作為與《書經》相對比的文獻材料，對於瞭解中國上古的歷史還是頗有用途。由此他產生了翻譯並介紹《竹書紀年》的動機。

問題尚不止於此，理雅各決定翻譯《竹書紀年》，更是基於深一層思想的考慮。²⁵ 理雅各雖認為《竹書紀年》在以干支紀年和各朝積年方面存在著一些問題，不過此書在記堯、舜、禹的史事方面卻比《書經》所記更為可信。以下兩個重要的事例說明了理雅各的看法：

第一，理雅各十分重視《竹書紀年》所載禹的事跡，儘管其記載簡略而有限。他說：

> 在《紀年》中，禹的工作僅限於治理黃河。堯指定給禹的工作，並不比大約一百年後禹的一位繼承人少康指定給商侯的工作更為重大。……沒有說到大範圍內的災害性洪水，沒有說到禹治山，治全國的地面，或者治黃河以南的任何一條河流。²⁶

可是在《書經》裡卻有稱頌禹治天下洪水的內容，在他看來，這明顯是把大禹治水的功績過度誇大了。

第二，按照《書經》的記載，舜的政府裡有著完美的機構和 22 位大臣，而在《竹書紀年》裡則祇提到禹和皋陶兩個人。理雅各以為，《書經》裡所說那樣的舜的政府，顯然是後世那些「不顧人類進步規律」（regardless of the laws of human progress. 他並未使用在當時歐洲

---

²⁴ The Rev. John Chalmers, A.M. "Appendix on the Astronomy of the Ancient Chinese," 90-104.
²⁵ James Legge, "The Annals of the Bamboo Books," 105.
²⁶ James Legge, "The Annals of the Bamboo Books," 182-83.

盛行的"evolution"一詞）的人為了把遠古說成「黃金時代」而編造出來的。[27]

《書經》把遠古的部落首腦如堯、舜、禹等誇張成品德和才能都特別傑出的皇帝。在理雅各看來，這種說法既違背了古代歷史的真實，又助長了中國儒家把遠古說成黃金時代的迷信。他認為與其說如此的記載充當了一種「哲學虛構的工具」（the devices of philosophical romance），倒不如說其後果會對中國人的思想覺醒產生不良的影響。所以他寧可採取《竹書紀年》中對堯舜禹的簡略記述，也要破除儒家經典對於古聖先王的美化。可是，理雅各的觀察力和敏感性早已使他不相信這樣的儒家傳統的說法。他論儒家之說有曰：

> 這些說法無疑都經過了極大的誇張和添枝加葉。其實，桀和紂並不是窮凶極惡的魔鬼，湯和武王也不是美德的化身。很有可能的情況是，早期的朝代像周朝一樣，純粹是因為國力衰竭而相繼滅亡，而它們的最後一代君主也像赧王一樣，是意志薄弱的懦夫，而非暴君。[28]

理雅各的這種看法並不是沒有來源的。對他早年影響甚大的蘇格蘭作家托馬斯・卡萊爾（Thomas Carlyle, 1796-1881）在《論英雄與英雄崇拜》（*On Hero and Hero-Worship*）中宣揚「英雄史觀」，就不承認在歷史上有所謂的暴君存在。[29] 在中國，孔子的大弟子子貢（前 520 年－前 446）也曾說：「紂之不善，不如是之甚也。是以君子惡居下流，天下之惡皆歸焉。」[30] 不過，應該指出的是，殷商在其晚期仍然是

---

[27] James Legge, "The Annals of the Bamboo Books," 184.
[28] James Legge, "Prolegomena," 199.
[29] 參看 Philip Rosenberg, "A Whole World of Heroes," in Harold Bloom, ed. *Thomas Carlyle* (New York: Chelsea House Publishers, 1986), 95-108.
[30] 《論語》〈子張〉，理雅各譯文見 *The Chinese Classics,* vol.1, *Confucian Analects, The Great Learning, The Doctrine of Means,* 345-46.

一個強大的國家,不僅傳統文獻中有很多材料可以說明這一點,如《竹書紀年》中就有周武王的父親及祖父臣服於商王並遭受迫害的記載[31],而且二十世紀七十年代在陝西省周原發現的甲骨文材料更充分地證明,周曾經是殷商屬下的一個「方伯」。[32]

需要特別說明的是,理雅各和子貢在思想的基本傾向上是不同的:子貢祇懷疑桀、紂不如此之惡,而沒有懷疑湯、武是否如此之善,所以並未由此而懷疑到儒家經典所設想的湯、武以聖君革桀、紂暴君之命的理論體系;而理雅各則從懷疑桀、紂不如此之惡,懷疑到湯、武並非如此之善,於是從根本上懷疑到了儒家關於古聖先王的整個理論體系了。他的譯注有一段說道:

> 我個人的研究和反思使我考慮到,我們在《書經》中所讀到的關於舜的秩序井然的政府和禹的貢獻,實際上大部分是後人編造的。這些記載的目的在於抬高這些古代聖賢的品質和成就,並且在中國歷史的開端就把他們放置於超乎人類的智慧和能力的崇高極峰之上。我為我自己的觀點能在《竹書紀年》中得到印證而感到欣慰。[33]

理雅各認為關於古聖先王的說教不僅不切歷史事實,而且也沒有實際效用。他看到,孔子的理想在其時代未能實現,而孟子時的情況更加糟糕,所以孟子以仁政統一天下的理想也沒有能夠實現。古代的封建帝國在爭戰的血海中解體了,代之而起的是秦始皇(前 259 年－前 210)的武力統一;於是中國由原來的封建帝國變成了專制帝國(despotic empire),這種帝國延續了兩千多年,到理雅各的時候正走

---

[31] James Legge, "Prolegomena," 138-39.
[32] 周原甲骨 H11:82 和 H11:84 中都有「周方伯」一詞。參見陳全方:《周原與周文化》(上海:上海人民出版社,1988),圖版頁 61,圖版頁 69。
[33] James Legge, "The Annals of the Bamboo Books," 183.

上了其末路。理雅各既注意到秦統一給中國帶來的成功，也觀察到這種專制帝國的問題及其不可避免走向衰落的後果。因此他主張由制度上來解釋朝代的興亡。這種看法是頗有見地的，顯示出近代史家的一種開闊視野。

以上看法顯示出理雅各對古代思想的歷史變遷具有深刻的體會，這不是一般中國傳統學者所能望其頸背。如果說康有為（1858-1927）在 1897 年出版的《孔子改制考》中開始懷疑「三代文教之盛」[34]，那麼在這一點上，理雅各又比中國儒家學者似乎提早「覺悟」了幾十年。理雅各為什麼會有這樣的認識呢？應該說這與理雅各本人在蘇格蘭哲學和史學上的深厚修養有關。由這種學術訓練而得來的批判精神，使得他能夠自覺地對這一問題進行近代的詮釋。[35]

以《書經》和《竹書紀年》相較，理雅各評之曰：

> 這兩部書之間有許多共同之處，其原因無非是，兩本書的作者都根據同樣的史料進行寫作，不管他們可能會增添什麼樣的史實。不過，《紀年》中的具體內容恰當地記述了書中的人物和他們的事跡。我們通過《紀年》，瞭解到了成長中的部落首領，而不是組織結構健全的龐大帝國中的皇帝。[36]

理雅各絕非憑空發表議論。蘇格蘭史學家喬治·布察南（George Buchanan, 1506-1582）的「批判史學」觀點曾對理雅各論學治史有莫

---

[34] 康有為：《孔子改制考》卷 1（北京：中華書局，1958），頁 1。
[35] 關於這個問題，可參看 Lauren Pfister, "Some New Perspectives on James Legge's Multiform English Translations of the *Chinese Classics* and *Sacred Books of China*," in *Selected Papers on Translation from the International Conference on Chinese Studies in Celebration of the Seventieth Anniversary of the Department of Chinese, University of Hong Kong, 10-12 December 1997*, eds. Siu-kit Wong, Man-sing Chan, and Allan Chung-hang Lo (Hong Kong: The Hong Kong University Press, 2002), 62-99.
[36] James Legge, "The Annals of the Bamboo Books," 182.

◆第三篇 理雅各英譯《竹書紀年》析論◆

大的啟發,這是研究理雅各的學者所共知的。[37] 從廣義的學術史意義上說,他重視《竹書紀年》也正是出於近代西方史學傳統的需要。至此,我們便能理解理雅各為什麼冒著使用偽書的危險而去翻譯《竹書紀年》了。理雅各在〈緒論〉的結尾寫道:

> 即便可以證實(實際是不可能的),《紀年》是晉代人偽造的,那麼事實仍將是,與任何一個紀年的作者相比,造偽者對其國家的歷史都採取了一種比其他史家的見解更合乎情理的態度。恕我冒昧揣測,這一論點可以普遍被西方質疑者所接受。[38]

最後必須指出,儘管理雅各以《竹書紀年》為可靠的記載,而不相信《書經》稱上古為「黃金時代」的說法,但他也沒有完全接受「古本」《竹書紀年》對中國古代的看法(他甚至認為這些並非《紀年》的原文,而是屬於《瑣語》的內容)。他始終深信古代歷史自具特質,其論點關鍵端在於此。

二、對理雅各的《竹書紀年》文獻考證之批評

在我們看來,理雅各對於《竹書紀年》文獻研究的一大弱點,在於他未能充分注意當時中國學者已經對此書作過的具體辨偽工作。這是因為他認為《竹書紀年》的流傳史和真實性是不存在問題的。理氏以為《竹書紀年》的流傳過程是沒有問題的,所以在"How the Annals have kept their place in literature"一節僅用寥寥十幾行字的篇幅略說此

---

[37] 參見 Lauren F. Pfister, "Some New Perspectives on James Legge's Multiform English Translations of the *Chinese Classics* and *Sacred Books of China*," 81-82.

[38] James Legge, "The Annals of the Bamboo Books," 183.

書的流傳史。[39] 他從沈約注《紀年》談到《隋書》和新舊《唐書》對此書的著錄,然後即云宋代朱熹曾幾度提到此書,似乎《竹書紀年》的流傳有序而未易其貌。[40] 但是仔細考察一下,我們便會發現理雅各的看法未免牽合舊說,失於考證。這裡我們從史學研究的外考證(external criticism)和內考證(internal criticism)這兩個角度對理雅各之說略作分析。

從外考證的角度分析,先讓我們討論《竹書紀年》在流傳中是否發生過失佚的問題。因為祇有真本發生失佚的情形,纔會出現作偽的問題。理雅各一如討論《尚書》的流傳史那樣,以為《竹書紀年》之流傳亦未曾中斷,因之也就不存在作偽的問題。但事實上,在《竹書紀年》流傳史上存在著不為理雅各所知的重大斷裂現象,現略述於下:

第一,《竹書紀年》在流傳中前後的卷數變化很大。關於《竹書紀年》篇目卷數,在自西晉至北宋初的史籍中記載雖略有差別,但不外乎 12、13 或 14 卷之別。現擇涉及《竹書紀年》卷數的主要記載抄錄如下:

一、王隱:《晉書》〈束皙傳〉記《紀年》12 卷。(杜預〈春秋經傳集解後序〉「正義」引)

二、房玄齡(579-648)等:《晉書》〈束皙傳〉記《紀年》13 篇。

三、魏徵(580-643)等:《隋書》〈經籍志〉記《紀年》12 卷。並有注云:《汲冢書》,並《竹書同異》1 卷。

四、劉昫(887-946)等:《舊唐書》〈經籍志〉記《紀年》14 卷。

---

[39] James Legge, "Prolegomena," 107.
[40] James Legge, "The Annals of the Bamboo Books," 107.

五、宋祁（998-1061）、歐陽修（1007-1072）等：《新唐書》〈藝文志〉記《紀年》14卷。注《汲冢書》。[41]

近代學者對《竹書紀年》篇目的考證中，有人猜測 14 卷可能是分訂上之差異[42]，還有的人懷疑 13 卷或為 12 卷之誤。[43] 不過這些細微的差異並不影響它們同指汲冢原本的性質。惟當注意者，到了南宋，《竹書紀年》的記載卷數卻發生了極大的變化。淳熙四年（1177），陳騤（1128-1203）作《中興書目》，著錄《紀年》三卷。[44] 元代脫脫（1314-1355）《宋史》〈藝文志〉載「《竹書》三卷，荀勗、和嶠編」。這都說明《竹書紀年》的卷數幾減三倍於前，《紀年》卷數的變化非同尋常，因為這遠遠超出了一般同書異卷的程度，不能不引起人們的懷疑。而這三卷本《紀年》雖書名和卷數似與「今本」《竹書紀年》相近，卻非同書，因為前者乃三卷殘本，後者則是首尾完備。可是理雅各在討論《竹書紀年》流傳過程，卻竟然忽視了此書在宋元書目中卷數驟然減少這一重要事實。因此他無法認識到今之所傳《竹書紀年》「乃宋以後人據古殘本為底，益以諸書所引古本，間摭他書之說，重為編次而成者，而非復古本之舊觀矣」。[45]

近代以來，絕大部分中國學者都接受《竹書紀年》原本在流傳過程中已經失佚的事實。然則此書的失佚時間，各家之說不一：崔述〈竹書紀年辨偽〉說：「《竹書紀年》……自宋、元以來學士皆不之

---

[41] 參看范祥雍：〈關於《古本竹書紀年》的亡佚年代〉，《文史》，第 35 輯（1985.10），頁 54-55。
[42] 黎光明：《汲冢竹書考》（下），《國立中山大學語言歷史學研究所周刊》，第 3 集，第 32 期（1928.6.6），頁 17。
[43] 朱希祖：《汲冢書考》（北京：中華書局，1960），頁 21。
[44] 《中興書目》亡佚已久，章如愚的《群書索考》、王應麟的《玉海》都曾引《中興館閣書目》佚文。《群書索考前編》卷 16 引《紀年》曰：「此本止有第四、第六及雜事三卷，下皆標云：『荀氏敘錄。』一紀年，一紀令應，二雜事，悉皆殘缺。《崇文總目》不著錄。」《玉海》卷 47 所引基本相同。
[45] 趙榮琅：〈竹書紀年之今古本問題及其評價〉，《大陸雜誌》，第 8 卷第 10 期

見，疑其經唐末五代之亂而失之。」[46] 朱右曾（1799-1858）《汲冢紀年存真》〈序〉云：《古文紀年》「亡於北宋。」[47] 王國維（1870-1927）《古本竹書紀年輯校》〈序〉謂：「汲冢《竹書紀年》，佚於兩宋之際。」[48] 在當代學者中，范祥雍（1913-1993）提出《竹書紀年》可能亡於元末的看法。[49] 方詩銘（1919-2000）則認為，「古本《竹書紀年》的散佚當在安史之亂迄唐末五代這段期間。」[50] 這些看法雖有差別，但就指出《紀年》原本已佚、存者乃後人重編本這一點而言，則完全一致。所以我們認為《竹書紀年》的西晉整理本最遲在南宋之前已經亡佚，應該是沒有問題的。關於這一方面的資料十分豐富，此處不能詳引。

遺憾的是，理雅各卻以朱熹曾數次不無稱讚地提及《竹書紀年》這一點，說明《竹書紀年》在南宋時尚未失佚。[51] 為使釐清這一問題起見，我們有必要討論朱熹是否確實親覩《竹書紀年》一書的問題，因為目前仍有學者持與理雅各相同的看法。理雅各這一說法所依據者乃陳逢衡《竹書紀年集證》。陳書說及此事有兩條例證。第一條例證是《竹書紀年集證》「凡例」中兩處所記，其一曰：「[朱熹]又謂此間有《竹書紀年》，須借讀，半年方得之語。」[52] 其二曰：「朱子云：聞此間有《竹書紀年》，須借讀，半年方得。」[53] 那麼，我們先考察一下陳

（1954.5），頁297。
[46] 崔述：〈《竹書紀年》辨偽〉，載於顧頡剛編訂：《崔東壁遺書》（上海：上海古籍出版社，1983），頁460。
[47] 朱右曾：《汲冢紀年存真》〈序〉，載於《續修四庫全書》第336冊，頁1。
[48] 王國維：《古本竹書紀年輯校》〈序〉，載於楊家駱主編，劉雅農總校：《世界文庫・四部刊要・史學叢書》第2集1冊（臺北：世界書局，1957），頁1。
[49] 范祥雍：〈關於《古本竹書紀年》的亡佚年代〉，《文史》，第25輯（1985.10），頁55。
[50] 方詩銘：〈《竹書紀年》古本散佚及今本源流考〉，載於尹達等主編：《紀念顧頡剛學術論文集》下冊（成都：巴蜀書社，1990），頁921。
[51] James Legge, "The Annals of the Bamboo Books," 107.
[52] 陳逢衡：《竹書紀年集證》，「凡例」，載於《續修四庫全書》第335冊，頁6。
[53] 陳逢衡：《竹書紀年集證》，「集說」，載於《續修四庫全書》第335冊，頁26。

逢衡所引的第一條例證是否站得住腳？按：陳逢衡事實上並未見朱熹原書，經我們查對，他是從徐文靖（1667-1756）《竹書紀年統箋》中轉引的。徐文靖云：「《朱子文集》曰：『聞此間有《竹書紀年》，須借讀，半年方得。』」[54] 徐文靖明言朱熹「聞」此間有《竹書紀年》，陳逢衡在「集說」照錄，但在「凡例」中則省略「聞」字，從而使傳聞變為事實。可惜理雅各也僅據陳書的「凡例」，而未注意其「集說」中有「聞」字。

我們從《朱熹集》中看到朱熹答林擇之書，內云：「此間無《竹書》，煩為見拙齋扣之，或有此書，借錄一兩年示及，幸甚幸甚！」[55] 這段話說明：其時朱熹所在處無《竹書》，所以他托林擇之向林之奇（拙齋）打聽《竹書》。由於不能確定，朱熹纔說「或有此書」，即也許有之。徐文靖所引在朱熹的文集中未得查見，這就可能是徐文靖的誤記。以此信觀徐文靖之說，則引文中《竹書紀年》可能本是《竹書》。至於朱熹本人最終是否借到此書，因無實證，今已不得其詳。

陳逢衡的第二條例證是其書「凡例」所記朱熹考惠成之年條。陳逢衡云：

> 《紀年》自晉荀勖、束晳，梁沈約校注後，歷陳、隋、唐、宋以來，惟朱子考惠成之年，謂見于《竹書》甚明。[56]

陳書對上引朱熹之語未注出處，現經查詢，此句出於《朱子語類》卷五十一「齊人伐燕勝之章」。其言曰：

> 《史記》，魏惠王三十六年，惠王死，襄王立。襄王死，

---

[54] 徐文靖：《竹書紀年統箋》（臺北：藝文印書館，1966），頁44。
[55] 朱熹：〈答林擇之〉，載於《朱熹集》第4冊，卷43（成都：四川教育出版社，1996），頁2037。
[56] 陳逢衡：《竹書紀年集證》，「凡例」，載於《續修四庫全書》第335冊，頁5-6。

哀王立。今《汲冢竹書》不如此，以為魏惠王先未稱王時，為侯三十六年，乃稱王。遂為後元年，又十六年而惠王卒。即無哀王。惠王三十六年了，便是襄王。《史記》誤以後元年為哀王立，故又多了一哀王。汲冢是魏安釐王冢，《竹書》記其本國事，必不會錯。溫公取《竹書》，不信《史記》此一段，卻是。[57]

按：朱熹這一段所謂考惠成二年的文字，其根據是《資治通鑑》卷三〈周紀三〉所記「魏惠王薨，子襄王立」下之《考異》。首先，《考異》引《史記》〈魏世家〉及〈六國年表〉所列魏王世系，即惠王三十六年卒，子襄王立。襄王十六年卒，子哀王立。其次列杜預〈春秋經傳後序〉之文，內容包括：一、杜氏所見《竹書紀年》原本的梗概及其所記「魏惠王三十六年卒，從一年始，至十六年卒」；二、杜氏懷疑《史記》誤分惠王後元之年為後王之年代。再次，引裴駰《史記集解》之說，內容與杜氏〈後序〉大體相同，其中並引荀勖曰：「和嶠云：『《紀年》起自黃帝，終於魏之今王。今王者，魏惠成王子。』」最後，司馬光（1019-1086）總結道：「彼既魏史，所書魏事必得其真，今從之。」[58]

上引朱熹的文字可以細分為六部分：第一部分，《考異》首段之節引；第二部分，《考異》所引杜預〈春秋經傳後序〉及《史記》裴駰《集解》內容之節引；第三部分卻又誤取了裴駰批評《史記》的話「惠王三十六年卒，襄王立十六年卒」，以為惠王三十六年後便是襄王；第四部分誤以汲冢為魏安釐王冢，全未理會裴駰《集解》以「今王」為襄王之說；第五部分又取司馬光《考異》肯定《紀年》可信之語；第六部分贊成《考異》在這一問題上取《竹書》而不取《史

---

[57] 黎德靖編：《朱子語類》第 4 冊，卷 51（北京：中華書局，1994），頁 1228-1229。
[58] 司馬光：《資治通鑑》卷 3（北京：中華書局，1956），頁 82。

記》。從以上六點看,第一、二、五、六部分表明,朱熹討論惠王改元問題,在資料或論斷上全部是依據《資治通鑑考異》所引杜預〈後序〉和裴駰《集解》;而在第三、四部分,他卻又是違背杜、裴之說的,結果形成了自相矛盾。這也恰是其弟子沈僩認為朱熹的說法有誤的原因。如果朱熹確實見過《竹書紀年》原書,讀過魏惠王、襄王年表,就不可能發生這樣的錯誤。更何況若真有其事的話,沈僩又何必說應從〈後序〉而不說應從《竹書紀年》呢?[59] 陳逢衡未細考「朱子考惠成年」的依據與得失,即謂朱熹曾親見《竹書紀年》。而理雅各過於信從陳逢衡,又引以為據,遂誤信朱熹目睹《竹書紀年》之說。

　　以上的討論對我們理解《竹書紀年》一書的性質,具有相當的重要性。這是因為所有的證據都指向一個共同的結論,即《竹書紀年》的流傳歷史和文獻內容並非如理雅各所說的那樣毫無問題。所以我們認為,與其誤認「今本」《竹書紀年》為汲冢之原本,倒不如假定此書乃後世儒家學者重編之作。

三、如何理解《竹書紀年》的思想性質

　　識別《竹書紀年》的真偽,不僅要從其流傳中的存佚情況來觀察,而且還要從其所記內容的思想性質來求得瞭解。這是屬於史學研究的內考證問題。理雅各已經指出,《竹書紀年》的年代系統已在流傳中逐漸地被後人竄改了。祇有深刻瞭解上古年代系統的人,纔能得出這樣確切的論斷。他的譯注不啻做了一部分的辨偽工作,而且對我們瞭解此書的思想性質亦有很大的啟示作用。現在我們要進一步從內考證的角度,討論有關《竹書紀年》思想系統變化的問題。

　　以《竹書紀年》的思想性質而論,此書所載帶有後世儒家正統思

---

[59] 沈僩云:「此條有誤,當從〈春秋解後序〉。」見黎德靖編:《朱子語類》第4冊,卷51,頁1229。

想的明顯印記。我們取《竹書紀年》與後人所輯「古本」《竹書紀年》加以比照，便可注意到「古本」所載與《竹書紀年》中的儒家傳統說法頗有出入。如堯、舜、禹禪讓事，在儒家經典裡說得確乎其實，而「古本」則以為是相互篡奪。又如伊尹與太甲之事，儒家傳說太甲有過，伊尹廢之，三年後太甲悔過，伊尹又迎他復位；而「古本」則以為是他們二人相囚相殺。且不論這些傳說的真實性如何，值得人們深思的是，凡此種種都說明了「古本」與儒家經典在思想傾向上的對立。理雅各在翻譯過程中注意到了汲冢書中這些與傳統說法違異的記載，他譯《竹書紀年》「帝禹夏后氏」條時，特別加了一個注：

> 一些從汲冢出土的竹書其他部分而來的內容怪誕的段落被認為是屬於《竹書紀年》，而這些段落對堯與舜之間關係的記載與傳統說法大為相異。比如說舜推翻了堯，並將堯囚禁；舜曾一度讓丹朱即位，後來又取代了他。在此之後，舜也不允許堯、丹朱父子之間有任何的聯繫。[60]

理雅各明言他是從陳逢衡《竹書紀年集證》的「補遺」中瞭解到的。陳逢衡恪守正統儒家觀點，認為那些「違經背聖」的內容乃「戰國遊說之士造言毀聖」。[61] 不過理雅各在這個問題上卻沒有完全附和陳逢衡的說法。例如《竹書紀年》帝啟二年記「費侯伯益出就國」，而理雅各則注意到這條記載與其他歷史文獻所引《竹書紀年》所言「益干啟位，啟殺之」不合。[62] 陳逢衡卻拘執於儒家之倫常觀念，在其注解中完全不引「后啟殺益」的記載，有意迴避《竹書紀年》按照儒家正統觀

---

[60] James Legge, "The Annals of the Bamboo Books," 116.
[61] 陳逢衡：《竹書紀年集證》卷 50，「補遺下」，載於《續修四庫全書》第 335 冊，頁 663。
[62] James Legge, "The Annals of the Bamboo Books," 118.

念刪改與儒家經傳所載相違背的那些傳說。理雅各之所以注意到這一點，顯然與他反對儒家經典對古聖先王的迷信態度有關。他的深厚西方學術背景使他無法輕信任何一種背離歷史真相的理論。尤其難能可貴者，他從根本上懷疑到了儒家關於古聖先王的整個理論體系。

這裡需要指出的是，理雅各翻譯《竹書紀年》的時候，正是中國面臨內憂外患的災難深重時期。那麼中國人的希望何在呢？理雅各對此表示了他自己的看法。他在本書〈緒論〉第五章結尾的一段話值得我們引述如下：

> 祇有他們正視自身的歷史，正視那些按如實估計應視為謬稱聖人者，並對之不再盲目地崇拜，這個國家纔會有希望。[63]

這段話清楚地表明，理雅各譯注的目的並非單純地傳佈中國的學術，他的重點始終是放在喚醒中國人擺脫落後現狀的意識方面。的確，如果中國人不能從對古聖先王和儒家經典的迷信中覺醒起來，那麼中國就不可能獨立地生存發展下去。無論我們是否同意理雅各的中國文化觀，但卻不能不承認，他對當時中國存在的問題提出了一針見血的分析。從思想史的觀點著眼，正確地重新認識中國的歷史文化傳統，並不等於否定其中有價值的文化資源。關鍵還是在於理雅各本人所說的「如實的估計」（a true estimate）。倘若因估計而發生偏差，對中國文化傳統採取徹底否定的態度，把它看作是社會發展的障礙，那祇能加深近代以來的中國文化危機。那麼，中國同樣地是沒有希望的。理雅各這番論述不但在當時為針對時弊而發，即使在今天也仍不失時效。

遺憾的是，理雅各始終未能對《竹書紀年》含有儒家思想傾向的問題予以特別的重視。譬如他察覺出《竹書紀年》太甲年紀裡面的兩

---

[63] James Legge, "Prolegomena," 200.

條所謂「沈約按」與《竹書紀年》本文和傳統的說法迥殊,但是對他本人引述的陳逢衡和徐文靖的看法卻未置可否,未就「沈約按」出現的原因深入探討。其實這個問題顯露出《竹書紀年》編者受後世儒家君臣觀念的影響而不敢破除經傳所載古聖先王事跡,甚至因此而有意改變《紀年》的內容。《竹書紀年》雖記伊尹放太甲自立,卻託名沈約注云:「伊尹自立,蓋誤以攝政為真爾。」又記太甲殺伊尹,但假以「[沈]約按」曰:「此文於前後不類,蓋後世所益」。而理雅各對此不甚經意,這與他相信《竹書紀年》為真書有些關係。不過由於對先秦各國的思想傳統瞭解不夠,理雅各無法領悟到,對於上述的說法持肯定或否定的態度,實際上體現了對歷來中國古史解說的兩個傳統:(1)以儒家為代表;(2)以法家為代表。而「古本」《竹書紀年》的思想傾向正與戰國法家視古聖先王為陰險狡猾、奪利爭權之人的說法頗有相似之處。如《史記》〈五帝本紀〉之《正義》所引「古本」「《竹書》云:昔堯德衰,為舜所囚也。」又引「《竹書》云:舜囚堯,復偃塞丹朱,使不與父相見也。」即是明證。這類說法反映了晉魏人的一種看法,即舜繼堯位並非禪讓,而是以強力奪取的。[64]《竹書紀年》對此諱莫如深,卻謂:「帝子丹朱避舜于房陵,舜讓,不克。朱遂封于房,為虞賓。三年,舜即天子之位。」這樣的改竄反映的則是儒家所艷稱的傳賢禪讓制,顯然與「古本」《竹書紀年》的「堯舜嬗代篡弒說」在思想觀念上不能相容。又如「古本」《竹書紀年》記:「共伯和干王位。」而《竹書紀年》則作「共伯和攝行天子事」。這一改動儘管與後世儒家鼓吹終守臣節的觀念相吻合,卻與晉魏流行的法家思想傳統截然相反。從比較全面的觀點看,法家這樣的觀點固然有其片面性,因為從原始社會的思想來觀察,古人畢竟還有其純樸的一面,這大概也是一個無法否定的歷史事實。

---

[64] 《韓非子》〈說疑〉亦有類似的記載:「舜逼堯,禹逼舜,湯放桀,武王伐紂,此四王者,人臣弒其君者也。」見梁啟雄:《韓子淺解》(北京:中華書局,1960),

應當指出的是，大約與理雅各翻譯《竹書紀年》同時，朱右曾從散見於古籍所引輯「古本」《竹書紀年》原文，編成《汲冢紀年存真》，復還原本的部分舊觀。然而理雅各限於環境條件而未及見此書，因此並不明瞭清代學者研究《竹書紀年》的這一根本性變化，即撇開對「今本」的考訂注釋，轉向對「古本」的輯佚。後來王國維又以朱書為基礎，續加補輯校正，著《古本竹書紀年輯校》，共得「古本」佚文428條。《古本竹書紀年輯校》刊布後，王國維又撰《今本竹書紀年疏證》。此書繼承了清代考據學家對《竹書紀年》辨偽的成績，逐條揭發《竹書紀年》偽託之跡，《竹書紀年》為偽書殆已成定論。

使我們感到有興趣的是，近三十多年來，在海內外學術界《竹書紀年》的真偽問題又成了一個聚訟的焦點，一些學者復辨《竹書紀年》並非偽作。在認定《竹書紀年》為真書這一點上，這些學者的看法與理雅各相同。從表面上看來，似乎他們很接近理雅各的觀點。但理雅各是由於對清人的《竹書紀年》辨偽成就缺乏足夠的瞭解而篤信此書不偽；而現在的這些學者則是在王國維定《竹書紀年》為偽之案後，重作翻案文章。概略言之，這些學者大多是求深反惑，其研究成果大有商榷的餘地。因已超出本文論述的範圍，此處就不再討論了。

四、對理雅各《竹書紀年》翻譯之討論

凡是讀過理雅各譯注的人，都不能不佩服他那種一絲不苟的樸實學風。作為學術晚輩，我們對這位早期西方漢學家不能不肅然起敬。儘管人們可以向他的學術表示不同的意見，但決沒有人能夠完全不理會他所譯的《中國經書》。誠如余英時所言，「理雅各如果不到香港，他便不可能直接接觸到當時中國經學研究的最新成果，他譯注的

頁 417。

學術價值將不免大為減色。」[65] 作為生活於理雅各一個世紀後的學者，我們認為理雅各譯注《竹書紀年》的正面成果至今仍不失為學術參考的權威見解，而他的失誤之處也可以讓我們從其中獲得經驗和啟發。從現代學術的眼光看，理雅各英譯其中固然存在著一些誤解和誤譯，然而他所譯注的《竹書紀年》迄今仍是唯一的英文全譯本，一直是西方漢學家從事研究的不可缺少的參考著作。《竹書紀年》是學術界爭論最多的中國古籍之一，非參考前人研究成果便不能明其究竟。因此，在這一節裡，我們先談理雅各所用的參考書，然後再檢討其譯文的一些問題。

（一）理雅各翻譯《竹書紀年》所使用的參考書

從《中國經書》第三卷的書目中，我們看到理雅各所列直接有關《竹書紀年》的參考書有三種，即明代吳琯所刻沈約注《竹書紀年》、清代徐文靖《竹書紀年統箋》及陳逢衡《竹書紀年集證》（理雅各參考書目 No. 47-49）。[66] 徐書是陳書出現以前搜集有關《竹書紀年》資料最為豐富的著作。理雅各特別指出，徐書中有關地理方面的注解是其書最有價值的部分。而理雅各譯注參考最多的是陳逢衡的《竹書紀年集證》。陳書草創於嘉慶九年（1804）九月，迄於十七年（1812 年）冬十月始定稿，歷時凡九年，確實下了很大功夫。除了任啟運（1670-1744）《竹書紀年證傳》和郝懿行（1757-1825）《竹書紀年校正》（成書於 1804）外，在此之前研究《竹書紀年》的主要著作，陳逢衡幾乎都加以參考了。此書現有嘉慶十八年（1813）裏露軒刻本，及江都《陳氏叢書》本。他以孫之騄、徐文靖二人考《竹書紀年》之書尚有未當之處，乃旁搜博採，詳為詮釋。陳逢衡自云：

---

[65] 余英時：〈香港與中國學術研究—從理雅各和王韜的漢學合作談起〉，載於氏著：《歷史人物與文化危機》，頁 142。

◆第三篇　理雅各英譯《竹書紀年》析論◆

　　是書除經史外，所引諸書及名賢著述，皆標明姓氏書目，不敢剽竊其有，出自管見者，加「衡案」二字。[67]

　　陳逢衡始以群書訂《竹書紀年》之訛，繼且以《竹書紀年》證群書之誤。《竹書紀年集證》凡 50 卷，正文 49 卷，卷五十為《補遺》；卷首尚有「凡例」、「敘略」、「集說」，不入卷數。在此書卷首，陳逢衡對古今學者於《竹書紀年》有詳述考辨並其議論精當者，彙集眾說，以為〈集說〉；他隨事闡明駁正之重要者，列 77 條，以示其書之梗概，作為「敘略」；他又輯錄《竹書紀年》（實則「古本」《竹書紀年》）為他書援引、而《竹書紀年》未見者 120 則，彙為〈補遺〉，並於諸條之下標明某書某卷；外附錄《瑣語》數十則，《師春》一則，《徵書》一則。所以理雅各稱此書考訂精審、引據詳明，乃集前人研究《竹書紀年》之大成。[68] 從學術的價值來說，理氏對於陳逢衡之書的評價亦甚平允。

　　陳書中所列舉清人研究《竹書紀年》的著作計有九種：

（1）孫之騄：《考定竹書紀年》（按：此書 13 卷，陳逢衡誤記為《考訂竹書》四卷）

（2）徐文靖：《竹書紀年統箋》（12 卷）

（3）任啟運：《竹書紀年證傳》（按：陳逢衡僅列書名，並云未見。）

（4）鄭環（1729-1806）：《竹書考證》

（5）張宗泰（1750-1832）：《校補竹書紀年》（2 卷）

（6）陳詩：《竹書紀年集注》（2 卷）

（7）趙紹祖（1752-1833）：《校補竹書紀年》（2 卷）

---

[66] James Legge, "Prolegomena," 206.
[67] 陳逢衡：《竹書紀年集證》，「凡例」，載於《續修四庫全書》第 335 冊，頁 6。

（8）韓怡：《竹書紀年辨正》（4卷）
（9）洪頤煊：《校正竹書紀年》（2卷）

陳逢衡在參考書目方面之旁徵博引於此可見一斑。從對理雅各英譯文的考察，我們注意到理雅各對《竹書紀年》的文獻考證和翻譯基本上依據《竹書紀年集證》。當然，儘管他一再引證陳書中的各家說法，我們很難證明理雅各是否曾直接遍窺陳逢衡所引上述各書。不過陳逢衡此書在當時刊行不久，理雅各便能夠及時並充分地加以運用。這一點從學術的觀點看，誠不失為一種有價值的研究取徑。無須否認，理雅各引用《竹書紀年集證》也有失誤之處。舉例來說，按照中國注疏的傳統，著者作按語時，僅以己名標出，如前引文中的「衡案」，而理雅各誤以「衡」為姓，遂稱「陳逢衡」為「衡陳逢」（Hang Chin-fung）。從這種不分姓名先後的做法多少反映了由於文化傳統的差距，西方早期漢學家對中國傳統學術慣例的瞭解終隔一塵。

理雅各在開列有關《竹書紀年》的參考書時，明顯的不足之處在於他幾乎沒有充分利用清人斥《竹書紀年》不足信的著作。理雅各祇引了王鳴盛的《十七史商榷》中疑《竹書紀年》為束晳偽作的條目，並對其說加以反駁。可是在他翻譯此書之前，《四庫提要》作者、錢大昕《十駕齋養新錄》、崔述〈竹書紀年辨偽〉、郝懿行《竹書紀年校正》及《竹書紀年通考》均已問世，並就《竹書紀年》之偽舉出大量例證。對於這些辨偽之作，理雅各竟未提及。理雅各未何會忽略了這些材料呢？看來部分原因是他對於陳逢衡之書過度信賴，以致忽視了清代學者在《竹書紀年》辨偽方面的成就。

（二）對於理雅各《竹書紀年》英譯文的評價

《竹書紀年》的文體近乎《春秋》，詞語簡潔，相對於《尚書》

---

[68] James Legge, "The Annals of the Bamboo Books," 177.

來說，文意較易把握。理雅各的《竹書紀年》譯文因此也相對地準確可靠。不過，前人為《竹書紀年》所作的解說，遠比儒家經書的注疏為少。正因為此，在遇到難題的地方，理雅各有時也頗感棘手。上文已經提到，理雅各在翻譯時主要參考的是陳逢衡《竹書紀年集證》。他得益於陳逢衡之書甚多，有不少可取之處，但因陳逢衡之誤而致誤處亦在所難免。當然，也有陳逢衡不誤，而理雅各誤釋陳逢衡之書的地方。在陳逢衡未加注解的地方（這些地方對於中國傳統學者是一般常識而無須注解），理雅各有時也難免出現一些疏舛。下面所選擇的是理雅各誤譯或未譯確切之處一些比較典型的例子，並對其致誤的原因略作說明。為了敘述的方便，以下所論側重於兩類問題：

第一類是因誤解原文或舊注而產生的訛誤。現舉出一些例子說明如下：

例一，《竹書紀年》黃帝軒轅氏二十年，「景雲見」。理雅各英譯「景雲」作"brilliant clouds"。而帝舜有虞氏十四年，「卿雲見」。理雅各譯「卿雲」為"auspicious clouds"；對於此條之注中解「卿雲」的「慶雲」，則又譯作"felicitous clouds"。[69] 如果直接地字對字地看，或許可以說理雅各沒有誤譯。但是在中文裡，「景雲」、「卿雲」和「慶雲」三詞文義相通。陳逢衡《竹書紀年集證》引徐文靖《竹書紀年統箋》（據《晉書》〈天文志〉）說，三者即是一事。[70] 按：卿慶二字古同音相通，景字與前二字韻同聲近亦可通。這種雲，從形象看是"brilliant"，而從意義上來說則是"felicitous"。理雅各未及細核陳書之注文，因而照字面分別翻譯，就使英文讀者不能明其究竟，不無可惜。

例二，《竹書紀年》黃帝軒轅氏一百年，理雅各注引《汲郡冢中竹書》言「黃帝既仙去」，譯為："Hwang-te having going away as one

---

[69] James Legge, "The Annals of the Bamboo Books," 108, 115.
[70] 陳逢衡：《竹書紀年集證》卷5，載於《續修四庫全書》第335冊，頁85。

of the Immortals."[71] 這種「成仙而去」的解釋不可取，當直接譯為 "passed away"，即「離開人世」。

例三，《竹書紀年》帝摯少昊氏，[沈]約按：「[女節]既而夢接意感，生少昊。」理雅各譯作："Thereafter she dreamed she had received it, and was moved in her mind, and bore Shaou-haou."[72]「夢接」意謂夢中交接（intercourse），「意感」即交接之感受或震動。理雅各未能確切譯出。

例四，《竹書紀年》帝顓頊高陽氏二十一年，「作承雲之樂」。理雅各英譯「承雲之樂」作"The Answer to the Clouds"，並在注中說明，陳逢衡以為此事在黃帝二十年。[73] 但「承」字並無"answer"的意思，而是「奉迎」的意思。由於天見景雲，所以作樂表示奉迎，以謝上帝。理雅各譯文則似未當。

例五，《竹書紀年》帝堯陶唐氏十二年，「初治兵」。理雅各英譯作："He formed the first standing army."[74] 又商帝辛三十一年，「西伯治兵于畢。」理雅各將「治兵」譯為"to form a regular army"。[75] 按：「治兵」就是習戰，並無任何建立常備軍之意，這一點在陳書所引徐文靖《統箋》之說中解釋得很清楚。[76] 可惜理雅各當時未及檢核此注。不過，他後來在英譯《左傳》隱公五年的「三年而治兵」時，把「治兵」譯作"(grand) military review"。[77] 這樣就譯得比較準確了。

例六，《竹書紀年》文丁四年，周公季歷「命為牧師」譯為："he received the dignity of Pastor and Teacher."[78] 這裡，理雅各畫蛇添足，加上了"Teacher"。理雅各這樣做的目的殆出於慎重，為了不把師字的

---

[71] James Legge, "The Annals of the Bamboo Books," 110.
[72] James Legge, "The Annals of the Bamboo Books," 110.
[73] James Legge, "The Annals of the Bamboo Books," 110-11.
[74] James Legge, "The Annals of the Bamboo Books," 112.
[75] James Legge, "The Annals of the Bamboo Books," 140.
[76] 陳逢衡：《竹書紀年集證》卷3，載在《續修四庫全書》第335冊，頁58。
[77] James Legge, *The Chinese Classics*, vol. 5, *The Chun Chiu*, 17-19.

◆第三篇　理雅各英譯《竹書紀年》析論◆

意思漏譯；或者是理雅各擔心把中國古代的牧師與現代的西方牧師弄混了。這裡似可將「牧師」譯為"Pastor"，再加斜體以示區別。

例七，《竹書紀年》帝仲康七年，「世子相出居商邱，依邳侯。」「依邳侯」之「依」字，理雅各譯為："was supported by the prince of P'ei."[79] 其實此處之依靠乃投靠之義，還是譯作"went and sought refuge with P'ei [Pi]"較佳。

例八，《竹書紀年》周武王十二年，「王親禽受于南單之臺，遂分天之明」。「遂分天之明」，理雅各譯作："and entered into the participation of the bright appointment of Heaven."[80] 從其譯文和注的迂迴曲折就可以看出其理解之不順暢。理雅各又為此條作注，他對「天之明」的解釋甚確。在此，「天明」就是「天之明命」。不過，理雅各對「分」字的詮釋看來不確。「分」，《廣雅》〈釋詁三下〉：「分，與也。」即給予。而「頒」（古通「班」）字也是分的意思，如頒發即分發。所以「分天之明」即頒發天之明命。

例九，《竹書紀年》周平王四十二年，「狄人伐翼，至于晉郊」，理雅各譯作："the wild tribes of the north attacked Yih, and penetrated to the borders of Tsin."[81] 這個問題首先涉及對「郊」解釋的問題。在古代中國各諸侯國以至王畿中，最核心的部分是都城（當時稱為「國」或「邑」）。古注常云「國外曰郊」或「邑外曰郊」（英文中的"suburb"甚合中文「郊」之義），郊外還有廣闊的「野」，然後纔到邊境。古注中尚有另一種解釋：「郊，境也。」理雅各把「郊」譯為"borders"，符合後一種意思。不過，如是邊境，用"reach"即可，不宜用"penetrate to"；如果把郊譯為"suburb"，則不能用"reach"，而該用"penetrate to"。竊意改理雅各所譯之「郊」為

---

[78] James Legge, "The Annals of the Bamboo Books," 138.
[79] James Legge, "The Annals of the Bamboo Books," 119.
[80] James Legge, "The Annals of the Bamboo Books," 144.
[81] James Legge, "The Annals of the Bamboo Books," 160.

"suburb"，而「至於」則從其用法譯作"penetrate to"。

例十，《竹書紀年》周襄王七年，「狐毛與先軫禦秦，至于廬柳，乃謂秦穆公使公子縶來，與師言，次于郇，盟于軍。」要理解這段文字，存在著兩種可能性：一是，「乃謂」屬誤衍，全句作「秦穆公使公子縶來與師言」；二是，「秦穆公」下脫「曰」字，全句作「[狐毛、先軫]乃謂秦穆公曰：『使公子縶來與師言。』」雖則從語法文意上，兩種讀法皆可通，但據《左傳》、《國語》記載，前說為勝。理雅各顯然不知此點，故將以上含有「乃謂」二字的文字譯反了："Koo Wei and Sëen-chin went to Loo-lew to oppose Ts'in, when duke Muh sent his son Chih to speak with them, after which they camped in Seun, and entered into an engagement with Ch'ung-urh in the midst of the army."[82] 原文意思是說，狐毛等傳信給秦穆公，要求後者派代表來談判。

例十一，《竹書紀年》周威烈王十七年，「及田布戰于龍澤」。理雅各將「澤」譯為"marsh"[83]，但是「澤」本身不是適宜作戰的地方。看來以「澤」為名稱的地方，還是以音譯為宜。

第二類是理雅各因接受中國傳統注釋中的錯誤而重復其誤解。現略舉一些如下：

例一，《竹書紀年》夏帝杼正文後之注云：「杼或作帝宁，一曰伯杼。杼能帥禹者也，故夏后氏報焉。」理雅各將其中後一句譯作："(There was a younger brother,) a worthy descendant of Yu, who was therefore rewarded by the emperor."[84] 以上加有括弧的英譯文，在中文原文裡面是沒有的。理雅各對此句加上括弧，是有意讓讀者瞭解到那是據上下文的意思加譯的。不過從原文的上下文義看，我們實在體會不出所添之句的意思。理雅各此句根據陳逢衡所引徐文靖《竹書紀年

---

[82] James Legge, "The Annals of the Bamboo Books," 163.
[83] James Legge, "The Annals of the Bamboo Books," 169.
[84] James Legge, "The Annals of the Bamboo Books," 121.

◆第三篇　理雅各英譯《竹書紀年》析論◆

統箋》之說翻譯出來，可是陳逢衡又引鄭環否定徐文靖之說的看法。可見清儒對此句的理解尚多分歧，未有定準。[85] 理雅各在未說明各家分歧所在的情況下，僅據一說增譯一句，又不作注說明。這樣的翻譯則不免有違於譯文須信的要求。

　　例二，《竹書紀年》夏帝芒元年，「以玄圭賓於河」。理雅各英譯為："he went with the dark-coloured mace to receive the baron of Ho."[86] 他在注 X.1 中說明自己在此是根據陳逢衡的理解翻譯的，他又以為可能是以玄圭祭祀黃河的意思。[87] 理雅各對周夷王二年「賓於河，用介圭」條的英譯文則是"performed a service of homage to the Ho"。[88] 理雅各自己對於「賓於河」的理解本來是正確的，可是他在前一條中卻又沿襲陳逢衡之訛，殆於古書體會不深也。

　　例三，《竹書紀年》周孝王七年冬，「大雨雹，江漢冰」。理雅各英譯作："there were great rain and lightenings about the Këang and the Han."[89] 按：這裡的「大雨雹」即是下大雹，雨字作為動詞用，理雅各譯文自然是錯了。不過，理雅各並非不知道雨字的這一用法。例如周夷王七年「冬，雨雹」[90]，周平王四十一年「春，大雨雪」[91]，再如《春秋》昭公三年「冬，大雨雹」[92]，昭公四年春，「大雨雹」。[93] 理雅各都是把雨字作為動詞譯的，譯文也相當確切。那麼，理雅各為何在孝王七年這一條中譯錯了呢？我們祇要翻檢《竹書紀年集證》此條的「衡案」便可知道，原來是理雅各將陳逢衡之語誤解了。由於徐文靖《統箋》將此條作「大雨雹，江漢水」，陳逢衡指出徐文靖未得其

---

[85] 陳逢衡：《竹書紀年集證》卷 11，載於《續修四庫全書》第 335 冊，頁 144。
[86] James Legge, "The Annals of the Bamboo Books," 122.
[87] James Legge, "The Annals of the Bamboo Books," 122.
[88] James Legge, "The Annals of the Bamboo Books," 153.
[89] James Legge, "The Annals of the Bamboo Books," 152.
[90] James Legge, "The Annals of the Bamboo Books," 153.
[91] James Legge, "The Annals of the Bamboo Books", 159-60.
[92] James Legge, *The Chinese Classics,* vol. 5, *The Chun Chiu*, 585-88.
[93] James Legge, *The Chinese Classics,* vol. 5, *The Chun Chiu*, 591-95.

解,而將正文改作「大雨雹,江漢冰」。理雅各所列正文從陳逢衡之書,而英譯文卻從徐文靖之誤解,顯為一時之疏忽所致。[94]

例四,《竹書紀年》周厲王元年「作夷宮,命卿士榮夷公落」。理雅各英譯作:"he built the palace of E, and gave a Charge to the prime minister Loh, the duke E of Yung."[95] 他把「落」解為榮夷公的名字,把「命」字釋為任命,這種的理解和翻譯顯然有誤。正確的意思應該是,厲王命令榮夷公為他新建的夷宮舉行落成典禮。陳逢衡書中所引徐文靖及鄭環說皆以「落」為落成之典,而引《爾雅》「落,始也」為據。陳逢衡頗不以徐、鄭二氏之說為然,並引《墨子》「榮夷名終」之說為據,謂「落與終字形相似,故終訛為落耳」。[96] 其實陳逢衡此說難以成立。古文字之學於陳逢衡非其所長,「落」字與「終」字在古文字裡並非形近,而是差別甚大。而且在中國古籍中,「落」字作落成解的例子甚多。如《左傳》昭公七年:「楚子成章華之台,願與諸侯落之。」這裡的「落」字就是舉行落成典禮的意思,理雅各《左傳》英譯文作:"When the viscount of Tsoo had completed the tower of Chang-hwa, he wished to have the princes of the States present at the inauguration feast."[97] 這裡的英譯文無疑非常貼切。遺憾的是,他在譯《竹書紀年》此條時卻隨著陳逢衡的誤解而譯錯了。

例五,《竹書紀年》周隱王二年,「齊地景長,長丈余,高一尺。」理雅各的英譯文是:"In the country of T'se, *the ground where they measured* the length of the sun's shadow lengthened more than ten cubits, and was elevated a cubit."[98] 不過,他也作了一條注,說明上述的譯文沒有把握。[99] 理雅各之所以如此理解和翻譯,是從陳逢衡所引徐文

---

[94] 陳逢衡:《竹書紀年集證》卷 31,載於《續修四庫全書》第 335 冊,頁 396。
[95] James Legge, "The Annals of the Bamboo Books," 153.
[96] 陳逢衡:《竹書紀年集證》卷 31,載於《續修四庫全書》第 335 冊,頁 399。
[97] James Legge, *The Chinese Classics*, vol. 5, *The Chun Chiu*, 612-16.
[98] James Legge, "The Annals of the Bamboo Books," 175.
[99] James Legge, "The Annals of the Bamboo Books," 175-76.

靖說引申而來的。[100] 但實際上，這樣的解釋和譯法令人費解。請看《竹書紀年》周顯王五年，「地忽長十丈有餘，高尺半」。理雅各對此句的譯文就既準確又有把握。[101] 按：周隱王二年條所記「景長」其實乃「暴長」之誤。《太平御覽》卷八百八十引《紀年》曰：「周隱王二年，齊地暴長，長丈餘，高一尺」可以為證。陳、徐二氏校輯未精，徐文靖就字論文，因曲之為說而失其義。理雅各也隨之誤譯。

我們之所以摘舉以上這些例子，並非想強調理雅各英譯文的疵漏，而祇是借此以說明任何譯文都不可能完滿無失，總需要不斷加以改進。比如理雅各未能參考其他清代研究《竹書紀年》之作，因此在文字訓詁方面顯現了弱點。為學之道，譬如積薪，後來居上，乃理所當然。所以我們今天閱讀理雅各的《竹書紀年》譯注，不僅要廣泛參考理雅各所未見到的中國清代及現代學者研治這部古書的撰述，而且也很有必要參考後來西方學者在這方面的研究成果，如畢甌、倪德衛（David S. Nivison）、夏含夷（Edward L. Shaughnessy）等人的譯文。

結語

以上討論了理雅各譯注《竹書紀年》的成就，也分析了他從事翻譯注釋的一些失誤。人類不可能全知全能，所以歷來的學者都不能確保自己的學術成果完全免於無誤。從現代學術的眼光看，理雅各之書固然存在著一些誤解和誤譯，但我們絕不能因其小處疏失而輕議其書的學術價值。事實上，他所譯《竹書紀年》迄今仍是唯一的英文全譯本，一直是西方漢學家從事研究時不可缺少的參考著作。他所提出的若干重要問題和獨到見解仍然值得我們繼續思考。而且，他的失誤之

---

[100] 陳逢衡：《竹書紀年集證》卷48，載於《續修四庫全書》第335冊，頁613。
[101] 陳逢衡：《竹書紀年集證》卷48，載於《續修四庫全書》第335冊，頁564。

處對於我們也是一份學術遺產，因為這些都可以讓後人從其中獲得經驗和啟發。

理雅各不僅以英譯《中國經書》蜚聲於西方漢學界，而且他所從事的工作也恰好體現了西方學術研究在十九世紀的一個主流，即重視文獻的整理和翻譯。所以理雅各的譯著對中國古典文獻的翻譯有蓽路藍縷之功。他所從事的工作也恰好反映了西方漢學在十九世紀的一項重要成就，象徵著西方學者傳佈中國文化的一個重要里程碑。在這一方面，他的成就可以說非常輝煌，長期受到西方學術界的重視。我們可以斷言，即使今後有新的譯本出現，理雅各所譯注的《竹書紀年》並不會因此而減色。不論從哪一方面說，他的譯注絕不會存在所謂「過時」的問題，而會將繼續為新一代的漢學家提供學習的範例。更可貴的是，理雅各雖為一位基督教牧師，但在內心深處卻頗為中國文化所融化，因此他的譯注還體現了他對中國文化背景的透徹瞭解和深切關懷。

最後，讓我們引用理雅各從事翻譯《中國經書》的得力助手王韜（1828-1897）在1873年評論理雅各的一段話，作為這篇文字的結語：

> 先生獨以西國儒宗，抗心媚古，俯首以就鉛槧之役，其志欲以群經悉有譯述，以廣其嘉惠後學之心，可不謂難歟。[102]

這段評論絕非王氏個人的溢美之辭，而是對理雅各潛心於中國學術史研究並傳之於西方的崇高奉獻精神的如實寫照。從這一點說，理雅各之被公認為十九世紀深刻瞭解中國儒家傳統學術的偉大西方漢學家，是絕對當之無愧的。

---

[102] 轉引自 Lindsay Ride, "Biographical Note," in *The Chinese Classics,* vol. 1, *Confucian Analects,* 17.

第四篇 「今本」《竹書紀年》周武王、成王紀譜之錯簡說再分析—與夏含夷教授商榷

　　自二十世紀八十年代中期開始，美國芝加哥大學夏含夷（Edward L. Shaughnessy）教授陸續以中英文分別發表論文，討論「今本」《竹書紀年》的真偽問題。[1] 夏君於「今本」《竹書紀年》用功甚勤，研究取徑亦有新穎之處，故頗引治《竹書紀年》者矚目。夏君的研究成果中最使人耳目一新者，莫過於在〈也談武王的卒年—兼論《今本竹書紀年》的真偽〉一文中提出了周武王及成王紀譜因錯簡導致年代錯訛的假設。夏君大膽推斷說：整理汲冢出土竹書的西晉學者出於某種原因誤排了《竹書紀年》的周武王、成王紀譜，因此祇要恢復原簡的位置，即可證實「《今本竹書紀年》所載至少有一段四十字的文字和出土竹簡上的四十個字完全一樣，連一個字也沒有失傳」。[2] 他特別強調，藉此方法便可復還汲冢原本之舊觀，從而表明「現存《今本竹書紀年》與汲冢所出竹簡文字整理以後的本子一脈相承」。[3] 為此，夏君提出了數條消極證據（negative evidence）和決定性的積極證據（decisive positive evidence）來證實他的假說。本文僅就與夏含夷教授之假設有關證據加以檢討，向夏君提出商榷，而夏文其餘論旨則不詳及。

---

[1] Edward L. Shaughnessy, "On the Authenticity of the *Bamboo Annals*," *Harvard Journal of Asiatic Studies* 46, no. 1 (June 1986): 149-180. 此文的中文稿，見夏含夷：〈也談武王的卒年—兼論《今本竹書紀年》的真偽〉，《文史》，第 29 輯（1988.1），頁 7-16，以下簡稱〈也談武王的卒年〉。又可參看夏含夷：〈《竹書紀年》與周武王克商的年代〉，《文史》，第 38 輯（1994.2），頁 7-18。
[2] 〈也談武王的卒年〉，頁 16。
[3] 〈也談武王的卒年〉，頁 10。

一

夏君首先引西晉學者荀勖〈《穆天子傳》序〉的一段話為其假說的基點。荀勖曰：

> 古文《穆天子傳》，太康二年汲縣民不准盜發古塚所得書也，皆竹簡素絲編。以臣勖前所考定古尺度，其簡長二尺四寸，以墨書，一簡四十字。[4]

以汲冢竹書「一簡四十字」為出發點，夏君認為《竹書紀年》墓本在整理成書過程中，出現了編排之誤：「今本」《竹書紀年》中周文公作〈金縢〉與命王世子誦於東宮之間的四十字（包括年份開始前的兩個空格）「原來並不屬於武王的紀譜，由於竹簡的雜亂，被整理《竹書紀年》的學者們誤排」。[5] 這一「誤排」使得本來屬於周成王紀譜十五至十七年的一簡四十個字，被誤置於周武王的紀譜裡了，而且是由於西晉的竹書整理者出於某種目的有意造成的誤排。

為了方便討論，讓我先引「今本」《竹書紀年》中周武王紀譜有關部分如下：

> 十二年辛卯，王率西夷諸侯伐殷，敗之于坶野。王親禽受于南單之臺，遂分天之明。立受子祿父，是為武庚。夏四月，王歸于豐，饗于太廟。命監殷。遂狩於管。作《大武樂》。
>
> 十三年，巢伯來賓。薦殷于太廟。遂大封諸侯。秋，大有年。
>
> 十四年，王有疾，周文公禱于壇墠，作《金縢》。

---

[4] 郭璞注，洪頤煊校：《穆天子傳》（平津館本），載於《四庫備要》104 冊史部 4 冊 1（臺北：臺灣中華書局，1966），頁 1。
[5] 〈也談武王的卒年〉，頁 11。

十五年，肅慎氏來賓。初狩方岳，誥于沫邑。冬，遷九鼎于洛。

　　十六年，箕子來朝。秋，王師滅蒲姑。

　　十七年，命王世子誦于東宮。冬十有二月，王陟，年五十四。[6]

夏君認為以上所引周武王十五、十六年紀譜並非武王時事，而應是成王十五、十六年事。所以我再把夏君復原的《竹書紀年》之成王紀譜（每簡四十字，包括空格，其中黑體字部分是夏君所謂原本為成王紀譜而誤置於武王紀譜的文字）抄錄於下：

---

[6] 本篇所引「今本」《竹書紀年》皆據洪頤煊校正本（平津館本），載於《四庫備要》101冊史部1冊2（臺北：臺灣中華書局，1966），下引不注頁碼。

元年春正月王即位命冢宰周文公總百官庚午周公誥諸侯于皇門夏六月葬武王于畢秋王加元服

武庚以殷叛周文公出居于東 二年奄人徐人及淮夷入于邶以叛秋大雷電以風王逆周文公于郊

遂伐殷 三年王師滅殷殺武庚祿父遷殷民于衛遂伐奄滅蒲姑 四年春正月初朝于廟夏四月初

嘗麥王師伐淮夷遂入奄 五年春正月王在奄遷其君于蒲姑夏五月王至自奄遷殷民于洛邑遂營

成周 六年大蒐于岐陽 七年周公復政于王春二月召康公如洛度邑甲子周文公誥

多士于成周遂城東都王如東都諸侯來朝冬王歸自東都立高圉廟 八年春正月王初蒞阼親政命

魯侯禽父齊侯伋遷庶殷于魯作象舞冬十月王師滅唐遷其民于杜 九年春正月有事于太廟初用

勺肅慎氏來朝王使榮伯錫肅慎氏命 十年王命唐叔虞為侯越裳氏來朝周文公出居于豐 十一

年春正月王如豐唐叔獻嘉禾王命唐叔歸禾于周文公王命平公治東都 十二年王師燕師城韓

王錫韓侯命 十三年王師會齊侯魯侯伐戎夏六月魯大禘于周公廟 十四年齊師圍曲城克之

十五年肅慎氏來賓初狩方岳誥于沬邑冬遷九鼎于洛 十六年箕子來朝秋王師滅蒲姑 十七年

冬洛邑告成 十八年春正月王如洛邑定鼎鳳凰見遂有事于河

◆第四篇 「今本」《竹書紀年》周武王、成王紀譜之錯簡說再分析◆

　　為讀者易於瞭解起見，現依夏君所考之次第，對其論點可疑之處逐一加以檢討。按照夏君的說法，「今本」《竹書紀年》成王紀譜中「十五、十六、十七年的年紀缺，正好是武王紀譜所多餘的三年」。[7]現在我們就沿著夏君所「復原」的成王紀譜開始分析。第一簡是這樣開始的：「元年春正月王即位……。」可是檢「今本」《竹書紀年》，此句前面還有「成王名誦」四字。如果相信「今本」商周兩代每王開始皆有列名之例的話，夏君復原之第一簡應始於「成王名誦」四字，夏君既信今本之例，照理也應承認有此四字在「元年春正月」之前。退一步來說，他不承認以此開始的列名之例，那麼按照中國編年史的古例，凡元年前必須冠以何君何王。如《春秋》的開始是「隱公元年」，決不能不寫「隱公」而單寫元年，元年在任何情況下都必須緊接君主稱號之下。因此，夏君捨去「成王」二字不合中國編年史書的一貫之例。這一點十分重要，因為如果加上「成王」二字（若是「成王名誦」，則為四個字），那麼第一簡已經超出四十字，照此排將下去，到夏君所謂的錯簡之行時，他那原本算得恰到好處的四十字空檔就難以安排了。

　　在「今本」《竹書紀年》成王紀譜中，多次出現稱周公為「周文公」。如果「周文公」是後人所附會的諡號，那麼成王紀譜中「周文公」就必須復原為「周公」；這樣的話，在夏君所謂每行四十字排列中含有「周文公」的各簡就不可能排足四十字了。因此，在這裡有必要簡單討論一下「周文公」是否為周公的諡號問題。歷來治「今本」《竹書紀年》者似乎均未察覺這一問題，原因顯然與傳統舊說以為諡法為周初之制有關（如《禮記》、《逸周書》〈諡法〉之記載）。「文公」是否為周公的諡號首先涉及到諡法的起源。王國維、郭沫若則因金文而發現生稱諡現象，開始懷疑周代諡法之起源。[8]夏君重排成

---

[7]〈也談武王的卒年〉，頁11。
[8]參看王國維：〈遹敦跋〉，載於氏著：《觀堂集林》第3冊（北京：中華書局，

王譜中的諡法問題，除了有周文公，還有稱召公為「召康公」、君陳為「周平公」，此類稱呼頗俱可疑。王國維、郭沫若齊稱周初之王與公侯有生稱死後即作諡者，其說可信。楊希枚認為生稱諡來自以字為諡。他說：

> 周初諸王生稱之諡或是生時美名者疑即諸侯以字為諡之生字，故生時稱之而與死後之諡無別。[9]

此說亦不失為一種合理的解釋。

從文獻中我們很難找到周公之名「旦」與「文」有何關係（按：古人名之與字，其間必有意義之關聯，或正聯，或反聯，然皆有聯。），召公之名「奭」與「康」有何關係，君陳之「陳」與「平」（所謂周平公）有何關係？如召公之名奭，意為赫為大，經引申可釋為盛，康字本義為安為樂，經引申可解為昌，為盛。不過名與字之間如此迂曲相聯者甚少。考現存的先秦文獻，除《國語》有一例「周文公」外，均未稱周公為「周文公」。然而《國語》傳世本的那一例，即「周文公之《頌》曰：『載戢干戈……』」[10]，也是頗有疑問的。東方按：孔穎達於《詩》〈周頌·時邁〉小序疏中說：「宣十二年《左傳》云：『昔武王克商，作頌曰：「載戢干戈。」』明此篇武王事也。」《國語》稱『周公之頌曰：「載戢干戈。」』明此詩周公作也。」[11] 可見唐初孔穎達所見本並無「文」字。是故「周文公」之「文」字則無著落。

1959），頁 895-896。郭沫若：〈諡法之起源〉，載於氏著：《金文叢考》（北京：人民出版社，1954），頁 100-112。

[9] 楊希枚：〈論周初諸王之生稱諡〉，載於氏著：《先秦文化史論集》（北京：中國社會科學出版社，1995），頁 280。

[10] 徐元誥撰，王樹民、沈長雲點校：《國語集解》（修訂本）（北京：中華書局，2002），頁 2。

[11] 孔穎達疏：《毛詩正義》卷 19，載於阮元校刻：《十三經注疏》上冊（北京：中華

「今本」《竹書紀年》成王十三年有云:「夏六月魯大禘于周公廟。」二十一年又記:「周文王薨于豐。」這兩段記載本來是「今本」成王紀譜中的一個矛盾:周公既然薨於成王二十一年,怎麼可能在成王十三年六月魯即大禘於周公廟呢?這顯然違背了歷史的常識。對於此問題,清代學者有不同的解釋。顧炎武《日知錄》「禘於周廟」條云:「按[成王]二十一年,周文公薨於豐。周公未薨,何以有廟?蓋周廟也。【原注】『公』字衍。是則始封之君有廟,亦可因此而知禘之說。」[12]趙紹祖《校補竹書紀年》對於「魯大禘於周公廟」的記載亦云:「按下文二十一年公始薨,則此公字當為衍文。」[13]因魯有周廟,故他們皆疑公字為衍文。但是林春溥《竹書後案》卻認為:《紀年》「訛脫顛倒間或有之。如成王二十一年周公薨,而十三年魯大禘于周公廟。此必二十三年之錯簡也。」[14]在林春溥看來,唯一挽救「今本」《竹書紀年》中這一矛盾的辦法就是宣布這裡有錯簡。朱右曾《汲冢紀年存真》〈序〉亦有同樣的質疑:

> 自來簡冊,俱不詳周公薨于何年。「今本」于成王二十一年書「周文公薨于豐」,而前此成王十三年書「夏六月,魯大禘于周公廟」。豈有周公尚存,而魯已立廟乎?[15]

無論我們採納上述的何種說法,這都對夏君重譜的成王紀年造成了問題。既然根據他的計算,成王紀譜每簡固定為四十字,那麼從前

書局,1980),頁 588。並參看汪受寬:《謚法研究》(上海:上海古籍出版社,1995),頁 9-10。
[12] 顧炎武著,黃汝成集釋:《日知錄集釋》卷 4(長沙:岳麓書社,1994),頁 150。
[13] 趙紹祖:《校補竹書紀年》卷 2(清嘉慶古墨齋刻本),載於《四庫未收書輯刊》3 輯 12 冊(北京:北京出版社,2000),頁 192。
[14] 林春溥:《竹書後案》,載於楊家駱主編:《竹書紀年八種》(臺北:世界書局,1963),頁 3-4。

面夏君所作的竹簡排列可以看到，成王十四年後，自十五年起正好是第 11 簡的開始。如果十三年的「夏六月魯大禘于周公廟」十字是錯簡，那麼所謂錯置的十五年這一簡在排列上就不可能成為單獨的一簡，而是接上第十簡。這樣在無形中又少了十個字。正是因為夏君「復原」或曰「重排」成王紀譜過於精巧，所以不能容許有毫釐之失。就此而言，一字的差錯就可能動搖其全盤的安排，而無回旋補救餘地。

二

夏君在文中列舉了兩條積極證據，進一步說明武王紀譜中的四十字（前引文中的黑體字）原屬於成王紀譜的十四年與十八年之間的。

夏君的第一條積極證據說，四十字中有「誥於沬邑」，而宋以前的古文獻皆說《酒誥》作於成王之時。故「誥於沬邑」如指作於妹邦的《尚書》〈酒誥〉篇，就必屬成王的紀譜。[16] 事實上，歷代學者對於〈酒誥〉的作者向來觀點迥異，蔣善國在《尚書綜述》中詳論了各家的意見，有興趣的讀者，不妨自行參閱。[17] 應當指出，在沒有充分論證的情況下，夏君遽定〈酒誥〉作於成王在位之時，似未詳考。更重要的是，蔣善國還提出了康叔有初封和益封的分別。他說：

> 武王在克殷後，把康王封到康，《康誥》、《酒誥》、《梓材》都是武王所作。武王死了，成王即位，管叔、蔡叔挾武庚等叛亂，周公用成王命，殺武庚和管叔，放蔡叔，因康叔

---

[15] 朱右曾：《汲冢紀年存真》〈序〉，載於《續修四庫全書》第 336 冊（上海：上海古籍出版社，1999），頁 2。
[16] 〈也談武王的卒年〉，頁 12。
[17] 參見蔣善國：《尚書綜述》（上海：上海古籍出版社，1988），頁 237-238。

捍「武庚之難」有功，把舊封武庚和管、蔡的地方，盡益封了康叔，建立衛國。[18]

蔣氏之說十分值得重視。此處再補充一條文獻的證據。《尚書正義》〈康誥下〉之偽《孔傳》云：「命康叔之誥。康，圻內國名；叔，封字。」其下《正義》曰：

> 以定四年《左傳》祝佗云「命以〈康誥〉」，故以為「命康叔之誥」。知「康，圻內國名」者，以管、蔡、鄭、霍皆國名，則康亦國名而在圻內。馬、王亦然。[19]

孔穎達在此所注雖是對偽孔傳的解說，可是他當時見到的馬融、王肅《尚書注》亦如是說。所以孔氏有漢儒之說為根據，應有道理。對康叔分封就有兩次，第一次在武王時不為無據。這對夏君之說形成了反證。

夏君的第二條積極證據是，「四十字之中十五年『冬遷九鼎於洛』，與武王在位史事絕不符合。」[20] 因為「若將這句記載歸到成王十五年，從『遷』鼎到『定』鼎的儀式，僅有兩年的距離，相當合乎情理。」[21] 其實這樣的理解不合歷史事實。《左傳》〈桓公二年〉臧哀伯云：「武王克商，遷九鼎于雒邑。」楊伯峻在《春秋左傳注》中對此句作以下箋釋：

> 宣三年《傳》王孫滿之言曰：「成王定鼎于郟鄏。」據《尚書》，武王亦無經營洛邑之事。成王之營洛邑，先卜其

---

[18] 蔣善國：《尚書綜述》，頁 241-242。
[19] 孔穎達疏：《尚書正義》卷 14，載於阮元校刻：《十三經注疏》上冊，頁 202。
[20] 〈也談武王的卒年〉，頁 12。
[21] 〈也談武王的卒年〉，頁 12。

地，則遷鼎恐非武王事。[22]

然而杜預早已於「成王定鼎于郟鄏」注云：「武王遷之，成王定之。」[23] 這就明確地說，遷鼎在武王時，定鼎在成王時。

應當說明的是，在古代，「遷鼎」與「定鼎」是有區別的。此處提出兩條材料以證之：第一，劉文淇《春秋左氏傳舊注疏證》云：「第彼言定鼎，此言遷鼎，非一事也。」[24] 第二，《逸周書》〈克殷解〉稱：「[武王]乃命南宮百達、史佚遷九鼎三巫。」[25] 可見，遷是一次，即把鼎搬離商都；定又是一次，即決定將鼎置於何處。可是夏君則說：「洛邑未經經營，武王豈有先遷鼎於洛之理？」[26] 令人不解的是，為什麼《逸周書》明文有武王遷鼎，夏君卻要說無，而成王遷鼎沒有文獻的根據，夏君卻堅持說有呢？現在的問題是，是否必須先經營洛邑，然後纔能遷鼎？事實上，不營洛邑，也能遷鼎。因為這裡涉及到一個十分重要的關鍵問題：遷鼎意味著什麼？須知，鼎乃國家政權的象徵，是作為天子的標誌；武王克商就是取代了商紂的天子地位，在這樣的情形下就不能不遷鼎。如果武王不遷鼎，就意味著天子仍然是商的後裔武庚。所以，從中國文化的傳統來說，武王遷鼎是歷史的邏輯發展之必然結果。倘若說必須到成王纔遷鼎，那麼就等於不承認武王克商。基於同樣的原因，「今本」《竹書紀年》殷商成湯紀云：「二十七年，遷九鼎於商邑。」商朝的遷鼎決不可能推延到湯的

---

[22] 楊伯峻：《春秋左傳注》（修訂本）第1冊（北京：中華書局，1990），頁89。
[23] 杜預注，孔穎達疏：《春秋左傳正義》卷21，載於阮元校刻：《十三經注疏》下冊，頁1868。
[24] 劉文淇：《春秋左氏傳舊注疏證》（北京：科學出版社，1959），頁74。
[25] 關於「三巫」為地名抑或物品，學者屢有考訂，說法不一，詳參朱右曾：《逸周書集訓校釋》，載於王先謙主編：《皇清經解續編》23冊，卷151（原卷1028-1038）（上海：蜚英館石印本，1899），頁5。
[26] 〈也談武王的卒年〉，頁12。

繼承人外丙時纔實施。而夏君之誤看來是將遷鼎簡單地理解為一般意義上的遷移。

三

在提出兩條積極的證據之後，夏君復繼討論這四十字（實際為 38 字）中的其他記載，企圖證明這些內容適合於成王紀年。據夏君的看法，「今本」《竹書紀年》在使用肅慎氏「九年的『來朝』和十五年的『來賓』，諒必含有禮儀上的意義」。[27]他進而言之：

> [成王]九年記載謂「王使榮伯錫肅慎氏命」，大概指出這是肅慎氏第一次來朝。是故，十五年來賓也應該屬於成王的紀年。[28]

夏君此處下一「大概」，即見其為推測之辭。他在此文的英文稿中對上述說法解釋道：「錫命」是表明一個獨立王國首次向盟邦誓約，因此武王十五年的「肅慎氏來賓」應置於成王十五年纔順理成章，以證明它之前的關係（to bespeak a prior relationship）。[29]然則武王時「肅慎來賓」有不晚於《竹書紀年》的文獻為根據，我們怎麼能隨意否定有文獻依據之說呢？《國語》〈魯語下〉記孔子之言：「昔武王克商，通道于九夷百蠻，使各以其方賄來貢，使無忘職業。於是肅慎氏貢楛矢石砮，其長尺有咫。」[30]至於肅慎於武王時來賓是否違背歷史的常理，需要加以考察。按《爾雅》〈釋詁〉：「賓，服也。」「賓」

---

[27] 〈也談武王的卒年〉，頁 14。
[28] 〈也談武王的卒年〉，頁 14。
[29] Edward L. Shaughnessy, "On the Authenticity of the *Bamboo Annals*," *Harvard Journal of Asiatic Studies* 46, no. 1 (1986): 173.
[30] 徐元誥撰，王樹民、沈長雲點校：《國語集解》（修訂本），頁 204。

與「悅、懌、愉、釋、協」等字同訓為「服」。《國語》〈楚語上〉載:「蠻夷戎狄,其不賓也久矣,中國所不能用也。」[31] 韋昭注云:「賓,服也。」武王既克商,遣使要求遠方之人納貢以示賓服,肅慎氏因而納貢品,以示賓服。此乃所謂肅慎氏的「來賓」。至於肅慎氏君長是否於武王時來朝,文獻並無記載。到成王時,肅慎氏君長來朝,成王予以錫命。在先秦古籍中,凡「朝」皆為一邦之君親自朝見天子或訪問其他邦君;而「聘」則非君主親自出行,而是遣卿大夫為代表。故《禮記》〈曲禮〉有云:「諸侯士大夫問於諸侯曰聘。」從這一點說,肅慎在武王時來賓完全合乎歷史實際。

「今本」《竹書紀年》記武王十五年「初狩方岳」。對此記載,夏君又有出人意表的理解。他說:

> 此不適合武王紀年,反而與成王史事適合。……這句記載的「初」字如果形容動詞「狩」,則武王十二年年紀謂「遂狩於管」,十五年「狩方岳」顯然不是初次巡狩。[32]

然而「初狩方岳」並不表明這是武王即位後首次出巡,「初」字在此是形容「狩方岳」一事,而在此之前武王十二年「遂狩於管」,則是接前文「命監殷」的。「狩於管」是指狩巡管這個城邑,「狩方岳」則指狩四方名山。兩者分指不同的事情,並無直接關係。因此很容易理解在「狩方岳」前有「初」字。譬如一個中國人到過了很多中國地方,而後來他第一次去美國,所以仍要說他初到美國。

關於「狩方岳」,雷學淇《竹書紀年義證》闡釋尤詳。[33] 其論證的根據是《詩》〈周頌‧時邁〉序云「時邁,巡守告祭柴望也」。孔穎達疏之曰:

---

[31] 徐元誥撰,王樹民、沈長雲點校:《國語集解》(修訂本),頁485。
[32] 〈也談武王的卒年〉,頁14。

而箋云「至方岳之下而封禪」者,[東方按:孔穎達於此誤毛傳為鄭箋。「至方岳之下而封禪」實乃概括毛傳「巡狩告祭者,天子巡行邦國,至于方嶽之下而封禪也」之語。]廣解巡守所為之事;言封禪者,亦因巡守為之,非言武王得封禪也。[34]

雷氏最後又引《墨子》〈兼愛〉中第十五之文為印證:「昔者武王將事泰山隧。」[35] 儘管雷氏持論不能說已經確定無疑,然而在沒有相反證據的情況下,夏君就不可沒有根據而否定其說。他如果企圖使其「武王未嘗狩方岳」說成立,便需要對上引鄭箋(實為毛傳)、孔疏及《墨子》之文作出確有根據的證偽。

夏君接下來指出:

> 如果「初狩方岳」是指王第一次巡守而祭祀四嶽,正如注疏家所言,《史記·封禪書》云:「詩云紂在位,文王受命,政不及泰山。武王克殷二年,天下未寧而崩。爰周德之洽維成王,成王之封禪則近之矣。」武王死亡之前未能到達泰山舉行此種祭祀。到成王即位之後纔初次舉行這種巡狩。[36]

且不論武王曾到泰山與否仍是一個問題,而「狩於方岳」不一定就是指泰山。孔疏云:「其實理兼四岳,般祀四岳是也」。[37] 這是一種通情達理的解釋。所以,「方岳」很可能是一個非專門用詞,指的是一方

---

[33] 雷學淇:《竹書紀年義證》卷17(臺北:藝文印書館,1977),頁 243-244。
[34] 鄭玄箋,孔穎達疏:《毛詩正義》卷 19,載於阮元校刻:《十三經注疏》,頁 589。
[35] 孫詒讓:《墨子閒詁》卷4,載於〈諸子集成〉第4冊(北京:中華書局,1954),頁 70。孫氏還引閻若璩對《墨子》文之解說:「玩其文義,乃是武王既定天下後,望祀山川,或初巡狩岱宗禱神之辭,非伐紂時事也。」(頁 70)
[36] 〈也談武王的卒年〉,頁 14。
[37] 孔穎達疏:《毛詩正義》卷 19,載於阮元校刻:《十三經注疏》上冊,頁 589。

之岳。這樣的話,將「初狩方岳」和「誥於沬邦」聯繫起來,當指靠近沬邦地區的某山。那麼,武王也未嘗不可以前去。

「今本」《竹書紀年》記:「武王十六年,箕子來朝。」夏君則云:「《尚書·洪範》記這次來朝在武王十三年。《竹書紀年》記載十六年來朝,顯然有矛盾。」[38] 那麼怎樣解釋這一矛盾呢?夏君並未能作出具體說明,所以這裡有必要討論一下。關於箕子作〈洪範〉事,目前相信此說者大概不多了。不過,無論是否承認〈洪範〉為箕子所作,箕子作〈洪範〉的傳說早已存在的,至少戰國時人就信以為真。這也就表明,編寫原本《竹書紀年》的人是相信這一說法的。據《書序》,〈洪範〉篇作於武王時,不過現代學者一般都認為〈洪範〉篇作於戰國,因為歷史上早有傳說,纔會有人整理傳說以成篇。[39] 現在我們就從戰國人所接受的傳說意義上,來討論箕子何時作〈洪範〉的問題。

關於這一問題的史料依據有四:一,〈洪範〉本身所言:「惟十有三祀,王訪于箕子。」[40] 二,《尚書大傳》云:「武王勝殷,繼公子祿父,釋箕子之囚。箕子不忍周之釋,走之朝鮮。武王聞之,因以朝鮮封之。箕子既受周之封,不得無臣禮,故於十三祀來朝。」[41] 三,《史記》〈周本紀〉曰:「武王已克殷,後二年,問箕子殷所以亡。」[42];四,《史記》〈宋微子世家〉記:「武王既克殷,訪問箕子。」[43] 得〈洪範〉後,「於是武王乃封箕子於朝鮮而不臣也。其後箕子朝周,過故殷墟」。[44] 此四說之中,〈洪範〉本身與《尚書大傳》及《史記》〈周本紀〉相合,《史記》〈宋微子世家〉與前三者不合。

---

[38] 〈也談武王的卒年〉,頁14。
[39] 參看蔣善國:《尚書綜述》,頁228-232。
[40] 孔穎達疏:《尚書正義》卷12,載於阮元校刻:《十三經注疏》上冊,頁187。
[41] 陳壽祺輯校:《尚書大傳》卷2,載於《皇清經解續編》9冊,卷62(原卷355),頁3。
[42] 司馬遷:《史記》第1冊,卷4(北京:中華書局,1959),頁130。
[43] 司馬遷:《史記》第6冊,卷38,頁1611。

既然按照傳說本身論事,那麼〈洪範〉本身便是第一手材料,《尚書大傳》的成書時代又早於《史記》,自然應取十三祀說。梁玉繩《史記志疑》對這一問題的討論即此意思。梁氏曰:

> 《周紀》言克殷後二年訪〈洪範〉,因武王克殷在十一年,而〈洪範〉稱十三祀故耳。與《大傳》稱武王封箕子朝鮮於十三祀來朝而問〈洪範〉正合。此謂克殷之後即訪〈洪範〉,既訪〈洪範〉,乃封朝鮮,殊不然。孔《疏》反以〈宋世家〉為得其實,非也。又有說〈洪範〉箕子歸鎬京而作者,亦非。蓋《書序》云「武王勝殷殺受,立武庚,以箕子歸作〈洪範〉。」《序》自相顧為說,非當年事。[45]

現在需要說明的是:從以上四條材料來看,箕子與周應該有過兩次關係,而且兩次都發生在武王時,儘管第四條與前三條在細節方面彼此略有出入。可是夏君卻以為,「如果確信《洪範》以及《史記·周本紀》有關箕子的傳說,那麼箕子十三年朝見武王後就遷徙至今朝鮮。」[46] 他在此顯然是把《史記》〈宋微子世家〉所載,混作〈洪範〉和《史記》〈周本紀〉的內容了。夏君甚至說:

> 他怎麼能徙至這樣遠的地方,而且在三年之內又歸到岐周?如果說二十年後歸而見成王,就比較合理。[47]

夏君以為,箕子既然封於朝鮮,就不能在三年之內再來朝周。看來他把朝鮮離洛陽的距離估計得太遠了。且不說當時已經有車,即使徒步

---

[44] 司馬遷:《史記》第6冊,卷38,頁1620。
[45] 梁玉繩:《史記志疑》第2冊,卷20(北京:中華書局,1981),頁950。
[46] 〈也談武王的卒年〉,頁14。
[47] 〈也談武王的卒年〉,頁14。

的話，也決不至於三年時間還不足夠在周與朝鮮之間行走一個來回。另外，《尚書》〈洪範〉和《史記》〈周本紀〉均未說明箕子在見過武王後就返回朝鮮，怎麼能說據此二書呢？而據上引〈宋世家〉，箕子朝周是在武王在位期間。為何不可說箕子在武王十三年見過武王後，三年後又返回來朝周呢？因為這是有文獻證據的。夏君主張箕子在 20 年後回來朝周更為合理。但是箕子乃紂之叔父，想必其年歲不會小於武王。武王是在 50 多歲時去世的，所以箕子此時是否在世已成問題。何況即使他還活著，恐怕也已不堪長途跋涉來朝周。所以我們在分析這一事件時，必須要考察與此事件同時代發生的有關現象的各種關聯，夏君於此似未加注意。

　　對於夏君而言，「今本」武王紀譜「在五年之內王師兩次攻伐蒲姑。這也不是不可能的，但是不合乎古代歷史的實情」。[48] 按「今本」《竹書紀年》記，周滅蒲姑兩次，一在武王時，一在成王時。說武王時有一次滅蒲姑，史有明證。《左傳》〈昭公九年〉記：「及武王克商，蒲姑、商奄，吾東土也。」這說明在武王時期蒲姑已在周朝控制之下，而不是於夏君重新排列的成王十六年纔有「王師滅蒲姑」。否則《左傳》也不會說「吾東土也」，而是會記成「成王之時，蒲姑，吾東土也」。應該說，在武王時解決了這一問題符合歷史的實際情形。至於成王時是否在十三年伐戎、十四年克曲城後還有一個第三次滅蒲姑，目前尚無任何材料可以證實，因為先秦文獻和銅器銘文皆不載其事，故此說終屬揣測之辭。所以夏君有何理由堅持將有文獻根據的武王時的一次滅蒲姑棄置不顧，反而用來證實本無文獻根據的第三次滅蒲姑之猜測呢？這樣的研究方法不免使人難解。

　　在古文獻中，武王和成王時期有不少事件都曾出現過兩次，這是為什麼呢？難道就簡單地歸之為被後人重複紀錄了嗎？恐怕不能這樣考慮。最根本的原因在於：武王克商作了第一次的努力，但是勝利是

---

[48] 〈也談武王的卒年〉，頁 14。

有限的;在他去世後,東方亂起,周公二次東征,這纔定了大局。在武王、周公兄弟兩次東征中出現了一些類似的情況,儘管有些會被古人記混了(包括把武王的勝利成果誇大了),但基本上不能說曾有兩次東征與古代歷史實情不符。從歷史考證的原則上來說,所謂的「歷史事實」須經史學家精確的分析和瞭解加以驗證。史學家就需要把武王與周公的成就盡可能地區分明白(如果材料允許的話)。如果急於把武王時事一股腦移到周公、成王時來,正好忽略了周初時期總的歷史背景。

通過以上的分析,夏君以下的論斷便自不可從:

> 現在《今本竹書紀年》武王十五、十六年的年紀和十七年的記載,正好為一條竹簡上的四十個字,沒有一句記載為必然屬於武王史事。[49]

相反地,這四十個字從歷史和邏輯的角度看,應當是武王紀譜的內容。我們不能因為成王紀譜的紀年空缺,就主觀地以武王的紀年內容填補進來。當然主張夏君所列各條應屬於武王紀譜,並不說明我本人就同意「今本」《竹書紀年》編者對以上各條的具體年代安排,尤其是其中所記武王在位 17 年的說法。武王究竟在位多少年,本來就是一個頗具爭議的問題。[50] 很可能,「今本」重編者根據其所搜集的武王事跡刻意重排了武王的紀年。也就是說,雖然這四十字屬於武王在位時事,卻並不一定就發生在武王十五年和十六年期間。

夏君企圖以發現「今本」《竹書紀年》所謂武王、成王紀譜的誤排問題,以恢復《竹書紀年》原貌的某一部分,其精神固然可嘉,然其結論終為證據不足之推論。所以夏君以竹簡誤排入為說,替「今

---

[49]〈也談武王的卒年〉,頁 14。

本」《竹書紀年》作翻案文章,至多不過是在「今本」的真偽問題上提出了一種無法證實的「假設」而已,絕不能以此作為立論之根據。事實上,本文所列舉的材料有很多是不利於夏君這一「假設」的。根據現存的史料,我們固然可以推測《竹書紀年》中可能存在著錯簡的問題,不過武王紀譜所載十五和十六兩年之事是否被晉代整理者誤排入成王的紀譜,現在卻無充分證據可資判斷。我們必須瞭解到,對於古史中的疑難不妨有各種不同的假說,可是史學家絕不能在無充分證據可憑的情況下,在某一具體問題上輕率定案。「假說」縱然新穎有趣,如果證據不足,則仍不足為定論。最後需要指出的是,「今本」《竹書紀年》的真偽問題相當複雜,絕非這篇區區小文能夠辨明。近三百年來中外許多學者在這個問題上多所考覈,其案迄今似乎未定。本文祇不過是就夏君之文所涉及的幾條證據訂偽析疑,「今本」《竹書紀年》真偽之定案,則終俟世之博洽君子。

---

[50] 關於這一問題的討論,說詳顧頡剛:〈武王的死及其年歲和紀元〉,《文史》,第18輯(1983.7),頁1-31。

第五篇 「古本」《竹書紀年》點校的若干問題
―《竹書紀年逐字索引》編者標點《汲冢紀年存真》訛誤舉例

因從事英譯「古本」《竹書紀年》輯本的緣故，筆者偶檢香港中文大學劉殿爵教授、陳方正博士主編、何志華博士執行編輯的《竹書紀年逐字索引》[1]（以下省稱《逐字索引》）。《逐字索引》以清人朱右曾《汲冢紀年存真》[2]（以下省稱《存真》）為「古本」《竹書紀年》輯本之底本，加以點校，為研究者提供了很大的便利。

朱右曾，生於清嘉慶己未（1799），道光戊戌（1838）進士，卒於咸豐戊午（1858）。朱氏長於古史考訂。由於《竹書紀年》原書久已散佚，朱氏廣輯古籍所引遺文，編成《汲冢紀年存真》兩卷，是為「古本」《竹書紀年》輯佚之首部專著。然而限於當時的條件，朱氏搜羅未備，僅得 360 餘條。而後王國維、范祥雍、方詩銘、王修齡踵武朱氏，不但增補若干《竹書紀年》佚文並刪削不當輯文，而且在《竹書紀年》的文獻考證上極其功力，較之《存真》更勝矣。因此，他們的輯本乃治《竹書紀年》學者所必須參考者。遺憾的是，《逐字索引》正文收錄《存真》，僅以王氏之書校勘，卻未利用范氏、方氏兩家對「古本」後出轉精的訂補與輯證。

翻檢之餘，筆者發現《逐字索引》編者對《存真》的斷句標點頗有可議者，而且校勘上的疏失漏略亦復不少。如果讀者不加詳考，論學著書引以為據，難免有以訛傳訛之虞。楊樹達嘗撰《古書句讀釋例》，專門討論古書誤讀的類型、貽害和原因。他指出：「句讀之

---

[1] 劉殿爵、陳方正主編，何志華執行編輯：《竹書紀年逐字索引》（香港：商務印書館，1998）。
[2] 朱右曾：《汲冢紀年存真》（歸硯齋本），載於《續修四庫全書》第336冊（上海：上海古籍出版社，2002）。

事，視之若甚淺，而實則頗難。」³ 此足見古書標點斷句誠屬不易。竊不自揆，茲據前賢研究「古本」《竹書紀年》的成就，如王國維《古本竹書紀年輯校》⁴（以下省稱《輯校》）、范祥雍《古本竹書紀年輯校訂補》⁵（以下省稱《訂補》）及方詩銘、王修齡《古本竹書紀年輯證》⁶（以下省稱《輯證》），列舉《逐字索引》斷句標點《存真》之誤以及編輯體例之謬者，以質正於標點者。

順便要指出的是，《逐字索引》所據《存真》版本為臺北新興書局 1959 年所影印清代歸硯齋藏本。臺灣影印版年代久遠，今已不易尋覓。本文所引乃上海辭書出版社圖書館藏清代歸硯齋刻本影印本，由上海古籍出版社重印。兩家書局重印《存真》皆據歸硯齋本影印，故所引之文當無出入。

《逐字索引》頁 51：「夏禹未遇夢乘舟月中過而後受虞室之禪。」

《逐字索引》將全句連讀，此屬於當讀而失讀。原文當讀為：「夏禹未遇，夢乘舟月中過。而後受虞室之禪。」東方按：《尚書》〈舜典〉記，禹通過四嶽推薦給舜，纔因而作官。「未遇」指禹尚未得機會發跡（換言之，他還在民間默默無聞），而發跡不等於登上君位（在舊時作了官就算發跡，即為已遇）。所以「夏禹未遇」可以解為「夏禹尚在民間之時」。

---

³ 楊樹達：《古書句讀釋例》（北京：中華書局，1954），頁3。
⁴ 王國維：《古本竹書紀年輯校》，載於《王國維遺書》第7冊（上海：上海書店，1996）。並參校王國維：《古本竹書紀年輯校》，載於楊家駱主編，劉雅農總校：《世界文庫・四部刊要・史學叢書》第2集1冊（臺北：世界書局，1957）。按：趙萬里於1934-1936年編《王靜安先生遺書》，1940年由商務印書館出版，1983年上海古籍書店據此改名《王國維遺書》（全十六冊）影印出版，而後該書店更名為上海書店出版社，1996年第二次印刷此書時裝成全十冊，並採用新的出版社名。
⁵ 范祥雍：《古本竹書紀年輯校訂補》（上海：上海人民出版社，1957）。
⁶ 方詩銘、王修齡：《古本竹書紀年輯證》（上海：上海古籍出版社，1981）。

《逐字索引》頁53:「王亥託于有易、河伯僕牛。」

　　王國維〈殷卜辭中所見先王先公考〉以僕牛即服牛,考辨審實。[7]所以此句應該斷作:「王亥託于有易,[為]河伯服牛。」意思是王亥寄居有易,替河伯僕(服)牛。原文省一「為」字,現以[ ]補之。清人徐文靖、陳逢衡箋證《竹書紀年》之作皆未察此一省略。「為」在此是「替」的意思,河伯則是人名或方國(或部落)名。後來有易殺了王亥,奪取了他替河伯所服之牛。所以殷人纔能借河伯之兵伐有易而殺其君。徐文靖、陳逢衡則持另一說法,即以僕牛為地名,那麼省略之「為」便是「於」的意思。不過無論採取何種解釋,都不能在「有易」與「河伯」之間加上表示並列詞語的頓號。《逐字索引》讀「王亥託于有易、河伯僕牛」不成句,以其用頓號故也。此顯露編者對此複句之誤解,致失古語之義矣。

《逐字索引》頁54:后發元年,「諸夷賓于王門,再保庸會于上池,諸夷入舞。」

　　此讀「再保庸會于上池」為句。朱右曾改「再」為「冄」,云:「冄與郱通,國名也,在湖北荊門州東南。保墉,蓋冄君之名。」(《存真》頁9)朱氏之說固無據也。《北堂書鈔》兩引作「再保庸」(一作「再保墉」,「庸」字本與「墉」相通。)。《周禮》〈天官·大宰〉曰:「以八統詔王馭萬民,……五曰保庸。」孫詒讓對於鄭注所云「保庸,安有功者」闡釋曰:「云『保庸,安有功』者,〈地官敘官〉注云:『保,安也。』又〈大司徒〉注云:『庸,功也。』〈司勳〉云:『民功曰庸。』」[8]孫氏之說詳洽確切,可為保庸讀佐證。故此,以「八統」之一的「保庸」來解釋《紀年》此處的「保庸」或「保墉」最為通達。「再保庸,會于上池」意為:在上池

---

[7] 王國維:〈殷卜辭中所見先公先王考〉,載於氏著:《觀堂集林》第2冊(北京:中華書局,1959),頁416-421。
[8] 孫詒讓:《周禮正義》第1冊,卷2(北京:中華書局,1987),頁77。

之地，再次安撫或安慰有功者。斷句則應以「再保庸」上屬，讀於「會于上池」句絕。

《逐字索引》頁 58：「紂時稍大其邑，南距朝歌，北據邯鄲皆為離宮別館。」

據文勢，「北據邯鄲」不能與「皆為離宮別館」連讀，當讀至「邯鄲」字句絕。《逐字索引》斷句誤。此處之「距」、「據」當分別解作「至也」、「止也」，即南至朝歌、北止邯鄲。

《逐字索引》頁 62：「穆王西征還里天下億有九萬里」。

《逐字索引》編者似乎不明「還」和「里」在此究作何解，故以「穆王西征還里天下億有九萬里」為一整句。方詩銘釋之曰：「是《紀年》之『還里』應作『環理』，『還』、『環』古通，即周行天下之意。」（《輯證》頁 53）「里」字在此作動詞用，聲與「履」同，意思是計算道里之數。「還里」在此為同音假借之字。《逐字索引》連讀不加逗號，則未免疏舛。方詩銘斷作：「穆王西征，還里天下，億有九萬里。」（《輯證》頁 52）方讀為是。

《逐字索引》頁 64：「秦無厤數。周世陪臣自秦仲之前，本無年世之紀。」

此宜以「周世陪臣」為讀，范祥雍作：「秦無歷數，周世陪臣。自秦仲之前，本無年世之紀。」（《訂補》頁 31）范讀是也。如依《逐字索引》點斷，以「周世陪臣自秦仲之前」作一句讀，則其意不可通也。

《逐字索引》頁 67：晉武公元年，「尚一軍，芮人乘京、荀人董伯皆叛。」

此句標點亦誤。首先,在「尚一軍」和「芮人乘京、荀人董伯皆叛」之間應為句號,而非逗號,因為前句與後句所記是兩回事。考諸周代禮制,天子六軍,諸侯大國三軍,中國二軍,小國一軍。晉在當時還是小國,故僅有一軍。更重要的是,《逐字索引》所作「芮人乘京、荀人董伯皆叛」之標點,使得文意大變。《逐字索引》編者不明此句中的「乘」是動詞,作「欺淩、侵淩」解,而以「乘京」作人名遂作頓號,疏謬甚矣。所以全句標點應作:「[晉武公]元年,尚一軍。芮人乘京,荀人、董伯皆叛。」意思是說:在武公元年時,晉國還祇有一軍(小國)的規模。芮人侵犯京(地),此時荀人及董伯都反叛了。

《逐字索引》頁 67:晉武公九年,「武公滅荀以賜大夫原氏黯,是為荀叔。」

此條在「武公滅荀」後加一逗點為宜。方詩銘讀作:「晉武公滅荀,以賜大夫原氏黯,是為荀叔。」(《輯證》頁 71)《逐字索引》未於「武公滅荀」後斷句者非。

《逐字索引》頁 69:晉惠公十四年,「秦穆公帥師送公子重耳,涉自河曲。圍令狐、桑泉、白衰,皆降于秦師。狐毛與先軫禦秦,至于廬柳,乃謂秦穆公使公子縶來與師言,退舍,次于郇,盟于軍。」

此段輯文實乃朱右曾將《水經》之〈涑水注〉、〈河水注〉所引兩段《紀年》原文加以串連。〈涑水注〉:「《竹書紀年》云:晉惠公十五年,秦穆公率師送公子重耳。圍令狐、桑泉、臼衰,皆降于秦師。狐毛與先軫禦秦,至於廬柳,乃謂秦穆公使公子縶來與師言,退舍,次於郇,盟於軍。」〈河水注〉:「晉惠公十五年,秦穆公率師送公子重耳,涉自河曲。」朱氏輯文非但為合併之條,而且存在著中國古書中經常出現的特點或曰缺點,即後半句主語緣前半句而省略。

所以弄清此段各句的主語對於理解重耳返國進程十分重要（說詳本書第六章）。值得指出的是，「乃謂秦穆公使公子縶來與師言」句，明人朱謀㙔《水經注箋》云：「宋本[《水經注》]無『乃謂』二字。」[9]

以上下文義觀之，並參校《左傳》、《國語》相關記載，朱說可從。現參考《左傳》〈僖公四年〉、《國語》〈晉語四〉及《史記》〈晉世家〉的有關記載，對此段重加標點，並以方括弧示出省略主語：「秦穆公帥師送公子重耳，[秦師和重耳]涉自河曲。[秦兵（時重耳仍在秦軍）]圍令狐、桑泉、臼衰，[此三地的晉軍]皆降于秦師（即降于尚未獨立成軍而影響甚大的重耳）。狐毛與先軫禦秦，至于廬柳，秦穆公使公子縶來與師言。[狐毛、先軫所率晉軍]退舍，次于郇。[狐偃與秦、晉大夫]盟于軍。」

《逐字索引》頁69：晉文公五年，「齊師逐鄭大子齒奔張城南鄭。」

《逐字索引》將全句連讀不斷，以文法及文意言，俱不可通。《輯證》據《永樂大典》作：「齊師逐鄭太子齒奔城張陽南鄭。」（頁76）而雷學淇《考訂竹書紀年》卷五繫此條於晉獻公二十四年，刪「城」字，作「齊師逐鄭太子齒奔張陽南鄭」，並云「齒是華字之誤」。[10] 其所著《竹書紀年義證》更明言太子齒即世子華[11]，乃《左傳》中的太子華。方詩銘在《輯證》中有一長篇案語駁正雷氏之語，認為前賢所考皆屬猜擬之辭，未足取信。（頁76-77）其實雷學淇之說固為意必之辭，然殊有見，可備一說。至於此段的標點，原文亦有主語該換而未換的問題。古人遇重字多省不書，故疑「太子齒」之下原有兩個小點「：」，以表示「齒」字重複而省之；蓋後人傳寫脫漏此符號，遂出現後句缺主語的問題。所以此句本當云：「齊師逐鄭太子

---

[9] 朱謀㙔：《水經注箋》卷6（明萬曆四十三年李長庚刻本），載於《四庫未收書輯刊》9輯第5冊（北京：北京出版社，2000），頁451。
[10] 雷學淇：《[考訂]竹書紀年》卷5，載於《四庫未收書輯刊》3輯第12冊，頁82。
[11] 雷學淇：《竹書紀年義證》卷30（臺北：藝文印書館，1977），頁467。

◆第五篇 「古本」《竹書紀年》點校的若干問題◆

齒,齒奔城張陽、南鄭。」此外,朱右曾注此條「不詳何年」(《存真》頁 27),《輯校》則附於「無年世可繫者」。《逐字索引》雖從《存真》編次,但似仍應於注中說明亦有不同的繫年。

《逐字索引》頁 70:晉景公十一年,「齊國佐來獻玉磬,紀公之甗。」

此句中「玉磬」後標點當為頓號而非逗號,讀作:「齊國佐來獻玉磬、紀公之甗。」國佐是人名,國字乃其氏,佐則為其名,齊即其國家之名稱。此句翻譯成現代漢語是:齊國的國佐前來呈獻玉磬與紀公的甗這兩樣物品。

《逐字索引》頁74:晉幽公七年,「晉大旱,地生鹽。」

《逐字索引》又據《輯校》注出異文:「大旱,地長,生鹽。」(頁 74)范祥雍標點作:「七年,大旱,地長生鹽。」(《訂補》頁47)方詩銘標點亦作:「晉幽公七年,大旱,地長生鹽。」(《輯證》頁 86)《逐字索引》注的標點卻將「地長」與「生鹽」斷開(頁74)。那麼「地長生鹽」裡的「長」字,究竟是作動詞的「生長」解,還是作副詞的「長時間」或「不斷地」解呢?從表面上看,《逐字索引》的「地長,生鹽」的句讀似乎亦可讀通。不過「今本」《竹書紀年》此條則無「長」字:「三年,晉大旱,地生鹽。」亦可作「地長生鹽」之間不當斷之佐旁證。以自然常識分析,大旱不會引起地長,卻可造成地生鹽。故將「長」字視作副詞,頗為近理。

《逐字索引》頁76:魏武侯十一年,「城洛陽及安邑王垣。」

《史記》〈魏世家〉記,魏武侯二年「城安邑、王垣。」[12]《索

---

[12] 司馬遷:《史記》第 6 冊,卷 44,〈魏世家〉(北京:中華書局,1959),頁 1842。

185

隱》引徐廣云：「垣縣有王屋山，故曰王垣。」[13] 所以在「安邑」下宜有一頓號，因為安邑和王垣是兩個地名。《逐字索引》編者於此以兩地名相屬連讀，蓋未嘗細考也。

《逐字索引》頁 77：魏武侯二十年，「越殺諸咎，越滑吳人立（孚）[子]錯枝為君。」

陳逢衡對此條有懷疑，其案云：「諸咎越滑吳人語有脫誤，豈諸咎一名越滑耶？」[14] 然范祥雍則謂：「此文無脫誤。陳氏以『粵滑』二字上屬與『諸咎』連讀，疑為諸咎之別名，當誤。」（《訂補》頁 53）可是范氏未言「粵滑」之義，而他以「粵滑」下屬之說亦可商。實際上「諸咎越滑」之意已無法以傳統文獻解決。關於這個問題，方詩銘在按中引述了郭沫若的新說。郭氏在《兩周金文辭大系考釋》〈補錄〉中以《越王鐘》金文材料「者召於賹」釋「諸咎粵滑」，云：「古金文諸字均作者，咎召音相近，粵古言於粵，則有於之發聲，滑蓋賹字之誤也。」[15] 郭氏此論，前人所未發，頗足備治史之一說。在古音中，此兩組字可以相通。方詩銘讀作：「越殺諸咎越滑，吳人立孚錯枝為君。」（詳見《輯證》頁 101）方氏以越滑屬上讀，是也。《逐字索引》以「越滑」屬下，將「諸咎粵滑」之名割裂，殊失《紀年》本意。此外，《逐字索引》本《輯證》改「孚」為「子」，亦不足據。

《逐字索引》頁 77：魏武侯二十二年，「韓滅鄭，哀侯入于鄭。齊田午弒其君，及孺子喜而為公。」

《逐字索引》以「及孺子喜而為公」為句，屬不當讀而讀，因為

---

[13] 司馬遷：《史記》第6冊，卷44，〈魏世家〉，頁1842。
[14] 陳逢衡：《竹書紀年集證》卷44，載於《續修四庫全書》第335冊，頁553。
[15] 郭沫若：《兩周金文辭大系考釋》〈補錄〉，載於《郭沫若全集》（考古編）第8卷（北京：科學出版社，2002），頁532-533。

◆第五篇 「古本」《竹書紀年》點校的若干問題◆

此句主語一直是田午，此人通過弒其君以及孺子喜，達到為君的目的。此當讀「齊田午弒其君及孺子喜而為公」為句。《逐字索引》增一逗號而失其句讀，使人不明「及」作何解。

《逐字索引》頁 77：魏武侯二十三年，「韓山堅賊其君哀侯，而韓若山立。」

《逐字索引》此處據《存真》在「韓山堅賊其君哀侯」句後，作「而韓若山立」。但是《輯證》作：「韓山堅賊其君哀侯，而立韓若山。」（頁 102）按《史記》〈韓世家〉之《索隱》所引《紀年》，亦作「韓山堅賊其君哀侯而立韓若山」[16]，正與《輯證》相合。朱右曾引《史記索隱》未嘗細檢，《逐字索引》失校原文而承朱氏之誤，遂訛以「立韓若山」為「韓若山立」。

《逐字索引》頁 79：梁惠成王十二年，「楚師出河水以水長垣之外。」

此當以「楚師出河水」為句，「以水長垣之外」為句。意為「楚軍引出黃河之水，以淹長垣以外之地」。此條中第二個「水」字是動詞，意為「灌」也，即「用水淹」。

《逐字索引》頁 79：梁惠成王十二年，「鄭取屯留尚子涅。」

此句的斷句，《訂補》作：「鄭取屯留、尚子、涅。」（頁 59）范讀是也。蓋《逐字索引》編者不知屯留、尚子、涅皆地名，故以三地名連讀，當讀而失讀也。

《逐字索引》頁 79：梁惠成王十六年，「秦公孫壯帥師城上，枳安陵山氏。」

---

[16] 司馬遷：《史記》第6冊，卷45，〈韓世家〉，頁1868。

187

《逐字索引》此處屬讀誤也。「枳安陵山民」不能連讀,當從《訂補》之標點:「秦公孫壯帥師城上枳、安陵、山氏。」(頁 61)此條中的「枳」祇能上屬,因為「上枳」、「安陵」、「山民[一作氏]」皆為地名。《逐字索引》編者於此殆未暇深考也。

《逐字索引》頁79:梁惠成王十七年,「東周與鄭高都利。」

《訂補》斷句作:「東周與鄭高都、利。」(頁 61)范讀是也。這就是說,東周給予鄭國兩地:高都、利。據朱右曾注,「高都在河南洛陽縣南,利未聞。」(《存真》頁 38)「高都」既為地名,那麼「利」自然也應是地名。《逐字索引》將「高都」和「利」連讀而不加頓號,蓋由不知史書並無「高都利」之地名。此又《逐字索引》因不明地理而誤讀之顯例。

《逐字索引》頁80:梁惠成王十九年,「晉取元武濩澤。」

《逐字索引》誤以「元武濩澤」連讀,此中間當有一頓號:「晉取元武、濩澤。」這裡出現了兩處地名,須分作二詞。《逐字索引》此句不斷非經意也。

《逐字索引》頁 80:梁惠成王二十年,「衛將軍文子為子南彌牟後,有子南勁,朝于魏惠成王如,衛命子南為侯。」

《逐字索引》將此條斷得文義不通,此條當以「衛將軍文子為子南彌牟」絕句,「後有子南勁」絕句,「朝于魏」絕句,「惠成王如衛」絕句。此條輯自《史記》〈周本紀〉之《集解》,「後有子南勁」句,原文作「其後有子南勁」,可見「後」字必屬下句。再者,方詩銘據日本高山寺藏古寫本《史記》,云:「《史記・周本紀》集解引文,諸本皆脫『紀年勁』三字。」(《輯證》頁 127)方氏讀作:「衛將軍文子為子南彌牟,其後有子南勁。《紀年》:勁朝于魏,後

◆第五篇 「古本」《竹書紀年》點校的若干問題◆

惠成王如衛,命子南為侯。」(《輯證》頁 126)方氏斷句者是。如果《逐字索引》編者當初若能參酌《輯校》和《輯證》標點的話,當可避免此誤。

《逐字索引》頁 80:梁惠成王二十年,「魏殷臣趙公孫裒伐燕,還取夏屋城、曲逆、壬寅,孫何侵楚,入三戶郭。」

《逐字索引》於此條之標點非也。現重新標點如下:「魏殷臣、趙公孫裒伐燕,還,取夏屋,城曲逆。壬寅,孫何侵楚,入三戶郭。」「魏殷臣趙公孫裒」兩個人名之間應加一頓號,否則文不可通。城字作動詞,當下屬,並無獨作「夏屋城」之例。「壬寅」在此為紀日,當以「城曲逆」斷句。而《逐字索引》竟以「壬寅」作地名,以屬上句讀,誤也,宜以「壬寅」下屬「孫何侵楚,入三戶郭」。

《逐字索引》頁 81:梁惠成王改元後十年,「齊田肦及邯鄲韓舉戰于平邑。」

朱右曾、范祥雍皆據《史記》〈韓世家〉《索隱》「[韓]舉先為趙將,後入韓」之說。[17] 倘若認為韓舉乃趙將(錢穆先生即持此說)[18],他便是趙國守邯鄲之將,則「邯鄲韓舉」四字就要連接為句。但按陳夢家之說,邯鄲指邯鄲(趙)之師、韓舉為韓將(來助趙國者)。[19] 所以方詩銘在「邯鄲」與「韓舉」之間加了一個頓號,表示兩者為並列關係。(《輯證》頁 140)東方按:《史記》〈韓世家〉云:「魏敗我將韓舉」[20],《史記》〈趙世家〉之《集解》徐廣曰:「[韓舉,]韓

---

[17] 司馬遷:《史記》第6冊,卷45,〈韓世家〉,頁1870。
[18] 錢穆:〈韓舉乃趙將非韓將辨〉,載於氏著:《先秦諸子繫年》(臺北:三民書局,1981),頁332-333。
[19] 陳夢家:《西周年代考・六國紀年》(北京:中華書局,2005),頁130。
[20] 司馬遷:《史記》第6冊,卷45,〈韓世家〉,頁1869。

將」[21]，尤其明證。儘管此兩讀皆可通，然審之史實，陳夢家之說或較周匝。如依陳說，則此句標點可從《輯證》作：「齊田朌及邯鄲、韓舉戰于平邑。」（頁139）

《逐字索引》頁81：梁惠成王改元後十五年，「燕人伐趙圍濁鹿。」

「燕人伐趙」當上屬為句，《輯證》云：「燕人伐趙，圍濁鹿。」（頁141）方讀是也。

《逐字索引》頁82：今王四年，「鄭侯使韓辰歸晉陽及向。二月，城陽、向更名，陽為河雝，向為高平。」

《逐字索引》以「城陽、向更名」為句，非是。此「城」字作動詞，意為「築城」，而「陽」即「晉陽」，非「城陽」。《訂補》標點作：「二月，城陽、向，更名陽為河雝，向為高平。」（頁68）范讀是也。《逐字索引》把「城」理解成名詞，遂誤斷此句。

《逐字索引》頁82：今王五年，「趙召燕公子職于韓立以為燕王，使樂池送之。」

此當於「韓」字為讀，作「趙召燕公子職于韓，立以為燕王，使樂池送之。」朱右曾將此條加墨圍，因為他以此句為《史記》〈趙世家〉之文（《存真》頁43）。不過「徐廣曰：《紀年》亦云爾」（《輯證》頁145），既然古人謂《紀年》亦有同樣記載，朱氏遂補此條。由於此條畢竟不是直接引自《紀年》，所以朱右曾慎重地加了一個墨圍，表示此非原文。可是《逐字索引》卻將墨圍刪去，當為偶未審也。

---

[21] 司馬遷：《史記》第6冊，卷43，〈趙世家〉，頁1803。

《逐字索引》頁 82：今王七年，「越王使公師隅來獻乘舟。始罔及舟三百、箭五百萬、犀角、象齒。」

《逐字索引》絕於「乘舟」，非是。朱右曾注：「始罔，舟名。」（《存真》頁 43）古時，君主御用船隻謂乘舟，有如君主之車謂乘輿。「乘舟始罔」當連讀，尤類今世謂「美國總統專機空軍一號」。「舟三百」之「舟」則指普通船隻。若從《逐字索引》讀，則義不可通。

《逐字索引》頁 82：今王十二年，「秦公孫爰帥師伐我，圍皮氏，翟章帥師救皮氏，圍疾、西風。」

關於此條的斷句，頗有不同之說。朱右曾注曰：「疾，蓋人名。西風，地名。」（《存真》頁 44）朱氏以疾為人名，西風為地名，則以「圍疾西風」四字為絕句，意思是圍疾於西風。若此，則標點當作：「翟章帥師救皮氏，圍疾西風。」不過范祥雍卻說：「疑此文當讀『翟章救皮氏圍。句。疾西風。句。』疾西風是記天異，與上條『大霖雨，疾風』文相類，可證。」（《訂補》頁 70）在他看來，以疾為人名（樗里疾）則似未當，而以西風為地名亦乏依據，因此改「疾西風」為句，解為說明氣象。故《訂補》標點作：「翟章帥師救皮氏圍。疾西風。」（頁 70）以古漢語語法言，朱、范兩讀皆可通。然詳玩此文，范氏的解釋似更合理，因據《紀年》文勢，此條所載應是兩件事。范祥雍駁朱右曾以疾為樗里疾之說，切實可信，其說可從。疑《逐字索引》的標點從朱右曾以疾為人名說，而以西風斷句則從范祥雍說以為氣象。然而《逐字索引》之標點，實屬牽強。

《逐字索引》頁 83：今王十七年，「又命將軍、大夫、適子戍吏，皆貉服。」

《逐字索引》以「適子戍吏」連讀，非也。「適子」即「嫡

子」，音義皆同，「嫡」在古代指合法之正妻。朱右曾注云：「戌吏一作代吏。」（《存真》頁 44）如果《逐字索引》編者能注意「嫡」字之意與朱注的話，恐怕就不會將「適子戌吏」連讀。《訂補》標點作：「又命將軍、大夫、適子、戌吏皆貉服。」（頁 70）范讀是也。

以下擬就《逐字索引》編者在《汲冢紀年存真》校勘和體例上的一些問題稍加指摘，以為治《竹書紀年》者之參考。

《逐字索引》頁 64 即自晉殤叔紀以下，均未依照底本（即《存真》）在一些年份上加以墨圍：如「殤叔[四年]」，「文侯[元年周]幽王命伯士帥師伐六濟之戎」，云云。

關於《存真》在這些年份上加墨圍的原因，朱右曾在此書〈凡例〉中已經說明：「據杜預〈左傳後序〉，晉年起自殤叔；又據《史記集解》，自武王滅殷以至幽王云云，知古文《紀年》自宣王以上別為一篇。故今定殤叔三年以後皆明著晉年而以墨圍別之，其各籍所引本有其年者，則無墨圍。」（《存真》頁 3）可見《存真》「晉紀」以下凡加墨圍之年份，皆所引原文無年代而由輯者加上去的，並非《紀年》原文所有。《逐字索引》不明《存真》一書凡例，竟刪去墨圍。此舉未允，似違輯佚書之例。

《逐字索引》頁 65：晉文侯二年，「周厲王子多父伐鄫，克之。」
《存真》作「周厲王子多父伐鄶。」（頁 23）而「鄫」與「鄶」非為同一字，兩字在古漢語中不能通假（詳參本書第七章）。繁體字「會」字與「曾」字的字形相近，惟兩字的上端有所區別，《逐字索引》編者恐因形近而訛。

◆第五篇 「古本」《竹書紀年》點校的若干問題◆

《逐字索引》頁 66：晉曲沃莊公八年，「無雲而雷。十月，莊伯以曲沃叛。[莊伯以曲沃叛]伐翼，公子萬救翼，荀叔軫追之，至于家谷。」

此處方括號內的「莊伯以曲沃叛」句雖為《輯校》所增，不過「莊伯以曲沃叛，伐翼」句在《輯校》中是另立為條的（《輯校》頁 593）。「莊伯以曲沃叛伐翼」句出自《水經注》，而「十月，以莊伯以曲沃叛」句引自《太平御覽》，非屬同一來源，故不應串聯成句。所以，《逐字索引》在此不能僅以方括號標出此句為《輯校》所加，而應注明《輯校》對此句是單立為條的。否則讀者會覺得奇怪，何以「莊伯以曲沃叛」句在同條中重出。

《逐字索引》頁 66：晉曲沃莊公十二年，「魯隱公及邾莊公盟于姑蔑。翼侯焚曲沃之禾而還。」

《逐字索引》將《存真》本來分列為兩條的內容—「[十二年正月，]魯隱公及邾莊公盟于姑蔑」與「翼侯焚曲沃之禾而還」（《存真》頁 25）合為一條，這樣的做法不合輯佚書體例。此二事雖發生在同年（晉莊伯十二年），但並非同月（前者為正月，後者則未說明）。而且，兩條引文非同出一源：前條出自〈春秋經傳集解後序〉，後條出自《水經注》〈澮水注〉。同時，《輯校》在「翼侯焚曲沃之禾而還」後，還有「作為文公」四字（頁 594）。若依體例，《逐字索引》正文當補此四字，並加墨圍以示為《輯校》所補。雷學淇認為「『作』蓋『是』字之訛。」，趙一清亦云「作字疑誤」（參看《訂補》頁 36 引）。他們的看法是有根據的，可存其說以備一解。

《逐字索引》頁 68：晉獻公二十五年，「周陽有白兔舞于市。」

頁下注 9 云：「『周陽』，《輯校》作『周』。」對照《輯校》的兩個本子（即世界書局版和上海書店版），發現世界書局版作「周陽」，而上海書店版作「周」。《輯證》對此有考證，云：「作『周

陽』者是。」（頁 74）《輯證》說是也，此因有《水經注》所引之文為證。「周陽」改作「周」當是上海書店版刻印偶訛，世界書局版本不誤。

《逐字索引》頁 69：晉惠公二年，「秦穆公取靈邱。雨金。」

　　《存真》是將「雨金」二字另立條的（頁 26）。《存真》之所以把此句析為二條，是因所引原文本來非出一處（前條出自《古文苑》「注」和《廣川書跋》，後者出自《太平御覽》引《史記》）。《逐字索引》在此將兩條合併殊為不妥，「雨金」當別為一句。而且《輯證》列「雨金」條為「存疑」（頁 165），理由是此條來自《史記》（當然不是指司馬遷的《史記》）。《輯證》「附二」云：「此《史記》自《史記》，《紀年》自《紀年》，其間固毫無淵源可尋。」（頁 162）方說是也。

《逐字索引》頁 69：晉惠公六年，「十一月，隕石于宋五。」

　　《存真》於「十一月」本有墨圍（頁 26），《逐字索引》本應依照底本保留原來的墨圍，因為此「十一月」乃朱右曾據《春秋》所補，而《史通》所引《紀年》原文並無月份。

《逐字索引》頁 70：晉襄公六年，「洛絕于泂。」

　　《輯校》、《輯證》均作「洛絕于泂」。（《輯校》頁 596，《輯證》頁 77）在古文字中，此二字音不同，難以相通。陳逢衡《竹書紀年集證》卷三十九案云：「字書無泂字，當是泂字，泂音熒，衛地。否則是向字誤添水旁。」[22] 因無其他證據，現在我們無法判斷兩字孰是孰非。《逐字索引》編者於此沿朱右曾本，卻未將其他不同說法列出，似偏守一說。

---

[22] 陳逢衡：《竹書紀年集證》卷39，載於《續修四庫全書》第335冊，頁495。

《逐字索引》頁71：晉厲公元年，「楚共王會宋平公于湖陽。」
　　頁下注1云：「《古本竹書紀年輯校》頁十三上無此十字。」《逐字索引》編者未曾注意，王國維實即將此條附於《輯校》「無年世可繫者」部分（頁617）。《逐字索引》這樣的注會誤使讀者以為《輯校》刪去此條。

《逐字索引》頁72：晉定公三十五年，「宋大水，丹水壅不流。」
　　頁下注7云：「《古本竹書紀年輯校》頁十三下無此八字。」如前所言，此注亦未能指出王國維將此條附在「無年世可繫者」部分（頁617），《逐字索引》編者似又疏忽。

《逐字索引》頁73：晉出公六年，「宅陽一名北宅。」
　　《史記》〈穰侯列傳〉之《正義》引：「《竹書》云：『宅陽，一名北宅。』」[23]《史記》雖未明言此條乃是注文，但以往研究《竹書紀年》的學者，如雷學淇、林春溥、王國維、方詩銘，均以此條為注文。陳逢衡則謂「此當是荀勖、束皙輩校正之語」。[24]前賢所考雖係推測，然以《竹書紀年》體例和《水經》所引相關條（「晉出公六年，齊、鄭伐衛。荀瑤城宅陽。」）參互對照，他們的說法似可成立。據此，「宅陽一名北宅」句如是注文的話，《逐字索引》編者則不應輯此條入《紀年》正文，或至少亦於題下注明，以示存疑。

《逐字索引》頁76：晉烈公十二年，「景子名虔。」
　　頁下注1云：「《古本竹書紀年輯校》頁十五下無『景子名虔』四字。」《輯校》正文其實有「景子名虔」四字，其下還有王國維

---

[23] 司馬遷：《史記》第8冊，卷72，〈穰侯列傳〉，頁2327。
[24] 陳逢衡：《竹書紀年集證》卷49，載於《續修四庫全書》第335冊，頁638-639。

案:「此司馬貞據《紀年》為說,非原文。」(頁 602)看來此又是《逐字索引》編者未加細檢,以為《輯校》無此四字。

《逐字索引》頁 76:魏武侯元年,「封公子緩。」

頁下注 4 云:「《古本竹書紀年輯校》頁十六下無此六字。」其實《輯校》將「封公子緩」繫於梁惠成王元年下,而非魏武侯元年下。(頁 606)《逐字索引》編者對此似應有所交代,因為王國維專門為此一繫年作了重要的長篇考證。(《輯校》頁 606)《逐字索引》祇是在頁 78 下注 1 據《輯校》引「封公子媛」四字,不過又把「緩」抄作「媛」。當然,「緩」與「媛」古音雙聲疊韻(同為匣母、元部),可作通假字。

《逐字索引》頁 77:魏武侯二十一年,「[於]越大夫寺區定越之亂,立初無余之。」

檢覈《史記索隱》,並無「初」字,而稱「無余之」。[25]《史記》〈越世家〉正文無「無余之」。此處《索隱》所引「古本」於「無余之」下云:「十二年,寺區之弟忠殺其君莽安,次無顓立。」若是如此,「莽安」當是「無余之」。「今本」《竹書紀年》作:「於越大夫寺區定越亂,立初無余,是為莽安。」此似據《史記索隱》這兩句引文概括而來。為何會從「無余之」變成「初無余」呢?「立初無余」殆原為「初立無余」,因為此與下文「次無顓立」相呼應;無余、無顓皆為寺區兄弟所立,初(先)立的是無余,次(後)立的是無顓。由於「今本」祇提到立無余而未講再立無顓,「初立無余」則變得令人費解。在這種情況下,經過傳寫便變成了「立初無余」。可見讀古書必反復校讀原文,通其上下,以求理解。

---

[25] 司馬遷:《史記》第 5 冊,卷 42,〈越王句踐世家〉注 5,頁 1747-1748。

《逐字索引》頁78：梁惠成王元年,「韓共侯、趙成侯遷晉桓公于屯留。晝晦。趙成侯偃韓懿侯若伐我葵。惠成王伐趙,圍濁陽。鄴師敗邯鄲之師于平陽。」

《逐字索引》將魏惠成王元年所發生之事串聯,合併為一條。可是在《存真》中則為分立的四條:一,「韓共侯、趙成侯遷晉桓公于屯留。」(《水經》〈濁漳水注〉,《史記》〈晉世家〉《索隱》)二,「晝晦。」(《開元占經》)三,「趙成侯偃、韓懿侯若伐我葵。惠成王伐趙,圍濁陽。」(《水經》〈濁漳水注〉)四,「鄴師敗邯鄲之師于平陽。」(《水經》〈濁漳水注〉)(頁34)朱右曾之所以如此析條,是由於這四條材料各有來源,故按材料出處分為四條。此外,趙、韓二君之間當加一頓號:「趙成侯偃、韓懿侯若伐我葵。」

以上所舉,書皆習見,理亦尋常,然《逐字索引》編者荒疏至此,殊非意料所及。其於《汲冢紀年存真》標點句讀多失之原因,除了誤解和失校外,恐與成於眾手、倉促成篇有關,此亦可憾之事。據此可知,句讀關係於古書文義甚大。如果斷句標點發生錯誤,則不可得原文之意,必然造成文理不通或曲為疏通,著書立論自然不能無失。顧頡剛嘗謂:「標點,就是古人所謂『章句之學』。章句之學是向來給人瞧不起的,所以做這種事情的人常被稱為『章句陋儒』,和『三家村學究』居於同等地位。可是我們在今日,偏須做一做陋儒,為的是希望將來的人們容易做通儒。」[26] 倘若本篇的討論能為將來治《竹書紀年》的通儒做一點鋪路工作的話,便是筆者的很大奢望了。

---

[26] 顧頡剛:〈崔東壁遺書序〉,載於《崔東壁遺書》(上海:上海古籍出版社,1983),頁66。

第六篇　晉公子重耳返國涉河時間考
—「今本」《竹書紀年》所記「涉自河曲」辨誤

在我討論了劉殿爵等《竹書紀年逐字索引》[1]（以下省稱《逐字索引》）點校朱右曾《汲冢紀年存真》（以下省稱《存真》）的某些失誤之後（見本書第五篇），芝加哥大學夏含夷（Edward L. Shaughnessy）教授來函對拙文中晉公子重耳返國一段標點的評論提出質疑。為了推動彼此間的學術商榷，我在此續寫一篇考證性文字，答覆夏教授。為使讀者便於復按，現將劉殿爵等對此段《竹書紀年》文字的標點以及我的討論抄錄於下：

劉殿爵等《竹書紀年逐字索引》的標點：

> [晉惠公]十四年，秦穆公帥師送公子重耳，涉自河曲。圍令狐、桑泉、臼衰，皆降于秦師。狐毛與先軫禦秦，至於廬柳，乃謂秦穆公使公子縶來與師言，退舍，次於郇，盟於軍。[2]

拙文論之曰：

> 此段輯文實際是朱右曾將《水經》之〈涑水注〉、〈河水注〉所引兩段《紀年》原文加以串連。〈涑水注〉：「《竹書紀年》云：晉惠公十五年，秦穆公率師送公子重耳。圍令狐、桑泉、臼衰，皆降于秦師。狐毛與先軫禦秦，至於廬柳，乃謂

---

[1] 劉殿爵、陳方正主編，何志華執行編輯：《竹書紀年逐字索引》（香港：商務印書館，1998）。
[2] 劉殿爵、陳方正主編，何志華執行編輯：《竹書紀年逐字索引》，頁69。

秦穆公使公子縶來與師言，退舍，次於郇，盟於軍。」〈河水注〉：「晉惠公十五年，秦穆公率師送公子重耳，涉自河曲。」朱氏輯文非但為合併之條，而且存在著中國古書中經常出現的特點或曰缺點，即後半句主語緣前半句而省略。所以弄清此段各句的主語對於理解重耳返國進程十分重要。值得指出的是，「乃謂秦穆公使公子縶來與師言」句，明人朱謀㙔《水經注箋》云：「宋本[《水經注》]無『乃謂』二字。」[3] 從上下文義觀之，並參校《左傳》、《國語》相關記載，朱說可從。現參考《左傳》〈僖公四年〉、《國語》〈晉語四〉及《史記》〈晉世家〉的有關記載，對此段重加標點，並以方括弧示出省略主語：「秦穆公帥師送公子重耳，[秦師和重耳]涉自河曲。[秦兵（時重耳仍在秦軍）]圍令狐、桑泉、臼衰，[此三地的晉軍]皆降于秦師（即降于尚未獨立成軍而影響甚大的重耳）。狐毛與先軫禦秦，至于廬柳，秦穆公使公子縶來與師言。[狐毛、先軫所率晉軍]退舍，次于郇。[狐偃與秦、晉大夫]盟于軍。」

下面便是夏含夷教授提出的質疑（由筆者翻譯為中文，括號內為英文原文）：

你對劉殿爵《竹書紀年逐字索引》頁 69 標點的辨誤已閱。其中有一點，我想是因你不情願採用「今本」《竹書紀年》而造成的小誤，但此誤隱含著極其複雜的問題。
(I have looked at your corrections to Liu Dianjue's *Bamboo Annals* concordance. There is one point where I think your

---

[3] 朱謀㙔：《水經注箋》卷 6（明萬曆四十三年李長庚刻本），載於《四庫未收書輯刊》9 輯 5 冊（北京：北京出版社，2000），頁 451。

reluctance to look at the Jinben *Bamboo Annals* has caused you to make a small mistake with very great implications.)

你批評《逐字索引》頁 69 誤斷有關秦穆公送重耳返晉的一段記載。你注意到《水經》〈涑水注〉所引《紀年》並無「涉自河曲」[東方按：夏氏將「河曲」這一地名譯為"the bend in the River"，儘管「河曲」之名得自河水自此折而東，但在春秋時期它已成為一地名。夏氏的翻譯祇知其一，不知其二。]四字，但是你卻未指出「今本」《竹書紀年》將此四字置於全段的末尾，即「重耳」再次出現於此段之後。很明顯，這是由於〈河水注〉引文者的疏忽而把這四個字從後一「公子重耳」挪到了前一「公子重耳」處。劉殿爵固然犯了古文語法錯誤，但其更大的問題在於合併了兩條《紀年》原文。由於把「涉自河曲」移至前一「公子重耳」後面，劉氏的確破壞了句子的語法結構；不過你在方括號內補上（被省略的[主語]）「秦兵」二字也並未真正解決這個問題。倘若從此段中刪掉「涉自河曲」一句，就會看到一段極易理解的句子：「秦穆公率師送公子重耳，圍令狐、桑泉、白衰，皆降于秦師。」除了曲扭了此句的語法外，劉殿爵和你都忽視了此條敘述的重要部分，即重耳是在秦晉雙方的最後協定簽訂（即下句的主題）後纔渡河的。整段文字的結尾正是「今本」《竹書紀年》所記「公子重耳涉自河曲」，標志著重耳重返晉國腹地的最後勝利。）

(You criticize p.69 of the *Zhuzi suoyin* for mispunctuating the passage about Qin Mu Gong escorting Chong Er back to Jin. You note that the *Shu Shui zhu* quotation of this passage does not have the four characters "she zi He qu" (fords from the bend in the River), but you do not note that the Jinben *Bamboo Annals* puts these four characters at the end of the entire passage after another occurrence of Gongzi Chong Er. It seems clear that what has happened is that there was an eye-skip in He Shui zhu quotation, resulting in this four-character passage being moved from behind one Gongzi Chong Er to behind the other. Liu Dianjue's mistake was not so much grammatical as it was in conflating the two quotations. By leaving "she zi He qu" after the first Gongzi Chong Er, he has indeed broken the grammar of the sentence, but your supplying of an understood "Qin bing" (Qin troops) does not really remedy this. Drop this phrase out of the passage and you have a very easy sentence: "Qin Mu Gong led his troops to escort the Duke's Son Chong Er, surrounding Linghu, Sangquan, and Jiushuai, all of which surrendered to the Qin troops." But more than twisting the grammar of this one sentence, Liu Dianjue and you have both missed the crucial part of the narrative of this entry: Chong Er did not ford the River until after the final negotiations between Qin and Jin had taken place, the topic of the next sentence. By ending the entire entry, as it does only in the Jinben *Bamboo Annals*, "Gongzi Chong Er she zi He qu" marks the final triumphant re-entry of Chong Er into the Jin heartland.)

我認為，如果你想對《竹書紀年》進行堅實的研究，你就必須更加仔細地閱讀《紀年》的「今本」文本。正如我曾一再指出的，儘管「今本」並非無可指摘，但它在許多方面都遠勝於「古本」。

(I really think that if you hope to produce a definitive study of the *Bamboo Annals*, you will have to begin looking more carefully at the Jinben version of the text. As I have said over and over again, it is not faultless, but in many cases it is far superior to the Guben version.)

夏教授在此認為「今本」《竹書紀年》所載重耳歸晉渡河的時間，要比「古本」《竹書紀年》更為真實。他還特別提醒要注意「今

本」的重要史料價值。應該說,他的提示是有意義的,「今本」的確屬於人們應該仔細研讀的文獻。不過,昔日王國維先生撰《今本竹書紀年疏證》,得出「今本」出於偽造的結論,這是近代學者研究「今本」的一項重要成果。所以我們今天並非出於成見而不願閱讀「今本」,而是因為此書在文獻上不可靠纔不以其為依據。就以晉公子重耳流亡結束何時渡河而言,夏教授據「今本」《竹書紀年》所載提出晉重耳是在咎犯與秦、晉大夫議和以後纔渡河的看法,我本人則因「今本」出於依託、所記未必可信而主重耳濟河在圍令狐前之說。

現在為了辨證這一疑難,茲將朱右曾《汲冢紀年存真》[4]、方詩銘、王修齡《古本竹書紀年輯證》(以下省稱《輯證》)[5]所輯重耳返晉的《竹書紀年》文以及「今本」《竹書紀年》(以下省稱「今本」)[6]周襄王十五年條全部抄錄下來,以供讀者參閱:

《輯證》曰:

> 《汲郡竹書紀年》曰:晉惠公十五年,秦穆公率師送公子重耳,涉自河曲。
>
> 《水經‧河水注》[7]
>
> 《竹書紀年》云:晉惠公十有五年,秦穆公率師送公子重耳,圍令狐、桑泉、臼衰,皆降于秦師。狐毛與先軫禦秦,至於廬柳,乃謂秦穆公使公子縶來與師言,退舍,次於郇,盟於軍。
>
> 《水經‧涑水注》[8]

---

[4] 朱右曾:《汲冢紀年存真》,載於《續修四庫全書》第 336 冊(上海:上海古籍出版社,2002)。
[5] 方詩銘、王修齡:《古本竹書紀年輯證》(上海:上海古籍出版社,1981)。
[6] 沈約附注,范欽訂:《竹書紀年》,載於《天一閣藏范氏奇書》(北京:線裝書局,2007)。

《存真》曰（標點為筆者所加）：

> 十四年，秦穆公帥師送公子重耳，涉自河曲，圍令狐、桑泉、臼衰，皆降于秦師。狐毛與先軫禦秦，至於廬柳，乃謂秦穆公使公子縶來與師言。退舍，次於郇，盟於軍。
>
> [朱右曾]注：《水經》〈涑水注〉、〈河水注〉。「四」一作「五」，誤也。
>
> 是年九月，惠公卒，子懷公圉立。冬，文公入，殺懷公於高梁。鄭環曰：「狐毛因父突見執而先歸，故毛時在晉文公。」[9]

東方按：朱右曾將《水經注》〈涑水〉〈河水〉所引內容相近的兩條《竹書紀年》合為一條。具體地說，朱氏在〈河水注〉所引「涉自河曲」四字後下接〈涑水注〉所引「圍令狐」以下文。

「今本」《竹書紀年》云（標點為筆者所加）：

> 十五年，晉惠公卒，子懷公圉立。秦穆公帥師送公子重耳，圍令狐、桑泉、臼衰，皆降于秦師。狐毛與先軫禦秦，至於廬柳，乃謂秦穆公使公子縶來與師言。次于郇，盟于軍。公子重耳涉自河曲。[10]

---

[7] 方詩銘、王修齡：《古本竹書紀年輯證》，頁 75。
[8] 方詩銘、王修齡：《古本竹書紀年輯證》，頁 76。
[9] 朱右曾：《汲冢紀年存真》，載於《續修四庫全書》第 336 冊，頁 26-27。
[10] 沈約附注，范欽訂：《竹書紀年》卷下，載於《天一閣藏范氏奇書》，頁 22-23。東方按：「次于郇」，原文誤刻作「次子郇」，現據明鍾惺《竹書紀年》閱本改「子」為「于」。

東方按：且先不論「今本」所載是否為〈涑水注〉、〈河水注〉所引《紀年》的合併串連，與《存真》輯文相較，「涉自河曲」四字置於晉秦軍中議和之後。《竹書紀年》古今本對重耳涉自河曲的時間記載頗有異同──「古本」記重耳先涉後圍，而「今本」則記重耳先圍後涉。

究竟是「今本」、抑或是《存真》的排比合乎歷史實際，這就必須從其他古書記載中獲得證實。茲分別摘錄關於此事記載的資料於下：

（一）《左傳》〈僖公二十四年〉云：

> 二十四年春正月，秦伯納之。不書，不告入也。
>
> 及河，子犯以璧授公子，曰：「臣負羈紲從君巡於天下，臣之罪甚多矣，臣猶知之，而況君乎？請由此亡。」公子曰：「所不與舅氏同心者，有如白水！」投其璧于河。
>
> 濟河，圍令狐，入桑泉，取白衰。二月甲午，晉師軍于廬柳。秦伯使公子縶如晉師。師退，軍于郇。辛丑，狐偃及秦、晉之大夫盟于郇。壬寅，公子入于晉師。丙午，入于曲沃。丁未，朝于武宮。戊申，使殺懷公于高梁。不書，亦不告也。[11]

（二）《國語》〈晉語四〉云：

> [魯僖公二十三年]十月，惠公卒。十二月，秦伯納公子。及河，子犯授公子載璧，曰：「臣從君還軫，巡於天下，怨其多矣！臣猶知之，而況君乎？不忍其死，請由此亡。」公子曰：

---

[11] 楊伯峻編著：《春秋左傳注》（修訂本）第 1 冊（北京：中華書局，1990），頁 412-414。

「所不與舅氏同心者，有如河水。」沈璧以質。

　　董因迎公於河，公問焉，曰：「吾其濟乎？」對曰：「歲在大梁，將集天行。……今及之矣，何不濟之有？且以辰出而以參入，皆晉祥也，而天之大紀也。濟且秉成，必霸諸侯。子孫賴之，君無懼矣。」

　　公子濟河，召令狐、臼衰、桑泉，皆降。晉人懼，懷公奔高梁。呂甥、冀芮率師，甲午，軍于廬柳。秦伯使公子縶如師，師退，次於郇。辛丑，狐偃及秦、晉大夫盟于郇。壬寅，公[子]入於晉師。甲辰，秦伯還。丙午，入于曲沃。丁未，入絳，即位于武宮。戊申，刺懷公于高梁。[12]

東方按：〈晉語〉所載言之甚明：重耳與董因對話以後即渡河，時在「圍令狐、桑泉、臼衰」之前，而非如「今本」《竹書紀年》所記是在秦晉盟於郇後過河的。

（三）《史記》〈晉世家〉：

　　文公元年春，秦送重耳至河。咎犯曰：「臣從君周旋天下，過亦多矣。臣猶知之，況於君乎？請從此去矣。」重耳曰：「若反國，所不與子犯共者，河伯視之！」乃投璧河中，以與子犯盟。是時介子推從，在船中，乃笑曰：「天實開公子，而子犯以為己功而要市於君，固足羞也。吾不忍與同位。」乃自隱渡河。秦兵圍令狐，晉軍于廬柳。二月辛丑，咎犯與秦晉大夫盟于郇。壬寅，重耳入于晉師。丙午，入于曲

---

[12] 上海師範學院古籍整理組校點：《國語》下冊（上海：上海古籍出版社，1981），頁 365-367。韋昭注「公入於晉師」：「案：重耳此時不當稱公，『公』下疑脫『子』字。」「董因迎公於河，公問焉」中之二「公」皆指重耳，亦脫「子」字。（頁 368）是也。

沃。丁未,朝于武宮,即位為晉君,是為文公。群臣皆往。懷公圉奔高梁。戊申,使人殺懷公。[13]

東方按:楊伯峻謂《史記》〈晉世家〉敘此事全本《左傳》之文。[14] 這是有道理的,儘管兩書在個別措辭上稍有差異。這裡附帶說一下,中華書局點校本《史記》〈晉世家〉此段的一處標點值得商榷:「[介子推]乃自隱渡河。秦兵圍令狐,晉軍於廬柳。」其實「自隱」不當與「渡河」連讀,而「渡河」應下屬,其主語「重耳」已省略,故此句當作:「[介子推]乃自隱。渡河,秦兵圍令狐,晉軍于廬柳。」勘正後的標點有助於說明:重耳渡河(「涉自河曲」)確在圍令狐之前。

《左傳》、《國語》、《史記》所引合而觀之,對於重耳渡河在先、圍令狐等地在後這一史實的記載並無出入。這三部文獻還排出了秦軍和重耳進軍的干支紀日,對於我們瞭解重耳先涉河這一史事十分重要。茲依《左傳》所記曆日略陳如次:二月甲午(31)[15],晉師軍于廬柳。七天後辛丑(38),狐偃及秦、晉之大夫盟于郇。次日壬寅(39),重耳入於晉師。兩天後甲辰(41),秦穆公回國。又過了兩天丙午(43),重耳入於曲沃。在歷史地圖上按比例尺計算,河曲距郇約有一百五十公里。[16] 照常理說,從得到議和消息到從河曲涉河趕至

---

[13] 司馬遷:《史記》第 5 冊,卷 39,〈晉世家〉(北京:中華書局,1959),頁 1660-1661。
[14] 楊伯峻編著:《春秋左傳注》第 1 冊,頁 414。
[15] 雷學淇云:「據《左傳》:九月,晉惠公卒。次年春正月,秦伯納公子重耳。二月甲午,晉師軍于廬柳。此九月是夏正,正月二月是魯曆。……《春秋》用魯曆,故經之時月較夏皆前兩月。《左氏傳》文每兼用之,此所以紛亂不能一致。」見氏著:《竹書紀年義證》卷 30(臺北:藝文印書館,1977),頁 475。楊伯峻《春秋左傳注》曰:「二月無甲午,此及以下六個干支紀日,據王韜推算,並差一個月。」(頁 413)竊以為王說近是。秦伯納公子乃魯曆正月,晉曆為上年十二月。《左傳》、《史記》所記二月甲午、辛丑、壬寅、丙午、丁未、戊申等等,則都是晉曆。是年魯曆正月建子,晉曆建丑,相差一個月。上述甲午、辛丑、壬寅、丙午、丁未、戊申等曆日在魯曆應為三月。故此處《左傳》與《國語》的月份雖互有差異,但紀日仍然可靠。
[16] 譚其驤主編:《中國歷史地圖集》第 1 冊(北京:地圖出版社,1982),頁 22-23。

郇,是根本無法在一天內完成的。如果重耳是在得知秦晉盟於郇後開始「涉自河曲」,他怎麼可能在第二天便「入於晉師」呢?

簡言之,取三書記載互校,朱右曾對兩條《紀年》的合併排比,即於「秦穆公率師送公子重耳,涉自河曲」後接「圍令狐」句,較之「今本」將「涉自河曲」置於全段之末為確。這絕不是偶然的巧合,而是表明「古本」所記重耳濟河是有其他可信文獻證據支持的。而夏君舍群書求「今本」,豈非過信「今本」歟?

現在我們要進一步考察酈道元注《水經》是在什麼情形下引《紀年》之文呢?茲引《水經》及酈注原文如下:

[〈河水〉:]又南至華陰潼關,渭水從西來注之。
[酈道元注:]汲郡《竹書紀年》曰:晉惠公十五年,秦穆公帥師送公子重耳,涉自河曲。[17]

[涑水]又南過解縣東,又西南,注于張陽池。
[酈道元注:]……涑水又西逕郇城,《詩》云:郇伯勞之,蓋其故國也。杜元凱《春秋釋地》云:今解縣西北有郇城。服虔曰:郇國在解縣東,郇瑕氏之墟也。余按《竹書紀年》云:晉惠公十有五年,秦穆公率師送公子重耳,圍令狐、桑泉、白衰,皆降于秦師。狐毛與先軫禦秦至于廬柳,乃謂秦穆公使公子縶來與師言,退舍,次于郇,盟于軍。[18]

---

[17] 酈道元著,楊守敬、熊會貞疏,段熙仲點校,陳橋驛復校:《水經注疏》上冊,卷4(南京:江蘇古籍出版社,1989),頁311。段熙仲標點作「汲郡《竹書紀年》」,而方詩銘、王修齡作「《汲郡竹書紀年》」(見《古本竹書紀年輯證》,頁75)。段氏把汲郡地名放在書名號外的標點,義乃較勝。

[18] 酈道元著,楊守敬、熊會貞疏,段熙仲點校,陳橋驛復校:《水經注疏》上冊,卷6,頁587-589。

仔細考察，不難發現以上所引《水經》「河水」、「涑水」的經文和酈注，體現了這樣一條思路：（1）河水，流到河曲，就是今風陵渡一帶，成為一個要津，尤其是秦晉兩國間的重要渡口。[19]《水經》經文說到這一帶，酈注即引《紀年》說明重耳於此渡河，強調在河曲這個重要的地方曾經發生過的一件重要的歷史事件。〈河水注〉如此引《紀年》，以重耳「涉自河曲」結尾，乃是自然而正常的。（2）涑水，在今山西西南部，此水流域正是秦穆公與重耳渡河以後前進之路，也是重耳向晉國都城進發的道路。《水經》經文講到此水，酈注即引《紀年》說明秦穆公及重耳進軍路線，著重考證郫城的地理位置而非重耳何時濟河，這也是自然而正常的。朱右曾串聯這兩段《水經》注文時，仍置「涉自河曲」在〈河水注〉之末，這樣做不僅保持了經文原貌，而且也符合歷史事件的客觀進程（重耳祇有渡過河曲，纔能繼續沿涑水前進）。

前述《水經注》所引「乃謂秦穆公使公子縶來與師言」句，前賢解讀頗不一致，謹備列之：「朱[謀㙔]《箋》曰：宋本無乃謂二字。趙[一清]云：二字宜存，《箋》說非。[楊]守敬按：明范欽本《紀年》亦無乃謂二字，則無二字，是也。」[20] 從上下文分析，朱、楊之說應可信從。既然宋本《水經注》引此無「乃謂」二字，那麼這個句子有兩種可能性：一是「乃謂」為衍文，全句作「秦穆公使公子縶來與師言」；二是在「秦穆公」後脫「曰」字，若補之，全句則作「[狐毛、先軫]乃謂秦穆公曰：『使公子縶來與師言。』」在語法文意上，兩種讀法皆可通。可是從史實分析，似「秦穆公使公子縶來與師言」更符合當時的實際情形，因為當時秦軍在實力上處於優勢，應該是秦穆公

---

[19] 顧棟高〈春秋時秦晉周鄭衛齊諸國東西南北渡河考〉云：「春秋時其[東方按：指大河]津要之見于《左傳》者，凡有數處：一曰蒲津，即晉河曲；……秦、晉平日往來多於此。晉公子返國濟河，子犯投璧，……俱在此處。」見顧棟高輯，吳樹平、李解民點校：《春秋大事表》第 1 冊，卷 8（北京：中華書局，1993），頁 961。
[20] 酈道元著，楊守敬、熊會貞疏，段熙仲點校，陳橋驛復校：《水經注疏》上冊，卷 6，頁 588。

而非狐毛、先軫讓公子縶與晉師談判。從陳逢衡《竹書紀年集證》援引徐文靖《竹書紀年統箋》和鄭環《竹書考證》對此段文字的不同理解[21]，可以看出《竹書紀年》所記其間確有不清楚處。不過陳書同頁所引張宗泰語表明，是張宗泰最先注意到「涉自河曲」不在「盟於軍」下的。現將張氏有關論述全文抄錄於下（標點為筆者所加）。先引經張宗泰校補的這段《紀年》之文：

> 十四年，晉惠公卒，子懷公圉立。秦穆公帥師送公子重耳，涉自河曲。圍令狐、桑泉、白衰，皆降于秦師。狐毛與先軫禦秦，至于廬柳，乃謂秦穆公使公子縶來與師言。退舍，次于郇，盟于軍。[22]

接著便是張氏按語：

> 近本[東方按：指「今本」《竹書紀年》]「涉自河曲」在「盟于軍」下。《水經》〈河水注〉「涉自河曲」亦在惠公十五年，而〈涑水注〉「圍令狐」則在惠公十四年，似是今《紀年》本誤併于一年，而先圍後涉，文當如是。然惠公無十五年。按：《左傳》先濟河、次圍令狐，道理井然，不容臆更，當是《水經注》今本年上歧誤。今據《左傳》正其前後，而依近本之年不分屬。又「退舍」二字近本無，據《水經注》增。[23]

---

[21] 徐文靖主張「禦秦當作禦晉」。鄭環則駁之，以為禦晉「與《左傳》『晉師軍于廬柳』不合」。詳參陳逢衡：《竹書紀年集證》卷 39，載於《續修四庫全書》第 365 冊，頁 492。
[22] 張宗泰校補：《竹書紀年》（石梁學署刻本），載於《四庫未收書輯刊》3 輯 12 冊（北京：北京出版社，2000），頁 294-295。
[23] 張宗泰校補：《竹書紀年》，載於《四庫未收書輯刊》3 輯 12 冊，頁 295。

東方按：原文「而先圍後涉，文當如是」於理不可通。不渡過河，何以能圍河東的城呢？這是根據上下文並依地理位置推定的。所以「文」字疑為「不」字之誤。以其實際文字處理方式可證，「文」字應作「不」字。作「不」字就不存文意不通的問題，而是非常通順了。張氏在此揭出「今本」《竹書紀年》將「涉自河曲」用於「盟于軍」後的致誤原因，即誤襲《水經》〈河水注〉所引「晉惠公十五年」。前引朱右曾《汲冢紀年存真》逕取張宗泰的串連方式，更見同義。

最後，讓我舉出清代學者雷學淇對「涉自河曲」四字的安排，作為重耳先濟河次圍令狐的又一證據。雷氏自嘉慶六年（1801）始「取載籍中凡稱引《紀年》者，匯而錄之以校世之傳本，正其訛，補其缺」。[24] 其中有關重耳返國事跡的正補可資舉隅（小號字體為原刻所有，標點為筆者所加）：

> 秦穆公帥師送公子重耳，涉自河曲，圍令狐、桑泉、臼衰，皆降于秦師。狐毛與先軫禦秦，至于廬柳，秦穆公使公子縶來與師言。退舍，次于郇，盟于軍。公子重耳入于曲沃，是為文公。[25]

雷氏於嘉慶十年（1810）成書的《竹書紀年義證》復著其排列。[26] 值得重視的是，雷氏注意到「吳[琯]本『涉自河曲』在末，無『退舍，入于曲沃，是為文公』十字」與「張[宗泰]本『涉自河曲』在圍令狐上」的差異[27]，而他不取吳說而採張說，顯然是經過慎重考慮的。據此

---

[24] 雷學淇：《竹書紀年義證》，頁 1-2。
[25] 雷學淇：《[考訂]竹書紀年》（亦嚚嚚齋刻本），卷 5，載於《四庫未收書輯刊》3 輯 12 冊（北京：北京出版社，2000），頁 82。
[26] 雷學淇：《竹書紀年義證》卷 30，頁 473。王國維、范祥雍所輯「古本《竹書紀年》，亦從雷氏之排列，見《古本竹書紀年輯校》（臺北：世界書局，1957，頁 18。）及《古本竹書紀年輯校訂補》（上海：上海人民出版社，1957，頁 40）。
[27] 雷學淇：《[考訂]竹書紀年》卷 5，頁 82。

可知，在重耳何時渡河這個問題上，即使像雷學淇這樣篤信「今本」的學者也稱重耳渡河在前，此足以坐實「古本」所記之無謬。

《左傳》、《國語》、《史記》關於晉公子重耳返國的記載詳盡可靠，而「古本」《竹書紀年》的記載雖簡於《左傳》、《國語》，卻與之無衝突，蓋因「《竹書紀年》作於戰國中葉，不少文字與《春秋》類同，顯係因襲」。[28] 這些文獻記載充分說明，從當時秦晉雙方對峙的情況看，如果不是具有重要影響力的重耳與秦軍一道渡河，秦軍何以能夠迅速招降令狐等地的晉軍，先軫所率晉軍也不會輕易聽從秦國之命退駐於郇。所以朱右曾在合並串連《水經注》所引兩條《紀年》時，對於重耳渡河時間的排比，符合史實，斷無可疑。惟「今本」《竹書紀年》卻將「涉自河曲」四字附於秦晉會盟之後，此絕非「今本」別有所據，而是重編者於此漏出作偽的馬腳。

根據所引各種文獻，我對重耳返國過程得出的綜合理解是：（1）秦穆公帥師送重耳，他們從河曲渡河。（2）秦軍圍令狐等邑時，重耳尚在秦軍中，而當時這些地方仍控制在晉軍（晉懷公之軍）手中。（3）其時重耳雖未獨立成軍，卻是有很大影響的人物，所以他能招降晉軍。令狐等地的晉軍投降重耳，自然也可以說投降秦軍（「降于秦師」）。（4）在廬柳抵抗秦軍的也是晉軍（由狐毛、先軫率領）。這支晉軍從秦命接納重耳，退師駐紮於郇。這支軍隊與秦軍達成協議，背棄懷公而接納重耳。（5）所以《左傳》、《國語》、《史記》記，次日重耳入於晉師（此時晉軍纔為晉文公的軍隊），成為晉國國君。秦穆公則是隔了一天啟程回國。

夏教授治「今本」《竹書紀年》甚勤，善於讀書得間。不過愚以為，讀書用思之細，方可達於無間。要作考證文章，不能一看到問題就發表議論，必須要在文獻上下實在的工夫。如果僅是停留在大膽假

---

[28] 李學勤：〈孔子與《春秋》〉，載於氏著：《綴古集》（上海：上海古籍出版社，1998），頁20。

設的階段,儘管假設有時顯得很機警,結論卻往往牽強難信,與歷史的事實相牴牾。英國史學家柯靈烏(R. G. Collingwood)說過:「在歷史學中,則出發點並不是假設,它們乃是事實,乃是呈現於歷史學家觀察之前的事實(In history they, the starting-points, are not assumptions, they are facts, and facts coming from under the historian's observation)。」[29] 在考辨重耳返晉何時濟河問題上,夏教授之質疑但以「今本」《竹書紀年》為據,遂有先入之見,於重耳何時涉河未嘗考索他書,遽斷重耳在晉秦盟約後渡河,未免過當,殊為不確。所以我們應盡可能地搜集各種史料和前人的說法,考校異同、擇善而從,力求證據詳確、立言無失。可以說,如果沒有新的史料出現,晉公子重耳返國渡河時間在晉秦盟約之前當可視為確論。這一問題的解決亦可證「今本」《竹書紀年》已不盡原文,而係據古書記載補成,其間訛謬未可盡正。就「今本」排列「涉自河曲」與《左傳》以下多種古籍相左而言,其不可信據,自屬顯然。所以,我們理所當然不能以「今本」《竹書紀年》所載來否定「古本」《竹書紀年》以及其他古代文獻的記錄。

---

[29] [英]柯林武德 [柯靈烏]著,何兆武、張文傑譯:《歷史的觀念》(The Idea of History)(北京:商務印書館,1997),頁349。

第七篇 《水經注》引《竹書紀年》「同惠王子多父伐鄶克之」條考辨

一

後魏酈道元（字善長，470-527）撰《水經注》屢引原本《竹書紀年》以釋經文。其中〈洧水注〉所引《竹書紀年》條，為研究此書一公案。今存傳本中此條引文見於《永樂大典》卷 11135 所錄古本（據宋槧善本）《水經九》卷二十二：洧水「又東過鄭縣南，潧水從西北來注之。」[1] 其下有酈氏注云：

> 洧水舊東涇新鄭故城中。《左傳》：襄公元年，晉韓厥帥諸侯伐鄭，入其郛，敗其徒兵於洧上。是也。《竹書紀年》：晉文侯二年，同惠王子多父伐鄶，克之。乃居鄭父之丘，名之曰鄭，是曰桓公。[2]

《水經注》成書於六世紀初，代遠年湮，輾轉傳抄，其間多有史實錯謬、文字脫衍訛舛。宋刊殘本 11 卷有奇[3]，因失卷二十二而缺前引之文。清中葉前《水經注》各種抄本、刻本，如練湖書院殘本、嘉靖十三年（1534）黃省曾（1490-1540）刻本、明萬曆吳琯刊本、朱謀㙔箋本、清康熙五十四年（1715）群玉堂刻本、乾隆十八年（1753）槐

---

[1] 酈道元：《水經注》（揚州：江蘇廣陵古籍刻印社重印，1998），頁393。原載於《續古逸叢書》43冊，原本收於《永樂大典》第12函，卷11135（北京：中華書局，1960），頁12。東方按：本篇所引古書，除引標點本（原標點符號形式均保持原貌）外，均由筆者斷句，爰加現代標點符號。文中涉及人物，凡可查者，均附加生卒年，而在世者除外。行文中方括號內之文字為說明文字，由筆者所加，並非原文所有。
[2] 酈道元：《水經注》，頁393。
[3] 酈道元：《水經注》（中華再造善本）宋刊殘本影印本第7冊（北京：北京圖書館出版社，2003）。

蔭草堂刻本、何焯（1661-1722）、顧廣圻（1770-1839）校明抄本、及王國維（1877-1927）、章炳麟（1869-1936）校明抄本（朱希祖（1879-1944）舊藏），均作「同惠王子」，與《永樂大典》本所引同。[4]

明朱謀㙔《水經注箋》記：

> 洧水又東逕新鄭故城中。《左傳》：襄公元年，晉韓厥、荀偃帥諸侯伐鄭，入其郛，敗其徒兵於洧上。是也。《竹書紀年》：晉文侯二年，同惠王子多父伐鄶，克之。乃居鄭父之丘，名之曰鄭，是曰桓公。[5]

朱氏在「惠」字下方有雙行小字注：「一無惠字。」[6] 朱箋參校諸本，而其所見有無「惠」字本。

至有清一代，全祖望（1705-1755）畢生七校酈書。其五校稿本以小山堂趙一清（1711-1764）手抄本為底本，上引條作「《竹書紀年》：晉文侯二年，同王子多父伐鄶，克之」，無「惠」字。[7] 全氏於

---

[4] 余局處海外，於《水經注》版本聞見寡陋，現存各種《水經注》，多未得覩。有關版本介紹，參觀胡適：〈《水經注》版本展覽目錄〉，載於歐陽哲生編：《胡適集外學術文集》，《胡適文集》第10卷（北京：北京大學出版社，1998），頁654-669。又見鍾鳳年：〈評我所見的各本水經注〉，《社會科學戰線》1979年第2期，頁335-347。參見陳橋驛：〈論《水經注》的版本〉，載於氏著：《水經注研究》（天津：天津古籍出版社，1985），頁366-381。

[5] 朱謀㙔：《水經注箋》（明萬曆四十三年李長庚刻本），載於《四庫未收書輯刊》9輯5冊（北京：北京出版社，2000），頁34。

[6] 朱謀㙔：《水經注箋》，載於《四庫未收書輯刊》9輯5冊，頁34。

[7] 全祖望：《全祖望校水經注稿本合編》第2冊（北京：中華全國圖書館文獻縮微複製中心，1996），頁1307。王梓材彙錄之《全校水經注》七校本，「同惠」二字已改作「周宣」，見全祖望：《全祖望校水經注稿本合編》第6冊，頁1444-1445。然薛福成刻本作「同惠」，但於「同」字下云：「今按戴作周。」見全祖望：《全氏七校水經注四十卷補遺一卷附錄二卷正誤一卷》，載於《四庫未收書輯刊》2輯24冊，頁408。參觀謝忠岳：〈全祖望《水經注》的兩個珍貴版本〉，《上海高校圖書情報學刊》1996年第3期，頁60-63。

◆第七篇　《水經注》引《竹書紀年》「同惠王子多父伐鄶克之」條考辨◆

　　五校稿本後題記:「戊午夏杪篁庵病翁五校畢漫志于首。」[8] 戊午當是乾隆三年（1738），可見全氏所據為趙氏校定《水經注》之早年清抄本也。趙一清定書名為《水經注釋》，成書於乾隆十九年（1754），書中此節引文作:「《竹書紀年》:晉文侯二年，同惠王子多父伐鄶，克之。」[9] 較五校稿本但增一「惠」字，是為小山堂趙氏刻板之定本。然全校、趙注非但未致疑「惠」字之有無，且於「同惠」連屬之義不疑其誤。

　　稍後研治《水經注》學者始注意於〈洧水注〉所引「同惠王子多父伐鄶」句中「同惠」二字之正訛。戴震（1724-1777）校《水經注》引之曰:「《竹書紀年》晉文侯二年，周惠王子多父伐鄶，克之。」下校語云:「案:『周』近刻訛作『同』。」[10] 古書傳抄流傳，每因形近致誤，故戴震謂「周」字訛作「同」，確有所見。然周惠王時代（公元前677-前652在位）遠晚於晉文侯在位年代（前805-前746），戴氏實未能釋「周惠王子多父」句之疑。自戴震校本出後，因絕大多數刻本採用戴校本，包括武英殿聚珍版、崇文書局本等皆是也。因戴校本「同惠王」改作「周惠王」，崇禎二年（1629）嚴忍公刻本原本作「同惠王」，而周夢棠、孔廣栻（1755-1799）校本則改為「周惠王」；乾隆十八年黃晟槐蔭草堂刻本原作「同惠王」，孫星衍（1753-1818）校改為「周惠王」。此二例當皆據戴說校改。王先謙（1842-1917）《合校水經注》用武英殿聚珍本為底本，「《竹書紀年》晉文侯二年，周惠王子多父伐鄶」下校語云:

---

[8] 全祖望:《全祖望校水經注稿本合編》第1冊，頁4。
[9] 趙一清:《水經注釋》卷22，載於《景印文淵閣四庫全書》第575冊（臺北:臺灣商務印書館，1986），頁377。又見《水經注釋》（小山堂東潛趙氏定本，趙德元1786刊刻，1794重修）。
[10] 酈道元撰，戴震校:《水經注》第7冊，卷22（聚珍本），載於《叢書集成》第3010冊（北京:中華書局，1985），頁1158。

> 官本曰:「按:『周』近刻訛作『同』。」案:朱[謀㙔]、趙[一清]作『同』。朱[謀㙔]《[水經注]箋》曰:一無『惠』字。[11]

所謂「官本」者即戴震所校之殿本,因此王校本亦作「周惠王子」。

以上言及者皆係「古本」《竹書紀年》之文。清沈炳巽作《水經注集釋訂譌》(脫稿於 1731 年),始取「今本」《竹書紀年》之文與「古本」《竹書紀年》所引互相校證:

> 按《竹書紀年》:「周幽王二年,晉文侯同王子多父伐鄶,克之。」注云:「晉文侯元年則二年,乃幽王之二年,非文侯二年也。」亦無『惠』字,『鄶』作『鄫』。[12]

由是論之,「今本」之尤謬者匪特在無「惠」字及易「鄶」為「鄫」,且於「晉文侯」與「王子多父」之間以「同」字為接連之詞,故持「今本」《竹書紀年》所言以互證,自有必要耳。

明范欽(1506-1585)《竹書紀年》訂本卷下「幽王紀」記:

> 二年辛酉晉文侯元年,涇渭洛竭〇岐山崩〇初增賦〇晉文侯同王子多父伐鄶,克之。乃居鄭父之丘,是為鄭桓公。[13]

明代《竹書紀年》諸本,如吳琯校本、鍾惺(1574-1624)抄本,均作「晉文侯同王子多父伐鄶,克之」。

---

[11] 酈道元著,王先謙校:《合校水經注》卷22(北京:中華書局影印,2009),頁334。

[12] 沈炳巽:《水經注集釋訂譌》,載於《景印文淵閣四庫全書》第574冊(臺北:臺灣商務印書館,1986),頁387。

[13] 沈約附注,范欽訂:《竹書紀年》卷下,載於《天一閣藏范氏奇書》(北京:線裝書局,2007),頁16。

◆第七篇　《水經注》引《竹書紀年》「同惠王子多父伐鄶克之」條考辨◆

迨及清代,「今本」《竹書紀年》此條仍是治此書者討論重點之所在。錢穆(1895-1990)先生嘗以時代分期列舉清人注《竹書紀年》諸家,其言曰:

> 清儒治《紀年》有專著者,覘記所及,凡十六家,十有八種。……其間可分三期:孫[之騄]、徐[文靖]、任[啟運]三家為第一期,大率在雍、乾之間。張[宗泰]、陳[詩]、鄭[環]、趙[紹祖]、韓[怡]、洪[頤煊]、郝[懿行]、陳[逢衡]、雷[學淇]九家為第二期,其著書成說皆在嘉慶。林[春溥]、朱[右曾]、董[沛]、王[國維]四家為第三期,則在道光以下也。[14]

茲按錢穆先生之分期,略述清代治《竹書紀年》學者對「今本」中「晉文侯同王子多父伐鄶,克之,乃居鄭父之丘,是為鄭桓公」句所作考證。

第一期學者中徐文靖(1667-1756)著有《竹書紀年統箋》,於此條下特作箋釋:

> 據《竹書》,桓公時已克鄶,而居于鄭父之丘,故曰鄭桓公。《史記》〈鄭世家〉桓公「卒言王,東徙其民雒東,而虢、鄶果獻十邑,竟國之。」與《紀年》合。韋昭注《國語》,其時未見《竹書》,故以取十邑為武公也。[15]

徐氏以「今本」為據,謂晉文侯與王子多父攻克鄶國,而於《水經注》引文置之不顧。

---

[14] 錢穆:〈略記清代研究竹書紀年諸家〉,載於《錢賓四先生全集》第22冊(臺北:聯經出版事業公司,1998),頁561-562。
[15] 徐文靖:《竹書紀年統箋》(臺北:藝文印書館影印光緒三年浙江書局據丹徒徐氏本校刻本,1966),頁424-425。

第二期學者始注意「今本」所載與《水經注》所引《竹書紀年》之異,茲約舉如次:

　　其一,陳詩《竹書紀年集注》(嘉慶六年(1801)刻書)雖仍明刻「今本」《竹書紀年》作「晉文侯同王子多父伐鄶,克之。乃居鄭父之邱,是為桓公」,但亦謂「《水經注》引作晉文侯二年事,『同』作『周』,又有『名之曰鄭』四字。」[16]

　　其二,嘉慶七年(1802)洪頤煊(1765-1833)撰《校正竹書紀年》作:「晉文侯同王子多父伐鄶,克之。」校文云:「〈洧水注〉引無『晉文侯』三字,一本『同』下有『惠』字,『鄶』本作『酅』,據〈洧水注〉改。」[17]

　　其三,張宗泰(1750-1832)《竹書紀年校補》(錢穆先生考訂張書成於嘉慶七年(1802)之前)據《水經注》所引改近本(即明刻「今本」《竹書紀年》)作:「[晉文侯]二年,周厲王子多父伐鄶,克之。乃居鄭父之丘,名之曰鄭,是為桓公。」[18] 其下校補云:

> 近本「周厲王子」誤作「晉文侯同王子」,無「名之曰鄭」四字,又誤繫於文侯元年。今據《水經》〈洧水注〉所引正之。[19]

　　張氏據《水經注》改正「今本」此條之誤。

　　其四,韓怡《竹書紀年辨正》(嘉慶十二年(1807)木存堂刊本)「晉文侯同王子多父伐鄶」句下案云:「《水經》〈洧水注〉引作『周厲王子多父伐鄶,克之。乃居鄭父之丘,名之曰鄭,是為桓

---

[16] 陳詩:《竹書紀年集注》(蘄州:陳氏家塾刻本,1801),載於《四庫未收書輯刊》3輯12冊,頁251。
[17] 洪頤煊:《校正竹書紀年》(平津館本),載於《四部備要》101冊史部1冊2(上海:中華書局,1936),頁19。
[18] 張宗泰校補:《竹書紀年》,載於《四庫未收書輯刊》3輯12冊,頁291。
[19] 張宗泰校補:《竹書紀年》,載於《四庫未收書輯刊》3輯12冊,頁291。

◆第七篇 《水經注》引《竹書紀年》「同惠王子多父伐鄶克之」條考辨◆

公。』無『晉文侯同』四字。」[20] 韓氏不僅言《水經注》所引無「晉文侯同」,且易明刻「今本」《竹書紀年》之「鄶」字為「鄶」字。

其五,郝懿行(1757-1825)《竹書紀年校正》成書於嘉慶十三年(1808)。郝氏發現「今本」《竹書紀年》此節之誤,疑《水經注》所引或無「惠」字。其案云:

> 《水經》〈洧水注〉引作「晉文侯二年,周惠王子多父伐鄶,克之。乃居鄭父之丘,名之曰鄭,是曰桓公。」以校今本,「周」訛作「同」,「鄶」訛作「鄶」,又脫「名之曰鄭」四字,並據以訂正。然《水經注》所引亦當衍「惠」字,今本又誤在晉文侯元年也。[21]

若「惠」字確係衍字,則《水經注》所引《竹書紀年》此條文字當如是讀:「晉文侯二年,周王子多父伐鄶,克之。乃居鄭父之丘,名之曰鄭,是曰桓公。」如是之說或可回避桓公為宣王之子、抑為厲王之子之爭論。然傳世《水經注》多因脫字以至訛舛。倘依文義,「周」下似無脫字,故不可因「周」訛作「同」以遽斷「惠」為衍字。

其六,陳逢衡(1778-1855)《竹書紀年集證》亦改明本「鄶」字為「鄶」字,作「晉文侯同王子多父伐鄶,克之。乃居鄭父之丘,是為鄭桓公。」[22] 其下按中《水經注》引文卻易「惠」為「厲」,而不以「同」為訛奪:「《竹書紀年》:晉文侯二年,同厲王子多父伐鄶,克之。」[23] 文義更不可通矣。

---

[20] 韓怡:《竹書紀年辨正》(清嘉慶刻本),載於《四庫未收書輯刊》3輯12冊,頁34。
[21] 郝懿行:《竹書紀年校正》卷11,〈周紀三〉(順天府:東路廳署,1879),頁8。
[22] 陳逢衡:《竹書紀年集證》卷34(裏露軒刻本),載於《續修四庫全書》第335冊(上海:上海古籍出版社,2002),頁436。
[23] 陳逢衡:《竹書紀年集證》卷34,載於《續修四庫全書》第335冊,頁437。

第二期學者著作之中，尤可重視者為雷學淇於嘉慶十一年（1806）所撰《考訂竹書紀年》。雷氏於「晉文侯元年……。二年，周宣王子多父伐鄶，克之，乃居鄭父之邱」[24]條下詳考此一問題曰：

> 近本作「文侯元年，同王子多父伐鄶，克之。乃居鄭父之邱，是為鄭公。」今從《水經》〈洧水注〉、《史通》〈雜說篇〉引改。近本《水經注》「周宣」多誤作「同惠」，或更脫「惠」字。《史通》〈雜說篇〉又誤「宣」作「厲」，云《竹書紀年》出于晉代，謂鄭桓公，厲王之子，與經典所載乖剌。案：劉氏所謂經典，即《世本》、《史記》等書，及漢晉人傳注也。秦漢以後，著述家皆以鄭桓為厲王子，而《紀年》獨以為宣王子，故曰乖剌。若《竹書》本是厲王，何乖剌之有乎？且《紀》于宣王時止書王子多父，不加宣字，謂是即王子也。于幽王時，特加宣字，嫌于為幽王子也。《春秋》外傳《國語》曰：「鄭出自宣王。」僖公二十四年《左傳》曰：「鄭有厲、宣之親。」宣公十二年《傳》曰：「徼福于厲、宣、桓、武。」蓋外傳是明言所出，內傳是稱其祖父之辭，猶《書》之命晉稱文、武也。故杜注亦云周厲王、宣王，鄭之所自出，是漢、晉之際亦有知鄭為宣王之後者已。同、周、惠、宣，字形相似，故鈔錄鋟板者多誤。以酈氏、劉氏二書證之，為周宣無疑，今張本《紀年》「同」作「周」，浦氏《史通通釋》「惠」作「宣」。[25]

此所言「近本」乃通行之「今本」《竹書紀年》也。雷氏此論，前人

---

[24] 雷學淇：《考訂竹書紀年》卷5（潤身堂藏版補刊本），頁2。亦見是書亦嚚嚚齋刻本，載於《四庫未收書輯刊》3輯12冊，頁77。
[25] 雷學淇：《考訂竹書紀年》卷5，頁2。亦見是書亦嚚嚚齋刻本，載於《四庫未收書輯刊》3輯12冊，頁77-78。

◆第七篇　《水經注》引《竹書紀年》「同惠王子多父伐鄶克之」條考辨◆

所未發,頗足備各家注《竹書紀年》之一說。

唐代劉知幾（661-721）《史通》〈雜說上〉「汲冢紀年」條云:「而《竹書紀年》出於晉代,學者始知后啟殺益,太甲殺伊尹,文丁殺季歷,共伯名和,鄭桓公,厲王之子。則與經典所載,乖剌甚多。」[26] 然《史通》注釋者浦起龍（1679-1762）於「鄭桓公,厲王之子」下曰:「句有誤,『厲王』疑本作『宣王』。」[27] 浦氏所疑,不為無據。雷學淇亦以字形相似,故抄錄鋟板者多誤,謂「同惠」為「周宣」之誤。

嘉慶十五年（1810）雷氏復作《竹書紀年義證》以正經史之疑義、舊說之違誤者。雷氏論之曰:

> 王子多父者,宣王之子鄭桓公友也。……《春秋》僖公二十四年《左傳》曰:「鄭有厲、宣之親。」此以桓公之祖、父為言,猶《書》命晉侯稱文、武也。《國語》曰:「鄭出自宣王」;《紀》曰:「周宣王子多父伐鄶,克之。」是其證已。漢、晉以後,皆以鄭桓為宣王弟,或云庶弟,或云母弟,並誤。《呂覽》〈適威〉曰:「厲王,天子也,有讐而眾,故流于彘,禍及子孫,微召公虎而絕無後嗣。」此即謂召公以其子代宣王事也。推此言之,則厲王之子,止宣王一人可知。[28]

雷氏《介庵經說》〈鄭系考〉考此一問題益詳[29],可補前說。經雷學淇改訂之《竹書紀年》此條曰:「[晉文侯]二年周宣王子多父伐鄶,克

---

[26] 劉知幾撰,浦起龍釋:《史通通釋》卷16（上海:上海古籍出版社,1978）,頁455。
[27] 劉知幾撰,浦起龍釋:《史通通釋》卷16,頁455。
[28] 雷學淇:《竹書紀年義證》卷27（臺北:藝文印書館,1977）,頁398。
[29] 說詳雷學淇:《介庵經說》卷7,〈鄭系考〉,載於《續修四庫全書》第176冊,頁186。

223

之,乃居鄭父之邱,名之曰鄭,是為桓公。」³⁰ 東方按:「宣」與「名之曰鄭,是為桓公」,原書刻作小字,蓋雷氏標示其所改訂之文字。

趙紹祖(1752-1833)《校補竹書紀年》卷二於此條加按語,質疑陳鳳石「《史通》引《竹書》鄭桓公屬王之子;『今本』但云王子多父,不言屬王子」之說,其言曰:

> 《史通》所引本皆與經典乖刺者,若桓公為屬王之子,則正與《史記》合,劉知幾不應云乖刺也,疑《史通》有誤字耳。³¹

此誠為卓見。然趙氏於「晉文侯同惠王子多父伐鄶,克之,乃居鄭父之邱,是為鄭公」下按云:

> 〈洧水注〉:「晉文侯二年,同惠王子多父伐鄶,克之。乃居鄭父之邱,名之曰鄭,是曰桓公。」據此,當在幽王三年,而文亦小異。³²

趙氏僅檢年代之小別,卻於「今本」《竹書紀年》之「晉文侯同王子多父」與《水經注》〈洧水〉引「晉文侯二年同惠王子多父」之異,則未之或究也。

第三期學者中有林春溥(1775-1861),其所撰《竹書紀年補證》於「晉文侯同王子多父伐鄶,克之,乃居鄭父之邱,名之曰鄭,是為桓公」條下注,復引《水經注》之文云:

---

³⁰ 雷學淇:《竹書紀年義證》卷27,頁411。
³¹ 趙紹祖:《校補竹書紀年》卷2(古墨齋刻本),載於《四庫未收書輯刊》3輯12冊,頁196。
³² 趙紹祖:《校補竹書紀年》卷2,載於《四庫未收書輯刊》3輯12冊,頁197。

◆第七篇　《水經注》引《竹書紀年》「同惠王子多父伐鄶克之」條考辨◆

　　《水經》〈洧水注〉引《紀年》云：「晉文侯二年，同厲王子多父伐鄶，克之。乃居鄭父之丘，名之曰鄭，是曰桓公。」[33]

　　林氏在此易「惠」為「厲」，然仍未改「同」字。
　　以上各家所駁甚辨，然皆本「今本」《竹書紀年》為說。道光年間，朱右曾（1799-1858）不復糾纏於明刻《竹書紀年》之文本，乃廣搜古書，掇拾《竹書紀年》佚文，注其所出，考其異同，曰《汲冢紀年存真》，開啟輯佚「古本」《竹書紀年》之風。其引《水經》〈洧水注〉：「[晉文侯]二年，周厲王子多父伐鄶，克之。乃居鄭父之邱，名之曰鄭，是曰桓公。」注云：「『周厲』一作『同惠』。」[34]朱氏亦改「同惠」為「周厲」，與劉知幾《史通》之說足相比堪，皆不足據。
　　由上可見，明清學者已對《竹書紀年》此條引文之疑有所討論，其中「同惠王子多父伐鄶」句之「同惠」二字，究為訛字誤屬入句，抑或原文如是，諸家歧說既多，尚未定於一是。近世中外學人考論《竹書紀年》者，頗以此條內容為爭議對象，然猶有待發之覆。以下爰就現有之材料，重考此條，而尤集矢於「同惠」二字之解析。

二

　　民國以降，研究《水經注》及《竹書紀年》學人於「同惠王子伐鄶」句解釋依舊莫衷一是，力持異論者，頗不乏人。王國維（1877-1927）撰《水經校注》以朱謀㙔《水經注箋注》為底本，對勘宋本、

---
[33] 林春溥：《竹書紀年補證》卷3，載於楊家駱主編：《竹書紀年八種》（臺北：世界書局，1963），頁21。
[34] 朱右曾：《汲冢紀年存真》卷下，載於《續修四庫全書》第336冊，頁23。

《永樂大典》本及明清諸家版本。然亦未校正「同惠」二字，照錄朱本之引文。其所著《古本竹書紀年輯校》「[晉文侯]二年，同惠王子多父伐鄶，克之。乃居鄭父之丘，名之曰鄭，是曰桓公」條下注謂：「『同惠』疑『周厲』之訛。」[35]疑王氏沿朱右曾之誤。

楊守敬（1839-1915）、熊會貞（1863-1936）師生撰《水經注疏》，引〈洧水注〉作：「《竹書紀年》：晉文侯二年，周宣王子多父伐鄶，克之，乃居鄭父之丘，名之曰鄭，是為桓公。」其下注略云：

朱[謀㙔]「周」訛作「同」，「宣」訛作「惠」，《[水經注]箋》曰：「一無『惠』字。」趙[一清]並沿朱之訛。戴[震]但改「同」為「周」。[36]

范祥雍（1913-1993）《古本竹書紀年輯校訂補》較前人細究此條之異同：

《史通雜說篇》引「鄭桓公，厲王之子，」當是約舉此文之語。但《史通》下文又云：「與經典乖剌甚多。」鄭桓公為周厲王子，見於經傳，不當云爾。故浦起龍《通釋》謂：「厲王疑本作宣王，」此文又作「惠王，」未知「惠」為何字之誤。《今本紀年》作「幽王二年，晉文侯同王子多父伐鄶。」《史記》〈鄭世家〉：「鄭桓公友，」與此不同。朱右曾云：「友古文作𢏚，與多相似。」[37]

---

[35] 王國維：《古本竹書紀年輯校》〈序〉，載於楊家駱主編，劉雅農總校：《世界文庫‧四部刊要‧史學叢書》第2集1冊（臺北：世界書局，1957），頁15。
[36] 酈道元注，楊守敬、熊會貞疏，段熙仲點校，陳橋驛復校：《水經注疏》中冊（南京：江蘇古籍出版社，1989），頁1842。
[37] 范祥雍：《古本竹書紀年輯校訂補》（上海：上海人民出版社，1957），頁34。

◆第七篇 《水經注》引《竹書紀年》「同惠王子多父伐鄶克之」條考辨◆

范氏殆僅據此,而未究傳世經傳中之歧解,故有斯語。《左傳》即有「鄭祖厲王」之說,關鍵在於如何理解此等歧說。

方詩銘(1919-2000)《古本竹書紀年輯證》(修訂本)輯之曰:

> 《竹書紀年》:晉文侯二年,周宣王子多父伐鄶,克之。乃居鄭父之丘,名之曰鄭,是曰桓公。
> 　　　　　　　　　　　　　　　　　《水經·洧水注》[38]

輯文之下,方氏作案條列諸家之說:

> 案:「周宣」,永樂大典本、朱謀㙔本皆作「同惠」。戴震校本改「同」為「周」。楊守敬《水經注疏》卷二二據雷學淇《考訂竹書紀年》改作「周宣」。案《考訂竹書紀年》卷五云:「近本《水經注》『周宣』多誤作『同惠』,或更脫『惠』字,……『同』『周』、『惠』『宣』字形相似,故鈔錄鋟板者多誤。」《存真》改作「周厲」,《輯校》亦云:「『同惠』疑『周厲』之訛。」非是。現從雷說,并據《注疏》本。《史記·鄭世家》桓公名友,陳逢衡《竹書紀年集證》卷三五、雷學淇《竹書紀年義證》卷二六及《存真》皆以「友」、「多」字形相近,因或作「友」,或作「多」。[39]

方氏之案語極為詳實,可補以上各說之未詳。

陳槃(1905-1999)於1969年刊布《春秋大事表列國爵姓及存滅表譔異》,其文第七節於此問題詳為之釋。[40] 陳氏力陳《水經注》所引

---

[38] 方詩銘、王修齡:《古本竹書紀年輯證》(修訂本)(上海:上海古籍出版社,2005),頁70。
[39] 方詩銘、王修齡:《古本竹書紀年輯證》(修訂本),頁70-71。
[40] 陳槃:《春秋大事表列國爵姓及存滅表譔異》(三訂本)第1冊(中央研究院歷史語

《竹書紀年》此條應作「周宣王子多父……是為桓公」。陳氏考之雷學淇《竹書紀年義證》，援引先秦主要文獻以證厲王子僅止宣王一人，鄭桓公非周厲王子，極為明白可據。陳氏亦矯司馬遷之誤載：「史公譔次此一故實，移甲就乙，實甚疏忽。而謂鄭出厲王者，蓋由戰國間人羼亂之《左傳》有『鄭祖厲王』之說，史公失察，以為鄭出於厲王，遂不自覺其信筆及此。」[41] 陳氏之說甚諦，其深識殊非一般治史者所及。說詳氏著之第七節，茲不俱論。

陳槃弟子張以仁（1930-2009）於 1987 年發表〈鄭桓公非厲王之子說述辨〉一文[42]，駁陳氏「鄭桓公為周宣王之子」說，反覆力辨桓公係厲王子，詳為敷說。張氏先引《國語》「鄭出自宣王」證鄭桓公非周宣王所生。《國語》〈周語〉云：

> 襄王十七年，鄭人伐滑。使游孫伯請滑，鄭人執之。王怒，將以狄伐鄭。富辰諫曰：「不可。……鄭在天子，兄弟也。鄭武、莊有大勳力於平、桓，我周之東遷，晉、鄭是依。子頹之亂，又鄭之繇定。今以小忿棄之，是以小怨置大德也，無乃不可乎。……」王不聽。十七年，王降狄師以伐鄭。王德狄人，將以其女為后，富辰諫曰：「不可。夫婚姻，禍福之階也。利內則福由之，利外則取禍。今王外利矣，其無乃階禍乎？……」王曰：「利何如而內，何如而外？」對曰：「尊貴，明賢，庸勳，長老，愛親，禮新，親舊。……是利之內也。……夫狄無列於王室，鄭，伯男也，王而卑之，是不尊貴

言研究所專刊之五十二），（臺北：中央研究院歷史語言研究所，1969），頁99-142。
[41] 陳槃：《春秋大事表列國爵姓及存滅表譔異》（三訂本）第1冊（中央研究院歷史語言研究所專刊之五十二），頁112。
[42] 張以仁：〈鄭桓公非厲王之子說述辨〉，載於氏著：《春秋史論集》（臺北：聯經出版事業公司，1990），頁365-409。

◆第七篇　《水經注》引《竹書紀年》「同惠王子多父伐鄶克之」條考辨◆

也。……狄,隗姓也。鄭出自宣王,王而虐之,是不愛親也。」[43]

張以仁據此論云:「『鄭在天子兄弟也』一語,似非泛說,乃是實指宣王與桓公的兄弟關係而言。」[44] 張氏之說殊未審允。徵之於實,富辰此語之核心,則在申論鄭於王室有親有功,並無分封之意。其所強調實則周鄭之親屬關係耳,即周鄭均為宣王之後代。韋昭注「鄭在天子,兄弟也」明言:「言與襄王有兄弟之親也。」[45] 此兄弟乃兄弟之邦,實為鄭在天子,兄弟之邦也。是論當時之事,非言宣王與桓公之關係。《國語》〈周語〉亦有曰:「鄭出自宣王,王而虐之,是不愛親也。」[46] 鄭始封君桓公即是周宣王之子,則周鄭之間必世為兄弟或叔侄。不愛兄弟或叔侄之邦,即為不愛親矣。富辰之語既以歷史事實為據,復以邏輯推論,言襄王此舉為不愛親甚明,故為博雅君子之論。

張氏復辨「出」字之義曰:

「出」字既不一定都是「所生」的意思,則〈周語〉中的「鄭出自宣王」,韋昭解為封國,一義引申,謂係詞義之「擴大」,應該是可以成立的。[47]

按「出」字在此之本義為「生」,而張氏卻解為「封出」。張氏之誤有其來源。《國語》原文直言鄭桓公為周宣王所生。然韋昭注云:「鄭桓公友,宣王之母弟。出者,謂鄭國之封出於宣王之世也。」[48] 於

---

[43] 徐元誥撰,王樹民、沈長雲點校:《國語集解》(北京:中華書局,2002),頁44-49。
[44] 張以仁:〈鄭桓公非厲王之子說述辨〉,載於氏著:《春秋史論集》,頁383。
[45] 徐元誥撰,王樹民、沈長雲點校:《國語集解》,頁45。
[46] 徐元誥撰,王樹民、沈長雲點校:《國語集解》,頁49。
[47] 張以仁:〈鄭桓公非厲王之子說述辨〉,載於氏著:《春秋史論集》,頁383。
[48] 徐元誥撰,王樹民、沈長雲點校:《國語集解》,頁49。

此韋昭增字解經，憑空於「出」字之下添以「封」字，訓為「封出」之義。⁴⁹《史記》所載乃太史公追記，誠如陳槃所言，持《國語》校司馬遷之說，「史公所述，確拼湊無倫。」⁵⁰而韋昭注誤信司馬遷之說，疑「出」為「封出」，此是不得其解而強為之說也。故雷學淇云：「此因《竹書》未出，經無明文，故誤從兩漢之說。」⁵¹

「出」字本義見《易》〈說卦〉：「萬物出乎震。」⁵²李鼎祚《周易集解》引虞翻曰：「出，生也。」⁵³《禮記》〈問喪〉：「非從天降也，非從地出也。」⁵⁴《莊子》〈庚桑楚〉：「出無本，入無竅。」成玄英疏曰：「出，生也，入，死也。」⁵⁵「出」字皆為「生」之義。阮元撰集《經籍纂詁》，廣搜經傳子史注釋，然「出」字下卻未引《國語》上條韋注，亦未有訓「封出」之義者。而張氏據「封出」之解推論鄭桓公為周厲王之子，殊苦穿鑿。

張氏復引《左傳》〈文公二年〉「宋祖帝乙，鄭祖厲王，猶上祖也」及杜預注「帝乙，微子父。厲王，鄭桓公父」。⁵⁶以帝乙乃微子之父比對則為厲王乃桓公父之驗證也。而「鄭祖厲王」是否確指厲王為桓公父，則尚有疑義焉。陳槃有曰：

---

⁴⁹ 古人解經，頗有增字解經者，王引之《經義述聞》引其父念孫辨《毛傳》「終風且暴」之句，是其顯例。按：「終風」一詞，《毛傳》注曰：「終日風為終風。」王念孫曰：「此皆緣詞生訓，非經文本義，終猶既也，言既風且暴也。」此「曰」即為增字。王氏父子據音訓解為「既風且暴」，乃得正解。見王引之：《經義述聞》卷5（臺北：臺灣中華書局影印《四部備要》本，1987），頁7。

⁵⁰ 陳槃：《春秋大事表列國爵姓及存滅表譔異》（三訂本）第1冊（中央研究院歷史語言研究所專刊之五十二），頁112。

⁵¹ 雷學淇：《介庵經說》卷7，〈鄭系考〉，載於《續修四庫全書》第176冊，頁186。

⁵² 王弼、韓康伯注，孔穎達疏：《周易正義》卷9，頁82，載於阮元校刻：《十三經注疏》上冊（北京：中華書局影印本，1980），頁94。

⁵³ 李道平：《周易集解纂疏》（北京：中華書局，1994），頁695。

⁵⁴ 鄭玄注，孔穎達疏：《禮記正義》卷56，頁429，載於阮元校刻：《十三經注疏》下冊，頁1657。

⁵⁵ 郭慶藩：《莊子集釋》（北京：中華書局，1961），頁800。

⁵⁶ 杜預注，孔穎達疏：《春秋左傳正義》卷18，頁137，載於阮元校刻：《十三經注疏》下冊，頁1839。

◆第七篇 《水經注》引《竹書紀年》「同惠王子多父伐鄶克之」條考辨◆

宋有帝乙之祀,鄭有厲王之祀,亦是祀不齊聖者,故以為商、周祀事之比耳。然則謂商、周之祀止于契、不窋,固不可。謂宋、鄭之祀止于帝乙、厲王,亦不可也。鄭祀不止于厲王,則未可據此以為鄭出于厲王也。[57]

陳氏之說固是,然仍似有所未備。雷學淇對此已解說於前。雷氏謂:「自開國至於昭公、厲公五廟中,皆有厲王之主,故曰:鄭祖厲王。」[58]而《左傳》〈宣公十二年〉鄭伯曰:「徼福於厲、宣、桓、武。」[59]依昭穆父子對應排列,周厲王、鄭桓公當是祖孫關係,周宣王、鄭武公亦為祖孫,而宣王、桓公乃父子也。《左傳》〈僖公二十四年〉亦云:「鄭有平、惠之勳,又有厲、宣之親。」[60]厲、宣並稱,蓋因周厲王、宣王分別為鄭桓公之祖父、父親,即如雷學淇記桓公謂:「是稱其之祖、父之辭,猶《書》命晉稱文、武也。」[61]

余則欲更進一解,即從厲王、宣王及桓公之生卒年壽,推求桓公究為何王之子。關於此一問題,自來考證之作亦已多矣[62],而以陳夢家

---

[57] 陳槃:《春秋大事表列國爵姓及存滅表譔異》(三訂本)第1冊(中央研究院歷史語言研究所專刊之五十二),頁107-108。
[58] 雷學淇:《介庵經說》卷7,〈鄭系考〉,載於《續修四庫全書》第176冊,頁186。
[59] 杜預注,孔穎達疏:《春秋左傳正義》卷23,頁176,載於阮元校刻:《十三經注疏》下冊,頁1878。
[60] 杜預注,孔穎達等正義:《春秋左傳正義》卷55,頁116,載於阮元校刻:《十三經注疏》下冊,頁1818。
[61] 雷學淇:《考訂竹書紀年》卷5(潤身堂藏版補刊本),頁2。亦見是書亦囂囂齋刻本,載於《四庫未收書輯刊》3輯12冊,頁78。
[62] 最有代表性者為雷學淇之考論:「考《竹書》,厲王生于孝王七年。即位時,年甫十四。即位之十二年,奔彘。國人圍王宮,執召公之子,殺之,時年二十五。明年,共伯和攝行王事。攝之十四年,而厲王崩。明年,宣王即位。《左傳》曰:『至于厲王,王心戾虐,萬民弗忍,居王于彘。諸侯釋位,以間王政。宣王有志,而後效官。』《國語》曰:『彘之亂,宣王在召公之宮,國人圍之,召公以其子代宣王。宣王長而立之。』《呂覽》曰:『厲王,天子也,有讎而眾,故流于彘,禍及子孫。微召公虎而絕無後嗣。』此與古傳之說悉合。蓋宣王即位時,年甫十六。圍王宮時甫二歲,故召公以其子代而國人不識也。古制,十五入大學以定其志,故子曰:『吾十有五而志

（1911-1966）之文最有根據。據陳夢家之推算，「……周厲王在位年數應在十四年以上，十八年以下，約為十五、十六、十七年，今取折衷之數定為十六年。」[63] 陳氏據傳統文獻定共和行政為約十四年，宣王在位約四十六年，幽王在位約十一年。[64]《太平御覽》卷八百七十八引《史記》曰：「周孝王七年，厲王生。」[65] 按陳氏之西周分期表[66]，則厲王出生年約為前 891 年。厲王奔彘之年，史家通常定為前 841 年，亦有說前 842 年，則是年厲王當過五十。張培瑜據眉縣新出逨盤逨鼎銘文，定周宣王元年為前 826 年，比《史記》所記推後一年，並取前 865 年為厲王元年。[67] 以此觀之，則厲王於奔彘之歲，年已三十餘歲。此說較傳統記載為可靠。

宣王生年於史書無徵，然《史記》〈十二諸侯年表〉記：「厲王子居召公宮，是為宣王。王少，大臣共和行政。」[68] 宣王生年雖難確

於學。』《學記》亦曰：『一年視離經辨志。』厲王止生一子，故《呂覽》曰：『微召虎公，而絕無後嗣。』以此推之，則鄭桓公非厲王子甚明。」（見氏著：《介庵經說》卷7，〈鄭系考〉，載於《續修四庫全書》第176冊，頁186。）關於厲王王年，學者之間分歧甚大，今人張懋鎔〈周厲王在位年數考〉羅列13種不同在位年數，見氏著：《古文字與青銅器論集》（北京：科學出版社，2006），頁199。

[63] 陳夢家：《西周年代考·六國紀年》（北京：中華書局，2005），頁44。除陳氏年表外，目前頗具代表性之夏商周年表為倪德衛（David S. Nivison）所重建之三代年表（見氏著，邵東方譯：〈三代年代學之關鍵：「今本」《竹書紀年》〉，《經學研究論叢》，第10輯（2002.3），頁223-310），以及夏商周斷代工程所公布之三代年表（見夏商周斷代工程專家組著：《夏商周斷代工程1996-2000年階段成果報告》（簡本）（北京：世界圖書出版公司，2000），頁36-37）。倪教授定厲王生年為前864年，厲王元年為前853年，宣王元年為前823年，宣王卒年為前784年，幽王即位年為前781年。夏商周斷代工程則定孝王元年、夷王元年分別為前891與前885年，厲王在位年為前877-前841年，宣王在位年為前827-前782年，幽王在位年為前781-前771年。雙方年表所列年代差別甚遠，引起若干爭論。然而無論採用何種年表，桓公為宣王子之說在年代推論上均可成立。

[64] 陳夢家：《西周年代考·六國紀年》，頁46。

[65] 至於有無「厲王生」三字，方詩銘謂：「影宋本、保刻本《御覽》皆有此三字。」（見方詩銘、王修齡：《古本竹書紀年輯證》（修訂本），頁171）是也。

[66] 陳夢家：《西周年代考·六國紀年》，頁51。

[67] 張培瑜：〈逨鼎的王世與西周晚期曆法月相紀日〉，《中國歷史文物》2003年第3期，頁6-15。

[68] 司馬遷：《史記》第2冊，卷14（北京：中華書局，1959），頁514。

考,然宣王年少語仍尚略可推求。史遷稱「王少」殆非年幼。孔子曰:「君子有三戒:少之時,血氣未定,戒之在色;及其壯也,血氣方剛,戒之在鬥;及其老也,血氣既衰,戒之在得。」[69] 是以人生為少壯老三段。皇侃(488-545)《論語集解義疏》曰:「少謂三十以前也。」[70] 邢昺(932-1010)《論語注疏》引孔穎達《正義》云:「少謂人年二十九以下。」[71] 少之上限不過年二十九,至於下限,即云戒之在色,必在青春發育之後。而《禮記》〈曲禮〉曰:「人生十年曰幼。」[72] 據此推測,諒厲王奔彘之時,宣王年壽當逾十歲矣。姑本以上年表推之,宣王即位之時當亦在二十四歲以上也。《史記》謂宣王二十二年(前 806 年)始封友於鄭,此時友年當為二十歲或以上,而宣王亦四十六歲以上。若是,則鄭桓公生年當在厲王死後數年,焉得為厲王之子。及桓公封鄭(前 806 年),已成丁之年,故生似於宣王三年(前 825 年)(是年宣王應已二十矣)。《史記》〈鄭世家〉曰:「[鄭桓公]封三十三歲,百姓便皆愛之。幽王以為司徒。」[73]《史記》又載周幽王十一年(前 771 年),「西夷犬戎攻幽王,……殺幽王驪山下。」[74]「[桓公]因幽王故,為犬戎所殺。」[75] 則桓公卒年約五十有六。前引《竹書紀年》記:「[晉文侯]二年,同惠(周宣)王子多父伐鄶,克之。」晉文侯二年當周幽王三年(前 779 年)。《漢書》〈地理志〉注引臣瓚曰:「幽王既敗,二年而滅鄶,四年而滅虢,居於鄭

---

[69] 何晏注,邢昺疏:《論語注疏》卷16,頁66,載於阮元校刻:《十三經注疏》下冊,頁2522。
[70] 皇侃疏:《論語集解義疏》卷8(臺北:廣文書局,1991),頁585。
[71] 何晏注,邢昺疏:《論語注疏》卷16,頁66,載於阮元校刻:《十三經注疏》下冊,頁2522。
[72] 鄭玄注,孔穎達疏:《禮記正義》卷1,頁4,載於阮元校刻:《十三經注疏》上冊,頁1232。
[73] 司馬遷:《史記》第5冊,卷43,頁1757。
[74] 司馬遷:《史記》第1冊,卷4,頁149。
[75] 司馬遷:《史記》第2冊,卷14,頁532。

父之丘，是以為鄭桓公，無封京兆之文也。」[76] 此與《紀年》同，而與《史記》異。若據《紀年》及臣瓚曰推之，則多父在幽王死後始稱桓公，其生年似更晚也。易言之，以古人生理條件（父子相差約二十歲）觀之，宣桓為父子較屬桓為父子於事理相合。《公羊傳》〈隱公元年〉：「立適以長，不以賢；立子以貴，不以長。」[77] 以此推之，王子多父雖為周宣王子，然渠乃庶出之子，則應無異議也。

三

余之忘年契友倪德衛（David S. Nivison）教授從事《竹書紀年》研究有年。1988 年初，倪教授撰〈論毛公鼎之真偽〉（The Authenticity of the Mao Kung *Ting* Inscription）[78]，欲於「同惠」二字之解另闢途徑。茲引其論述如下：

> …There is a very clear example of *hui* in the sense "help", I might be told, in a text that has been available for many centuries – the *Bamboo Annals*! The line will be found in the very next strip (15) of the *Annals* analyzed above; and it is a "help…attack" text, much like the Yü *Ting*:
>
> *Wen Hou t'ung hui wang tzu To Fu fa Kuai k'e chih*
>
> 文侯同惠王子多父伐鄶克之

---

[76] 班固：《漢書》第6冊，卷28，〈地理志〉（北京：中華書局，1962），頁1544。
[77] 何休解詁，徐彥疏：《春秋公羊傳注疏》卷1，頁3，載於阮元校刻：《十三經注疏》下冊，頁2197。
[78] 倪教授將此文遞交於澳大利亞新南威爾士（New South Wales）召開之學術會議，而其本人未克與會。會議論文集則出版於1996至1997年。

"Lord Wen [of Chin] joined with and helped Prince To Fu attack Kuai, and they defeated it."

The trouble with this as an objection is that no one, as far as I am aware, in all of the centuries of study of the *Annals*, has noticed that this is the meaning of this text. Instead, baffled by *hui* here, editors have left the word out, or scholars have thought that since there was a Hui Wang later in Eastern Chou, therefore *hui* must be a mistake for another king's name, either Hüan (since the graph for *Hui* 惠 looks something like the graph for *Hüan* 宣) or Li 厲 (since To Fu 多父, alias Yu Fu 友父, is said in the *Shih-chi* to be the son of Li Wang); so (e.g.) we ought to read "Load Wen together with To Fu, son of Li Wang, attacked Kuai and defeated it." [79]

[漢譯文：余竟未嘗聞之，在流傳若干世紀之文獻《竹書紀年》中，「惠」作「幫助」義已有一顯例！此行文字見於上述《紀年》簡文之下條；是條即頗類《禹鼎》所載之「惠……伐」文句：

文侯同惠王子多父伐鄶克之

（「[晉]文侯同王子多父聯手，助其攻打鄶國，擊敗之。」）

此解作為一種異說，其問題在於，至少據余所知，千百年來治《紀年》者尚未有人注意到，此即原文之本意。反之，惑於此處之「惠」字，編者則刪除此字，學者則因稍後之東周有

---

[79] David S. Nivison, "The Authenticity of the Mao Kung *Ting* Inscription," in *Ancient Chinese and South Asian Bronze Age Cultures*, ed. F. David Bulbeck (Taipei: SMC Publishing Inc., 1996-97), 322-23.

一惠王,故「惠」字必為另一王名之誤—非「宣」(因惠字形頗似宣字形)即「厲」(因多父又稱友父,《史記》記為厲王之子)。因之(如上所舉之例)吾人應讀此句為:「文侯同厲王子多父攻打鄶國,擊敗之。」][80]

倪教授所舉「文侯同惠王子多父伐鄶克之」之文,實則本《水經注》所引《竹書紀年》「晉文侯二年同惠王子多父伐鄶克之」與「今本」《竹書紀年》「晉文侯同王子多父伐鄶克之」合之稍加變異—略去「古本」之「二年」二字,並採「今本」之句式。此一經改動之句則非同原文,殆未嘗細檢矣。而倪教授於此句中之「同」字,翻譯亦有差別:前則譯作參與 (joined with),「同」與「惠」二動詞連用;後則譯為「連同」 (together with),作成語介詞。因訓「惠」為「助」作動詞,倪教授於此提出「惠」+人名+動詞短語 (hui+name+verb-phrase)之結構,意即「助某人做某事」 (help someone to do something)[81],謂[晉文侯]「助」王子多父「攻」鄶。

倪教授又引《毛公鼎》銘文中「虔夙夕叀我一人雝我邦小大猷」句,以證「惠」字之「助」用法。以下為其英譯:"but [you] should sedulously, day and night, help (hui 惠) me, the One Man, to uphold wise counsels for our State in small as well as large matters"[82]。同一文中,又有「虔夙夕叀我一人雝我邦小大猷」之英譯:"but [you] must reverently, day and night, help me the One Man to uphold wise counsels

---

[80] 本文中各段英文原文均為筆者所漢譯。
[81] David S. Nivison, "The Authenticity of the Mao Kung *Ting* Inscription," in *Ancient Chinese and South Asian Bronze Age Cultures*, ed. F. David Bulbeck (Taipei: SMC Publishing Inc., 1996-97), 322.
[82] David S. Nivison, "The Authenticity of the Mao Kung *Ting* Inscription," in *Ancient Chinese and South Asian Bronze Age Cultures*, ed. F. David Bulbeck (Taipei: SMC Publishing Inc., 1996-97), 317.

◆第七篇　《水經注》引《竹書紀年》「同惠王子多父伐鄶克之」條考辨◆

for my States in small and large matters"[83]，是以此句為連動結構。然此解多一轉折，意不可通。然倪教授釋《毛公鼎》銘文中「惠」字為「助」，雖有發明，恐未然也。茲先列《毛公鼎》銘文主要釋說於下，復略陳解說。

　　其一，于省吾（1896-1984）〈毛公厝鼎銘〉句：「虔夙夕惠我一人。」其下注：「《詩》〈燕燕〉傳：惠，順也。」「離我邦小大猷。」其下注：「王[國維]云：《書》〈文侯之命〉：『越小大謀猷。』離，和也。猷，謀也。」[84] 于氏據《詩》〈毛傳〉釋「惠」為「順」，據《書》釋「離」為「和」。「夙夕」，金文亦作「夙夜」，朝暮之稱。于省吾曰：「經傳及金文凡言夙夜，皆寓早夜勤慎之意。」[85] 的然可據。

　　其二，高亨（1900-1986）《毛公鼎銘箋注》作：「『虔夙夕❀我一人。』《廣雅‧釋詁》：『虔，敬也。』❀古蟪字，象形。此借為惠，言敬於夙夕嘉惠我一人也。」[86] 高亨據字形釋「惠」為「嘉惠」，即「給予好處」，而此乃引申之義，故未能確釋「惠」字之本音及本字。

　　其三，董作賓（1895-1963）〈毛公鼎釋文注釋〉曰：「于[省吾]、郭[沫若]、高[亨]三家釋文，雜採眾說，各有去取，似已臻『文從字順』之境。比較觀之，仍不免有『穿鑿附會』之處，可見考釋古器銘文之難。」[87] 因釋之曰：「夕、即是夜。夙夕、猶言日夜。惠、順。

---

[83] David S. Nivison, "The Authenticity of the Mao Kung *Ting* Inscription," in *Ancient Chinese and South Asian Bronze Age Cultures*, ed. F. David Bulbeck (Taipei: SMC Publishing Inc., 1996-97), 338.
[84] 于省吾：〈毛公厝鼎銘〉，載於氏著：《雙劍誃吉金文選》（北京：中華書局，1998），頁127。
[85] 于省吾：《澤螺居詩經新證》（北京：中華書局，1982），頁81。
[86] 高亨：〈毛公鼎銘箋注〉，載於氏著：《文史述林》（北京：中華書局，1980），頁553。
[87] 董作賓：〈毛公鼎釋文注譯〉，載於《先秦史研究論集（下）》，《大陸雜誌史學叢書》第1輯（臺北：大陸雜誌社，1960），頁206。

詩大雅：『夙夜匪懈，以事一人，』即『女毋敢荒寧，虔夙夕惠我一人』之意。虔，敬。雝，和。
𦎫，謀。」[88] 董氏引《詩》，謂「惠」與「順」字通，甚是。其今譯「虔夙夕惠我一人，雝我邦小大猷」句：「敬謹的無論日夜，時時刻刻密切和我一人合作，使我們國家各項政令，都能和諧順利的進行」。[89]

其四，陳夢家《西周銅器斷代》（1941 年作，1964 年錄改）略云：

> 「虔夙夕惠我一人，雝我邦小大猷」，《師詢殷》曰：「命女惠雝我邦小大猷」，與此同而省去「我一人」，可知惠、雝義同。金文王自稱余一人，余、我是單數、複數第一人稱之別，而此處又有我一人。〈文侯之命〉曰：「越小大謀猷周不率從」，《爾雅》〈釋詁〉曰：「猷，謀也」，故猷即謀猷。[90]

陳氏考定此「惠」字與「雝」字義同，以「惠」為動詞，其說誠是。

其五，日本學者白川靜（1910-2006）《金文通釋》三十曰：

> 「虔夙夜」は常語。叀は惠。「惠我一人、雝我邦小大猷」は、師詢殷の「惠雝我邦小大猷」を析用したものである。惠は惠愛の意よりも、彔伯𢦚殷「右闢四方、惠囿天命」のように惠張の意に用い、また沈兒鐘「惠于政德」・王孫遺者鐘「惠于明祀」のように政教や祭祀にもいう語である。雝

---

[88] 董作賓：〈毛公鼎釋文注譯〉，載於《先秦史研究論集（下）》，《大陸雜誌史學叢書》第1輯，頁208。
[89] 董作賓：〈毛公鼎釋文注譯〉，載於《先秦史研究論集（下）》，《大陸雜誌史學叢書》第1輯，頁211。
[90] 陳夢家：《西周銅器斷代》（北京：中華書局，2004），頁295。

◆第七篇 《水經注》引《竹書紀年》「同惠王子多父伐鄶克之」條考辨◆

は大盂鼎「敬雝德經」の敬雝。夙夕以下は、一言にして言えば詩の烝民「夙夜匪懈 以事一人」の意である。高[亨]釋に「雝我邦」で句とするも、師訇殷の文に通ぜず、小大猷までが句である。文侯之命に「越小大謀猷、罔不率從」とあり、その語例によつたものであろうが、我邦のみでは雝の目的語となりえない。[91]

[漢譯文：「虔夙夜」乃常用之語。叀即是惠。「惠我一人、雝我邦小大猷」源自《師訇殷》「惠雝我邦小大猷」。比之慈愛之意，此處之惠更含《彔伯戜殷》「右闢四方、惠囿天命」中彰顯仁慈之意，且用於政教或祭祀，如《沇兒鐘》「惠于政德」及《王孫遺者鐘》「惠于明祀」。雝即《大盂鼎》「敬雝德經」中之敬雝。夙夕以下內容，如以一言蔽之，即《詩經》〈烝民〉中「夙夜匪懈 以事一人」之意。高[亨]解釋中雖涉「雝我邦」之句，然在《師訇殷》文中則難以通順，因其完整之句應至「小大猷」為止。其中「小大猷」或引自〈文侯之命〉「越小大謀猷、罔不率從」句，「雝」之賓語非僅指「我邦」也。]

白川靜雖點出高亨斷句之不當，然仍安於申「惠」之義為「恩惠」。非是。

以上大家如于省吾、董作賓、陳夢家所釋，其言甚允當。觀以上諸例，「惠我一人」句之「惠」訓為「順」（頗近英文 coordinate 之意），作動詞，「我一人」為「順」之賓語，意即順從我君主一人。對應之下句「雝我邦小大猷」，「雝」亦為動詞，訓為「和」（頗近英文 harmonize 之意），「我邦小大猷」為「雝」之賓語，「我邦小

---

[91] 白川靜：《金文通釋》30，《白鶴美術館誌》，第30輯（1970.3），頁665。

239

大」皆「猷」之修飾語,意即團結我國小大各級領導人物。[92] 金文之中,惠、䜌為近義詞,順、和之義相通,文從字順。此說為古文字學界所熟悉,姑不俱論。

「惠」字除見於《毛公鼎》銘文外,尚見於以下各器。倪教授又徵引數則西周銅器銘文,以供「惠」為「助」例證如下:

其一,《何尊》:「叀王龏德谷[欲]天訓我不敏。」

Help [me, your] king to maintain [my] virtue, so that Heaven will instruct me when I am negligent.
[漢譯文:助余,即彼之王,持余之德,則天將於余疏忽之際,示余所為。]

Beside showing that *hui* must mean "help", this example also shows that: "*hui* (help) ... *yü* (desiring, = so that)..." is a single rhetorical structure – well entrenched, because Ho *Tsun* and the Mao Kung *Ting* may be separated by more than 250 years.[93]
[漢譯文:除顯示惠字應為「幫助」之義外,此例亦表明:「惠(幫助)……欲(欲望,=於是)……」乃單一修辭結構—已牢固樹立,而何尊與毛公鼎相差年代幾近250餘年。]

「惠」字在此乃句首語氣「惟」。茲復采鄙見所及者,略加申說。唐蘭(1901-1979)訓讀為「叀(唯)王龏(恭)德谷(裕)

---

[92] 參見楊伯峻、何樂士:《古漢語語法及其發展》(修訂本)上冊(北京:語文出版社,2001),頁186。
[93] David S. Nivison, "The Authenticity of the Mao Kung *Ting* Inscription," in *Ancient Chinese and South Asian Bronze Age Cultures*, ed. F. David Bulbeck (Taipei: SMC Publishing Inc., 1996-97), 319.

天」。[94]並云「叀與惠同,讀為唯。」[95]「龏」為「共」,即「恭」,「谷」為「欲」,即「效法」(順從)。馬承源(1927-2004)曰:「谷假為裕,裕有敬重順從的意思,通欲。」[96]馬氏今譯此句如下:「王有恭順的德性,能夠順應上天,真是教育了我這個遲鈍的人。」[97]「惠」字因無實義,毋須譯出。

李旦丘(亞農)(1906-1962)嘗謂:「叀字涵義極為複雜,欲求一義以貫之實不可能。」[98]《古文字詁林》於「惠」字之義解舉例甚多,其中列唐蘭之說:「叀古讀當如惠。故金文多以叀為惠。而惠從叀聲。惠字古用為語辭。……其意當與惟字同。」[99]又引楊樹達(1885-1956)之語:

> [〈泉伯威段〉]銘文又云:「右闢四方,叀囗弘天命,女肇不豕隊。」叀疑與惟同。知者,甲文叀與隹二字皆用為語首助詞,用法全同,隹惟古今字。……叀與惠同,文云叀弘天命,即惟弘天命也。[100]

此前,楊筠如(1903-1946)《尚書覈詁》注「予不惠若茲多誥」,謂「惠,疑當作『惟』。……古惠、惟聲近相假。」[101]唐蘭則云:「凡卜辭有此一字而致文義不明者。讀為惟未有不文從字順者。」[102]此謂

---

[94] 唐蘭:〈䎽尊銘文解釋〉,《文物》1976年第1期,頁60。
[95] 唐蘭:〈䎽尊銘文解釋〉,《文物》1976年第1期,頁63。
[96] 馬承源:〈何尊銘文初釋〉,《文物》1976年第1期,頁93。
[97] 馬承源:〈何尊銘文初釋〉,《文物》1976年第1期,頁93。
[98] 古文字詁林編纂委員會編纂:《古文字詁林》第4冊(上海:上海教育出版社,2001),頁314。
[99]《古文字詁林》第4冊,頁314。
[100] 楊樹達:《積微居金文說》(增訂本)卷1(北京:中華書局,1997),頁4。又見《古文字詁林》第4冊,頁314。
[101] 楊筠如:《尚書覈詁》(西安:陝西人民出版社,2005),頁377-378。
[102] 唐蘭:《天壤閣甲骨文存考釋》,轉引自《古文字詁林》第4冊,頁314。

「惠」為「惟」，作助詞。陳夢家評唐氏《天壤閣甲骨文存》所釋第30片甲骨之「惠」字曰：

> 甲骨此字從惠而省心，實是惠的初文，唐氏以為讀若惟，語詞，又舉《尚書》〈君奭〉「予不惠若茲多誥」（〈洛誥〉同，惠作惟，）〈洛誥〉「惠篤敘，無有遘自疾，」〈堯典〉「亮采惠疇，」〈皋陶謨〉「朕言惠可厎行，」〈多方〉「爾曷不惠王熙天之命，」〈文侯之命〉「惠康小民，無荒寧」等之惠皆假多語詞之惟，甚確。又說卜辭「惠牛」「惠羊」即《詩》之「維牛維羊，」「惠物」即《詩》之「維物，」皆不刊之論。夢案：卜辭說「王惠北羌伐，」「惠王征邛方，」「惠今來甲子燎，」「惠今月告于南室，」這些惠都與佳相通：卜辭說「佳王來征夷方，」「佳王幾祀，」金文說「佳周公于征伐東夷豐白蒲姑，」「佳王伐東夷，」「佳幾年幾月」等佳字皆與卜辭惠同。[103]

可見以上各條中「惠」並作語詞，與「維」、「佳」通。故李孝定（1918-1997）謂：

> 惟唐氏讀虫為惠，清儒已有此說並引楊筠如氏之說以明惠為語詞，與經籍中語詞之惟同。以讀卜辭諸辭，無不豁然貫通，意義允洽。其說塙不可易，他家之說亦可以無辨矣。[104]

---

[103] 陳夢家：〈讀天壤閣甲骨文存〉，《圖書季刊》，新1卷3期（1939.9），頁288。又見《古文字詁林》第4冊，頁319。
[104] 李孝定：《甲骨文字集釋》第3冊，卷4《中央研究院歷史語言研究所專刊之五十》（臺北：中央研究院歷史語言研究所，1970），頁1431。又見《古文字詁林》第4冊，頁315。

◆第七篇 《水經注》引《竹書紀年》「同惠王子多父伐鄶克之」條考辨◆

此說可用於解釋《祠尊》銘文,故不可逕謂「惠」為動詞也。「惠」在此作「惟」,全句則可通讀無礙。倪教授解「惠」字為「助」釋《祠尊》銘文,文不成義,恐未究其朔。

其二,倪教授復稱引《禹鼎》之文,並英譯之:

肆武公迺遣禹達[率]公戎車百乘斯馭二百徒千曰于匡朕肅慕叀西六師殷八師伐噩侯馭方勿遺壽幼

Then Duke Wu sent me, Yü, to lead the Duke's war chariots, 100 of them, with 200 servants and drivers, and 1000 foot troops, saying, "Go! Zealously attend to my awesome plan! Help (*hui*) the Six Western Divisions and the Eight Eastern Divisions to attack Yü-fang, Lord of E, without sparing old or young." [105]

[漢譯文:武公派余,即禹,率武公之百輛戰車、二百隨從、千名軍隊,並云:『往矣!專心注視予之宏圖!協助西六師及殷八師攻打馭方及噩侯,勿分老少,格殺勿論。』]

觀之英譯文,倪教授以「叀西六師殷八師伐噩侯馭方」為句,「惠」字屬下讀,而「惠」訓為「助」。

陳世輝嘗隸定句讀此節銘文:

肆武公迺遣禹率公哦(戎)車百乘,斯馭二百,徒千,曰:「于□,朕盡慕叀西六師、殷八師伐噩侯馭方,勿遺壽□。」[106]

---

[105] David S. Nivison, "The Authenticity of the Mao Kung *Ting* Inscription," in *Ancient Chinese and South Asian Bronze Age Cultures*, ed. F. David Bulbeck (Taipei: SMC Publishing Inc., 1996-97), 319-20.
[106] 陳世輝:〈禹鼎釋文斠〉,《人文雜誌》1959年第2期,頁71。又見《金文文獻集成》第28冊(香港:香港明石文化國際出版有限公司,2004),頁512。

243

徐中舒（1898-1991）對此段銘文之隸定斷句如下：

> 鬍武公迺遣禹率公戎車百乘，斯（廝）駁𠭯（二百合文），徒千，曰：「于匡（將）朕肅慕譻（惠）西六𠂤、殷八𠂤伐噩厌駁方，勿遺壽幼。」[107]

徐氏注云：「肅慕惠，伐噩之𠂤既恇懼甚，肅者加以整飭，慕惠者，六𠂤八𠂤皆屬公族，必須以恩惠結之，使知愛慕。」[108] 徐氏釋「惠」為「恩惠」，非是，乃因「惠」於此作動詞，即「施加恩惠」於西六師、殷八師，惟有單一直接賓語「西六師、殷八師」，而不可緊接動詞「伐」。此乃上古漢語常見語法現象也，尤宜引以作證。

周勳初、譚優學《禹鼎考釋》說「惠」字為「幫助」之義[109]，與倪教授之說相類。其言曰：

> 《禮記》〈月令〉：「行慶施惠。」鄭注：「惠謂恤其不足也」，是惠字有幫助的意思。武公命禹率兵幫助西六師、殷八師共同伐噩。[110]

然〈月令〉此句中「行」作動詞，「慶」為名詞；「施」作動詞，「惠」為名詞也。《孟子》曰：「分人以財謂之惠。」[111]「惠」於此名詞化，為直接賓語，作「施」之受詞。鄭玄注意為：賜予不足者以好

---

[107] 徐中舒：〈禹鼎的年代及其相關問題〉，《考古學報》1959年第3期，頁54。
[108] 徐中舒：〈禹鼎的年代及其相關問題〉，《考古學報》1959年第3期，頁55。
[109] 周勳初、譚優學：〈禹鼎考釋〉，《南京大學學報》（人文科學）1959年第2期，頁68。
[110] 周勳初、譚優學：〈禹鼎考釋〉，《南京大學學報》（人文科學）1959年第2期，頁68。
[111] 趙岐注，孫奭疏：《孟子注疏》卷5，〈滕文公上〉，載於阮元校刻：《十三經注疏》下冊，頁2706。

◆第七篇 《水經注》引《竹書紀年》「同惠王子多父伐鄶克之」條考辨◆

處。周、譚二人誤將名詞「恩惠」解作動詞「助」，此不達古語而強為之說，不足據明矣。上世紀八十年代中期，李先登集諸家釋《禹鼎》之說，因襲周、譚之說辭，釋「惠」為「助」[112]，失之。近年黃天樹接受臺灣學者何樹環之說，即「用為虛詞的『惠』字有『助』之意」[113]，故《禹鼎》銘文之「惠」訓為「助」，文從字順。[114] 而其引兩段甲文之意不甚明確，強為解說，難以證「惠」作「助」。訓詁之學必有典據。典者，出典；據者，本證、旁證（此乃陳第（1541-1617）《毛詩古音考》所立之例）。

近時，李學勤在《殷墟甲骨輯佚》書序中於「惠」之解亦有新見：

> 本書第 573 片是無名組卜骨，辭云：「多子其䓆伐」，很值得注意。「多子」一詞卜辭屢見，……「䓆伐」可參看西周禹鼎銘文，武公遣禹「䓆西六師、殷八師伐鄂侯馭方」。「䓆」即「蕙」字，從「惠」聲，古音在匣母質部，應讀為匣母脂部的「偕」。多子偕伐，是諸侯或眾臣的部隊（所謂「多子族」）一起征伐，是一次規模較大的戰事。[115]

---

[112] 李先登：〈禹鼎集釋〉，《中國歷史博物館館刊》1984年第1期，頁114。
[113] 黃天樹：〈禹鼎銘文補釋〉，載於張光裕、黃德寬主編：《古文字學論稿》（合肥：安徽大學出版社，2008），頁65。2009年4月24日，承蒙何樹環教授通過電子郵件惠賜大作兩篇：1、〈金文「叀」字別解〉，載於《文字的俗寫現象及多元性：第十七屆中國文字學全國學術研討會─隋唐五代說文學之傳承及其相關問題之探討》（臺北：聖環圖書有限公司，2006），頁319-334。2、「金文『叀』字別解─兼及『惠』字」，未刊稿，36頁。捧讀之餘，深受啟發。儘管其大作中個別結論不敢苟同，然頗膺服何教授治學之嚴謹。何教授雅意拳拳，銘感無既。謹記於此，以誌感佩之意。
[114] 黃天樹：〈禹鼎銘文補釋〉，載於張光裕、黃德寬主編：《古文字學論稿》，頁66。
[115] 李學勤：〈序〉，載於段振美、焦智勤、黨相魁、黨寧編：《殷墟甲骨輯佚─安陽民間藏甲骨》（北京：文物出版社，2008），頁2。

李氏以古音轉韻將「叀」釋為「偕」。其說或有可商,「叀」「偕」雖可旁轉,似嫌本證及旁證不足。

上列各家說者見解紛陳,說各不同,然如《殷周金文集成釋文》編者所言:《禹鼎》「摹本錯字甚多,今據上器拓本訂正補足。」[116] 經此書編者隸定之前引銘文如下:

> 肆武公廼〔遣〕禹率公戎車百乘廝御二百徒〔千〕曰于〔匡〕朕〔肅慕唯〕西六師殷八師〔伐〕〔鄂〕侯[御]方勿〔遺〕壽幼[117]

《殷周金文集成釋文》編者讀「西六師」前之字為「唯」,是也。李孝定云:「禹鼎:『叀西六𠂤殷八𠂤,伐噩侯馭方』,則為發語詞,……」[118] 甚得確詁。「叀」、「唯」(喉音)皆為準雙聲,「叀」(脂部)與「唯」(微部)在韻部最近,可以旁轉,是以「叀」於此作語助詞,方可通釋此段銘文而無滯礙。

其三,《師訇毁》載:「今余唯申京乃命命汝叀雝我邦小大猷。」[119] 李學勤亦將《師詢簋》銘釋文以今字寫出:「今余惟申就乃命,命汝叀雝我邦小大猷,……」[120] 文有小異。倪教授援據《師訇毁》此句以說明「叀」作動詞「助」之義:

> "... I command you to help me uphold (*hui yung*) wise counsels

---

[116] 中國社會科學院考古研究所編:《殷周金文集成釋文》第2卷(香港:香港中文大學中國文化研究所,2001),頁405。
[117] 中國社會科學院考古研究所編:《殷周金文集成釋文》第2卷,頁405。
[118] 李孝定:《金文詁林讀後記》第4卷,中央研究院歷史語言研究所專刊之50(臺北:中央研究院歷史語言研究所,1982),頁147。又見《古文字詁林》第4冊,頁320。
[119] 中國社會科學院考古研究所編:《殷周金文集成釋文》第3卷,頁482。
[120] 李學勤:〈師詢簋與《祭公》〉,《古文字研究》,第22輯(2000.7),頁70。

for our State in small matters as well large, …”[121]
[漢譯文：予命汝助我為國衛護賢人，無論大事抑或小事。]

周寶宏撰〈西周師詢簋銘文彙釋〉[122]，彙集諸名家對「今余隹（唯）醽𩫏乃令，令女（汝）叀雝（雝、雍）我邦小大猷」銘文之考釋。茲排比諸說於次：

其一，馬承源謂：「叀雝，讀為惠雝。《詩・大雅・思齊》『惠於宗公』，鄭玄箋：『惠，順也。』又《詩・周頌・清廟》『肅雝顯相』，毛亨傳：『雝，和。相，助也。』惠雝即惠和之意。」馬氏譯此句為現代漢語：「命令你惠和我周邦而貢獻其謀策。」[123]

其二，于省吾云：「（惠雝我邦小大猷）：惠順雝和我邦之大小謀猷。」[124]

其三，周寶宏曰：「雝，或作雍，古今學者皆訓和，但『惠雝我邦小大猷』，惠訓順，猷訓謀，『順謀』之義可通，而『和謀』之義不可通。和諧……謀略，義不好理解。……古注訓雝為和，和字不能理解和諧、和同，而是向應之義。《說文解字》：『和，相應也。』《周易・中孚》九二：『鳴鶴在陰，其子和之。』《尚書・洛誥》：『和恒四方民』，宋蔡沈集傳：『和者，使不乖也。』《論語・子路》：『君子和而不同』，朱熹集注：『和者，無乖戾之心。』那麼，『雍我邦小大猷』即不違背或遵我邦小大謀猷之義，正與《文侯之命》『越小大謀猷罔不率從』相同。」[125]

---

[121] David S. Nivison, “The Authenticity of the Mao Kung *Ting* Inscription,” in *Ancient Chinese and South Asian Bronze Age Cultures*, ed. F. David Bulbeck (Taipei: SMC Publishing Inc., 1996-97), 321.

[122] 周寶宏：〈西周師詢簋銘文彙釋〉，《中國文字學研究》，第6輯（2005.10），頁26-31。

[123] 周寶宏：〈西周師詢簋銘文彙釋〉，《中國文字學研究》，第6輯，頁30。

[124] 周寶宏：〈西周師詢簋銘文彙釋〉，《中國文字學研究》，第6輯，頁30。

[125] 周寶宏：〈西周師詢簋銘文彙釋〉，《中國文字學研究》，第6輯，頁30。

以上三家之說，各有攸當，卻無釋「惠」作「助」者。于省吾訓「惠雝」為「惠順雝和」，堪為的解。學者現多信從于省吾之說，已成定讞。然周氏謂「和謀」之義不可通，誤矣。《左傳》〈昭公二十年〉載晏子辨「和」與「同」：「君所謂可而有否焉，臣獻其否以成其可；君所謂否而有可焉，臣獻其可以去其否，是以政平而不干，民無爭心。」[126] 此即和謀義之顯例。於此可見，同乃無差別之統一，即錢鍾書（1910-1998）所謂「蓋全同而至於『壹』」。[127] 雖有歧見，卻能於討論中棄短揚長，終歸統一，則謂和。孔子謂「君子和而不同」，其精義即在於此。

2003年，陝西眉縣楊家村新出青銅器中有四十三年逨（李學勤釋讀為佐）鼎銘文[128]，其內云：「虔夙夕惠雝我邦小大獸」[129]，與《毛公鼎》、《師詢簋》文句類似。絕大多數學者釋此句中「惠」為「順」，「雝」為「和」[130]，可為《師詢簋》銘文之佐證。倪教授考證之文，立說似新，然則取其他有關釋文覈之，其誤即見。

釋讀金文須認識某一字於甲骨文之本義及演變，亦須瞭解某一字於金文特定語言環境中之意義，並參稽經籍之意義引申。據劉奉光研究之結果，「叀字最主要的演變是與佳通，作為語氣詞。」[131] 《說文解字》曰：「惠，仁也。」《爾雅》〈釋詁〉：「惠，愛也。」《詩》〈民勞〉：「惠此中國。」《詩》〈北風〉：「惠而好我。」「惠」

---

[126] 杜預注，孔穎達疏：《春秋左傳正義》卷49，頁391，載於阮元校刻：《十三經注疏》下冊，頁2093。又見楊伯峻編著：《春秋左傳注》第4冊，頁1419。
[127] 錢鍾書：《管錐篇》第1冊（北京：中華書局，1979），頁27。
[128] 李學勤：〈眉縣楊家村新出青銅器研究〉，載於氏著：《中國古代文明研究》（上海：華東師範大學出版社，2005），頁145-146。
[129] 李學勤：〈四十三年佐鼎與牧簋〉，載於氏著：《中國古代文明研究》，頁154。
[130] 參閱李學勤：〈四十三年佐鼎與牧簋〉，載於氏著：《中國古代文明研究》，頁154。又參周鳳五：〈眉縣楊家村窖藏《四十三年逨鼎》銘文初探〉，載於《康樂集：曾憲通教授七十壽慶論文集》（廣州：中山大學出版社，2006），頁56。
[131] 劉奉光：〈釋叀〉，《社會科學戰線》1998年第2期，頁134。

◆第七篇 《水經注》引《竹書紀年》「同惠王子多父伐鄶克之」條考辨◆

於金文中有多重之義。[132] 而「惠」字作為動詞,若帶兩個賓語,則必有介詞「於」介引動作行為對象,而非作為引進施動者。譬如《召伯虎簋》云:「余惠於君氏大章,報婦氏帛束、璜。」方述鑫釋曰:「『惠』,賜予也,此為被動用法。」[133] 可以為例矣。

夏含夷(Edward L. Shaughnessy)教授之近作〈《竹書紀年》的整理和整理本——兼論汲冢竹書的不同整理本〉沿襲倪教授之說,亦以「同」字為介詞,並指摘酈道元引《竹書紀年》文之草率。其文曰:

> 《水經注》這一條引文又應該怎樣理解?看引文下一句,大概就會發現錯誤是怎樣發生的。「同惠王子多父伐鄶,克之」,不但「惠王」是明顯錯的(周惠王在位年代是公元前676到652年,在晉文侯和鄭桓公多父以後一百年),並且文字也不成句,「同」沒有前置的主語。(東方按:「主語」原文作「注語」,現據夏氏英文本頁229(the tong "together with" requires a preceding noun)改「主語」。)方詩銘在《古本竹書紀年輯證》裏說「同」和「惠」都是錯字,應該讀作「周宣」,即「周宣王子多父伐鄶」。可是這樣改變又和所有的史書說鄭桓公是周宣王庶弟、周厲王的兒子的說法互相矛盾。《水經注》這條引文恐怕祇能說是引得非常草率,應該如《今本竹書紀年》那樣讀作「晉文侯同王子多父伐曾」,大概沒有什麼疑問。[134]

---

[132] 周法高主編:《金文詁林》第5冊,卷4(香港:香港中文大學,1974-1975),頁2485-2501。
[133] 方述鑫:〈召伯虎簋銘文新釋〉,《考古與文物》1997年第1期,頁66。
[134] 夏含夷:《古史異觀》(上海:上海古籍出版社,2005),頁430。夏君注云:「臣瓚、《國語・鄭語》和《水經注》都把征伐的對象寫作『會』,而《今本竹書紀年》卻作『曾』,我的學生李峰已經論證曾或是鄶應該是對的。」(頁449)此文之英文版見 Edward L. Shaughnessy, "The Editing and Edition of the *Bamboo Annals*," in *Rewriting Early Chinese Texts* (Albany: State University of New York Press, 2006), 185-256.

夏氏則不僅以「今本」《竹書紀年》所載「晉文侯同王子多父伐鄫」為原本《紀年》之文，抑且以「今本」《竹書紀年》易「伐鄶」為「伐鄫」為是，似嫌輕為斷案，失之未考耳。張以仁嘗論「鄫」為「鄶」之誤字，宜可信從也。說詳氏撰〈鄭國滅鄶資料的檢討〉，茲不復贅。[135]

四

復須說明者，倪德衛、夏含夷二教授將「同」訓為介詞及連詞（together with），殆以其繼西方漢學界前輩理雅各（James Legge, 1815-1897）舊說之故耳。理氏撰五卷本名著《中國經典》（The Chinese Classics）之第三卷《書經》（The Shoo King），特附有「今本」《竹書紀年》之英譯。現將理氏所引譯上述《竹書紀年》之句抄錄如下：

晉文侯同王子多父伐鄫，克之，乃居鄭父之邱，是為鄭桓公。

Prince Wan of Tsin, with To-foo, of the royal House, attacked, Tsang, and subdued it. After this To-foo took up his residence on the hill of Ch'ing-foo. He was duke Hwan of Ch'ing.[136]

---

[135] 張以仁：〈鄭國滅鄶資料的檢討〉，載於氏著：《春秋史論集》（臺北：聯經出版事業公司，1990），頁205-242。又，李峰撰有〈西周金文中的鄭地和鄭國東遷〉，《文物》2006年第9期，頁70-78。李氏認為，「是《水經注》錯將古本中的『鄶』字引用為『鄫』字，而不是《今本竹書紀年》錯將古本中的『鄶』改為『鄫』字。」（頁75。）此說似嫌佐證不足，因篇幅限制，容另文討論。

[136] James Legge, The Shoo King, vol. 3 of The Chinese Classics (Hong Kong: Hong Kong University Press, 1960), 157.

◆第七篇　《水經注》引《竹書紀年》「同惠王子多父伐鄶克之」條考辨◆

理氏在此將「同」譯作"with"，謂晉文侯同王室之多父一道攻打鄶國。其於此句譯文下作注：

> To-foo, mentioned here, was a younger brother of king Seuen, by whom he had been invested with the principality of Ch'ing. He wished to appropriate the State of Tsăng, which was afterwards done by one of his successors. That State was at this time only subdued. Where Ch'ing-foo was, is not exactly known.[137]
>
> ［漢譯文：此處所言多父為宣王弟，宣王封其於鄭地。其欲占鄶，而鄶後為其繼承者所滅。此時鄶僅為征服。鄭父位於何處則無法確知。］

「今本」《竹書紀年》「晉文侯同王子多父伐鄶，克之。乃居鄭父之丘，是為鄭桓公」此條文句語法之問題，於此有必要略加探討。然若此處「同」作介詞或連詞，以示晉文侯與王子多父攻鄶，則句首施事主語（下加橫線者）必為二人：「<u>晉文侯</u>同<u>王子多父</u>伐鄶，克之。」即晉文侯、王子多父也。然而此句主語接著變作一人：即<u>王子多父</u>「乃居鄭父之丘，是為鄭桓公。」然以古漢語文法言，「克之」主語既為二人，「居之」所省略之主語必為二人。此等例證，見於先秦載籍者甚多。足可見「今本」之文法大成問題，其改易之迹顯然，此特可證此書為拼湊之作。雷學淇《考訂竹書紀年》雖據「今本」，而此句改作「[晉文侯]二年，周宣王子多父伐鄶，克之，乃居鄭父之邱」[138]，主語即周宣王子多父，是也。此一問題實為理解此句關鍵之所在。

---

[137] James Legge, *The Shoo King*, vol. 3 of *The Chinese Classics*, 157.
[138] 雷學淇：《考訂竹書紀年》卷5，頁2。又見是書亦囂囂齋刻本，載於《四庫未收書輯刊》3輯12冊，頁77。

尤當注意者,則先秦古籍俱無以「同」作為介詞及連詞之例。「古本」《竹書紀年》無一處用「同」字。《詩》〈豳風‧七月〉:「同我婦子,饁彼南畝,田畯至喜。」鄭玄箋:「同,猶俱也。」[139] 王力(1900-1986)考證此「同」之詞性謂:「那是『偕同』的『同』,是動詞,不是介詞。」[140]《論語》〈憲問〉:「公叔文子之臣大夫僎與文子同升諸公。」此「同」字亦為偕同之意。依愚見所知,先秦漢語皆以「與」、「及」為連詞。俞樾(1821-1907)舉古書連及之詞例謂:「凡連及之詞,或用『與』字,或用『及』字,此常語也。」[141] 又列其他古人或用為連及之詞如「于」、「若」、「之」、「惟」為證。[142] 稽之《經傳釋詞》、《古書虛字集釋》、《詞詮》,皆無「同」字。觀之漢語發展史,「同」字作介詞與連詞,乃後起之義。洪誠(1910-1980)有云:

> 宋人的小說早已用「同」字為介詞。唐人詩題中的「同」字很多是動詞,發展成為介詞的就是這種「同」字。……現代漢語的介詞「同」字大概是起於北宋初。[143]

馬貝加將「同」字作介詞之產生時代推前,所舉例有:「友人陳郡儼同丞相義宣反。(南齊書,卷34,沈仲列傳)……范陽盧景裕同從兄禮於本郡作逆。(北齊書,卷41,儒林外傳)」[144] 故馬氏謂:「介詞

---

[139] 毛亨傳,鄭玄箋,孔穎達疏:《毛詩正義》卷8,載於阮元校刻:《十三經注疏》上冊,頁389。
[140] 王力:《漢語語法史》,載於《王力文集》第11卷(濟南:山東教育出版社,1990),頁215。
[141] 俞樾:《古書疑義舉例》卷4,載於俞越等:《古書疑義舉例五種》(北京:中華書局,1956),頁83。
[142] 俞樾:《古書疑義舉例》卷4,載於俞越等:《古書疑義舉例五種》,頁83-85。
[143] 洪誠:〈王力《漢語史稿》語法部分商榷〉,《雛誦盧論文集》,載於《洪誠文集》(南京:江蘇古籍出版社,2000),頁83-85。
[144] 馬貝加:〈介詞「同」的產生〉,《中國語文》1993年第2期,頁151。

『同』的用法的『成熟』大約在八到十一世紀，比『共』遲二三個世紀。」[145] 丁江則謂：「到了宋代，連詞『同』也開始產生。例如：……『阿姑同健父偕老。』（郭應祥《鷓鴣天》）……」[146] 洪、馬、丁之說足相參印，可證自先秦至中古漢語，並無以「同」為介詞及連詞之例。故楊俊光有曰：「『同』作連詞，是現代的用法，古無是例。」[147] 唐宋人始用「同」作連詞或介詞，明清後世沿用。「今本」《竹書紀年》抄輯者正緣習聞熟知「同」之後起語義，遂改《水經注》引「晉文侯二年，同惠王子多父」為「晉文侯同王子多父」耳。其混「同」作介詞，反忘「同」字之上古本義矣。

《史記》〈鄭世家〉謂宣王二十二年封友於鄭，「今本」《竹書紀年》亦云宣王二十二年錫王子（東方按：宣王時稱多父為王子，因其為宣王之子），「錫命」與「封」應為一事，且時間相同；而地點一為鄭、一為洛，雖非同一之地，然相去不遠。故此二條材料大體可以互證。王國維《今本竹書紀年疏證》即主張「今本」此條實以〈鄭世家〉為底本。「古本」《竹書紀年》記：「晉文侯二年，同惠王子多父伐鄭。」則此時已為幽王三年，鄭桓公不復稱為「王子多父」。此可反證「同惠王子」作「周宣王子」之解是也。

取今古二本校之，「今本」抄輯者改編《水經注》所引《竹書紀年》文字痕跡顯著。尤可異議者，輯者未曾留意「晉文侯二年」非謂直接所引文字，實為表明紀年。以《水經注》同段所引《左傳》文為例：「《左傳》襄公元年，晉韓厥帥諸侯伐鄭，入其郛，敗其徒兵於洧上。」《左傳》原文記襄公元年略云：

---

[145] 馬貝加：〈介詞「同」的產生〉，《中國語文》1993年第2期，頁152。
[146] 丁江：〈近代漢語『和』類虛詞的歷史考察〉，《中國語文》1996年第6期，頁462。
[147] 楊俊光：《墨經研究》（南京：南京大學出版社，2002），頁311。

> 《傳》：元年春己亥，圍宋彭城。非宋地，追書也。於是為宋討魚石，故稱宋，且不登叛人也，謂之宋志。
>
> 彭城降晉，晉人以宋五大夫在彭城者歸，寘諸瓠丘。
>
> 齊人不會彭城，晉人以為討。二月，齊大子光為質於晉。
>
> 夏五月，晉韓厥、荀偃帥諸侯之師伐鄭，入其郛，敗其徒兵於洧上。[148]

此足資旁參。蓋古人引書常有省改，原不必規規然。《永樂大典》引《水經注》文曰：「《左傳》：襄公元年，『晉韓厥帥諸侯伐鄭，入其郛，敗其徒兵於洧上。』是也。」[149]除省略自元年以下至夏五月之文字外，亦無「荀偃」、「之師」等字。可見《左傳》原文詳而《水經注》所引略。此類以行文之需引文於《水經注》隨處可見，不必悉舉。故酈道元引《竹書紀年》之文，亦當同此例。

竊頗疑「晉文侯同王子多父伐鄶」為「今本」編者臆改字句參合而成。抄輯者不曉古人引書之例，移「晉文侯」為全句之主語，又沿《水經注》所引《竹書紀年》「同惠」之訛。蓋其欲與相配合，刪掉「惠」字，遂以「同惠王子多父」成句。然取以「今本」與「古本」相比勘，前者先後顛倒，不符史實，難以依信。

茲所欲言者，酈道元稱引《竹書紀年》「同惠王子多父伐鄶」或有錯字，然不似它處之錯簡。經籍之中文字訛傳，每無異於後人之寫別字也，故雷學淇謂：「同、周、惠、宣，字形相似，故鈔錄鋟板者多誤。」[150] 張以仁則以為：

---

[148] 杜預注，孔穎達疏：《春秋左傳正義》卷29，頁226，載於阮元校刻：《十三經注疏》下冊，頁1928。標點分段據楊伯峻編著：《春秋左傳注》第3冊（北京：中華書局，1981），頁916-917。

[149] 《永樂大典》第12函，卷11135，頁12。

[150] 雷學淇：《考訂竹書紀年》卷5，頁2。又見是書亦嚚嚚齋刻本，載於《四庫未收書輯刊》3輯12冊，頁77。

◆第七篇 《水經注》引《竹書紀年》「同惠王子多父伐鄶克之」條考辨◆

《竹書紀年》資料,古、今本皆有訛奪,或作「同惠王」,或作「同王」,後人改為「周厲王」或「周宣王」,皆出自臆測,並無實證。然劉知幾《史通》所見者則作「周厲王」,厲之與惠,中間部分相同,因而致誤。[151]

張氏屢引劉知幾《史通》以為立論之根據,云:「劉知幾親見《竹書紀年》而作『厲王』,自是一項鐵的證據,則朱右曾、王國維以『同惠』為『周厲』之誤反得其實。」[152]然此似難為「同惠」為「周厲」訛誤之確證。且劉知幾所記之可疑者,經雷學淇、趙紹祖、浦起龍之釋證,已昭然若揭,茲不贅述。

張以仁氏以字形推究,疑「同惠」為「周厲」之誤,因曰:

當時群臣奉命寫書,使用的今文應該是比較端謹的八分而不會是章草。這種字體,如果原是「厲」字,由於當中部分與「惠」字近似,寫本日久,或遭水蝕,或經蟲蛀,漫漶殘缺,在所難免,酈道元據之抄入《水經注》,而誤「周厲」為「同惠」,並非不可能。如果是「宣」字,可能性便不大了。……「惠」「宣」草書雖然近似,但由「惠」誤「宣」的可能性大、由「宣」誤「惠」的可能性便不大,因為宣的草書,後世不易誤成惠字。[153]

然細按之,張氏解「同惠」之「惠」為「厲」義並無原本根據,未可從也。以字形觀之,無論「厲」、或「宣」均非能直接轉成「惠」

---

[151] 張以仁:〈鄭桓公非厲王之子說述辨〉,載於氏著:《春秋史論集》,頁366。
[152] 張以仁:〈鄭桓公非厲王之子說述辨〉,載於氏著:《春秋史論集》,頁388。
[153] 張以仁:〈鄭桓公非厲王之子說述辨〉,載於氏著:《春秋史論集》,頁388。

字。[154] 故徒泥字形以求之，義未能明矣。張說於字形無所憑藉，於古音亦有可商。信以傳信，疑以傳疑，絕不可勉為其難，企圖對上字形。

　　考之文獻史實，余頗傾向於雷學淇「周宣王子多父」之說。嘗試論之。信如戴震所言，「周」疑當在「同」字耳。「同」、「周」二字以金文或隸書觀之，皆屬形近相似。王引之（1766-1834）《經義述聞》論「形訛」曰：「經典之字往往形近而訛，仍之則義不可通，改之則怡然理順。」[155] 形訛而義不通，大抵皆誤字。故「周」訛作「同」，非原刻之失，即傳寫之誤。[156] 或疑之曰：「同」字於《水經注》引「晉文侯二年，<u>同</u>惠王子多父<u>伐</u>鄶」句式中可否作介詞。如前所述，逮北宋之際，「同」作介詞用例適出現於行文敘述。《玉壺清話》即有實證，其書卷四云：「祥符五年，<u>同丁相迎</u>真宗聖像。」[157]（以上引文下橫線乃筆者為說明所加）此句中「同」為介詞，「迎」為動詞。「今本」《竹書紀年》編者不悟，上溯先秦、下逮北魏，絕無此類連動句式流行。張以仁以為：「除非酈道元抄入《水經注》的是根據《竹書》原簡，否則，我們似乎用不著從古文上作比對的工夫。」[158] 其實不然。竹書經隸變傳寫，率爾隨筆改易者時有發生。「同」「周」二字相類而易致訛誤，則西晉學者整理《紀年》或酈道元摘錄《竹書紀年》傳寫本，訛「周」為「同」之可能似不可排除。

---

[154] 參觀高明：《古文字類編》（北京：中華書局，2004），頁154「惠」字，頁214「萬」字，頁385「宣」字。
[155] 王引之：《經義述聞》卷32，頁26。
[156] 「周」誤作「同」之例，古書中多見。如孫詒讓《周書斠補》卷三「聖善同文曰宣」下案云：「《獨斷》作『聖善同文』，『同文』疑即『周聞』之訛。」載於《續修四庫全書》第301冊，頁207。《文心雕龍》〈徵聖〉篇「鑒周日月」句之「周」，有版本誤作「同」，參觀楊明照：〈《文心雕龍》版本經眼錄〉，《學術集林》，卷11（1997.11），頁222。又如辛棄疾〈賀新郎〉「與我周旋久」句，吳則虞云：「歷城本『周』誤作『同』。」見氏著：《辛棄疾詞選集》（上海：上海古籍出版社，1993），頁46。
[157] 文瑩：《玉壺清話》（北京：中華書局，1984），頁37。
[158] 張以仁：〈鄭桓公非厲王之子說述辨〉，載於氏著：《春秋史論集》，頁388。

◆第七篇　《水經注》引《竹書紀年》「同惠王子多父伐鄶克之」條考辨◆

今所得見《水經注》善本,「同」下原有「惠」字。然雷氏又謂「惠」、「宣」因形近而訛,此說似難圓融。形近說不如音近說。按上古音,「惠」字在脂部,「宣」字在元部,「惠」與「宣」二字之韻部為旁對轉關係(脂部→真部對轉,真部→元部旁轉)。[159] 此解似亦可備一說。

王引之《經義述聞》〈敘〉引乃父念孫(1744-1832)之言曰:

> 詁訓之指,存乎聲音,字之聲同聲近者,經傳往往假借。學者以聲求義,破其假借之字而讀以本字,則渙然冰釋。如其假借之字而強為之解,則詰鞫為病矣。[160]

可見考求文字本義不外乎音同、音近、音轉三途。循此參以《水經注》所引《竹書紀年》此條,「宣」字極可能因音近而以「惠」字代之(旁對轉)。

如以上所測不誤,則可定《水經注》所引雖有「同」「惠」二字之訛,但經文字改正及聲音通假,或可更近酈氏所引《竹書紀年》之條。亦可徵驗「今本」《竹書紀年》輯者誤解《竹書紀年》字句——其雖欲重編古人之書,卻不諳古音韻,遂改《水經注》引「晉文侯二年,同惠王子多父伐鄶」以「晉文侯同王子多父伐鄶」,失之遠矣。崔述(1740-1816)〈考信錄提要〉謂「偽託於古人者未有不自呈露者也」[161],「今本」此條之語氣文勢不特非先秦,亦不足以充西晉六朝也,此亦可顯元明學人之陋矣。文字流傳,幾經增損變易,每不足徵,以上解說皆個人管見,非敢自必,冀或可補前賢所未及也。

---

[159] 關於上古音韻之音轉研究,尤於旁對轉,可參觀吳澤順:《漢語音轉研究》(長沙:岳麓書社,2006),頁222-232。
[160] 王引之:《經義述聞》,頁1。
[161] 崔述:〈考信錄提要〉卷下,載於顧頡剛編訂:《崔東壁遺書》(上海:上海古籍出版社,1983),頁15。

第八篇 「今本」《竹書紀年》附注之「寒門」、「塞門」考

明刊《竹書紀年》（即「今本」《竹書紀年》）刻本今世流傳最廣者乃范欽（1506-1585）之天一閣訂本。姚振宗（1842-1906）云，天一閣本《竹書紀年》「[范]欽嘗刊入《二十種奇書》，吳琯、趙標輩紛紛傳刻，世遂有此一本」。[1] 明刊諸本在黃帝「五十年秋七月庚申鳳鳥至，帝祭于洛水」條下載有舊題沈約（441-513）之附注（又稱大字注），其文曰：「龍圖出河，龜書出洛，赤文篆字，以授軒轅，接萬神于明庭，今塞門谷口也。」此中之「塞門」乃本文討論之重點。

清代學者校訂「今本」《竹書紀年》多改所謂沈約附注中之「塞門」為「寒門」。徐文靖（1667-1756）《竹書紀年統箋》卷一「接萬靈于明庭，今寒門谷口也」下「箋按」：「《封禪書》：『黃帝接萬靈明庭，明庭者，甘泉也。』《史記正義》曰：『九嵕山中西謂之谷口，即古寒門也，在雍州醴泉縣東北四十里。』」[2] 雷學淇（清嘉慶十九年進士）校訂「近本」（即「今本」）《竹書紀年》，於黃帝五十年條下「注」稱：「接萬神于明庭，今塞門谷口是也。」[3] 趙紹祖（1752-1833）《校補竹書紀年》亦作「接萬神於明庭，今寒門谷口是也。」[4] 郝懿行（1757-1825）《竹書紀年校正》同作「接萬神于明庭，今寒門谷口是也。」其下按云：「《史記》〈封禪書〉作寒門谷口，

---

[1] 姚振宗：《漢書藝文志拾補》卷1，載於《二十五史補編》第2冊（北京：中華書局，1955），頁1456。
[2] 徐文靖：《竹書紀年統箋》卷1（臺北：藝文印書館，1966），頁88。
[3] 雷學淇：《[考訂]竹書紀年》（亦嚚嚚齋刻本），載於《四庫未收書輯刊》3輯12冊（北京：北京出版社，2000），頁52。
[4] 趙紹祖：《校補竹書紀年》（古墨齋刻本），載於《四庫未收書輯刊》3輯12冊，頁172。

《集解》徐廣曰：一作塞。」[5] 林春溥（1775-1861）《竹書紀年補證》亦作「接萬神於明庭，今寒門谷口也。」又云：「並見《宋[書]》〈符瑞志〉。」[6] 然則清代校注「今本」《竹書紀年》各本仍有作「塞門」者，如韓怡《竹書紀年辨正》（1807 年本存堂刻本），及董豐垣（清代乾隆十六年（1751）進士）《竹書紀年辨證》（成書於 1736 年）。陳逢衡（1778-1855）《竹書紀年集證》卷一案云：「寒門，他本多作塞門，誤。」[7] 其說是也，但陳氏未詳繹他本作「塞門」致誤之文獻根據。茲略取有關文獻，申述「塞門」、「寒門」何者為是，以證明代傳世本《竹書紀年》記「塞門」之誤，聊以補諸家之所未及。

漢至六朝古籍有關「寒門」之記載及注解，茲排比各條於下，俾相比觀之：

一、中華書局點校本《史記》卷十二〈孝武本紀〉云：

> 其後黃帝接萬靈明廷。明廷者，甘泉也。所謂寒門者，谷口也。[8]

其下《索隱》引顏師古（581-605）注云：

> 谷，中山之谷口，漢時為縣，今呼為冶谷，去甘泉八十里。盛夏凜然，故曰寒門谷口也。[9]

二、中華書局點校本《史記》卷二十八〈封禪書〉曰：

---

[5] 郝懿行：《竹書紀年校正》卷 1（順天府：東路廳署，1879），頁 2。
[6] 林春溥：《竹書紀年補證》卷1，載於楊家駱編：《竹書紀年八種》（臺北：世界書局，1963），頁2。
[7] 陳逢衡：《竹書紀年集證》卷 1（裏露軒刻本），載於《續修四庫全書》第 335 冊（上海：上海古籍出版社，2002），頁 33。
[8] 司馬遷：《史記》卷 12（北京：中華書局，1959），頁 468。
[9] 司馬遷：《史記》卷 12，頁 469。

◆第八篇　「今本」《竹書紀年》附注之「寒門」、「塞門」考◆

後黃帝接萬靈明廷。明廷者，甘泉也。所謂寒門者，谷口也。[10] 其下《集解》引：「徐廣曰：『一作「塞」。』」[11]

三、中華書局點校本《史記》卷二十九〈河渠書〉曰：

[韓]乃使水工鄭國閒說秦，令鑿涇水自中山西邸瓠口為渠，……[12]

其下《索隱》曰：

小顏云「中音仲，即今九嵕山之東仲山是也。邸，至也」。瓠口即谷口，乃《郊祀志》所謂「寒門谷口」是也。[13]

四、中華書局點校本《史記》卷七十九〈范雎蔡澤列傳〉曰：

范雎曰：「大王之國，四塞以為固，北有甘泉、谷口，南帶涇、渭，右隴、蜀，左關、阪，……」[14]

其下《正義》曰：

《括地志》云：「甘泉山一名鼓原，俗名磨石嶺，在雍州雲陽縣西北九十里。《關中記》云『甘泉宮在甘泉山上，年代永久，無復甘泉之名，失其實也。宮北云有連山，土人為磨石

---

[10] 司馬遷：《史記》卷28，頁1394。
[11] 司馬遷：《史記》卷28，頁1395。
[12] 司馬遷：《史記》卷29，頁1408。
[13] 司馬遷：《史記》卷29，頁1408。
[14] 司馬遷：《史記》卷79，頁2408。

嶺』。《郊祀志》公孫卿言黃帝得仙寒門,寒門者,谷口也。按:九嵕山西謂之谷口,即古寒門也。在雍州醴泉縣東北四十里。」[15]

按:以上三條至為重要,因為漢代之書及後人之注所言地名皆有所指,地理位置在長安西北,沿涇河而上,即有谷口,其西北有甘泉山。

五、中華書局點校本《漢書》〈郊祀志〉所記與《史記》〈孝武本紀〉所載相類(前人已言《漢書》多用《史記》原文):

> 其後黃帝接萬靈明庭。明庭者,甘泉也。所謂寒門者,谷口也。[16]

其下注此文云:

> 服虔曰:「黃帝升仙之處也。」師古曰:「谷口,仲山之谷口也,漢時為縣,今呼之冶谷是也。以仲山之北寒涼,故謂此谷為寒門也。」[17]

六、中華書局點校本《宋書》卷二十七〈符瑞志〉載:

> 《龍圖》出河,《龜書》出洛,赤文篆字,以授軒轅。軒轅接萬神於明庭,今寒門谷口是也。[18]

按:《宋書》謂「明庭,今寒門谷口是也」,顯然是因襲了《史記》、《漢書》之說,而其謂「今」當指漢代。以上所引說明,在漢

---

[15] 司馬遷:《史記》卷79,頁2409。
[16] 班固:《漢書》卷25(北京:中華書局,1962),頁1228。
[17] 班固:《漢書》卷25,頁1229。
[18] 沈約:《宋書》卷27(北京:中華書局,1974),頁761。

代確實存在有關黃帝於明庭登仙的傳說，而且漢代人考定明庭位於甘泉，即當是時之寒門谷口。

《戰國策》〈秦策〉卷五記：

> 范雎曰：「大王之國，北有甘泉、谷口，南帶涇、渭，右隴、蜀，左關、阪，戰車千乘，奮擊百萬。」[19]

按：此文為漢代文獻又一提到「谷口」之處。

《水經注疏》記：

> 渭水又東得白渠口。大始二年，趙國中大夫白公，奏穿渠。引涇水，首起谷口，朱首訛作口，戴作首，趙據《漢書‧溝洫志》改。守敬按：殘宋本、《大典》本作首。《寰宇記》引《水經注》，涇水逕九嵕山東，仲山西，謂之谷口，即寒門也。……[20]

段熙仲（1897-1987）〈校記〉於「謂之谷口，即寒門也」作按云：

> 金陵局本《寰宇記》「寒」作「塞」，誤。《漢書‧郊祀志》師古《注》云：「仲山之北寒涼，故又謂之寒門。」[21]

按：段校以金陵局本「塞」為「寒」之誤，是也。谷口與寒門又何以相聯？蓋師古本雍州人，故深知當地地理與氣候，乃能明「寒門」名稱之來由：一，「盛夏凜然，故曰寒門谷口也。」二，「谷口，仲山

---

[19] 劉向集錄，范祥雍箋證：《戰國策箋證》卷 5（上海：上海古籍出版社，2006），頁 313。
[20] 桑欽撰，酈道元注，楊守敬、熊會貞疏，段熙仲點校，陳橋驛復校：《水經注疏》卷 19（南京：江蘇古籍出版社，1989），頁 1644。
[21] 桑欽撰，酈道元注，楊守敬、熊會貞疏，段熙仲点校，陳橋驛復校：《水經注疏》卷 19，頁 1676。

之谷口也,漢時為縣,今呼之冶谷是也。以仲山之北寒涼,故謂此谷為寒門也。」北宋《太平寰宇記》卷三十一亦云:

> 冶谷。《雲陽宮記》:「冶谷,去雲陽宮八十里。《封禪書》所謂谷口是也。其山出鐵,冶鑄之所,因以為名。入谷便洪潦沸騰,飛泉激射,兩峰皆峭壁孤豎,盤橫坑谷,凜然凝冱,常如八九月中。朱明盛暑,當晝暫暄,涼秋晚候,縕袍不煖,所謂寒門者也。[22]

此三條乃何謂「寒門」之堅強證據。

按:考《楚辭》〈遠遊〉記有「寒門」:「舒并節以馳騖兮,逴絕垠乎寒門。」[23]〈遠遊〉所涉地名,天上地下俱有,大抵為作者想像中的境地,故此句中「寒門」乃遙指北極之門(見北宋洪興祖(1090-1155)注)[24],語殊空泛,難以確指所在之地,但可肯定非指黃帝登仙之地。

中華書局點校本《史記》〈司馬相如傳〉引文與《漢書》〈司馬相如傳〉同:「遺屯騎於玄闕兮,軼先驅於寒門。」[25]《漢書》引文下注「寒門」曰:

> 應劭曰:「寒門,北極之門也。」師古曰:「軼,過也,音逸。」[26]

按:《集解》引《漢書音義》曰:「寒門,天北門。」[27]應劭(約 153-

---

[22] 樂史撰,王文楚等點校:《太平寰宇記》卷 31(北京:中華書局,2007),頁 666。
[23] 洪興祖:《楚辭補注》卷 5(臺北:藝文印書館,1965),頁 286。
[24] 洪興祖:《楚辭補注》卷 5,頁 287。
[25] 班固:《漢書》卷 57,頁 2598。
[26] 班固:《漢書》卷 57,頁 2599。

196）以為「寒門，北極之門也。」所以《漢書音義》和應劭注之來源當是《楚辭》〈遠遊〉。此外，《淮南子》卷四〈地形訓〉亦云：「北方曰北極之山，曰寒門。」[28]

「塞門」一詞多見於漢至唐宋文獻，茲迻錄有關資料，擇要點論之於下：

中華書局點校本《史記》卷十二〈孝武本紀〉曰：

> 其後黃帝接萬靈明廷。明廷者，甘泉也。所謂寒門者，谷口也。[29]

《史記集解》引徐廣曰：「一作『塞』。」[30]《集解》又引《漢書音義》曰：「黃帝仙於塞門也。」《索隱》則引服虔云：「黃帝所仙之處也。」[31]

按：劉宋徐廣（352-425）最早提出「寒門」一說為「塞門」，《漢書音義》則逕云「黃帝仙於塞門」。《集解》列出黃帝登仙不同地名，可見在唐代初年注家已有調和塞門、寒門之說。北宋樂史（930-1007）《太平寰宇記》卷二十六記：

> 漢《郊祀志》云：「公孫卿言，黃帝升僊于寒門。」《水經注》：「九嵕山東、仲山西謂之谷口，即寒門也。」指謂此耳。[32]

---

[27] 司馬遷：《史記》卷117，頁3063。
[28] 何寧撰：《淮南子集釋》上冊，卷4（北京：中華書局，1998），頁336。
[29] 司馬遷：《史記》卷12，頁468。
[30] 司馬遷：《史記》卷12，頁469。
[31] 司馬遷：《史記》卷12，頁469。
[32] 樂史撰，王文楚等點校：《太平寰宇記》卷26，頁563。

《太平寰宇記》金陵局底本此處作「塞」字之誤已為點校者據傅增湘校本及《漢書》〈郊祀志〉改正為「寒」字。[33] 竊謂以上所錄殆因「塞」與「寒」字形相近而訛，而且均為漢代以後之說，並不能證明漢代已有「塞門」，更無法說明先秦已有「塞門」，前後非一時也。事實上，「塞門」在古書之中並非僅作地名。下面摘引數例：

一，中華書局點校本《史記》卷一百三十〈太史公自序〉「重譯款塞」下注云：

《集解》應劭曰：「款，叩也。皆叩塞門來服從也。」如淳曰：「款，寬也。請除守塞者，自保不為寇害。」《正義》重譯，更譯其言也。[34]

按：此處之「塞門」，乃指關塞之門，泛指塞門（此為塞門第一義），與黃帝接仙人之特指地名「塞門」絕非相同。

二，中華書局點校本《後漢書》志第二十九〈輿服志〉注曰：

鄭玄曰：「此皆諸侯之禮也。旅，道也。屏謂之樹，樹所以蔽行道。管氏樹塞門，塞猶蔽也。」[35]

按：此段「管氏樹塞門」之「塞門」，乃是宮廷、府衙門前面的影壁牆（此為塞門之第二義），與黃帝登仙地之「塞門」實不相涉。

三，中華書局點校本《舊唐書》卷三十八〈地理志〉云：

---

[33] 樂史撰，王文楚等點校：《太平寰宇記》卷26，頁574。
[34] 司馬遷：《史記》卷130，頁3300。
[35] 司馬彪撰，劉昭注補：《後漢書志》，載於范曄：《後漢書》第 12 冊（北京：中華書局，1965），頁 3641。按：晉司馬彪《續漢書》八志（律曆、禮儀、祭祀、天文、五行、郡國、百官、輿服）分為 30 卷，與范曄《後漢書》合刊。

懷德　開元二十六年，以廢塞門縣置。[36]

按：此條所說宥州塞門，在今陝西以北、長城以外、內蒙地區（此為作為具體地名的塞門，姑稱塞門之第三義。）。而作為具體地名的塞門在不同時期尚有所指實際地點不同之問題。此文「塞門」與甘泉相去甚遠。

四、中華書局點校本《新唐書》卷三十七〈地理志〉云：

> 延州延安郡，中都督府。土貢：樺皮、麝、蠟。戶萬八千九百五十四，口十萬四十。縣十。[37]

按：延州延安郡在今陝西北部，與上條同屬塞門第三義，而所指實際地點不同，與甘泉相距頗遠。

五、中華書局點校本《宋史》卷十四〈神宗本紀〉：

> 三月乙酉，詔漕運鹽鐵等官各具財用利害以聞。丙戌，命宰臣禱雨。戊子，秉常上誓表，納塞門、安遠二砦，乞綏州，詔許之。乙未，以旱慮囚。[38]

按：此條之「塞門」亦在陝北延安以北。看來「塞門」在不同上下文裡所指意思全別：一，一般關塞之門；二，影壁牆；三，具體地名，而指地名者在不同時期的文獻裡所指具體地點又有不同。三種意義之「塞門」祇有作為具體地名之塞門，方可作本文之討論者，其餘兩義可置不論。而作為具體地名的塞門在歷史上又不止一處，根據以上所引，一在今內蒙古（陝西以北），一在今陝西北部。前者為唐代情

---

[36] 劉昫等：《舊唐書》卷38（北京：中華書局，1975），頁1419。
[37] 歐陽修、宋祁：《新唐書》卷37（北京：中華書局，1975），頁971。
[38] 脫脫等：《宋史》卷14（北京：中華書局，1977），頁270。

況，後者則是宋代情況。可是二者皆不合於漢代情形，漢代人所謂黃帝登仙之處當在其時之甘泉，而甘泉在涇水流域，與唐宋之塞門均不合。以此推論，漢代記載言黃帝升仙之處，應為「寒門」，而作為特定地名的「塞門」當是後起。

還要順便提及的是，王國維（1877-1927）《今本竹書紀年疏證》（卷上黃帝軒轅氏）亦作「接萬神於明庭，今塞門谷口是也」。他雖指出此附注抄自《宋書》〈符瑞志〉，卻未察《宋書》〈符瑞志〉稱「寒門」而非「塞門」，蓋偶未審爾。

今據上述諸端，要為得出以下數點結論：

第一，現存先秦文獻尚未見以「寒門」為黃帝登仙之處的記載。

第二，關於「寒門」為黃帝升仙之處的記載，始見於漢代文獻。

第三，沈約《宋書》〈符瑞志〉之「寒門」，其文獻來源當為漢代之記載。

第四，現存先秦文獻未見以「塞門」為地點之記載。

第五，徐廣最早指出「寒門」一說為「塞門」，此乃表明在四世紀後期或五世紀前期已有「寒門」、「塞門」兩種不同的說法。

第六，「塞」與「寒」字形極近似，「塞」字疑「寒」字之訛。漢人著史之際，「寒」字尚未誤，後來傳寫，訛為「塞」爾。

第七，范欽本《竹書紀年》屬入「沈約注」，卻未悟「寒門」「塞門」孰是，遂因循「塞」之誤字，而文義不可通矣。

第八，清代治《竹書紀年》之多數學者考證精當，故能發現今本「寒」作「塞」乃轉寫之訛，「寒」當為本字。以此可分明清兩代校勘學之高下。

第九，王國維撰《今本竹書紀年疏證》，考覈「今本」偽為附注者實襲《宋志》固詳，然亦有紕謬者，其沿明本以「塞門」為「寒門」之誤可知。

第十，對於「今本」《竹書紀年》之附注，陳逢衡曾云：「原

注,人皆謂《宋書》〈符瑞志〉之文。然原注不可考,焉知非輯《宋書》者竊取《竹書》之注而為之耶?」[39]而陳氏亦出意揣,未有確據,故不可信也。然余謂先秦著作未見「寒門」、「塞門」為特定地名,則戰國時期的原本《竹書紀年》本應無注,而「今本」《竹書紀年》之「附注」必後世校書者以意竄入。

　　言及於此,我們尚須回到問題之緣起,即「寒門」乃從「明庭」之地望追究而下。可是傳說中黃帝登仙之「明庭」或為一處地名,抑或一座宮殿,今日所可考見者,皆甚簡略,故未能據此遽為論斷。由是先秦時期究竟有無稱作「明庭」之地,則無從考矣。

　　古書敘事不免傳聞異詞,互相違異,自昔然矣,由此可知解釋古書未可率爾命筆。讀書固貴博,而尤貴精,但求精之根本在於,搜採務求完備,反覆研求,綜合比對,唯信而有徵者取之。姚振宗《漢書藝文志拾補》卷一云:「……今本二卷稱沈約注者,為[范]欽所輯錄,其小字夾行之注亦欽所為也。……《梁書》、《南史》、〈隋[志]〉、〈唐志〉俱無沈約注《紀年》明文,不知范何據而羼入其語,蓋惟欲以奇書炫俗耳。」其說頗為賅備,可謂不失其正。

---

[39] 陳逢衡:《竹書紀年集證》卷1,載於《續修四庫全書》第335冊,頁28。

第九篇　《史記集解》引「荀勖曰和嶠云」段標點補證

劉宋南中郎參軍裴駰為司馬遷《史記》作《集解》，於〈魏世家〉魏襄王「十六年，襄王卒。子哀王立」有如下文字：

> 荀勖曰和嶠云紀年起自黃帝終於魏之今王今王者魏惠成王子案太史公書惠成王但言惠王惠王子曰襄王襄王子曰哀王惠王三十六年卒襄王立十六年卒並惠襄為五十二年今案古文惠成王立三十六年改元稱一年改元後十七年卒太史公書為誤分惠成之世以為二王之年數也世本惠王生襄王而無哀王然則今王者魏襄王也

方詩銘對於這段文字的重要性及存在的問題曾有以下論說：

> 這一段文字很重要，也經常為研究《紀年》者所引證。但問題也存在，第一，「荀勖曰」以下究竟是什麼性質的文字；第二，「荀勖曰」緊接著就是「和嶠云」，究竟和嶠所云到何處為止，或全部文字都屬於和嶠。[1]

古人引文，其起迄最難究詰，故歷來學者對此段文字中「和嶠云」止於何處有不同理解。茲依學者年代的先後，臚列各家之說。

一、雷學淇《考訂竹書紀年》「十七年魏惠成王卒」條下云：

> 《左傳》〈後序〉引《紀年》，謂惠王三十六年改元，從一年始，至十六年，稱惠王卒，《史記》〈魏世家〉《集解》引荀勖稱和嶠云：《紀年》謂惠成王三十六年改元稱一年，改元後十七年卒。司馬氏《資治通鑑》從〈後序〉說，《通鑑考異》及朱子《通鑑綱目》

---

[1] 方詩銘：〈古本《竹書紀年》輯證〉，《東岳論叢》1980 年第 4 期，頁 109。

從荀、和說。淇案：杜與荀、和同時，得見《竹書》，不應言有同異。〈後序〉十六年「六」字，自是「七」字之訛，乃抄錄鈐刻者有誤也。〈魏世家索隱〉引《紀[年]》曰：惠成王三十六年改元稱一年。〈孟嘗君列傳〉《索隱》引《紀年》曰：三十六年改為後元。觀此，知梁之改元與秦惠文之以十四年為元年事同。非若後世改元，先下詔書，以明年為元年也。今從和氏說校正。[2]

從以上雷氏注文推之，他認定前引文字乃和嶠所云及所引。

二、日本學者瀧川資言（Takigawa Sukekoto）考證，水澤利忠（Mizusawa Toshitada）校補《史記會注考證校補》對前引文的句讀如下：

荀勗曰、和嶠云、紀年起自黃帝、終於魏之今王、今王者魏惠成王子、案太史公書惠成王、但言惠王、惠王子曰襄王、襄王子曰哀王、惠王三十六年卒、襄王立十六年卒、幷惠襄為五十二年、今案古文、惠成王立三十六年、改元稱一年、改元後十七年卒、太史公書為誤分惠成之世以為二王之年數也、世本、惠王生襄王、而無哀王、然則今王者魏襄王也、[3]

瀧川資言僅作斷句，而未加引號，故讀者無法確知「和嶠云」以下文字是否全部出自和嶠所云所引。

三、錢穆先生《先秦諸子繫年》〈齊魏會徐州相王乃魏惠王後元元年非魏襄王元年乃齊威王二十四年非齊宣王九年辨〉：

〈魏世家集解〉：「荀勗曰：和嶠云：《紀年》起自黃帝，終於魏之今王。今王者，魏惠成王子。案《太史公書》，惠成王但言惠

---

[2] 雷學淇：《考訂竹書紀年》卷 6（潤身堂藏版補刊本），頁 13。又見是書亦嚚嚚齋校定本，載於《四庫未收書輯刊》3 輯 12 冊（北京：北京出版社，2000），頁 94。
[3] 司馬遷撰，瀧川資言考證，水澤利忠校補：《史記會注考證附校補》下冊，卷 44（上海：上海古籍出版社，1986），頁 1103。

王，惠王子曰襄王，襄王子曰哀王。惠王三十六年卒，子襄王立，十六年卒，幷惠襄為五十二年。今按古文惠成王立三十六年改元稱一年，改元後十七年卒，《太史公書》為悞分惠成之世以為二王之年數也。《世本》惠王生襄王而無哀王，然則今王者，魏襄王也。」[4]

錢先生雖對此段作現代標點，卻亦未於荀、和二人語之間加以引號。所以讀者不易分辨究竟何為荀勖之言何為和嶠之言。然從同條文字看，錢先生是將此段文字視作荀、和二人之說，如云：「惟〈魏世家索隱〉又一條云：『《紀年》說惠成王三十六年又稱後元一，十七年卒，』則與荀勖和嶠為一致。」[5] 又云：「荀勖、和嶠諸人，殆見《竹書》原本，有在惠成王三十六年記稱王改元之文，故率以此年即為惠成王元年。」[6]

四、中華書局點校《史記》〈魏世家〉《集解》如下（人物及專有名稱下之劃線標號原為點校者所加）：

荀勖曰：「和嶠云『《紀年》起自黃帝，終于魏之今王。』」今王者，魏惠成王子。案《太史公書》惠成王但言惠王，惠王子曰襄王，襄王子曰哀王。惠王三十六年卒，襄王立十六年卒，幷惠、襄為五十二年。今案古文，惠成王立三十六年，改元稱一年，改元後十七年卒。《太史公書》為誤分惠、成之世，以為二王之年數也。《世本》惠王生襄王而無哀王，然則今王者魏襄王也。」[7]

點校者認為和嶠所云止「《紀年》起自黃帝，終于魏之今王」一句，其下「今王者，魏惠成王子」和兩個「案」以下文字，均為荀勖之語。

---

[4] 錢穆：《先秦諸子繫年》上冊，卷3（臺北：三民書局，1981），頁276。
[5] 錢穆：《先秦諸子繫年》上冊，卷3，頁279。
[6] 錢穆：《先秦諸子繫年》上冊，卷3，頁280。
[7] 司馬遷：《史記》第6冊，卷44（北京：中華書局，1959），頁1849。

五、方詩銘《古本竹書紀年輯證》標點此段如下：

> 荀勗曰：「和嶠云：『《紀年》起自黃帝，終於魏之今王；今王者，魏惠成王子。』案《太史公書》惠成王但言惠王，惠王子曰襄王，襄王子曰哀王。惠王三十六年卒，襄王立十六年卒，並惠、襄為五十二年。今案《古文》，惠成王立三十六年，改元稱一年，改元後十七年卒。《太史公書》為誤分惠、成之世，以為二王之年數也。《世本》惠王生襄王，而無哀王，然則今王者魏襄王也。」[8]

方氏以為和嶠所言如次：「《紀年》起自黃帝，終于魏之今王。今王者，魏惠成王子。」而自「案《太史公書》」以下為荀勗之語。

六、夏含夷（Edward L. Shaughnessy）《古史異觀》引此節所作標點如下：

> 荀勗曰：「和嶠云：《紀年》起自黃帝，終于魏之今王。今王者，魏惠成王子。」按《太史公書》惠成王但言惠王，惠王子曰襄王，襄王子曰哀王。惠王三十六年卒，襄王立十六年卒，並惠襄為五十二年。今按《古文》，惠成王立三十六年，改元稱一年，改元後十七年卒，《太史公書》為誤分惠成之世，以為二王之年數也。[9]

在夏氏看來，荀勗所言應為：「和嶠云：《紀年》起自黃帝，終于魏之今王。今王者，魏惠成王子。」而夏氏未云「按」與「今按」是何人之語。他又以為：荀勗或是和嶠說「案《古文》，『惠成王立三十六年改元稱一年，改元後十七年卒。』」[10] 看來，夏氏難以判斷此段文字中究竟何句為荀勗所云、何句為和嶠所言。

---

[8] 方詩銘、王修齡：《古本竹書紀年輯證》（修訂本）（上海：上海古籍出版社，2005），頁145。

[9] 夏含夷：《古史異觀》（上海：上海古籍出版社，2005），頁435。

[10] 夏含夷：《古史異觀》，頁435。

◆第九篇 《史記集解》引「荀勖曰和嶠云」段標點補證◆

七、洪誠主張裴駰《史記集解》中有一種特殊的主謂結構並列於賓語省略式，他說：

> 裴駰《史記集解》中有一種特殊的省略式，引述兩人相同之說，兩個並列的主謂結構共用一個賓語，把「甲曰：……」和「乙曰：……」合併作「甲曰、乙曰：……」。意思是「甲和乙並曰：……」，不是把「乙曰……」當作「甲曰」的賓語。所以標點應該作「甲曰、乙曰：……」。例如：《魯世家》集解：「孔安國曰、王肅云：『祖甲，湯孫太甲也。』馬融曰、鄭玄曰：『祖甲，武丁子帝甲也。』」裴駰信偽孔傳為真。西漢孔安國不可能引述魏王肅的話。鄭玄注古文《尚書》在中平元年（184）以後，馬融早已死了，馬也不可能引鄭說。……關於祖甲，孔王之說同，馬鄭之說同，所以裴駰各用兩個主謂結構並列於賓語前面。這是一種罕見的省略形式。新印標點本《史記》1521頁這一條標點是正確的。由於人物時代的先後所決定，不容許產生誤解。[11]

由於此種特殊的句式，洪誠認為：

> 與上文同例：《魏世家》集解云：「荀勖曰、和嶠云：『《紀年》起自黃帝，終於魏之今王。今王者，魏惠成王子。……』」這也表示《紀年》起自黃帝，終於今王，是荀勖與和嶠的共同說法，不是荀勖引述和嶠的話。因為晉武帝命荀、和二人撰次竹書，以隸寫之，實以荀為主；竹書有黃帝至帝舜的材料，是二人所同見；把它編於夏殷之前，是二人所同為，關於這部書的開頭人物，荀勖何須引述和嶠的話來說明？把「《紀年》起自黃帝」兩句話解釋為荀勖引述和嶠的話是不合理的。[12]

---

[11] 洪誠：《雒誦廬論文集》，載於《洪誠文集》（南京：江蘇古籍出版社，2000），頁175。
[12] 洪誠：《雒誦廬論文集》，載於《洪誠文集》，頁175。

針對中華書局《史記》點校本之標點，洪誠作案批評道：

> 這一節標點錯誤有三：1. 紀年以下至王也一百三十七個字都是荀、和二人共同之說，不當割出頭兩句作為和嶠語。因為本文重點是說明「今王」，《紀年》終於今王二十年，是竹書原文所有，是荀、和、杜、衛、束等人所同見，不是和嶠一人的創見。這裡所標的引號，是把《紀年》起訖，當作和嶠的直接知識，被荀勖間接傳述，嚴重地違背史實。2. 把和嶠以下一百四十個字當作荀勖一人之辭也是錯誤的。3.「惠成」是一個人的諡號，「誤分惠成之世」句惠成之間不當用頓號隔開。當更正如下：「曰」字後的「：」號當改作「、」或「，」。去掉「和」字左上角的引號，去掉「王」字右上角的引號，去掉「惠、成」二字之間的「、」號。[13]

按照洪氏關於此段為荀勖與和嶠共同之說的理解，此段文字似可如此斷句標點：

> 荀勖曰、和嶠云：「《紀年》起自黃帝，終于魏之今王。今王者，魏惠成王子。案《太史公書》，惠成王但言惠王，惠王子曰襄王，襄王子曰哀王。惠王三十六年卒，襄王立十六年卒，並惠、襄為五十二年。今案古文，惠成王立三十六年，改元稱一年，改元後十七年卒。《太史公書》為誤分惠成之世，以為二王之年數也。《世本》，惠王生襄王而無哀王，則今王者魏襄王也。」

如此一來，整段引文成為荀勖與和嶠共同之說。洪氏進而論之曰：

> 裴駰在魏哀王下荀、和之說，重點在於說明《紀年》中的「今王」是魏襄王，不是哀王。這是針對杜預依《史記》定為哀王而說

---

[13] 洪誠：《雒誦廬論文集》，載於《洪誠文集》，頁177。

◆第九篇 《史記集解》引「荀勖曰和嶠云」段標點補證◆

的。引文「云」字下一百三十七個字中無「駰案」,全是荀、和之文。[14]

下面讓我們來討論洪氏的解說與標點。首先,洪氏正確指出中華書局本點校者不明「惠成」是一個人的諡號,遂「誤分惠成之世」句,惠成之間不當用頓號隔開。其次,其計算有誤,實為 129 個字而非 137 個字。再者,他把整段引文視為荀勖與和嶠並曰,未免過於武斷,因為問題遠非這樣簡單。中華書局點校本《史記》〈魯周公世家〉「其在祖甲」下《集解》曰:

孔安國、王肅曰:「祖甲,湯孫太甲也。」馬融、鄭玄曰:「祖甲,武丁子帝甲也。」[15]

中華書局本孔安國、馬融後並無曰字。這是為什麼呢?檢《史記會注考證附校補》可知:

[其在祖甲]……

集　孔安國王肅曰　○ 景 井 慶 中統 彭 凌 殿 孔安國曰王肅曰殿本作云字　札記 各本國下衍曰字今刪孔融下放此[16]

東方按:「集」即《史記集解》,「景」指北宋仁宗景佑監本配南宋重刻北宋監本《史記集解》,「井」為竹添井々、內藤湖南舊藏武田長兵衛藏傳北宋《史記集解》,「慶」為南宋慶元黃善夫本,「中統」為靜嘉堂藏元中統二年(1261)刊《集解》、《索隱》合刻本,「彭」指元至元二十五年(1298)彭寅翁刊三注合刻本,「凌」指萬曆四年(1576)刊凌稚隆輯校、李光縉增補《史記評林》本,「殿」為乾隆四年(1738)武英殿刊本,「札

---

[14] 洪誠:《雒誦廬論文集》,載於《洪誠文集》,頁 177。
[15] 司馬遷:《史記》第 5 冊,卷 33,頁 1521。
[16] 司馬遷撰,瀧川資言考證,水澤利忠校補:《史記會注考證附校補》卷 44,頁 902。

277

記」為張文虎撰《校刊史記集解索隱正義札記》。中華書局點校本是以清同治年間金陵書局刊行的《史記集解索隱正義》合刻本（簡稱金陵局本）作為底本，這是因為金陵局本是一個比較完善的本子。張文虎根據金陵局本，刪去「曰」字[17]，而張氏之說為瀧川、水澤及中華版點校者接受，故「孔安國」後無「曰」字。洪氏則根據殿本作「孔安國曰、王肅云」「馬融曰、鄭玄曰」。我們知道，孔安國和王肅是不同時代的人，孔安國是西漢人，曾受《詩》於申公，受《尚書》於伏生，武帝時為諫議大夫、臨淮太守。王肅則是三國時期人，王朗之子，曹魏朝官員。洪氏又引：「馬融曰、鄭玄曰：『祖甲，武丁子帝甲也。』」馬融、鄭玄亦有時代先後。馬融生於79年，卒於166年，鄭玄晚於馬融，生於127年，卒於200年。兩人年齡差距甚大。那麼為何《集解》將孔安國與王肅、馬融與鄭玄並列呢？這是因為裴駰紀錄了兩種截然不同的觀點，即孔安國、王肅的太甲說，馬融、鄭玄的帝甲說。[18]所以由上引可見，「荀勖曰、和嶠云」並非洪氏所指句法的問題，而是涉及到不同版本的問題。

　　洪氏以相關記載推論，說明荀勖與和嶠的見解應該相同。然細加推敲，會發現荀勖與和嶠的看法是有層次上的差異，下面的討論將會涉及。從歷史上看，荀勖與和嶠的關係非但疏遠，而且兩人之間矛盾甚深。史書記載：和嶠鄙視荀勖的為人，雖荀勖領秘書監，高於和嶠的中書令，而和嶠常與之抗衡。《晉書》〈和嶠傳〉載：晉武帝時，荀勖任中書監，和嶠任中書令，「舊監令共車入朝，時荀勖為監，嶠鄙勖為人，以意氣加之，每同乘，高抗專車而坐。乃使監令異車，自嶠始也。」[19]《通典》記：「初，監、令常同車入朝。及和嶠為令，荀勖為監，嶠意抗，鄙荀巧佞，以意氣加之，專車而坐，自此監令乃使異車。」[20]所以我們很難設想和嶠云以下為他們兩人之同

---

[17] 張文虎：《校刊史記集解索隱正義札記》（北京：中華書局，1977），頁381。
[18] 參看郭旭東：〈「其在祖甲」考辨〉，《殷都學刊》2000年第2期，頁18。
[19] 房玄齡等：《晉書》第4冊，卷45（北京：中華書局，1974），頁1283。
[20] 杜佑撰，王文錦等點校：《通典》第1冊，〈職官典〉卷21〈職官三〉（北京：中華書局，1988），頁561。

說。反之，荀勖官階位高於和嶠，且為《紀年》整理工作的總負責人，故由他引和嶠語，再加以評論，是符合情理的。

前引方詩銘〈古本《竹書紀年》輯證〉一文，以此段引文與《穆天子傳》敘錄相互比證說明「荀勖曰」的內容。他說：

> 如果加以對比，就可以看出：（一）《穆傳序》中的「案所得《紀年》，蓋魏惠王子今王之冢也」；相當於《集解》所引「荀勖曰」的「今王者魏惠成王之子」；（二）「於《世本》蓋襄王也」，相當於「荀勖曰」的「《世本》惠王生襄王而無哀王，然則今王者魏襄王也。」[21]

在確定了何為荀勖所言之後，方詩銘云：「這就涉及前面指出的『荀勖』曰這段文字的第二個問題：所引的和嶠云究竟到何處為止，或者這段文字全部都屬於和嶠？」[22] 我僅引方氏的論斷於下：「如果細讀一下所謂『荀勖曰』，可以看出，這當為荀勖的手筆，而『和嶠云』僅是引用了和嶠的意見，到『今王者魏惠成王子』為止。」[23] 為證實此一結論，他作了細緻的分析和合理的推斷，因而他的判斷是相當準確的。因文長而不俱錄，不更詳及，有興趣的讀者可閱讀原文。

為了進一步說明為何「和嶠云」止於此，下面我想在方氏的結論之上再作梳理補證。

裴駰《史記集解》在《史記》〈魏世家〉所引的這段文字旨在說明今王究竟是何人。在這段引文中，荀勖先引和嶠之說「《紀年》起自黃帝，終於魏之今王。今王者，魏惠成王之子。」和嶠祇說到今王為惠成王之子。接著荀勖根據（案）《史記》，指出「惠成王但言惠王」。[24] 即點明司馬遷稱

---

[21] 方詩銘：〈古本《竹書紀年》輯證〉，《東岳論叢》1980年第4期，頁110。
[22] 方詩銘：〈古本《竹書紀年》輯證〉，《東岳論叢》1980年第4期，頁111。
[23] 方詩銘：〈古本《竹書紀年》輯證〉，《東岳論叢》1980年第4期，頁111。
[24] 《史記》〈魏世家〉曰：「十六年，伐楚，取魯陽。武侯卒，子罃立，是為惠王。」見司馬遷：《史記》第6冊，卷44，頁1842。

「惠王」，與和嶠所謂「惠成王」之稱有所不同。他又說在《史記》中「惠王子曰襄王，襄王子曰哀王」。[25]而且《史記》記魏惠王在位第36年去世，襄王在位第16年去世。這樣一來，惠、襄二世加起來則為52年。[26]針對司馬遷的惠、襄二世五十二年說，荀勖又根據新出土的蝌蚪文《紀年》（即「今案古文」）所載內容予以辨正，即惠成王即位36年後改元，改元後第17年去世，進而指出太史公誤將魏惠成王（即惠王）一世52年，誤分為兩世共52年。他舉《世本》記惠王生襄王而無哀王為例證。[27]最後，荀勖提出比和嶠更進一層的看法，即：「今王者，魏襄王也。」《穆天子傳》荀勖〈序〉曰：「案所得《紀年》，蓋魏惠成王子今王之冢也；於《世本》，蓋襄王也。」[28]這也可作為荀勖以今王為魏襄王的一條本證。

從以上引文看，此處的「案」和「今案」字都是「據」（根據）的意思，「案《古文》」或「案《太史公書》」之後皆不能用冒號。今人有在「按」字後加冒號者，那是用「按」字表示「按語」的意思。其實，古書裡也有用「案」表示按語的類似事例。看來使用什麼標點符號還得根據上下文來確定。兩個「案」皆荀勖所作，不應有問題。《史記》〈五帝本紀〉之《集解》曰：「凡是徐氏義，稱徐姓名以別之。餘者悉是駰注解，並集眾家義。」那麼，為何「今按」不可能是裴駰的按語呢？因為凡是裴駰的按語，《集解》均作「駰按」。這裡的「古文」應該理解為《汲冢古文》（《紀年》），即杜預在〈春秋經傳集解後序〉說的「古書《紀年篇》」，即為《紀年》。證據在《史記》同卷的《索隱》「按」裡，那裡明確地說：

---

[25] 參看《史記》〈魏世家〉曰：「三十六年，復與齊王會甄。是歲，惠王卒，子襄王立。」見司馬遷：《史記》第6冊，卷44，頁1848。
[26] 參閱《史記》〈魏世家〉曰：「十六年，襄王卒，子哀王立。張儀復歸秦。」見司馬遷：《史記》第6冊，卷44，頁1849。
[27] 一、王謨輯本《世本》〈春秋列國公侯世系〉曰：「魏惠王生襄王嗣。襄王生昭王遫。」見《世本八種》（北京：商務印書館，1957），頁15。二、孫馮翼集本《世本》〈王侯大夫譜〉曰：「惠王生襄王，而無哀王。襄王生昭王，而無哀王。」見《世本八種》，頁29。三、秦嘉謨輯補本，卷4〈世家・魏世家〉曰：「始立為諸侯。文侯生武侯擊。武侯生惠王罃。惠王生襄王嗣。」見《世本八種》，頁49。
[28] 郭璞注，洪頤煊校：《穆天子傳》（平津館本），載於《四庫備要》104冊史部4冊1（臺北：臺灣中華書局，1966），頁2。

「《紀年》說惠成王三十六年之後，又稱後元一十七年卒。」[29] 兩者相照，可見《集解》所說之「古文」即《索隱》所指之「紀年」。

以下是我根據方詩銘點校而稍作變動的《集解》引文所作的標點（段落分行、方括號及其內文字、將字句斜體皆為筆者添增）：

荀勖曰：「和嶠云：『《紀年》起自黃帝，終於魏之今王。今王者，魏惠成王子。』

[荀勖]案《太史公書》，*惠成王但言惠王，惠王子曰襄王，襄王子曰哀王。惠王三十六年卒，襄王立十六年卒。並惠、襄為五十二年。*

[荀勖]今案《古文》，*惠成王立三十六年，改元稱一年，改元後十七年卒。*《太史公書》為誤分惠成之世，以為二王之年數也。

[荀勖]《世本》：*惠王生襄王而無哀王。*然則今王者魏襄王也。」

總結地說，裴駰《史記集解》所引此段文字，除了「《紀年》起自黃帝，終于魏之今王。今王者，魏惠成王子」是和嶠的話外，其餘皆為荀勖隱括《史記》、《紀年》和《世本》所記（以斜體字標舉者）及其個人的評論（以正體字標示者）。

---

[29] 司馬遷：《史記》第 6 冊，卷 44，頁 1849。

第十篇　「古本」《竹書紀年》校讀札記

　　這篇校讀「古本」《竹書紀年》札記是以朱右曾《汲冢紀年存真》[1]、王國維《古本竹書紀年輯校》[2]、范祥雍《古本竹書紀年輯校訂補》[3]、方詩銘、王修齡《古本竹書紀年輯證》[4]為參照之本。「王輯本」是對「朱輯本」的校補，而「范輯本」則為以上二本之補訂。「方輯本」又在以上三本的基礎上重加增訂，補充遺漏，較之朱、范、方輯本，益為詳實；然不足之處是，未能以原書體例即帝王世系排列其所輯之文。這篇札記亦參考劉殿爵、陳方正主編、何志華執行編輯《竹書紀年逐字索引》[5]，以及理雅各（James Legge）英譯〈竹書紀年〉（The Annals of the Bamboo Books）。[6]

劉知幾引《竹書》

　　「方輯本」：「劉子（元）[玄]又引《竹書》云：舜篡堯位，立丹朱城，俄又奪之。《蘇氏演義》卷上」（頁168）方詩銘云：「此乃劉知幾據《山海經》推論之語，蘇氏誤記，以為係所引《竹書》，誤。此條似不當補。」（頁168）方說是也。《蘇氏演義》所引並未明言引自《史通》，且《史通》

---

[1] 朱右曾：《汲冢紀年存真》（歸硯齋刻本），載於《續修四庫全書》第336冊（上海：上海古籍出版社，2002）。以下簡稱「朱輯本」，並於正文標注引文頁碼。
[2] 王國維：《古本竹書紀年輯校》，載於楊家駱主編，劉雅農總校：《世界文庫‧四部刊要‧史學叢書》第2集1冊（臺北：世界書局，1957）。以下簡稱「王輯本」，並於正文標注引文頁碼。又收入《王國維遺書》第7冊（上海：上海書店出版社，1996），此本據1940年商務印書館版重印。
[3] 范祥雍：《古本竹書紀年輯校訂補》（上海：上海人民出版社，1957）。以下簡稱「范輯本」，並於正文標注引文頁碼。
[4] 方詩銘、王修齡：《古本竹書紀年輯證》（修訂本）（上海：上海古籍出版社，2005）。以下簡稱「方輯本」，並於正文標注修訂本引文頁碼。
[5] 劉殿爵、陳方正主編，何志華執行編輯：《竹書紀年逐字索引》（香港：商務印書館，1998）。以下簡稱「劉編本」，並於正文標注引文頁碼。
[6] 理雅各（Jamese Legge）：〈竹書紀年〉（The Annals of the Bamboo Books），載於《中國經書》（The Chinese Classics）第3卷：《書經》（The Shoo King）（Hong Kong: Hong Kong University Press, 1960）。以下簡稱「理譯本」，並於正文標注引文頁碼。

他處亦有類似的引文。此條實則劉知幾本《山海經》及《瑣語》所作推測。如《史通》〈疑古〉篇即據《山海經》推論，因為劉知幾說：「得非……乎？」顯為推測語氣，亦可見此非《紀年》之文。故《蘇氏演義》所引兩條均不能說明問題。

為舜王之　為禹王之

「范輯本」：「堯禪位後，為舜王之。舜禪位後，為禹王之。蘇鶚《演義》引《汲冢竹書》。」（頁7）此之「王」可能為錯字。據「古本」《竹書紀年》所記「舜篡堯位，堯為舜所囚」，何以謂舜以堯為王、禹以舜王。方詩銘云：「案『王』疑為『放』字之誤，即《疑古》所云之『舜放堯於平陽』。」「王」應作「放」字，即放逐之義。

舜耕于歷夢眉長與髮等遂登庸

「朱輯本」輯有「舜耕于歷，夢眉長與髮等。遂登庸。《鴻書》。郝氏《尚書正義》引」（頁5）「王輯本」、「范輯本」皆未收此條。《鴻書》為明代人所著，而於《竹書紀年》原本，作者未及見之，故此條似不應收入「古本」《竹書紀年》。作為「今本」《竹書紀年》的附注，王國維謂此句「出《宋書·符瑞志》，但《志》無末三字。」（「方輯本」頁209）

王亥托于有易河伯僕牛

「朱輯本」：「王亥託于有易河伯僕牛。《山海經》〈大荒東經注〉」（頁8）「王輯本」：「河伯僕牛。《山海經》〈大荒東經注〉」（頁32）王國維〈殷卜辭中所見先公先王考〉引《山海經》〈大荒東經〉曰：「有困民國，句姓而食。有人曰王亥，兩手操鳥，方食其頭。王亥托於有易河伯僕牛，有易殺王亥取僕牛。」[7] 如果照此斷句理解，似「僕牛」為人名。其實王國維

---

[7] 王國維：〈殷卜辭中所見先公先王考〉，載於氏著：《觀堂集林》（北京：中華書局，1959），

◆第十篇 「古本」《竹書紀年》校讀札記◆

詳細論證了「僕牛」即「服牛」，而「僕」又作動詞，即訓牛拉車之意。[8] 如何解釋「僕牛」一是人名、地名，還是馴牛？「范輯本」謂：「徐文靖《統箋》四、陳逢衡《集證》十二皆以僕牛為地名。王國維〈殷卜辭中所見先公先王考〉以僕牛即服牛，論證甚詳，今標點從之。」（頁71）「方輯本」：「《大荒東經》注以河伯僕牛皆為人名，與正文頗不合，疑誤，現從王說，河伯僕牛之間不加頓號。」（頁12-13）若按王、范、方三家之理解，「朱輯本」似應標點作：「王亥託于有易，河伯僕牛。」此條屬《山海經》〈大荒東經〉原文，而方詩銘案云：「注即見《汲冢竹書》云云。」（頁12）。竊以為不能說此條即是《竹書紀年》原文，因為注僅云：「河伯僕牛，皆人姓名託寄也，見《汲郡竹書》。」按之〈殷卜辭中所見先公先王考〉[9]，此段當釋為：「王亥寄居（托或賓）於有易，為河伯服牛。」原文省「為」字，此「為」即「替」之意。徐、陳二人不能辨別，而王氏卻已注意。然王氏又未明言此點，殆以為語意自明，無俟乎注釋矣。何以言之？因為祇有省略「為」字，此句纔易理解。河伯為有易一部，有易弒殺王亥，奪取其所服之牛。其後殷人方借河伯之兵伐有易而殺其君。所缺「為」字是作「替」解或是作「即」解並通。

此「為」字亦可能有另一種理解，即將河伯釋為地名，則省略之「為」乃「在」之意。由於後來殷人借河伯之兵力纔戰勝有易，所以須將河伯釋為人名或方國（或部落）之名。「今本」記：「殷侯子亥賓于有易。」王國維云：「《紀年》一書，亦非可盡信者，而王亥之名竟於卜辭見之，其事雖未必盡然，而其人確非虛構。」[10]此亦證王國維對「今本」《竹書紀年》所記有所相信。

頁416。此段標點見彭林整理：《觀堂集林》上冊（石家莊：河北教育出版社，2001），頁264。

[8] 王國維：〈殷卜辭中所見先公先王考〉，載於氏著：《觀堂集林》，頁417。
[9] 王國維：〈殷卜辭中所見先公先王考〉，載於氏著：《觀堂集林》，頁416。
[10] 王國維：〈殷卜辭中所見先王先公考〉，載於氏著：《觀堂集林》，頁416-417。

此外，以上諸輯本將「王亥托于有易、河伯僕牛」與「殷王子亥賓于有易而淫焉。……遂殺其君綿臣」分列為兩條。而「劉編本」蓋不知「托于」與「賓于」意義有別，遂合為一條，失之。

有易之君綿臣殺而放之

「朱輯本」：「殷王子亥賓于有易而淫焉。有易之君綿臣殺而放之。《山海經‧大荒東經》注」（頁8）依照朱右曾之說，「殺而放之者謂殺子亥而放所淫之婦也。」（頁8）不過，日知《古代中國紀年》卻英譯「放之」為："drove his follower away,"即指「放回王亥的隨行人員」。[11] 由於「之」字所指不明，遂有不同解說。以下試作邏輯推論：因將子亥弒殺，則不可能再放逐（或釋放）他，所以被放者必為他人。在先秦古書中，「放」字多作「放逐」解。《說文解字》亦謂：「放，逐也」。「放」亦可作「放棄」、「棄置」、「放蕩」等解。惟獨作「釋放」為後起之義。[12]

帝廑世

「朱輯本」在「帝廑」世下引：「《御覽》引《世紀》：『帝廑一名項，或曰菫江項。』《路史》作『頓』。」（頁9）朱右曾按云：「《太平御覽》八十二引《紀年》曰：『帝廑一名允甲。』而《路史》〈後紀〉云：『帝廑子允甲立。』注云：『見《汲紀年》。』《左傳》作孔甲，是允甲乃帝廑之子，非其名也。《文選》〈六代論〉注引：……『允甲即廑。』則十六王矣。《御覽》誤也。」（頁9）根據朱右曾之說，帝廑應列為單獨一世，允甲為其子，乃下一世王。但「王輯本」則以帝廑為胤甲，故二世合為一世，並將「允甲」改回「胤甲」（「允」避雍正之諱）。方詩銘亦如是說。顧於「古本」《竹書紀年》「夏紀」有無帝廑一世容再考。

---

[11] 日知主編：《古代中國紀年》（長春：東北師範大學出版社，1993），頁97。
[12] 檢《漢語大字典》的「放」字條，亦可證此義（成都：四川辭書出版社、湖北辭書出版社，1986，頁1451-1452）。

再保庸

「王輯本」:「后發即位。元年,諸夷賓于王門,再保庸,會於上池。《北堂書鈔》八十二」(頁5)雷學淇云:「再保墉會于上池,未詳。」[13] 其後雷氏又據《爾雅》釋墉為牆,以「再保庸」為使夷狄守衛王宮與野舍,不過其語氣為「其……之謂歟」,表明此為其個人推測。「方輯本」云:「孔本《書鈔》卷八二兩引《紀年》此文,……前條作『保庸』,後條『庸』字作『墉』,其餘全同。」(頁16)「朱輯本」作:「冉保墉。」(頁9)朱右曾亦從《北堂書鈔》徵引,卻略有異同。朱右曾云:「冉與鄀通,國名也,在湖北荊門州東南。保墉,蓋冉君之名。」(頁9)朱右曾以保墉為國君名,解之未詳。「冉」與「再」,隸書以下形近,篆字則形不近。而《紀年》出土時早已不用小篆,故形近而訛(即隸定文字後,或傳寫訛舛)之說近理。

「再保庸,會于上池」祇有《書鈔》徵引,其他書如《御覽》、《後漢書》、《路史》、《通鑑外紀》均無此句。但「今本」《竹書紀年》亦有「再保庸,會于上池」句。「理譯本」譯作:"He again repaired the walls."(頁125)疑誤。《周禮》〈天官‧大宰〉略云:「以八統詔王馭萬民,五曰保庸。」「疏」:「保,安也;庸,功也;有功者上下俱賞之以祿,使心安也。」今觀鄭注和孫詒讓《周禮正義》,似以「八統」之一「保庸」來解釋《紀年》「保庸」或「保墉」,不啻為各種解釋中最近是者。「庸」與「墉」通。孫詒讓云:「云『保庸,安有功者』者,《地官》〈敘官〉注云:『保,安也。』又《大司徒》注云:『庸,功也。』《司勳》云:『民功曰庸。』」[14] 孫詒讓對於鄭注「保庸,安有功者」是以鄭注(他處的)解釋鄭注(此處的),尤為精覈,上下文意亦通。所以「再保庸會于上池」,即在上池之地,再度安撫或安慰有功者。

---

[13] 雷學淇:《竹書紀年義證》(臺北:藝文印書局,1977),頁115。
[14] 孫詒讓:《周禮正義》第1冊,卷2(北京:中華書局,1987),頁77。

后桀之亂，畎夷入居幽岐之間

「方輯本」:「后桀之亂，畎夷入居幽、岐之間。《後漢書·西羌傳》」（頁169）方詩銘認為，《後漢書》〈西羌傳〉所記非直接引文，不能當作《紀年》原文，並云:「《存真》、《輯校》所據似即今本。」（頁169）雖然此條可能非《紀年》原文（故「王輯本」加墨圍），但亦可能為隱括之語。朱、王二人均撇開「今本」、另輯「古本」，故似無可能據「今本」輯此條入「古本」。

湯有七名而九征

「朱輯本」:「湯有七名而九征。《太平御覽》八十三」（頁11）「范輯本」作「湯有七命而九征。《太平御覽》八十三。」（頁17）不過范祥雍對於易「名」為「命」未作詳解。湯有七名之說已見南朝梁元帝（蕭繹，此人飽讀詩書，博知掌故。）之《金樓子》，其時《紀年》原本尚存，疑其所列七名乃對《紀年》說之解釋。其言雖未見依據，但亦無反駁梁元帝的直接材料。依邏輯分析，我們祇知其三名，並不能以此為默證，否定其有七名。范祥雍改之為「七命」可能是認為「七名」之說不經，而「七命」於經典卻有出處。《禮記》〈王制〉有三公不過九命，次國之君不過七命，小國之君不過五命之說。命，指命服；天子賜予不同爵級諸侯以不同等級的服飾，九命最高，一命最低。范氏殆將湯理解為次國之君，故有七命。范語既難確指，則僅姑備一說，然而卻不必以此說改《紀年》原文。

伊尹祀桐宮歌

「朱輯本」「仲壬」條下有「伊尹祀桐宮歌曰」一段（頁11），而此段不為「王輯本」、「范輯本」、「方輯本」所收。朱氏之理由為，《通鑑前編》引之於《尚書大傳》，原在舜十五載。《前編》編者雖自稱見此條於《竹書》，但認為此乃《竹書》誤列之於伊尹祀桐宮之下。「朱輯本」引《前編》之文字，而又取《前編》所否定之說。那麼朱右曾是信《前編》

抑或不信《前編》呢？看來他是既信又不信。那麼以何所據而信、以何所據而不信呢？看來他個人所「根據」的，或是因為此段引自《通鑑綱目前編》的緣故（時代較晚），也可能是因為此段下注曰：「此歌汲冢竹書亦有之，然誤在伊尹祀桐宮之下。」「王輯本」、「范輯本」、「方輯本」對具有傳說色彩的記載一般不予收入，如「朱輯本」中「堯有聖德，封于唐，夢攀天而上」、「夏禹未遇，夢乘舟月中過，而後受虞室之禪」兩條，他們均未收入。此乃因由時代變遷所致──進入民國以後的「五四」時代，學者們對上古傳說多持懷疑態度。

「伊尹祀桐宮歌」《通鑑前編》及《宋書》〈符瑞志〉具載。此歌本於《尚書大傳》，引之者有《通鑑前編》舜十五載、《太平御覽》樂部九等等。從內容看，此歌是講舜覺得自己已年老、準備讓位的表示。此歌開頭「日月有常，星辰有行」，說天行恆常規律，接著即云「四時從經，萬姓允誠」，謂四時變化（由天之運行而成）有常，所以萬姓能夠真誠信實。「于予論樂，配天之靈」的意思說，吾等討論音樂（在此歌前面是一段舜與群臣歌卿云論樂之文）是為了符合天（行）的規則（即如同四時代運之規則，意思是該讓賢了）。因曰：「遷乎聖賢，莫不咸聽。」意為我讓賢了，大家都會聽從的。復繼曰：「鼚乎鼓之，軒乎舞之。」鼚形容鼓聲，軒形容飛翔之貌，意思是大家高興地在鼓聲中起舞。最後又云：「菁（精）華已（以）竭，褰裳去之。」說自己既然已經年老力衰，就要撩起衣裳離位了。從這一段歌的內容可知，其時代祇適合於舜之末年，它與「伊尹祀桐宮」無涉。所以《前編》注說其誤入《竹書》是也，不應列入《竹書紀年》之文。朱右曾在此誤也。王、范、方三家不收此條，是也。

命卿士伊尹　其卿士伊尹

「范輯本」：「仲壬即位居亳，命卿士伊尹。《春秋經傳集解後序》。」其下注中「命」字當作「其」（頁17）。然而「范輯本」於正文中仍然用「命」字，因為今所見杜預〈春秋經傳集解後序〉即是如此。范祥雍因幾

種宋人版本有「命」字作「其」字，故注出並表示應作「其」字。其實此二種箋釋皆可通。命，是指任命；其，乃謂其卿士[為]伊尹。其中一個「為」字被省略。分別觀之，當以「命」近是，另一說可作注標出。

南庚更

「方輯本」：「南庚更自庇遷於奄。《太平御覽》卷八三皇王部」（頁29）有人將此處「更」譯作"again"。[15]「今本」《竹書紀年》言此甚明：「南庚名更」。此處之「更」字與「河亶甲整」中「整」字同例，皆為商王名。試檢《紀年》其他各條商王遷於某處之記載，均無更遷於某處之說；而且祇有在南庚一遷於某處、再遷於某處時，說「更遷於」纔近情理。另外，《竹書紀年》〈殷紀〉中，帝王名在帶干支二字以後，以一個字作為名字之一部，厥例甚多。所以說「更」為南庚名字的一部分，並不破例。治史者讀書，最須注意類例。若獨以此處之「更」理解為副詞反而失之過鑿。倘若任意將三字名中最後一字視作副詞或其他詞性，則於其他君王之條文，亦可能曲為之解而失其義。

丹山

「范輯本」：「和甲西征，得一丹山。《山海經大荒北經注》。」（頁22）「丹山」舊注有指名為丹山之部落。《說文解字》：「丹，巴越之赤石也。」《山海經》〈大荒北經〉曰：「有始州之國有丹山。」郭注：「丹山，此山純出丹朱也。」丹朱即丹砂、朱砂或銀朱（Cinnabar）。以文義推之，似不宜釋為丹山之部落。

殷在鄴南三十里

王國維於「殷在鄴南三十里」條下案云：「此七字乃注文。」（頁9）

---

[15] 日知主編：《古代中國紀年》，頁113。

王國維未舉事實為證,乃據理推斷;即其推斷是以類例為依據的。試觀「古本」《竹書紀年》所記若干地名,有幾處注明於今何處。且原始文獻本身僅需寫出地名,說明其在何處大多為注家所作。即如今人書寫北京或華盛頓,不會也無須注明其在中國或美國一樣。

祖庚躍　祖庚曜

「方輯本」:「祖庚躍居殷。《太平御覽》卷八三皇王部」(頁33)「祖庚躍」又作「祖庚曜」,躍與曜,古同音,皆在入聲「藥」(或「宵」)部,據此宜讀為 yao。現代「藥」字亦有讀為 yue 者,二音之分別是後起之事。二字既然同音,於古人名便可通假,所以作「躍」或「曜」均通。方詩銘據影宋本作「躍」(頁33)是也,因此版本較早之故耳。

西落

「方輯本」:「武乙三十五年,周王季伐西落鬼戎,俘二十翟王。《後漢書・西羌傳》注」(頁34)此處「西落鬼戎」,如方詩銘所云「即甲骨文、西周金文及《易》、《詩》等典籍之『鬼方』,詳王國維《鬼方昆夷玁狁考》(見《觀堂集林》卷一三)等書。」(頁35)據《廣雅》〈釋詁第二上〉,「落」與里、閭、處、所等字均訓為「居也」,即居住處所之義。「落」之所以不能釋為部落,因為部落、聚落、院落等等皆源於「落,居也」。兩者是同級並列之對應,而非源與流之關係。此「西落」可以解釋為「西部居住的」。

牧師

「方輯本」引:一、「《竹書紀年》曰:太丁四年,周人伐余無之戎,克之。周王季命為殷牧師。《後漢書・西羌傳》注」二、「《紀年》曰:武乙即位,周王季命為殷牧師。《文選・典引》注」三、「《紀年》曰:太丁四年,(周伐余無之戎,克之。太丁命公季為牧師)。《通鑑外紀》卷二」(頁36)

291

方詩銘案云:「是王季為牧師有武乙、文丁、帝乙三說,武乙、文丁兩說當屬荀勖、和嶠與束皙釋文之異。」(頁37)這樣的解釋似乎武斷。如無關於牧師究為何職問題,《楚辭》〈天問〉有「伯昌號衰,秉鞭作牧」之句。前賢的解釋均以為「秉鞭」為執政之比喻,「牧」則為長官之稱號。[16] 可見「牧師」即執政長官,以牧民喻治民也。有趣的是,基督教傳統裡也有以「牧師」(Pastor)稱呼領導並教導人民的宗教領袖這樣的比喻說法。所以,如果翻譯成英文的話,似可以借用這個詞,但須以斜體標明 *pastor* 借用之意,並作一條注,說明此「牧師」乃政治性的領袖,為人民、甚至一方諸侯之長,而非宗教性的領袖。

文王殺季歷

諸輯本在太丁條下均記:「文丁殺季歷。」而《四庫全書總目》「竹書紀年」條則云:「《史通》引《竹書》『文王殺季歷。』今本作『文丁』。……則非劉知幾所見本也。」[17] 然檢《史通》現存各種版本,皆作「文丁殺季歷」。究竟是劉知幾的記載為後人所改,還是《四庫提要》作者所見本不同?如果按照「古本」《竹書紀年》的思想傾向來說,似有文王弒父之可能,因為「古本」中已有舜囚堯啟殺益的記載。不過就目前掌握的資料而言,說文丁殺季歷確有旁證,而說文王殺季歷則為孤證。

周大曀 天大曀

「朱輯本」作「周大曀《開元占經》一百一」(頁17),而「王輯本」改為「天大曀《開元占經》一百一引帝辛時天大曀」(頁11)。關於曀字,《爾雅》〈釋天〉:「陰而風為曀。」《說文》:「曀,陰而風也。」《釋名》〈釋天〉:「曀,翳也,言雲氣掩翳日光使不明也。」即陰而有風的天氣現象。至於是「周」還是「天」,當為《占經》版本不同所致。如從「王輯本」

---

[16] 參看游國恩編:《天問纂義》(北京:中華書局,1982),頁406-409。
[17] 永瑢等:〈竹書紀年〉,載於《四庫全書總目》(北京:中華書局影印本,1965),頁418。

作「天」字,則須作注說明亦有版本作「周」字。如作「天」,易於理解,即天氣陰而有風。若作「周」,則指在周地發生了「暗」的天氣現象。

周文王初禴于畢

「朱輯本」(頁17)、「王輯本」(頁11)並引作「周文王初禴于畢。《通鑑前編》」不過方詩銘則謂:「金氏宋末元初人,未能見古本《紀年》,其所引或為當時輯錄之本,此不入輯。」(頁39)此條當從《新唐書》轉引而來的。「方輯本」不收此條甚有理。「王輯本」既知「雖不著所出」,然仍推測云:「當本紀年。」(頁11)其推測之辭或可附列備考,然此條輯入《紀年》正文則似未妥。

遂分天明

「范輯本」:周武王十一年,「王親禽受帝辛于南單之臺,遂分天之明。《水經淇水注》。」(頁25)「今本」《竹書紀年》周武王十二年在此條後有「立受子祿父,是為武庚。」倪德衛(David S. Nivison)認為,理雅各將「遂分天之明」譯作「分享上天明智的任命」(entered into the participation of the bright appointment),過於牽強,無可為信。[18] 其說本畢甌(Edouard Biot)的法譯文,將「遂分天之明」與「立受子祿父」串聯理解,認為「遂分天明」乃天命被分割,一半分予紂王之子武庚,殷、周遂平分天命。直至後來周公平定叛亂,天命纔歸於一。倪氏英譯如下:

> The king personally captured Shou in the Tower of Nandan. Then he divided Heaven's Bright [Mandate], setting up Shou's son Lu Fu [as king of Shang].[19]

---

[18] 倪德衛撰,蔣重躍譯,駱揚校譯,邵東方審校:〈「今本」竹書紀年與中國上古史年代研究—《〈竹書紀年〉解謎》概觀〉,《北京師範大學學版》(社會科學版)2009年第4期,頁98。

[19] David S. Nivison, *The Riddle of the Bamboo Annals* (Taipei: Airiti Press, 2009), 152.

按照中國傳統,天命是不能分割的;也就是說,天命不能平分,祇能下分。直接受命於天者祇能是天子,先秦諸子書多有論之。且「遂分天之明」與「立受子祿父」出處亦異,可證此為兩件不同之事。

自周受命至穆王百年

「方輯本」:「自周受命至穆王百年,非穆王百歲也。《晉書·束晳傳》」(頁47)夏含夷(Edward L. Shaughnessy)認為《竹書紀年》所載言「百年」乃指從周文王受天命至穆王即位之年,他甚至算出是99年,並云中國人數字觀念不強,故99年即可視為百年。[20] 劉師培《古書疑義舉例補》云:「古籍記數,多據成數而言。……所舉之數,不必與實相符,亦不致於大與實違。」[21] 其舉《史記》言「孔子卒後至于今五百年」,謂「此不足五百之數者也」。[22] 以此類推,自周受命至穆王百年,非確數也。方詩銘謂「此據今本《紀年》為說,除昭王十九年外,其餘年數未見徵引,是否可信,今不敢必。」(頁47)此說是也。

桂林　社林

「朱輯本」:「獵于桂林,得一犀牛。《太平御覽》八百九十」(頁20),「方輯本」:「夷王獵于杜林,得一犀牛。《太平御覽》卷八百九〇獸部」(頁56)。方詩銘案:「《存真》作『桂林』,云:『「桂」一作「社」。』《輯校》亦作『桂林』。」(頁56)方詩銘引雷學淇《竹書紀年義證》之說作「杜林」(頁56),並以影宋本《御覽》為據,義甚通達。「桂」、「社」祇能說字形相近,卻不能說讀音相通。

---

[20] 夏含夷:〈也談武王的卒年—兼論《今本竹書紀年》的真偽〉,《文史》,第29輯(1988.1),頁15。
[21] 劉師培:《古書疑義舉例補》,載於俞樾等:《古書疑義舉例五種》(北京:中華書局,1956),頁170-172。
[22] 劉師培:《古書疑義舉例補》,載於俞樾等:《古書疑義舉例五種》,頁173。

太原之戎　俞泉

「方輯本」：「夷王衰弱，荒服不朝，乃命虢公帥六師，伐太原之戎，至于俞泉，獲馬千匹。《後漢書・西羌傳》注」（頁 57）此處「太原」是地名而非部落名稱，因為「太原」與「戎」之間有一「之」字。「俞泉」，有人以為是指某一處泉水，翻譯成 "Yu Spring"。[23]「俞泉」當是地名，因為說六師到達某一個泉水似為未允。看來此地是因泉名而得名。

秋有大旱　故有大旱

「方輯本」：「共和十四年，大旱，火焚其屋。伯和篡位立，故有大旱。其年，周厲王奔彘而死，立宣王。《太平御覽》卷八七九咎徵部」（頁 172）「故有大旱」，「朱輯本」（頁 21）、「王輯本」（頁 14）作「秋又大旱」。「方輯本」乃據影宋本。審校文義，此條所云乃共伯和與大旱間之因果關係，故當以「故有大旱」為是。

以本大子

「方輯本」：「先是，申侯、魯侯及許文公立平王於申，以本大子，故稱天王。幽王既死，而虢公翰又立王子余臣於攜。周二王並立。《左傳・昭公二十六年》正義」（頁 63-64）「以本大子」之意為「因為是原本的太子」，而非指後來所立的褒姒子之太子；因是原本正牌之太子，故稱天王。在此，「周二王並立」並非天王與天子的對舉，而是天王和攜王的對舉；攜王不是合理合法的王而稱王，那麼就祇好用天王來與之對舉，以證明天王是正宗。另有一說云：周王在畿內（即周邦之內）稱王，在諸夏稱天王，在天下（包括夷狄在內）稱天子。可是《紀年》所載與此說無涉，可據上下文而判定。

---

[23] 日知主編：《古代中國紀年》，頁 137。

攜王

「方輯本」:「二十一年,攜王為晉文公所殺。以本非適,故稱『攜王』。《左傳‧昭公二十六年》正義」(頁71)李學勤有云:「[《竹書紀年》]於晉國史事所記獨詳,有其他文獻所未見之材料,如晉文侯殺攜王。」[24]《左傳》昭公二十六年所記王子朝文書中已有「攜王奸命」之說,不得謂他書未見。「朱輯本」繫此條於晉文侯三十一年,而「王輯本」以二十一年屬晉文侯。方詩銘以「朱輯本」誤從「今本」,是也。

桐 洞庭

「方輯本」:「[晉]武公請成于翼,至桐乃返。《水經‧涷水注》」(頁73)「劉編本」據「王輯本」於「桐」字下補「庭」(頁67)。「方輯本」先引《永樂大典》作「洞庭」;又引戴震校《水經注》為「桐」,下衍「庭」字。(頁73)竊疑「洞庭」之說未必然。如是「洞庭」的話,則指「洞庭湖」,可是從地理上說,地域不接,似無可能。此條大意是:晉武公在翼求和,然後又到桐,由自桐返回。

郊 郊

「范輯本」:「戎人逆芮伯萬于郊。《水經河水注》。」(頁38)而「方輯本」作「戎人逆芮伯萬于郊。」(頁74)「郊」、「郊」二字字形相近,恐非如楊守敬《水經注疏》卷四所言:「是作郊、作郊並通,當兩存之。」[25]若僅從版本角度觀察,則應取「郊」字。趙一清、戴震之所以改為「郊」,殆出於文義。然而說「戎逆芮伯萬於國野相交之處」,則似不合情理。

---

[24] 李學勤:〈古本《竹書紀年》與夏代史〉,載於《李學勤集》(哈爾濱:黑龍江教育出版社,1989),頁83。

[25] 酈道元注,熊會貞疏,段熙仲點校,陳橋驛復校:《水經注疏》上冊(南京:江蘇古籍出版社,1989),頁325。

◆第十篇 「古本」《竹書紀年》校讀札記◆

區蛇　曲池

　　「方輯本」:「魯桓公、紀侯、莒子盟於區蛇。《春秋啖趙集傳纂例》卷一」（頁75）方詩銘案云:「《春秋‧桓公十二年》:『夏六月壬寅,公會紀侯、莒子盟於毆蛇。』……《公羊》作『毆蛇』,《穀梁》、《左氏》皆作『曲池』。區蛇、毆蛇、曲池同聲相通。」（頁75）方說是也。「區」與「曲」今為雙聲,古亦為雙聲（皆屬溪紐）,「蛇」與「池」古為疊韻,二字皆在歌部。

釋曰:是子亹

　　「范輯本」補「鄭殺其君某。釋曰:是子亹。《春秋啖趙集傳纂例》一引劉貺《書》引《紀年》及《釋》。」（頁38）由此例可見,《竹書紀年》似於體例上效仿《春秋》。不過究竟是《竹書紀年》效仿《春秋》,還是《竹書紀年》與《春秋》同據另一前例,則需要有具體材料作為證據（此屬邏輯學之充足理由律）。然而現無證據,即便有此類看法,亦僅為推測。

齊襄公滅紀遷紀

　　「方輯本」據日本古抄本所存《史記正義》佚文補「齊襄公滅紀遷紀」條（頁76）。在《左傳》中,一國之君被它國所殺,便可說此國被滅;然因其國人尚在,所以仍然可遷。於此可見滅與遷之別。

晉武公滅荀,以賜大夫原氏黯,是為荀叔

　　「方輯本」:「晉武公滅荀,以賜大夫原氏黯,是為荀叔。《漢書‧地理志》注」（頁76）李學勤以為此一條亦為《紀年》所獨有,不見他書。[26]「范輯本」於此條有一長按語,認為雷學淇將此條繫於武公三十八年雖無確證,於理尚近（頁38）。對於此條,各家編次年份差異明顯,恐難斷孰是孰非。

---

[26] 李學勤:〈古本《竹書紀年》與夏代史〉,載於《李學勤集》,頁83。

此條亦未見於他書。「苟」與「郇」通,當無問題。「點」為「黵」之訛亦有可能,畢竟形近耳。

熒洞

「方輯本」:「衛懿公及赤翟戰于洞澤。《春秋經傳集解後序》」(頁77)方詩銘案:「《後序》云:『疑「洞」當為「泂」,即《左傳》所謂熒澤也。』『泂』、『熒』音同,是。」(頁78)熒與洞,古音疊韻(古音同屬耕部),音近可以通假。

周襄王會諸侯於河陽

「方輯本」:「周襄王會諸侯於河陽。《春秋經傳集解後序》」(頁81)李學勤謂《竹書紀年》所記「周襄王會諸侯於河陽」可能是受了儒家的影響。[27] 其實「古本」《竹書紀年》反映更多的是戰國諸子特別是魏國思想家(主要為法家)的看法。《竹書紀年》所記「周襄王會諸侯於河陽」同一事件,《春秋》亦有記載。《春秋》〈僖公二十八年〉:「天王狩于河陽。」但不言「會諸侯」,而用了一個「狩」字。河陽屬於晉的領地,並非周天子狩獵的地方。按照禮制,諸侯有朝覲周天子的職責,天子又豈能屈尊隨便跑到諸侯國中去會諸侯。周天子去河陽會諸侯,是一件大失體統的事情。所以孔子用心良苦地選用了一個「狩」字,既反映了歷史的真實,又維護了周天子的尊嚴。《左傳》〈僖公二十八年〉:「是會也,晉侯召王,以諸侯見,且使王狩。仲尼曰:『以臣召君,不可以訓。故書曰「天王狩于河陽」,言非其地也,且明德也。』」[28]《史記》〈晉世家〉:「孔子讀史記至文公,曰:『諸侯無召王。「王狩河陽」者,《春秋》諱之也。』」[29] 皆此可證。

---

[27] 李學勤:〈古本《竹書紀年》與夏代史〉,載於《李學勤集》,頁84。
[28] 楊伯峻:《春秋左傳注》第1冊(北京:中華書局,1981),頁473。
[29] 司馬遷:《史記》第6冊,卷39,〈晉世家〉(北京:中華書局,1979),頁1668。

晉定六年，漢不見于天

「方輯本」:「晉定六年，漢不見于天。《太平御覽》卷八七五咎徵部」(頁84)「方輯本」所據為影宋本及鮑刻本。儘管從校勘學角度看，此二版本頗具權威，不過此處顯然脫「公」字，所以應加方括號，補一「公」字。

五黑氣如日

「朱輯本」:「(晉平公)[六年]，有五黑氣如日。」(頁28)其下云:「《太平御覽》卷八百七十七引《史記》在靈王二十年。」(頁28)「王輯本」未收此條，不知何故。此黑氣到底為何物，可能是雲氣，也可能是某種黑影。如是黑雲五團，那麼便是常有之事，人們便不會把它當一回事；故黑氣在此處似指某種黑影。

王劭按:《紀年》簡公後次孝公，無獻公

「朱輯本」:「[燕簡公卒，次孝公立。據《史記》〈燕世家〉索隱補]」(頁29)「范輯本」則為小字，云「原文」(頁43)。「方輯本」此句標點作:「王劭按:《紀年》簡公後次孝公，無獻公。《史記·燕世家》索隱」(頁85)此句似應句讀作:「王劭按:《紀年》:簡公後，次孝公，無獻公。」而且此條能否為《紀年》原文，尚有疑義。方詩銘案云:「王劭之說當出所著《讀書記》，見《隋書·王劭傳》。」(頁85)《史記》〈燕世家〉在簡、孝二公之間尚有一獻公。而《史記索隱》作者所見《紀年》中並無獻公，簡公之後直接為孝公，所以司馬貞加上了這一句話。王劭按語謂《紀年》之中，簡公之後為孝公，而無獻公世。此條顯為解說之辭，未可視作《紀年》原文加以援引。然而王劭此按極為重要，雖非原文，亦可證其所見《紀年》之情形，故仍須保留。

宅陽一名北宅

「王輯本」:「宅陽一名北宅。」(頁20)王國維案:「此亦注文。」

（頁20）《史記》〈穰侯列傳正義〉注「宅陽」時引《竹書》此句，並未明說是注文，故「方輯本」將「宅陽一名北宅」當作《紀年》文列於正文（頁87）。不過他又引陳逢衡之語：「此當是荀勗束晳輩校正之語」，並云「是」（頁87）。茲言恐過於推測。此條若是校正之語，則不宜列入《紀年》正文。

韓龍　韓龐

「方輯本」：「晉出公十九年，晉韓龍取盧氏城。《水經‧洛水注》」（頁89），「王輯本」作「十九年，韓龐取盧氏城。《水經‧洛水注》」（頁20）。「龍」、「龐」二字相通，龐字從龍得聲，二字疊韻，說音近相通是可以的；說形近而訛，也未為不可。

肸　盼　朌

「劉編本」：晉烈公「[十年]，[齊田肸及邯鄲韓舉戰于平邑]，[邯鄲之師敗逋]，[獲韓舉]，[取平邑、新城]。」（頁76）此條各句「劉編本」均添墨圍，而「朱輯本」、「王輯本」、「范輯本」、「方輯本」均無墨圍。「方輯本」作：「十年，齊田肸及邯鄲、韓舉戰于平邑，邯鄲之師敗逋，獲韓舉，取平邑、新城。《水經‧河水注》」（頁148）林春溥《竹書紀年補證》卷四亦載：周威烈王「十六年，齊田盼及邯鄲韓舉戰于平[邑]，邯鄲之師敗逋，遂獲韓舉，取平邑、新城。」注云：「《水經》〈河水注〉引。」[30]「劉編本」中「肸」字當據趙一清、戴震所改，而林春溥作「盼」，雷學淇、郝懿行則皆作「朌」字。[31] 楊守敬云：「齊有田朌，如即其人，則當作田朌。」[32] 楊說較他說為勝。

---

[30] 林春溥：《竹書紀年補證》卷4，載於楊家駱編：《竹書紀年八種》（臺北：世界書局，1963），頁13。
[31] 詳參酈道元注，熊會貞疏，段熙仲點校，陳橋驛復校：《水經注疏》上冊，頁425-426。
[32] 酈道元注，熊會貞疏，段熙仲點校，陳橋驛復校：《水經注疏》上冊，頁426。

景子名虔

「劉編本」云:「《古本竹書紀年輯校》頁十五下無:『景子名虔』四字。」(頁76注1)然「王輯本」確有「景子名虔」四字,其下有王國維案:「此司馬貞據《紀年》為說,非原文。」(頁22)此處脫漏或因「劉編本」編者所據版本所致。[33] 王氏指出此四字非《紀年》之文,是也。「方輯本」曰:「《紀年》……作景子,名處。《史記‧韓世家》索隱」(頁102)方詩銘疑「虔」為「處」,因《索隱》此注說司馬貞所見《紀年》本為「處」而非「虔」,故「朱輯本」、「王輯本」作「虔」非是。(頁102)方氏之說為近情理。

「《紀年》……無『肅』字」

「方輯本」:「《紀年》……無『肅』字。《史記‧秦始皇本紀》索隱」(頁95)方詩銘云:「是此三字當非《紀年》所有。」方氏說此條屬於注解文字而非《紀年》原文,是也。然其又謂:「似不應補為『秦靈公卒』。」(頁95)是則未嘗深究。「朱輯本」、「王輯本」皆添墨圍[秦靈公卒],以說明司馬貞為何加此注。方詩銘案:「《秦始皇本紀》:『肅靈公,昭子子也。』索隱:『《紀年》及《系本》無「肅」字。立十年,《表》同。《紀》十二年。』」(頁95)若不添加有墨圍的「秦靈公卒」,「無肅字」便無著落。依例,「方輯本」此條似應保留「[秦靈公卒]」。

朱句三十七年卒

「方輯本」:「《紀年》:三十七年朱句卒。《史記‧越世家》索隱」(頁97)方詩銘按:「《存真》、《輯校》列於晉幽公十七年,誤。」可是「三十七年」是何君主的「三十七年」,方詩銘未詳其故,卻列此條於晉烈公四年。由文意觀之,此條疑當作「朱句三十七年卒」。此處三十七年應指

---

[33] 東方按:「劉編本」的異文校勘主要參考《王國維遺書》所收《古本竹書紀年輯校》(上海:上海書店出版社,1996)。

越君朱句之三十七年。至於朱句卒年,「朱輯本」說此甚明。詳參「朱輯本」〈周年表〉(頁52)。

晉桓公邑哀侯于鄭

「方輯本」:「晉桓公邑哀侯于鄭。《史記‧韓世家》索隱」(頁109)此處的「邑」作「封一個城」解,意思是晉國國君(晉桓公)將韓國國君(韓哀侯)安置於鄭城。《史記》〈韓世家〉云:「滅鄭,因徙都鄭。」其下《索隱》云:「是韓既徙都,因改國號曰鄭。」[34] 那麼為何先是韓滅鄭,而此時讓晉桓公來「邑」呢?晉「邑」韓侯說明,其時晉與韓在名義上尚保持君臣關係。雷學淇《竹書紀年義證》卷三十五云:「《紀》云:『晉邑韓侯于鄭。』豈晉雖微弱,猶擁虛名,為三晉之長伯歟?」[35] 雷氏此說可以為證。

殤帝升平二年,天一夕再啟於鄭

「方輯本」:「懿王元年,天再啟。殤帝升平二年,天一夕再啟於鄭,又有天裂,見其流水人馬。《開元占經》卷三」(頁172)。方詩銘條列此條為存疑,並引范祥雍之考證,謂范氏所辨似嫌迂曲。方氏又辨雷學淇以「殤帝」作「穆帝」說,云:「『穆』、『殤』形近,亦易致訛。」(頁173)其實從古文字看,此二字並不形近。此段文字實應分別對待:前半條說懿王元年天再旦,為《紀年》之文;後半條,縱不採范氏之說,亦可謂《開元占經》之文。朱、王、范、方諸家皆將前一半輯入周紀,而不取後一半,頗為允當。

翟人俄伐翼,至于晉郊

「方輯本」:「《史記》又曰:……(晉莊伯)二年,翟人俄伐翼,

---

[34] 司馬遷:《史記》第6冊,卷45,〈韓世家〉,頁1868。
[35] 雷學淇:《竹書紀年義證》卷35,頁539。

至于晉郊。《太平御覽》卷八七九咎徵部」（頁 174）方詩銘列此條為存疑，儘管朱、范、王本皆入輯。方詩銘批評王國維將此處《史記》推測為《紀年》，不為無理。王氏並未說出緣由，或其亦無證據可言，故方氏存疑未為不可。郊，本指國野相交地區；英文之"suburbs"也。

雨金　伐晉

「方輯本」：「《史記》曰：晉惠公二年，雨金，至六年，秦穆公涉河伐晉。《太平御覽》卷八七七咎徵部」（頁 174-175）方詩銘案：「《存真》、《輯校》析為二條，分列惠公二年及六年，刪「至」字。此《史記》所述皆屬天人感應之迷信，故《御覽》入咎徵部，前者為咎，後者為徵，似不容割截為二條。」（頁 175）《太平御覽》分為休徵部與咎徵部，美行之驗稱為「休徵」，惡行之驗稱為「咎徵」。一般而言，「雨金」為「休徵」；而「秦伐晉」，對於晉則為「咎徵」。休、咎兩概對立，「雨金」與「秦伐晉」未必有因果或感應關係。故朱右曾、王國維於《御覽》引文分列兩條，合於情事。方氏以「雨金」為咎，「秦伐晉」為徵。及細審之，而知其不然。「咎徵」一詞乃偏正結構，不可拆開分別理解。以上方氏將《御覽》引文作為一條，強為解說，似不可取。此外尚需確定《御覽》所引《史記》是否確為《紀年》。

十八年青虹見　淇絕于舊衛

「朱輯本」：晉定公「十八年青虹見。淇絕于舊衛。《太平御覽》十四」（頁 29）「王輯本」（頁 19）、「范輯本」（頁 42）將此句析為兩條。若以方詩銘「天人感應」說解釋，即因青虹出現，而引起淇水斷流。似可作為一條。然則此句應分作兩條，因為兩條之文獻來源實不相同：前者引自《太平御覽》，後者出自《水經注》〈淇水注〉似應作一條；而且原文亦未說二者之間有何關聯。

子不壽立　次不壽立

「朱輯本」：晉出公「[十六年，於越鹿郢卒，子不壽立。]」（頁30）其下云：「據《史記索隱》補。」「范輯本」亦作「子不壽立」。檢《史記索隱》，此條並非《紀年》原文，而是朱右曾據《索隱》引《紀年》云「晉出公十年十一月，於粵子句踐卒」及「於粵子句踐卒，是菼執。次鹿郢立，六年卒」記載推斷所補充之文，故朱氏添加墨圍。《王國維遺書》第七冊所收《古本竹書紀年輯校》則作「（十六年，於越鹿郢卒，次不壽立。）」。[36] 若如司馬貞作《索隱》所見《紀年》原文作「次」而不作「子」，其當據常例加以注明。《史記》〈越王句踐世家〉原文作「子王不壽立」，故似以「子」為長。

楚人伐我南鄙，至于上洛

「范輯本」：晉烈公「三年，楚人伐我南鄙，至于上洛。《水經丹水注》、《路史國名紀己》。」（頁49）「今本」《竹書紀年》改晉紀年為周紀年，但仍作「我」，足證「今本」為後人重編。「上洛」為地名或是水名？日知《古代中國紀年》譯「上洛」作"the upper reaches of the Luo"[37]，意為「洛水上游」。上洛實為地名，「理譯本」從音譯此詞，是也。

翟員　翟員師

「范輯本」：周威烈「王命韓景子、趙烈子、翟員伐齊，入長城。《水經汶水注》。」（頁50）翟員與韓景子、趙烈子並列，當為人名。「朱輯本」則於員字後增一「師」字（頁33）。「方輯本」以為翟員即上條「翟角、趙孔屑、韓師救廩丘」之翟角（頁101）。由於上文中翟角與趙孔屑、韓師並列，自然當是魏帥；此次王命三人，前二人為韓趙之君，第三人至少也

---

[36] 王國維：《古本竹書紀年輯校》，載於《王國維遺書》第 7 冊（上海：上海書店出版社，1996），頁 599。
[37] 日知主編：《古代中國紀年》，頁 769。

應是魏帥。所以方詩銘所言不失為一種合理的推測。然而翟員作為人名而於其後加一「師」字，則未必妥當。

同惠王子　周厲王

「朱輯本」：「周厲王子多父伐鄶，克之。《水經洧水注》」（頁 23）朱右曾云：「周厲一作同惠」。「王輯本」（頁 15）、「范輯本」（頁 33）皆作「同惠王子多父伐鄶，克之。」王國維按：「同惠疑周厲之譌。」（頁 15）范祥雍補又引《史通》所載「鄭桓公，厲王之子」及浦起龍《史通通釋》注「厲王疑本作宣王。」並云：「未知『惠』為何字之誤。」（頁 34）方詩銘按語於此問題闡發尤詳（頁 70-71）。方詩銘從雷學淇說，以為「同惠」為「周宣」之譌。「同」字近「周」，易誤為「周」；從字形上，「惠」字無從譌而為「宣」字。「惠」字與「厲」字亦不形近。說「惠」字為「厲」字之譌，實因史書記鄭桓公友為厲王之子。「多」字古與「友」字形近，「多父」或即「友」字之譌變。從古音旁對轉觀之，「同惠」二字當為「周宣」之譌。（詳見本書第七篇的討論）

高寢

「范輯本」：「晉夫人秦嬴賊秦公于高寢之上。《史記晉世家索隱》。」（頁 48）此處「高寢」並非泛指寢宮。古代君主的寢一般有「路寢」與「小寢」兩種：路寢為正寢，祇有一個；小寢非正寢，可以有幾個。至於高寢，則有兩種相反的解釋：《春秋》〈定公十五年〉：「公薨于高寢」，杜預注云：「高寢，宮名。不於路寢，失其所」。《春秋》〈莊公三十二年〉：「公薨于路寢。」《公羊傳》曰：「路寢者何？正寢也。」何休注云：「天子諸侯皆有三寢：一曰高寢，二曰路寢，三曰小寢。父居高寢，子居路寢，孫從王父母，妻從夫寢，夫人居小寢。」若按何休說，高寢的地位比路寢更高。後來有學者主張高寢亦為正寢者，愚意以為可取。

田悼子卒，田布殺其大夫公孫孫

「方輯本」：「晉烈公十一年，田悼子卒。田布殺其大夫公孫孫，公孫會以廩丘叛於趙。《水經・瓠子水注》」（頁100）而「范輯本」據《索隱》補「[次田和立。]」（頁50）若此，則田布所殺之人，當為田和之大夫公孫孫。此段史事未見於《史記》〈田敬仲完世家〉，故田布與田悼子之關係難以確知。孫字古通遜，公孫孫是否即公孫遜，則於文獻無徵，因《史記》未載公孫遜其人。

而韓若山立　而立韓若山

「朱輯本」（頁34）、「王輯本」（頁24）、「范輯本」（頁54-55）均作「韓山堅賊其君哀侯，而韓若山立」，而「方輯本」作「韓山堅賊其君哀侯，而立韓若山。《史記・韓世家》索隱」（頁109）。檢《史記索隱》所引《紀年》，正與「方輯本」相同。[38] 比勘諸本，「方輯本」校訂細致，顯比其他本優越。又，「范輯本」於「韓」與「若山」下分別加橫線（頁54），韓原為氏，戰國時漸與姓混。韓既為國，又為姓，意即韓國王室之若山。

雨黍　雨骨　雨金

「朱輯本」：「雨黍于齊。《太平御覽》八百四十二，又八百七十七。雨骨于赤髀。《路史・發揮》注」（頁78）此處之「雨黍、骨」與「《史記》曰：晉惠公二年，雨金，至六年，秦穆公涉河伐晉。《太平御覽》卷八七七咎徵部」中「雨金」相同，皆指從天上掉落「金（即銅）、黍、骨」等物。古代多有此類傳說，可能是暴風雨來臨時，被風捲起的各種東西隨雨一道落下。此類事情雖然罕見，但亦未嘗不可能。

---

[38] 司馬遷：《史記》第6冊，卷45，〈韓世家〉，頁1866。

瑕陽人自秦道岷山青衣水來歸

「范輯本」：「瑕陽人自秦道岷山青衣水來歸。《水經青衣水注》。」（頁59）當斷作：「瑕陽人自秦道岷山、青衣水來歸。」「朱輯本」注：「瑕音近雅，雅山之南，梁州之邊徼也。《水經》云：『青衣水出青衣縣西蒙山，東與沫水合。至犍為南安縣，入于江。』青衣故城在四川雅州府雅安縣北。蒙山北距岷山千里，峰巒緜互，實一山也。南山故城在四川嘉定府夾江縣西北。瑕陽人浮青衣水至蜀，自蜀至秦，又自秦來梁也。」（頁36）朱右曾之說甚確。歸，在此處指前來投奔，而非指歸來，因為他們均非本國人。

魏紀起於何時

「方輯本」在〈魏紀〉第一條下有關於魏紀起於何時的按語，文繁不備引。（詳俱見頁103）魏紀，「朱輯本」起於魏武侯元年，「王輯本」、「范輯本」起於魏武侯十一年，「方輯本」以「三晉命邑為諸侯」始年。方詩銘云：「《紀年》魏紀應從魏文侯四十三年開始，當周烈王二十三年、晉烈公十三年，即《資治通鑑》之第一年，舊時所謂戰國之始。」（頁104）不過即便是《資治通鑑》的第一年，那也祇是反映了宋人的觀念，似乎與真實的《紀年》魏紀始於何時無關。王國維案：「是當時以桓公為未成君，故《紀年》用晉紀元，蓋訖烈公。明年桓公元年，即魏武侯之八年，則以魏紀元矣。」（頁23）究竟魏紀年何時為起點？「古本」並無材料證明魏起於何時，而各本皆以後人的觀念來推測魏紀起點。王國維之說似為可信推測，因為他是根據其所能見到之文獻加以合理推論。

瑕父呂甥

「朱輯本」：「獻公命瑕父呂甥邑于虢都。《水經》〈河水注〉、《路史》注」（頁26）「范輯本」標點作：「公命瑕公 呂甥于虢都。」，並在「瑕公」「呂甥」下分別加橫線（頁39），易使人以為「瑕公」是官名或稱號。

307

「方輯本」標點作：「獻公命瑕父、呂甥邑于虢都。」（頁78）以「瑕父」為另一人。據《水經》〈河水注〉，「瑕公」當是「瑕父」，「呂甥」為其本人名。瑕為地名，父為男子美稱，呂甥，又名陰飴生，字子金，亦稱瑕生。所以瑕父、呂甥實為一人。

執我行人

「朱輯本」「重耳出奔」條下注：「《史通》曰：『汲冢所紀，多與魯史符同。獲君曰止，誅臣曰刺，殺其大夫曰殺，執我行人，隕石于宋。』」（頁26）「范輯本」補曰：「獲君曰止，誅臣曰刺，殺其大夫曰殺」，並云：「此乃劉知幾隱括本書之語，非原文。」（頁77）「方輯本」以「執我行人」為《紀年》無年世可繫者。（頁166）《史通》此處是講書法凡例，而非內容。范祥雍所說是也，此條不應視作《紀年》正文。方詩銘按云：「《春秋‧昭公二十三年》：『晉人執我行人叔孫婼。』雷學淇《考訂竹書紀年》卷五據此列於晉頃公七年，作『執魯行人叔孫婼』。原《史通》之意，以為《紀年》書法多與《春秋》同，不必實指某事。此『執我行人』之『我』應為晉而非魯，雷氏之說非是。」（頁166-167）方說甚辨。「執我行人」之「我」於《春秋》指「魯國」，在《史記》〈六國年表〉則是說及何國便指何國，而《紀年》中「我」則是指「魏國」。

於越不壽立十年

「朱輯本」引《史記索隱》：「[三年]於越不壽」後有小字行「立十年」（頁30）。「立十年」於此乃注明晉敬公三年時不壽已立十年。然據《史記索隱》，「立十年」此三字為正文：「《紀年》云：『不壽立十年見殺，是為盲姑。』」。[39] 朱右曾之引文不免有失。

---

[39] 司馬遷：《史記》第5冊，卷41，〈越王句踐世家〉，頁1747。

韓明　韓朋

「范輯本」：梁惠成王「五年，公子景賈帥師伐鄭，韓明戰于陽，我師敗逋。《水經濟水注》。」（頁 56-57）范祥雍案：「『明』字疑為『朋』之誤。……『馮』、『朋』聲近，通。」（頁 57）古無輕唇音，馮與朋音相近，故范祥雍懷疑不為無因。

齊桓公弒其君母於「十一年」或於「十二年」

「朱輯本」於「齊桓公弒其君母」條「齊桓公」下有小字「十二年」（頁 36），「王輯本」亦作十二年。然而《王國維遺書》所收「古本」作「十一年」。[40]「范輯本」亦作「十一年」（頁 58）。究竟是「十一年」、還是「十二年」？《史記索隱》引王劭案：「《紀年》云『齊桓公十一年殺其母君。』」[41] 當以《紀年》之說為定，此亦證「朱輯本」之誤。

玄武　泫氏

「范輯本」：「晉取泫氏。《太平御覽》一百六十三、《太平寰宇記澤州高平縣》條、《路史國名紀已》。」（頁 58）陳逢衡云：「或曰：顯王十七年之晉取元[玄]武，即泫氏。蓋泫以脫去水旁而為元[玄]，武與氏又以形相似而誤耳。」[42] 按康熙皇帝名玄燁，故避諱「玄」為「元」。雷學淇亦易「玄武」為「泫氏」。「武」與「氏」字形相近之說，恐有誤。今觀古文字形，兩字字形相差甚遠。陳氏於古文字不甚諳識，故范祥雍疑其說非。

碧陽君

「范輯本」：「碧陽君之諸御產二龍。《開元占經》一百十三。」（頁 68）

---

[40] 王國維：《古本竹書紀年輯校》，載於《王國維遺書》第 7 冊，頁 607。
[41] 司馬遷：《史記》第 6 冊，卷 46，〈齊世家〉，頁 1893。
[42] 陳逢衡：《竹書紀年集證》卷 50，載於《續修四庫全書》第 335 冊（上海：上海古籍出版社，1995），頁 649。

「方輯本」先引陳逢衡之說:「『碧陽』二字費解。」（頁 152）又引雷學淇之說:「碧陽,地名;君,僭號也。……《山海經》有碧陽山,荒遠,疑非是。」（頁 152）諸御係諸嬪妃,產即生。此條所記雖怪誕,卻合於古人之思想觀念。碧陽為何地難以確定,故雷氏之猜測或可備一說。

廢發　逢蓬

「朱輯本」:梁惠「王發蓬忌之藪以賜民。《漢書》〈地里志〉注、《左傳》哀十四年《疏》」（頁 35）「范輯本」:「梁惠王廢逢忌之藪以賜民。《左傳》哀十四年《疏》。」（頁 73）「廢」,「朱輯本」作「發」;「逢」,「朱輯本」作「蓬」（頁 35）。廢、發相通,音相近（正反二義）;逢、蓬相通,音相近。

魴子　訪子　紡子

「范輯本」:「魴子」（頁 74）,「朱輯本」作「訪子」（頁 33）,「王輯本」作「紡子」（頁 32）。三字古音聲相同,均在同一韻部,所以三字相通（諧聲）。[43]「朱輯本」繫此條於趙武侯二十年作「趙與中山公戰于訪子」（頁 33）。然范祥雍案云:「救燕與戰房子為二事,《寰宇記》引《史記》疑誤。」（頁 75）「范輯本」引《史記》原文,即「敬侯九年救燕,十年與中山戰于訪子」,實為二事。范祥雍所疑殊有理,可知《寰宇記》引《史記》非是。

救山　救中山

「朱輯本」:「救中山,塞集胥口。《史記》〈蘇秦傳〉集解」（頁 45）「范輯本」作:「魏救山,塞集胥口。《史記蘇秦傳集解》。」（頁 77）范祥雍案:「《史記》各本皆作『救山』。」（頁 77）然方詩銘疑「『中』字

---

[43] 參閱王國維:〈補高郵王氏說文諧聲譜〉,《王國維遺書》第 5 冊,頁 563。

當係臆補。……此條當有訛脫」。（頁164-165）趙紹祖《校補竹書紀年》卷二云：「按《戰國策》〈燕策〉蘇代說燕王決宿胥之口下鮑彪引徐廣注曰：『《紀年》：魏救中山，塞集胥口。』」錢穆先生據此曰：「徐廣引見《史記》〈蘇秦列傳〉，今脫一中字。……魏救中山而塞宿胥，正如齊救邯鄲而圍襄陵矣。……良以魏與中山，本出一宗故也。」[44] 較之謂「中」字係臆補，錢說為近情理。疑「救山」乃傳寫致誤，所宜悉心校正也。

束皙張冠李戴

「方輯本」：「《紀年》以孝公為桓公。《史記‧晉世家》索隱」。方詩銘案云：「束皙云：『齊桓在簡子前且二百歲，……去簡子首末相距二百八年。《史記》自為舛錯。』此當屬束皙考證竹書時隨疑分釋之語，蓋據《紀年》晉桓侯以駁《史記》舛誤，或荀和初釋本即據《史記》作『齊桓侯』。」（頁99）方氏以為束皙隨疑分釋之語，恐屬猜測，因無直接證據。此桓公是晉桓公，與齊國無關。「方輯本」又引束皙之語講到齊桓公，實即與此段無關。此為束皙張冠李戴，遂將晉桓公與齊桓公混為一談。

《占經》

「方輯本」：梁「惠成王十六年，邯鄲四疄，室壞多死。《開元占經》卷一〇一」（頁129）方詩銘案：「《輯校》作『邯鄲四喧，室壞多死』，云：『《開元占經》一百一引作「周顯王十四年。」』與今所據恆德堂本作『惠成王十六年』者異，……是《占經》或有兩本，一本將魏紀年換算為周年。」（頁129）《占經》全名為《大唐開元占經》，當今流傳較廣有二本：《四庫全書》本，道光年間恆德堂本。此二本卷一百一「霾疄」占類引：「《紀年》曰：『帝辛受時，周大疄。』『周昭王十九年，天大疄，雉、兔皆震。』『惠成王元年，晝晦。十六年，邯鄲四疄，室多壞，民多死。』」

---

[44] 錢穆：〈魏牟考〉，載於氏著：《先秦諸子繫年》（北京：商務印書館，2002），頁516。

《占經》一書在體例上是採集各書，按事分類排編。以上「周昭王十九年，天大曀，雉、兔皆震」、「惠成王元年，晝晦。十六年，邯鄲四曀，室多壞，民多死」兩條雖非同一時代，亦非出於同一材料，卻因天象（「曀」）相同而歸於同類。所以《占經》「霾曀」占類所引《紀年》，既有以周王紀年，亦有以晉魏紀年。方詩銘謂：「是《占經》或有兩本，一本將魏紀年換算為周年。」此為推斷之詞。《占經》自明代萬曆年間重新發現之後，傳世抄本頗多，格式文句亦有歧異。[45] 是亦不排除王國維所見《占經》傳本受「今本」《竹書紀年》影響而改以周紀年之可能。

蔡　葵

「方輯本」：「梁惠成王元年，趙成侯偃、韓懿侯若伐我葵。《水經注·沁水注》」（頁114）方詩銘考證「蔡」「葵」二字有謂：「古文二字形近，釋《紀年》者因一釋葵，一釋蔡，兩本皆流傳。」（頁107）「蔡」、「葵」二字雖在今天看來形近，然覈對古文即戰國文字，可知「蔡」、「葵」二字字形差距甚大，且讀音亦不近。荀勖、和嶠皆通古文，不可能不知此二字之區別，「葵」訛為「蔡」，當是竹書隸定之後傳寫致誤。故方氏之說有誤。從地理上看，蔡之地域從未至於魏，而葵則魏地也。倘若因「蔡」「葵」二字之異得出《竹書紀年》曾有兩本流傳之結論，則失之未考耳。

伐我　伐趙

「方輯本」：「梁惠成王二年，齊田壽率師伐趙，圍觀，觀降。《水經注·河水注》」（頁115）方詩銘案云：「趙一清、戴震校本改為『伐我』。戴校云：『案近刻訛作「趙」』，所據實今本《紀年》。」（頁115）而范祥雍案則云：「《史記六國表魏表》：『惠王三年，齊伐我觀津。』《齊表》：『威王十一年，伐魏取觀。』《今本紀年》與《史記》同，諸家皆

---

[45] 參看薄樹人：〈《開元占經》—中國文化史上的一部奇書〉，載於《薄樹人文集》（合肥：中國科學技術大學出版社，2003），頁196。

據之。然《紀年》異於《史記》者甚多,似以不改字為是。」(頁56)范祥雍主張仍用「趙」字。戴震據「今本」易「伐趙」為「伐我」。趙、戴之說並無實據。《史記》〈六國年表〉實即未必符合《紀年》,因以司馬遷並未見過《紀年》。范祥雍、方詩銘之說頗有根據。校勘古書,當注明異同,不輕改字。

敗逋　逋澤

「方輯本」:「梁惠成王五年,公子景賈率師伐鄭,韓明戰于陽,我師敗逋澤北。《水經注·濟水注》」(頁117)方詩銘按曰:「《存真》、《輯校》皆作「我師敗逋」,今本《紀年》同,疑誤讀《水經注》所致。或謂《水經注》此文上下不言有藪澤,以『澤北』屬下無主名。案『逋澤』即『圃田澤』,《水經·渠水注》云:『(渠水)歷中牟縣之圃田澤。』所引《紀年》亦有『入河水於甫田』、『以行圃田之水』等文(見下),皆可為證。昔人習見《紀年》所記戰役常有『敗逋』之語,因改『甫』或『圃』為『逋』。圃田澤在濁澤之北,地理亦合。」(頁117)「逋」字意為敗逃,而方詩銘將「逋澤」釋作地名,即圃田澤之北。方氏之語不失為一說。

遷都　遷邦

「方輯本」:「梁惠成王六年四月甲寅,徙邦于大梁。《水經注·渠水注》」(頁118)方詩銘云:「《水經注》所引,永樂大典本作『徙邦』,戴震校本改『邦』為『都』,今本顯王四年亦作『邦』,所據與大典本合。(所據今本為明天一閣本,王國維《疏證》作『都』。)」(頁118)「邦」和「都」在戰國時還是有區別的,戴震改「邦」為「都」是有道理的。傳統上,遷都即遷國,所以後人沿用舊說。遷都為事實,遷邦乃舊說法。

馳地　馳道

「方輯本」：「梁惠成王十三年，鄭釐侯使許息來致地：平丘、戶牖、首垣諸邑及鄭馳地。我取枳道，與鄭鹿。《水經・河水注》」（頁 125）「馳地」，「朱輯本」、「王輯本」、「范輯本」皆作「馳道」。方詩銘案云：「永樂大典本作『馳地』，全祖望、趙一清、戴震校本改作『馳道』。《存真》云：『……王引之《經義述聞》以為馳地者，弛地也。弛，易也。』」（頁 125）王說堪為「馳地」的解，馳地為易地。當於「及鄭馳地」前加一逗號，「及鄭」之「及」作「與」解，即魏與鄭國交換土地。范祥雍將馳道作地名，故作四地並列，非是。

司城　剔成　罕　肝

「方輯本」：「王劭按：《紀年》云：宋剔城肝廢其君璧而自立也。《史記・宋世家》索隱」（頁 131）方詩銘云：「『司城』、『剔成』一聲之轉，『罕』與『肝』同聲通假。」（頁 132）「司城」是官名，剔、成音不近，至多說繞彎地相近。[46]「司」在「之」部，「剔」在「錫」部。「罕」與「肝」為旁對轉，故並不聲近。

齊閔王　齊威王

「方輯本」：「梁惠王二十年，齊閔王築防以為長城。《史記・蘇秦列傳》正義」（頁 134-135）方詩銘云：「『閔』疑為『威』字之誤，或『閔王』二字衍。」（頁 135）方氏之說頗有道理。梁惠王與齊閔王並非同時代。是其有兩種可能：一、是「齊威王」在位年；二、或是「閔王」，但非「二十年」。以余觀之，似「威王」說最為近是。

---

[46] 參看王力：〈上古韻部及常用字歸部表〉，《古代漢語》上冊，第 2 分冊，〈附錄〉三（北京：中華書局，1963），頁 630。

與魏戰岸門

「方輯本」：「《紀年》云：與魏戰岸門。《史記·秦本紀》索隱」（頁143）方詩銘案：「陳逢衡《竹書紀年集證》……補為『秦與魏戰岸門』。雷學淇《考訂竹書紀年》……改『魏』為『秦』。《史記·六國年表》秦孝公二十三年『與晉戰岸門』，……。」（頁143-144）其實各書所載有異，但所言皆為同一事件。而用「晉」字乃其時之習慣稱呼，因魏人一向自認為是晉國之直接承襲者。如孟子見梁惠王時，梁惠王即自稱繼承晉國。秦人以為魏代表晉。

立燕公子職

「方輯本」：「徐廣曰：《紀年》云：立燕公子職。《史記·六國年表》集解」（頁154）方詩銘於此條下作按云：「《史記·趙世家》：『十一年，王召公子職于韓，立以為燕王，使樂池送之。』集解：『徐廣曰：「《紀年》亦云爾。」』索隱：『《燕系家》無其事，蓋是疏也。今此云「使樂池送之」，必是憑舊史為說，且《紀年》之書，其說又同。』」《存真》據此作：「[趙召燕公子職于韓，立以為燕王，使樂池送之]；……」（頁155）方氏說是矣，看來此條乃朱右曾攝取之以上記載（故加墨圍）。此條可視為《紀年》內容，因徐廣曾親覩《紀年》原書。

梁惠王乃是齊泯王為東帝，秦昭王為西帝時

「方輯本」：「梁惠王乃是齊泯王為東帝，秦昭王為西帝時。《史記·田敬仲完世家》索隱」（頁178）「朱輯本」、「王輯本」、「范輯本」皆未收此條，必有其理由。方詩銘疑此為束晳隨疑分釋之語。此恐亦為猜測。方詩銘案云：「據《史記·六國年表》，齊、秦為東西帝，尚在其後十一年，時惠王已死三十七年。」梁惠王與齊、秦為東西帝在年代上無法銜接，亦說明此條頗有疑問。

適子

「劉編本」：今王「十七年，邯鄲命吏大夫奴遷于九原。又命將軍、大夫、適子戍吏，皆貉服。」（頁83）而「范輯本」斷句作：「邯鄲命吏大夫奴遷于九原，又命將軍、大夫、適子、戍吏皆貉服。《水經·河水注》。」（頁70）「劉編本」標點似未當，「范輯本」是也。「適子」即「嫡子」音義皆同。「嫡」於古代指合法之正妻，與後來原配之概念判然有別。古代君主最先娶的女子不一定是正妻，有時先有其它御妾，然後再娶正妻。後世所謂原配，乃初次所娶之妻，此詞與續弦相對應；前妻去世，續弦之妻仍為正妻，即為「嫡」。故「嫡」不等於「原配」之概念。

《梁四公記》

「方輯本」：「梁四公子，……一人姓䩉名杰，天齊人，……昭明太子曰：……杰出《竹書紀年》。《文昌雜錄》卷六」（頁177-178）方詩銘認為：「所謂『梁四公子』見《太平廣記》卷八『梁四公』條所引《梁四公記》……此所謂『梁』為南朝之蕭梁，非戰國之『梁』（魏），《梁四公記》亦唐代傳奇文，不足為據，……。」（頁178）然而方氏似不應以《梁四公記》為唐代傳奇而否定其所載內容。

墨圍

「朱輯本」中凡添墨圍即方括號之條目，均屬於下列情形：雖非《紀年》原文，卻與《紀年》有關（如年代）；或據其他古籍有關內容而補（如所謂《史記》中的內容，此非司馬遷之《史記》）；或後人概括《紀年》之語。其中關於年代，如無墨圍，即是原文，亦有年代；如有墨圍，便說明此年代為輯者所增，非原文。如「朱輯本」[齊康公卒，次幽公立]（頁34），可謂隱括或補訂之語。又如「朱輯本」：「[衛平侯卒子孝襄侯立]」（頁41），朱右曾注：「洪[頤煊]氏據〈衛世家〉『索隱』補」（頁41），亦是同例。「劉編本」從頁66以下，凡有年無事條，均未照底本（即「朱

輯本」)添加墨圍,不無可惜。取「朱輯本」周宣王紀與「方輯本」此王紀對照,即可知「朱輯本」加墨圍者,皆所引原文無年代而為輯者所增,不加者則所引原文已有年代。故「劉編本」刪去墨圍,殊為疏略。

附錄：《竹書紀年》研究論著參考書目

一、「古本」《竹書紀年》主要輯本（以成書或出版時間為序）：

朱右曾：《汲冢紀年存真》（歸硯齋刻本，成書於約1840年代），載於《續修四庫全書》第336冊（上海：上海古籍出版社，2002）。

王國維：《古本竹書紀年輯校》（成書於1917），載於《王國維遺書》第7冊（上海：上海書店出版社，1996）。

范祥雍：《古本竹書紀年輯校訂補》（上海：上海人民出版社，1957）。

方詩銘、王修齡：《古本竹書紀年輯證》（上海：上海古籍出版社，1981）。

方詩銘、王修齡：《古本竹書紀年輯證》（修訂本）（上海：上海古籍出版社，2005）。

二、「今本」《竹書紀年》主要版本

沈約附注，范欽訂：《竹書紀年》，載於《天一閣藏范氏奇書》（北京：線裝書局，2007）。

沈約注，鍾惺閱：《竹書紀年》（明刻本）。

以下錄自《中國叢書綜錄》第2冊（上海：上海古籍出版社，1986），頁285-286。

竹書紀年一卷
　　（清）黃奭輯
　　　　漢學堂叢書・子史鉤沈・史部編年類
　　　　黃氏逸書考（民國修補本、民國補刊本）・子史鉤沈

竹書紀年佚文一卷
　　（清）王仁俊輯
　　　　經籍佚文

竹書紀年二卷
　　（梁）沈約注
　　　　范氏奇書
　　　　古今逸史・逸記
　　　　廣漢魏叢書（萬曆本、嘉慶本）・別史
　　　　三代遺書
　　　　秘書廿一種（康熙本、嘉慶本）
　　　　四庫全書・史部編年類
　　　　增訂漢魏叢書（乾隆本、紅杏山房本、三餘堂本、大通書局石印本）・別史
　　　　四部叢刊（初次印本、二次印本、縮印二次印本）・史部
　　　　景印元明善本叢書十種・古今逸史・逸記

竹書紀年二卷
　　（梁）沈約注　（清）洪頤煊校
　　　　平津舘叢書（嘉慶本、光緒本）
　　　　叢書集成初編・史地類

四部備要（排印本、縮印本）‧史部古史

竹書紀年一卷
　　（梁）沈約注　（清）任兆麟選輯
　　　　述記續

竹書紀年二卷
　　（清）張宗泰校補
　　　　聚學軒叢書第三集

考定竹書十三卷
　　（清）孫之騄撰
　　　　晴川八識

竹書紀年統箋十二卷前編一卷雜述一卷
　　（清）徐文靖撰
　　　　徐位山六種（志寧堂本、光緒本）
　　　　二十二子
　　　　二十五子彙函
　　　　子書二十二種
　　　　子書二十八種
　　　　子書四十八種

竹書統箋十二卷
　　四庫全書‧史部編年類

竹書紀辨證二卷補遺辨證一卷
　　（清）董豐垣撰
　　　　吳興叢書

321

竹書紀年考證一卷
　　（清）張九鐔撰
　　　　笙雅堂全集

竹書紀年校補二卷
　　（清）趙紹祖撰
　　　　古墨齋集

竹書紀年校正十四卷通考一卷
　　（清）郝懿行撰
　　　　郝氏遺書

竹書紀年補正四卷本末一卷後案一卷
　　（清）林春溥撰
　　　　竹柏山房十五種

竹書紀年集證五十卷首一卷
　　（清）陳逢衡撰
　　　　江都陳氏叢書

古本竹書紀年輯校一卷
　　（清）朱右曾輯　（民國）王國維補
　　　　廣倉學窘叢書甲類第二集
　　　　海寧王忠愨公遺書三集
　　　　海寧王靜安先生遺書

今本竹書紀年疏證二卷
　　（民國）王國維撰
　　　　廣倉學窘叢書甲類第二集
　　　　海寧王忠愨公遺書三集

海寧王靜安先生遺書

竹書紀年雋句一卷
（清）王曰睿輯
　　小女郎嬛山舘彙刊類書十二種
　　琅環獺祭十二種

三、中、日文部分（以作者姓名之羅馬拼音為序）：

柏蔭培：〈竹書紀年考異〉，《文史學報》1964年第1期，頁89-131。

班大為（David W. Pankenier）撰，徐鳳先譯：《中國上古史實揭秘：天文考古學研究》（上海：上海古籍出版社，2008）。

曹書傑：〈竹書紀年〉，載於倉修良主編：《中國史學名著評介》第1卷（濟南：山東教育出版社第2版，2006），頁91-116。

———：〈《古本竹書紀年》西周年代的五個時段及年數推求〉，《古籍整理研究學刊》2003年第2期，頁33-39。

———：〈《竹書紀年》綜論〉，載於周國林主編：《歷史文獻研究》第26卷（武漢：華中師範大學出版社，2007），頁11-45。

陳逢衡：《竹書紀年集證》（江都：裛露軒刻本，1813），載於《續修四庫全書》第335冊（上海：上海古籍出版社，2002）。

陳力：〈今本《竹書紀年》研究〉，《四川大學學報叢刊》，第28期（1985.10），頁4-15。

———：〈今古本《竹書紀年》之三代積年及相關問題〉，《四川大學學報》（哲學社會科學版）1997年第4期，頁79-85。

―――：〈二十世紀古籍辨偽學之檢討〉，《文獻》2004年第3期，頁1-10。

陳夢家：《西周年代考·六國紀年》（北京：中華書局，2005）。

陳詩：《竹書紀年集注》（蘄州：陳氏家塾刻本，1801），載於《四庫未收書輯刊》3輯12冊（北京：北京出版社，2000）。

崔述：〈《竹書紀年》辨偽〉，載於顧頡剛編訂：《崔東壁遺書》（上海：上海古籍出版社，1983），頁460-463。

董豐垣：〈《竹書紀年》辨證〉，載於劉承幹編：《吳興叢書》（1922），頁555-629。

董沛：《竹書紀年拾遺》6卷。

范祥雍：〈關於《古本竹書紀年》的亡佚年代〉，《文史》，第25輯（1985.10），頁53-60。

方詩銘：〈古本《竹書紀年》輯證〉，《東岳論叢》1980年第4期，頁109-111, 120。

―――：〈西晉初年《竹書紀年》整理考〉，載於《上海圖書館：上海圖書館建館三十週年紀念論文集1952-1982》（上海：上海圖書館，1983），頁115-121。

―――：〈關於王國維的《竹書紀年》兩書〉，載於吳澤主編，袁英光選編：《王國維學術研究論集》第2冊（上海：華東師範大學出版社，1987），頁272-282。

———：〈《竹書紀年》古本散佚及今本源流考〉，載於尹達等主編：《紀念顧頡剛學術論文集》下冊（成都：巴蜀書社，1990），頁915-929。

房玄齡等：《晉書》（北京：中華書局，1974）。

馮菊年：〈糾正舛誤，理清脈絡——《古本竹書紀年輯證》簡介〉，《世界圖書》（A輯），第2期（1982），頁17-18。

藤田勝久（Fujita, Katsuhisa）：〈《史記》三家注の《竹書紀年》について佚文〉，《愛媛大学法文学部論集：人文学科編》第1号（1996）。

———：《史記戦国史料の研究》（東京：東京大學出版会，1997）。

———撰，曹峰、廣瀨薰雄譯：《〈史記〉戰國史料研究》（上海：上海古籍出版社，2008）。

顧觀光輯：《古書逸文存》〈竹書紀年存真〉，載於氏著：《武陵山人遺稿》。

顧炎武撰，黃汝成集釋：《日知錄集釋》（長沙：岳麓書社，1994）。

郭敏：〈《古本竹書紀年譯注》評述〉，《鄭州大學學報》（哲學社會科學版）1991年第1期，頁115-116, 106。

韓高年：《禮俗儀式與先秦詩歌演變》（北京：中華書局，2006）。

韓怡：《竹書紀年辨正》（清嘉慶刻本），載於《四庫未收書輯刊》3輯12冊（北京：北京出版社，2000）。

郝懿行：《竹書紀年校正》（順天府：東路廳署開雕，1879）。

─── ：《竹書紀年通考》，載於氏著：《曬書堂文集》（1884）。

原富男（Hara, Tomio）：〈竹書紀年について〉，《漢文學會會報》，第1輯（1933），頁52-83。

─── ：〈『竹書紀年』今、古本考〉，《支那學研究》，第3編（1933），頁205-267。

橋本增吉（Hashimoto, Masukishi）：〈『竹書紀年』について〉。《東洋學報》，第32卷第2號（1949），頁65-102。

何炳棣：〈《古本竹書紀年》與夏商周年代〉，載於劉翠溶主編：《四分溪論學集：慶祝李遠哲先生七十壽辰》（臺北：允晨文化實業股份有限公司，2006），頁3-24。

平勢隆郎（Hirase, Takao）：〈戰國紀年再構成に關する試論〉，《史學雜誌》，第101編第8號（1992.8），頁1-33。

─── ：「今本『竹書紀年』の性格」，《九州大學東洋史論叢》，第20期（1992），頁45-68。

洪國樑：〈竹書紀年對兩晉南北朝學者之影響〉，《中國學報》，第30輯（1990.7），頁17-24。

─── ：〈朱右曾「汲冢紀年存真」與王國維「古本竹書紀年輯校」之比較〉，載於《第二屆清代學術研討會論文集》（高雄：國立中山大學中國文學系所，1991），頁215-239。

———：〈王國維之辨偽學〉，《臺大中文學報》1994年第6期，頁1-30。

洪頤煊：《校正竹書紀年》（平津館本校刊），載於《四部備要》（上海：中華書局，1936）。

胡玉縉撰，王欣夫輯：《四庫全書總目提要補正》（上海：上海書店出版社，1998）。

黃懷信：〈汲冢主人與《紀年》終年〉，載於氏著：《古文獻與古史》（濟南：齊魯書社，2003），頁340-344。

黃健彰：〈陶弘景著「帝王年曆」以竹書為正〉，《大陸雜誌》，第55卷第6期（1977.12），頁24-26。

———：〈論古本《竹書紀年》所記殷王年〉，載於氏著：《武王伐紂年新考並論〈殷曆譜〉的修訂》（臺北：中央研究院歷史語言研究所，1999）頁197-202。

黃奭輯：《竹書紀年》，《子史鈎沈》，載於黃奭輯：《黃氏逸書考》（臺北：藝文印書館景印本，1972）。

黃凡：《周易：商周之交史事錄》（汕頭：汕頭大學出版社，1995）。

蔣南華：〈《竹書紀年》真偽考〉，《貴州教育學院學報》2004年第1期，頁1-5。

神田喜一郎（Kanda, Kiichirō）：〈汲冢書出土の始末に就いて〉，《支那學》第1卷第2號（1920.10），頁66-72；第1卷第2號

（1920.11），頁76-80。又載於《神田喜一郎全集》I：《東洋學說林補遺》（京都：同朋舍，1987年），頁259-275。

———著，江俠庵譯：〈汲冢書出土始末考〉，載於江俠庵編譯：《先秦經籍考》下冊（上海：商務印書館，1931），頁291-305。

勞榦：《殷周年代的問題——長期求證的結果及其處理的方法》，《中央研究院歷史語言研究所集刊》，第67本第2分（1996.6），頁239-262。

雷學淇：《竹書紀年義證》（臺北：藝文印書館，1977）。

———：《[考訂]竹書紀年》（亦囂囂齋刻本），載於《四庫未收書輯刊》3輯12冊（北京：北京出版社，2000）。

———：《考訂竹書紀年》（潤身堂藏版補刊本）。

黎靖德編：《朱子語類》（北京：中華書局，1994）。

黎光明：〈汲冢竹書考〉上、下，《國立中山大學語言歷史學研究所週刊》，第3集，第31期（1928.5.30），頁13-23；第32期（1928.6.6），頁10-23；第33期（1928.6.13），頁19-30。

李慈銘：《桃花聖解盦日記》（臺北：臺灣商務印書館，1973）。

———著，由雲龍編：《李慈銘讀書記》（上海：上海書店出版社，2000）。

李德山：〈《古本竹書紀年》之赤、玄、風、陽、于、黃諸夷考略〉，《古籍整理研究學刊》1993年第6期，頁12-16。

───：〈《古本竹書紀年》之白、方、甽、藍諸夷考略〉,《古籍整理研究學刊》1994年第5期,頁23-26, 22。

李恩國：〈論竹書紀年〉,《中央日報》,1978.12.3,11版。

李峰：〈《竹書紀年》和周幽王的年代問題〉,載於氏著:《西周的滅亡——中國早期國家的地理和政治危機》(上海:上海古籍出版社,2007),頁393-401。

李民、楊擇令等:《古本竹書紀年譯註》(鄭州:中州古籍出版社,1990)

李學勤:〈古本竹書紀年與夏代史〉,載於《李學勤集》(哈爾濱:黑龍江教育出版社,1989),頁82-91。

───:《夏商周年代學劄記》(瀋陽:遼寧大學出版社,1999)。

林春溥:《古史紀年》,載於《續修四庫全書》第336冊(上海:上海古籍出版社,2002),頁293-456。

───:《古史考年異同表》,載於《續修四庫全書》第336冊(上海:上海古籍出版社,2002),頁457-502。

───:《竹柏山房十五種》(竹柏山房家刻,1855),載於嚴一萍選輯:《叢書菁華》(臺北:藝文印書館,1971)。

───:《竹書紀年補證》,載於楊家駱編:《竹書紀年八種》(臺北:世界書局,1963)。

───:《竹書本末》,載於楊家駱主編:《竹書紀年八種》(臺北:世界書局,1963)。

───：《竹書後案》，載於楊家駱主編：《竹書紀年八種》（臺北：世界書局，1963）。

劉寶楠：《愈愚錄》，載於《北京圖書館古籍珍本叢刊》第69冊（北京：書目文獻出版社，1988）。

劉伯涵：〈《竹書紀年》、《戰國策》簡介〉，《歷史教學問題》1982年第5期，頁61-62。

劉次沅：〈天再旦日食的根據與計算〉，《陝西天文臺臺刊》2002年第1期，頁70-73。

劉殿爵、陳方正主編，何志華執行編輯：《竹書紀年逐字索引》（香港：商務印書館，1998）。

劉家和、邵東方：〈理雅各英譯《尚書》及《竹書紀年》析論〉，《中央研究院歷史語言研究所集刊》，第71本第3分（2000.9），頁681-726。

───：〈論理雅各譯注《書經》、《竹書紀年》的文獻考證〉，載於《慶祝王元化教授八十歲論文集》（上海：華東師範大學出版社，2001），頁202-222。

劉節：《中國史學史稿》（鄭州：中州書畫社，1983）。

劉盼遂：〈由天問証竹書紀年益干啟位啟殺益事〉，《國立中山大學語言歷史研究所週刊》，第3集，第32期（1928.6.6），頁24-25。

劉龐生：〈夏、商、周斷代工程定厲王在位三十七年值得商榷〉，《中國文哲研究通訊》，第13卷第4期（2003.12），頁125-132。

劉佑平、姚海宏整理：〈竹書紀年〉，載於《傳世藏書》（海口：海南國際出版中心，1996），頁1167-1202。

劉仲華：〈雷學淇及其《竹書紀年》研究〉，《唐都學刊》2006年第6期，頁110-115。

魯實先：〈今本竹書紀年辨偽〉，《復旦學報》1947年第3期，頁1-34。

呂思勉：《先秦史》（上海：上海古籍出版社，1982）。

———：《兩晉南北朝史》上下冊（上海：上海古籍出版社，1983）。

羅泌：〈路史〉，《景印文淵閣四庫全書》第383冊（臺北：臺灣商務印書館，1986），頁1-654。

駱科強、寧立慶：〈盤庚遷殷以後，真的「更不徙都」了嗎？──兼論對古本《竹書紀年》一條史料的認識〉，《喀什師範學院學報》2004年第5期，頁33-36。

馬國翰編：《汲冢書鈔》，載於馬國翰輯：《玉函山房輯佚書》（揚州：廣陵書社影印光緒十年（1884）楚南湘遠堂刻本，2004）。

馬培棠：〈禹貢與紀年〉，《禹貢》，第2卷第10期（1935），頁16-21。

蒙文通：〈論別本《竹書紀年》〉，載於氏著：《經史抉原》（成都：巴蜀書社，1995），頁418-429。

倪德衛（David S. Nivison）：〈《國語》武王克殷天象辨偽〉，《古文字研究》，第12期（1985），頁445-461。

———：〈武王克商之日期〉，載於北京師範大學國學研究所編：《武王克商之年研究》（北京：北京師範大學出版社，1997），頁513-532。

———：〈克商以後西周諸王之年曆〉，載於朱鳳瀚、張英明編：《西周諸王年代研究》（貴陽：貴州人民出版社，1998），頁380-387。

———撰，邵東方譯：〈三代紀年之關鍵：《今本竹書紀年》〉，《經學研究論叢》，第10輯（2002.3），頁223-309。

———撰，邵東方譯：〈論「今本」《竹書紀年》的歷史價值〉，載於邵東方、倪德衛編：《今本竹書紀年論集》（臺北：唐山出版社，2002），頁41-82。

———撰，徐鳳先譯：〈夏、商、周斷代工程：確定年代的兩種途徑〉，《中國文哲研究通訊》，第13卷第4期（2003.12），頁119-123。

———撰，蔣重躍譯，駱揚校譯，邵東方審校：〈「今本」竹書紀年與中國上古史年代研究——《〈竹書紀年〉解謎》概觀〉，《北京師範大學學版》（社會科學版）2009年第4期，頁88-103。

———、夏含夷：〈晉侯的世系及其對中國古代紀年的意義〉，《中國史研究》2001年第1期，頁3-10。

小沢賢二（Ozawa, Kenji）：〈『古文竹書紀年』の出自を溯及する〉，《汲古》，第21號（1992.6），頁85-87, 80。

錢大昕：〈竹書紀年〉，《十駕齋養新錄》20卷，載於《嘉定錢大昕全集》第7冊（南京：江蘇古籍出版社，1999）。

錢穆：《古本竹書紀年輯校補正》，載於楊家駱編：《竹書紀年八種》（臺北：世界書局，1963）。

———：《先秦諸子繫年》（臺北：三民書局，1981）。

———：〈略記清代研究竹書紀年諸家〉，載於《錢賓四先生全集》第22卷（臺北：聯經出版事業公司，1998）。

屈萬里：〈汲冢竹書考略〉，《屈萬里先生文存》第2冊，載於《屈萬里先生全集》（臺北：聯經出版事業公司，1985），頁651-663。

———：〈談竹書紀年〉，《屈萬里先生文存》第2冊，載於《屈萬里先生全集》（臺北：聯經出版事業公司，1985），頁665-679。

饒宗頤：〈明嘉靖汪本《史記·殷本紀》跋兼論商殷之總年〉，載於《饒宗頤史學論著選》（上海：上海古籍出版社，1993），頁23-30。

任啟運：《竹書紀年證傳》（稿本，未見，待訪）。

日知：〈《水經·洧水注》引《竹書紀年》一條千年來誤讀懸案〉，《古籍整理研究學刊》1989年第1期，頁1-6。

———編：《古代中國紀年》（長春：東北師範大學出版社，1993）。

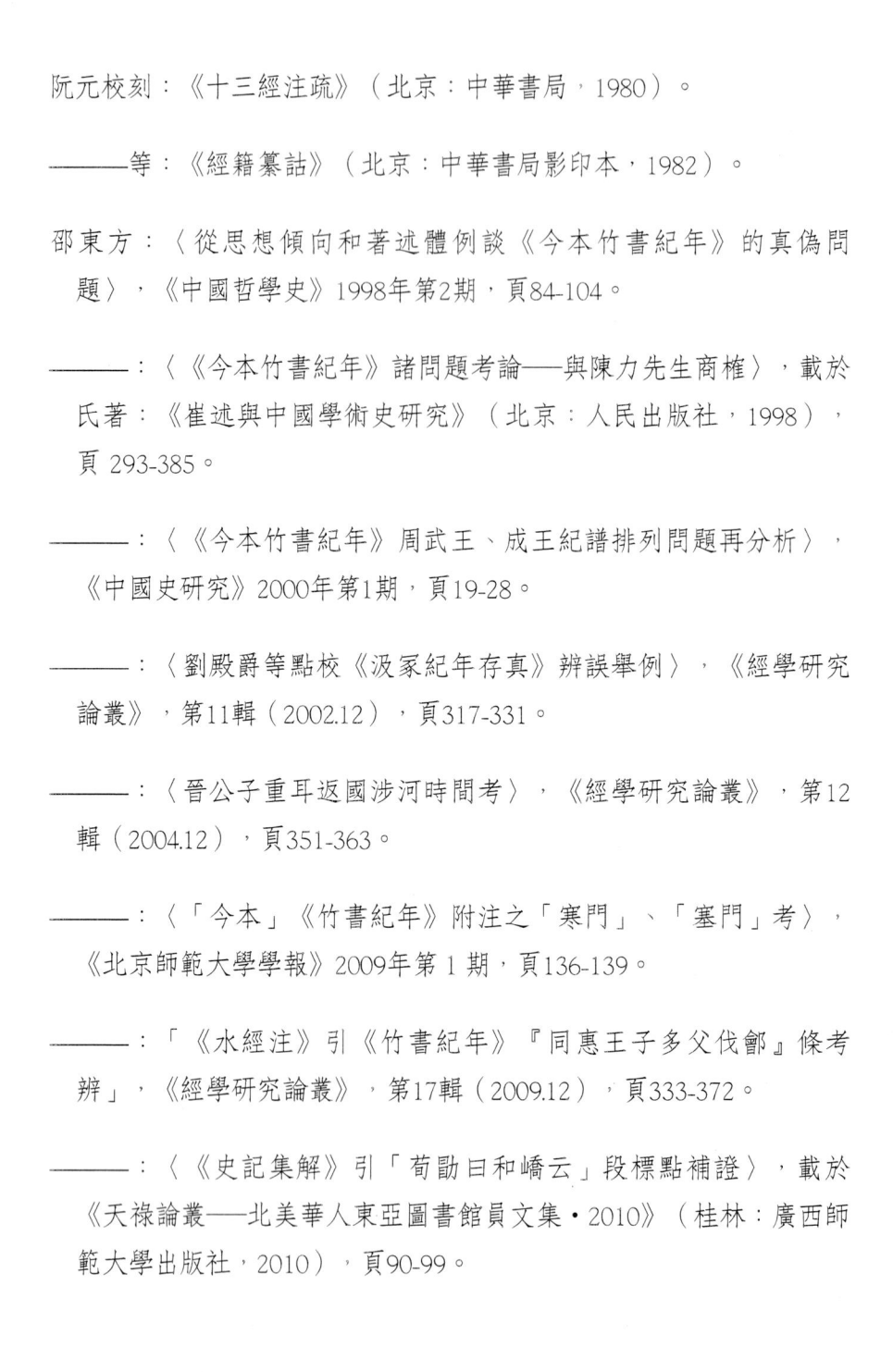

阮元校刻：《十三經注疏》（北京：中華書局，1980）。

―――等：《經籍纂詁》（北京：中華書局影印本，1982）。

邵東方：〈從思想傾向和著述體例談《今本竹書紀年》的真偽問題〉，《中國哲學史》1998年第2期，頁84-104。

―――：〈《今本竹書紀年》諸問題考論――與陳力先生商榷〉，載於氏著：《崔述與中國學術史研究》（北京：人民出版社，1998），頁 293-385。

―――：〈《今本竹書紀年》周武王、成王紀譜排列問題再分析〉，《中國史研究》2000年第1期，頁19-28。

―――：〈劉殿爵等點校《汲冢紀年存真》辨誤舉例〉，《經學研究論叢》，第11輯（2002.12），頁317-331。

―――：〈晉公子重耳返國涉河時間考〉，《經學研究論叢》，第12輯（2004.12），頁351-363。

―――：〈「今本」《竹書紀年》附注之「寒門」、「塞門」考〉，《北京師範大學學報》2009年第1期，頁136-139。

―――：「《水經注》引《竹書紀年》『同惠王子多父伐鄶』條考辨」，《經學研究論叢》，第17輯（2009.12），頁333-372。

―――：〈《史記集解》引「荀勖曰和嶠云」段標點補證〉，載於《天祿論叢――北美華人東亞圖書館員文集‧2010》（桂林：廣西師範大學出版社，2010），頁90-99。

———、倪德衛編：《今本竹書紀年論集》（臺北：唐山出版社，2002）。

盛冬鈴：〈出自地下的古史：竹書紀年〉，《文史知識》1985第1期，頁21-25。

史道祥：〈關於夏文化源的探索——由古本《竹書紀年》夏代「西河」地望談起〉，《鄭州大學學報》（哲學社會科學版）1989第2期，頁85-91, 84。

白川靜（Shirakawa, Shizuka）：《金文通釋》1-7卷，收入《白川靜著作集・別集》第2期（東京；平凡社，2004-5）。

孫之騄：《考定竹書》，載於《四庫全書存目叢書》史部第2冊（濟南：齊魯書社，1997），頁1-144。

孫詒讓：〈書洪筠軒：校正竹書紀年後〉，見洪頤煊：《校正竹書紀年》（平津館本校刊），載於《四部備要》（上海：中華書局，1936）。

王國維：《今本竹書紀年疏證》，載於楊家駱編：《竹書紀年八種》（臺北：世界書局，1963）。

———：《古本竹書紀年輯校》，載於楊家駱主編，劉雅農總校：《世界文庫・四部刊要・史學叢書》第2集1冊（臺北：世界書局，1957）。

———：《古本竹書紀年輯校》，載於《王國維遺書》第7冊（上海：上海書店出版社，1983）。

———：《觀堂集林》（北京：中華書局，1959）。

王鳴盛著,黃曙輝點校:《十七史商榷》(上海:上海書店出版社,2005)。

王仁俊:〈竹書佚文〉,《經籍佚文》,載於《玉函山房輯佚書補遺》(臺北:大化書局,1990)。

王占奎:〈《古本竹書紀年》與西周年代〉,《考古與文物》1999年第4期,頁68-72, 51。

———:〈西周列王紀年擬測〉,《考古與文物》2003年第3期,頁17-30。

王雲五主持:《續修四庫全書提要》(臺北:臺灣商務印書館,1972)。

衛挺生:〈論汲冢與其竹書〉上,中,下,《思想與時代》,第121期(1964.8),頁9-15;第122期(1964.9),頁7-10;第123期(1964.10),頁26-28。

文志:〈盜墓者發現的珍貴史籍——《竹書紀年》〉,《歷史知識》1980年第5期。

吳浩坤:〈《竹書紀年》的發現年代及其學術價值〉,載於吳浩坤、陳克倫編:《文博研究論集》(上海:上海古籍出版社,1992),頁89-110。

吳晉生:〈新標公曆《竹書紀年》年表——為國家「夏商周斷代工程」提供八個年代基點〉,《江海學刊》1999年第1期,頁123-127。

———、吳薇薇:〈夏、商、周三代紀年考辨——兼評《竹書紀年》研究失誤〉,《天津師大學報》1998年第1期,頁8-18。

———、吳薇薇：〈《竹書紀年》非偽書辨〉，《文史哲》1996年第2期，頁88-93。

吳汝煜：〈司馬貞《史記索隱》與《竹書紀年》〉，載於氏著：《史記論稿》（南京：江蘇教育出版社，1986），頁223-230。

吳璵：〈竹書紀年繫年證偽〉，《臺灣省立師範大學國文研究所集刊》，第9號（1965.6），頁691-738。

———：〈六十年來竹書紀年之考訂〉，載於程發軔編：《六十年來之國學》第3冊（臺北：正中書局，1974），頁555-573。

夏含夷（Edward L. Shaughnessy）：《古史異觀》（上海：上海古籍出版社，2005）。

———：《溫故知新錄——商周文化史管見》（臺北：稻香出版社，1997）。

———：〈也談武王的卒年——兼論《今本竹書紀年》的真偽〉，《文史》，第29輯（1988.1），頁7-16。

———：〈《竹書紀年》與周武王克商的年代〉，《文史》，第38輯（1994.2），頁7-18。

———：〈四十二年、四十三年兩件吳逨鼎的年代〉，《中國歷史文物》2003年第5期，頁49-52。

———：〈晉出公奔卒考兼論《竹書紀年》的兩個篹本〉，《上海博物館集刊》，第9輯（2002.12），頁186-194。又載於《古史異觀》，頁470-482。

———：〈《竹書紀年》的整理和整理本——兼論汲冢竹書的不同整理本〉，載於葉國良等編：《出土文獻研究方法論文集初集》（臺北：臺灣大學出版中心，2005），頁339-441。又載於《古史異觀》，頁395-469。

———：〈從親簋看周穆王在位年數及年代問題〉，《中國歷史文物》2006年第3期，頁9-10。

———：〈三論《竹書紀年》的錯簡證據〉，《簡帛》，第3輯（2008.10），頁401-413。

獻玖：〈竹書紀年真偽辨〉，《史地叢刊》，第2卷第23期（1923.4）。

謝德瑩：〈竹書紀年辨偽〉，《女師專學報》，第9期（1977.5），頁131-151。

徐鳳先：〈以寢孿方鼎、肆簋為元祀的帝辛祀譜〉，《中國歷史文物》2003年第6期，頁7-9。

———：〈帝乙祀譜、帝乙在位年與商末歲首〉，《自然科學史研究》，第23卷第3期（2004.7），頁189-205。

———：〈𣄰方鼎與商末周祭系統〉，《文物》2005年第9期，頁66-69。

徐文靖：《竹書紀年統箋》（臺北：藝文印書館，1966）。

山田統（Yamada, Sumeru）：〈竹書紀年と六国魏表〉，載於《山田統著作集》第1冊（東京：明治書院，1981），頁153-183。

―――：〈竹書紀年の後代性〉，載於《山田統著作集》第1冊（東京：明治書院，1981），頁185-210。

楊朝明：〈今本竹書紀年並非偽書考〉，《齊魯學刊》1997年第6期，頁52-58。

―――：〈《今本竹書紀年》中的魯紀年〉，《齊魯學刊》1999年第3期，頁82-85。

―――：〈沈約與《今本竹書紀年》〉，《史學史研究》1999年第4期，頁61-69。

―――：〈《今本竹書紀年》史料價值初議〉，載於氏著：《周公事跡研究》（鄭州：中州古籍出版社，2002），頁193-206。

楊家駱編：《竹書紀年八種》（臺北：世界書局，1963）。

楊寬：《戰國史》（上海：上海人民出版社，1998）。

―――：《戰國史料編年輯證》（上海：上海人民出版社，2001）。

楊樹達：《積微居小學述林》（北京：中國科學院，1954）。

―――：〈竹書紀年所見殷王名疏證〉，載於氏著：《積微居甲文說》（上海：上海古籍出版社，1986），頁52-59。

楊樹剛、高江濤：〈夏代都制管窺——從《竹書紀年》說起〉，《殷都學刊》，2002年第1期，頁39-43。

姚際恆撰，黃雲眉補正：《古今偽書考補正》（濟南：齊魯書社，1980）。

姚振宗：《師石山房叢書》（上海：開明書店，1936）。

閻振瀛：《理雅各氏英譯論語之研究》（臺北：臺灣商務印書館，1971）。

易桂花、劉俊男：〈今本《竹書紀年》價值論〉，《蘭台世界》2007年第14期，頁48-49。

永瑢等：〈竹書紀年〉，載於《四庫全書總目》（北京：中華書局影印本，1965）。

尤慎：〈據《夏商周年表》估定舜紀年——兼談《史記·五帝本紀》和《今本竹書紀年疏證》〉，《零陵學院學報》2003年第4期，頁13-16。

岳宗偉：〈《古本竹書紀年》校正《史記》舉例〉，《上海青年管理幹部學院學報》2004年第2期，頁54-59。

張春玉：《竹書紀年譯註》（哈爾濱：黑龍江人民出版社，2003）。

張富祥：〈商王名號與上古日名制研究〉，《歷史研究》2005年第2期，頁3-29。

———：〈關於夏代積年與「五星聚」〉，《管子學刊》2005年第3期，頁116-119。

———：〈《國語·周語下》伶州鳩語中的天象資料辨偽〉，《東方論壇》2005年第3期，頁40-44, 57。

———：〈《竹書紀年》與夏商周斷代工程西周王年的比較研究〉，《史學月刊》2006年第1期，頁20-28。

———：〈魯國紀年與西周王年通考〉,《齊魯學刊》2006年第2期,頁73-77。

———：〈古史年代學研究的誤區——夏商周斷代工程金文曆譜問題分析〉,《山東大學學報》2006年第2期,頁64-72。

———：〈「走出疑古」的困惑——從「夏商周斷代工程」的失誤談起〉,《文史哲》2006年第3期,頁1-12。

———：〈今本《竹書紀年》纂輯考〉,《文史哲》2007年第2期,頁22-46。

張潔、戴和冰點校：《古本竹書紀年》,載於《二十五別史》第1卷（濟南：齊魯書社,2000）。

張九鐔：《竹書紀年考證》,載於氏著：《笙雅堂全集》第9冊（湘潭：1812）。

張培瑜：《中國先秦史曆表》（濟南：齊魯書社,1987）。

———：〈《大衍曆議》與《今本竹書紀年》〉,《歷史研究》1999年第3期,頁87-94。

———：〈逨鼎的王世與西周晚期曆法月相紀日〉,《中國歷史文物》2003年第3期,頁6-15。

———：〈「古本」「今本」《竹書紀年》的天象記載和紀年〉,「國際《竹書紀年》研討會」論文（史丹佛：史丹佛大學東亞圖書館,2009.5.23-24）。

張心澂：《偽書通考》（臺北：臺灣商務印書館,1970）。

張宗泰校補:《竹書紀年》（石梁學署刻本，1803），載於《四庫未收書輯刊》3輯12冊（北京：北京出版社，2000）。

趙榮琅:〈竹書紀年之今古本問題及其評價〉,《大陸雜誌》,第8卷第10期（1954.5），頁297-304。

趙紹祖:《校補竹書紀年》（清嘉慶古墨齋刻本），載於《四庫未收書輯刊》3輯12冊（北京：北京出版社，2000）。

鄭環:《竹書考證》,稿本（未見，待訪）。

中國科學院圖書館整理:《續修四庫全書總目》（濟南：齊魯書社，1999）。

仲民:〈汲冢竹書的整理者〉,《人物》1981年第3期，頁146-149。

周書燦:〈古本《竹書紀年》「穆王起師，至於九江」解〉,《云夢學刊》2004年第6期，頁54-57。

朱希祖:《汲冢書考》（北京：中華書局，1960）。

朱淵清:《再現的文明：中國出土文獻與傳統學術》（上海：華東師範大學出版社，2001）。

四、西文部分（按作者姓名之羅馬拼音為序）

Biot, Edouard. "Tchou-chou-ki-nien." Pt.1. *Journal Asiatique* (December 1841), 537-78.

———. "Tchou-chou-ki-nien." Pt.2. *Journal Asiatique* (May 1842), 381-431.

Chalmers, The Rev. John. "Astronomy of the Ancient Chinese." In James Legge, *The Chinese Classics*. Vol. 3, *The Shoo King*, 90-102. Hong Kong: Hong Kong University Press, 1960.

Chen, Li. "Fresh Evidence for the Authenticity of *Jinben Zhushu Jinian*." *Social Sciences in China* 3 (1993): 97-114.

Creel, Herrlee G. *The Origin of Statecraft in China*. Vol. 1, *The Western Zhou Empire*. Chicago: The University of Chicago Press, 1970.

Debnicki, Aleksy. *The "Chu-Shu-Chi-Nien" as a Source to the Social History of Ancient China*. Warszawa: Panswowe Wydawnictwo Naukowe, 1956.

Girardot, Norman J. *James Legge and the Victorian Translation of China*. Berkeley: University of California Press, 2002.

Harrison, Brian. *Waiting for China: The Anglo-Chinese College at Malacca, 1818-1843 and Early Nineteenth Century Missions*. Hong Kong: Hong Kong University Press, 1979.

Henige, David. *Historical Evidence and Argument*. Madison: University of Wisconsin Press, 2005.

Huang, Yi-long. "A Study of Five-Planet Conjunctions in Chinese History." *Early China* 15 (1990): 97-112.

Keenan, Douglas J. "Astro-historiographic Chronologies of Early China are Unfounded." *East Asian History* 23 (2002): 61-68.

———. "Defense of Planet Conjunctions for Early Chinese Chronology is Unmerited." *Journal of Astronomical History and Heritage* 10, no. 2 (2007): 142-47.

Keightley, David N. "The *Bamboo Annals* and Shang-Chou Chronology." *Harvard Journal of Asiatic Studies* 38, no. 2 (1978): 423-38.

Khayutina, Maria. "Host-Guest Opposition as a Model of Geo-Political Relations in Pre-Imperial China." *Oriens Extremus* 43 (2002): 77-100.

Lau, Tze-yui. "James Legge (1815-1897) and Chinese Culture: A Missiological Study in Scholarship, Translation and Evangelization." Ph.D. diss., University of Edinburgh, 1994.

Legge, Helen. *James Legge: Missionary and Scholar*. London: Religious Tract Society, 1905.

Legge, James. "The Annals of the Bamboo Books." In "Prolegomena." *Chinese Classics.* Vol. 3, *The Shoo King, or Book of Historical Documents,* 105-83. Hong Kong: Hong Kong University Press, 1960.

Li, Feng. *Landscape and Power in Early China: The Crisis and Fall of the Western Zhou 1045-771* B.C. Cambridge: Cambridge University Press, 2006.

Loewe, Michael, ed. *Early Chinese Texts: A Bibliographical Guide*. Berkeley: The Society for the Study of Early China and the Institute of East Asian Studies, University of California, Berkeley, 1993.

Loewe, Michael, and Edward L. Shaughnessy. *The Cambridge History of*

Ancient China: From the Origins of Civilization to 221B.C. Cambridge: Cambridge University Press, 1999.

Maspero, Henry. "La chronologie des rois de Ts'i au IVe siècle avant notre ère." *T'oung Pao* 25 (1928): 367-86.

Nivison, David S. "The Dates of Western Chou." *Harvard Journal of Asiatic Studies* 43 (1983): 518-24.

———. "1040 as the Date of the Zhou Conquest." *Early China* 8 (1982-83, published in 1984): 70-78.

———. "Chu shu chi nien." In Michael Loewe, *Early Chinese Texts: A Bibliographical Guide*, 39-47. Berkeley: The Society for the Study of Early China and the Institute of East Asian Studies, University of California, Berkeley, 1993.

———. "The Authenticity of the Mao Kung *Ting* Inscription." *Ancient Chinese and Southeast Asian Bronze Age Cultures*, edited by F. David Bulbeck, 311-44. Taipei: SMC Publication Inc., 1996-97.

———. "The Key to the Chronology of the Three Dynasties: The 'Modern Text' *Bamboo Annals*." *Sino-Platonic Papers* 93 (January 1999): 1-68.

———. "The Chronology of the Three Dynasties." In *Ancient & Medieval Traditions in the Exact Sciences: Essays in Memory of Wilbur Knorr,* edited by Patrick Suppes, Julius Moravcsik, and Henry Mendel, 203-27. Stanford: CSLI Publications, 2000.

———. "The Xia-Shang-Zhou Chronology Project: Two Approaches to Dating." *The Journal of East Asian Archaeology* 4, no. 1-4 (1978): 359-66.

———. *The Riddle of the Bamboo Annals*. Taipei: Airiti Press, 2009.

Nivison, David S., and Kevin D. Pang. "Astronomical Evidence for the *Bamboo Annals*' Chronicle of Early Xia." *Early China* 15 (1990): 87-95.

Nivison, David S., and Edward L. Shaughnessy. "The Jin Hou Su Bells Inscription and Its Implication for the Chronology of Early China." *Early China* 25 (2001): 29-48.

Pankenier, David W. "Astronomical Dates in Shang and Western Zhou." *Early China* 7 (1981-1982): 2-32.

———. "Mozi and the Dates of Xia, Shang and Zhou: A Research Note." *Early China* 9-10 (1983-1985): 175-83.

———. "The *Bamboo Annals* Revisited: Problems of Method in Using the Chronicle as a Source for the Chronology of Early Zhou." Pts. 2 and 3. *Bulletin of the School of Oriental and African Studies* 55 (1992): 272-96; 498-510.

———. "Reflections of the Lunar Aspect on Western Chou Chronology." *Toung Pao* 78 (1992): 33-76.

———. "Astrological Origins of Chinese Dynastic Ideology." *Vistas in Astronomy* 39 (1995): 503-16.

———. "The Cosmo-Political Background of Heaven's Mandate." *Early China* 20 (1995):121-76

———. "Caveat Lector: Comments on Douglas J. Keenan, 'Astro-historiographic Chronologies of Early China are Unfounded'." *Journal of Astronomical History and Heritage* 10 (2007): 137-41.

Pfister, Lauren. "The 'Failures' of James Legge's Fruitful Life for China." *Ching Feng* 31, no. 4 (1988): 246-71.

———. "Serving or Suffocating the Sage? Reviewing the Efforts of Three 19th Century Translators of the Four Books, with Special Emphasis on James Legge." *The Hong Kong Linguist* 7 (1990): 25-55.

———. "Clues to the Life and Academic Achievements of One of the Most Famous 19th Century European Sinologists -- James Legge (A.D. 1815-1897)." *Journal of the Hong Kong Branch of the Royal Asiatic Society* 30 (1990): 180-218.

———. "Some New Dimensions in the Study of the Works of James Legge (1815-1897)." *Sino-Western Cultural Relations Journal* 12 (1990-1991): 29-50; 13 (1990-1991): 33-46.

———. "James Legge." In *An Encyclopedia of Translation: Chinese-English, English-Chinese Translation*, edited by Chan Sin-wai and David Pollard, 401-22. Hong Kong: Chinese University Press, 1994.

———. "Some New Perspectives on James Legge's Multiform English Translations of the *Chinese Classics* and *Sacred Books of China*." In *Selected Papers on Translation from the International Conference on Chinese Studies in Celebration of the Seventieth Anniversary of the Department of Chinese, University of Hong Kong,* edited by Siu-kit Wong, Man-shing Chan, Hon-kwong Poon, and Allan Chung-hang Lo, 62-99. Hong Kong: Department of Chinese Studies, the Hong Kong University, 2002.

———. "James Legge's Metrical *Book of Poetry*." *Bulletin of the School of Oriental and African Studies* 60, no. 1 (1997): 64-85.

———. "Discovering Monotheistic Metaphysics: The Exegetical Reflections of James Legge (1815-1897) and Lo Chung-fan (d.c. 1850)." In *Imagining Boundaries: Changing Confucian Doctrines, Texts and Hermeneutics,* edited by Kai-wing Chow, On-cho Ng, and John B. Henderson, 213-54. Albany: State University of New York Press, 1999.

———. "The Response of Wang Tao and James Legge to the Modern Ruist Melancholy." *History and Culture* (Hong Kong) 2 (2001): 1-20.

Průšek, Jaroslav. *Chinese History and Literature; Collection of Studies.* Dordrecht: Reidel, 1970.

Ouyang, Eugene Chan. *The Transparent Eye.* Honolulu: University of Hawaii Press, 1993.

Ride, Lindsey. "Biographical Notes." In James Legge, *The Chinese Classics.* Vol. 1, 1-9. Hong Kong: Hong Kong University Press, 1960.

Shao, Dongfang. "Controversy over the 'Modern Text' Bamboo Annals and Its Relation to Three Dynasties Chronology." *Journal of East Asian Archaeology* 4, no. 1-4 (2002): 367-74.

Shaughnessy, Edward L. "The 'Current' *Bamboo Annals* and the Date of the Zhou Conquest of Shang." *Early China* 11-12 (1985-87): 33-60.

———. "On the Authenticity of the *Bamboo Annals.*" *Harvard Journal of Asiatic Studies* 46, no. 1 (1986): 149-80.

———. *Sources of Western Zhou History.* Berkeley: University of California Press, 1991.

———. "Shang shu (Shu ching)." In Michael Loewe, *Early Chinese Texts: A Bibliographical Guide,* 376-89. Berkeley: Society for the

Study of Early China: Institute of East Asian Studies, University of California, Berkeley, 1993.

―――. *Before Confucius*. Albany: State University of New York Press, 1997.

―――. "The Editing and Editions of the *Bamboo Annals*." In Edward Shaughnessy, *Rewriting Early Chinese Texts*, 185-256. Albany: State University of New York Press, 2006.

Ting, Joseph C. "British Contribution to Chinese Studies." Ph.D. diss., London University, 1951.

Wong Man Kong. *James Legge: A Pioneer at the Crossroads of East and West*. Hong Kong: Hong Kong Educational Publishing Company, 1996.

Xu, Zhentao, David W. Pankenier, and Yaotiao Jiang. *East-Asian Archaeoastronomy: Historical Records of Astronomical Observations of China, Japan and Korea*. Amsterdam, The Netherlands: Gordon and Breach Science Publishers, 2000.

Zürcher, Erich. *The Buddhist Conquest of China: The Spread and Adaptation of Buddhism in Early Medieval China*. Leiden: E. J. Brill, 1972.

後記

　　這部論文集收錄了我研究《竹書紀年》的十篇文字（其中第三篇與劉師家和先生合撰），以及我搜集有關《竹書紀年》研究論著的參考書目。這些文字曾先後在海內外學術期刊上發表過，在結集成章過程中，我對其中部分內容進行了修訂和補充。

　　在此，我首先要向始終關心與支持本書出版的常效宇先生致以誠摯的謝意。華藝數位股份有限公司張芸小姐、呂環延小姐、古曉凌小姐為編輯這部文集付出了極大辛勞，感激無量，謹此鳴謝。

　　本書屬稿後，承蒙劉師家和先生撥冗審閱，傾感不勝。撰稿期間，海內外圖書館同仁代為查核各館所藏資料，謹表謝忱。現按諮詢時間先後開列各位有關人士如下：陳力博士（中國國家圖書館）、李國慶先生（天津圖書館）、周原博士（芝加哥大學東亞圖書館）、馬小鶴先生（哈佛大學哈佛燕京圖書館）、王成志博士（哥倫比亞大學東亞圖書館）、何劍葉女士（加州大學伯克利分校東亞圖書館）、龍向洋先生（復旦大學圖書館）、塗靜惠女士（中華民國國家圖書館）、湯蔓媛女士（中央研究院歷史語言研究所傅斯年圖書館）、邱婉容女士（國立臺灣大學圖書館）、陳先行先生（上海圖書館）、陳惠娟女士（上海圖書館）。清華大學李學勤教授、本館工作人員邱頎博士、楊永紅女士、有田美千代女士、史丹佛大學亞洲語文系研究生苗曉曼小姐、魯紅佑小姐，歷史系研究生喬志健先生，為本書的寫作提供了協助，在此以申謝忱。張培瑜研究員、費樂仁（Lauren F. Pfister）教授、林慶彰研究員、陳寧博士、蔣重躍博士、熊存瑞教授、夏曉虹教授、劉逖先生、丁一川先生、蔣吳慶芬女士、閻雲德先生對有關篇章的撰寫多所匡助，謹志忻謝。

蒙允學術前輩、友人莊因先生為拙作題簽書名，重勞賜墨，銘感無既。

　　最後，我特別要向倪德衛（David S. Nivison）教授、夏含夷（Edward L. Shaughnessy）教授、陳力博士致意。倘若沒有受到他們研究《竹書紀年》成果的啟發、沒有與他們之間坦誠的學術爭鳴，以及沒有他們對待不同學術觀點所持的寬容精神，我的這些文字肯定不可能問世。

　　　　　　　　2009年7月25日邵東方識於美國史丹佛大學東亞圖書館

簡體字版後記

　　拙作《竹書紀年研究論稿》在臺灣出版了繁體字版之後，因為印數有限，加之發行方面的某些限制，許多大陸讀者無法看到此書。承蒙高等教育出版社副總編輯龍傑博士的關心和決斷，使這樣一部研究範圍較窄的專題學術著作才得以出版，從而獲得大陸學術界批評指正的機會。在此，我向她表示由衷的謝意。高等教育出版社丁海燕博士、于嘉先生對本書簡體字版的編輯極為細緻認真，使得本書的質量更有提高。對此，我非常感謝丁、于二位編輯的辛勤工作和敬業精神。《北京師範大學學報》主編蔣重躍教授、南開大學歷史學院程平山副教授、中華書局原副總編輯熊國禎先生非常負責地審核本書稿，提出了許多寶貴的修改意見，謹致謝忱。

2010 年 6 月 18 日邵東方記於美國史丹佛大學東亞圖書館

國家圖書館出版品預行編目資料

竹書紀年研究論稿＝Studies on *The Bamboo Annals*: Debates, Methods, and Texts／邵東方著.
－初版.－臺北縣永和市：Airiti Press, 2009.12
面；公分　參考書面：　面

ISBN 978-986-85182-9-2 (平裝)
1. 竹書紀年　2. 研究考訂

610.21　　　　　　　　　　　　　　　　98016266

竹書紀年研究論稿

作　　者／邵東方
總 編 輯／張　芸
責任編輯／張　芸
　　　　　呂環延
　　　　　古曉凌
封面設計／鄧又翔

出版者／Airiti Press Inc.
新北市永和區成功路一段80號18樓
電話：(02)2926-6006　傳真：(02)2231-7711
服務信箱：press@airiti.com
帳戶：華藝數位股份有限公司
銀行：國泰世華銀行　中和分行
帳號：045039022102

法律顧問／立暘法律事務所　歐宇倫律師
Ｉ Ｓ Ｂ Ｎ／978-986-85182-9-2
出版日期／2011年5月三版
定　　價／NT$ 680元

版權所有・翻印必究　Copyright @ 2009 Airiti Press　Printed in Taiwan